傅小凡 —— 作品

晚明风云

中国出版集团　现代出版社

图书在版编目（CIP）数据

晚明风云 / 傅小凡著. -- 北京 ：现代出版社，
2023.12
　ISBN 978-7-5231-0613-6

　Ⅰ．①晚… Ⅱ．①傅… Ⅲ．①中国历史－明代－通俗
读物 Ⅳ．①K248.09

　中国国家版本馆CIP数据核字（2023）第212270号

著　　者	傅小凡
选题策划	鼎之文化　高连兴
责任编辑	张　霆　邓　翃

出 版 人	乔先彪
出版发行	现代出版社
地　　址	北京市安定门外安华里504号
邮政编码	100011
电　　话	(010) 64267325
传　　真	(010) 64245264
网　　址	www.1980xd.com
印　　刷	北京飞帆印刷有限公司
开　　本	710mm×1000mm　1/16
印　　张	23
字　　数	325千字
版　　次	2023年12月第1版　2023年12月第1次印刷
书　　号	ISBN 978-7-5231-0613-6
定　　价	59.80元

所谓"晚明"并非严格的时间概念，而且划分点也众说纷纭。比如，有人认为从正德年间开始到明朝灭亡，有人认为从万历皇帝亲政到清军入关。笔者此书中的"晚明"，仅指明朝第十六位皇帝朱由检执政的十七年。当然，称这段时间为"明末"也许更加准确。然而，讲述明末这十七年，不能满足于对结果的描述，必须追寻其原因，这就需要上溯到万历乃至正德。因为，大明王朝灭亡的确不是最后十七年造成的，因此我觉得可以称明末最后的十七年为"晚明"。

明朝一共十六位皇帝，相比之下朱由检并不是最差的。他渴望大明王朝中兴，最终却未能如愿。人们普遍认为他是一位亡国之君，可是，我认为朱由检只能是末代皇帝。因为，国家亡时他是最后一位君主，而亡国的原因和责任却不在于他。与明朝其他十五位皇帝相比，朱由检虽然有自身的局限，甚至是严重的缺点和错误，但是他依然算得上是一位好皇帝。朱由检执政十七年，他勤奋、勤俭，也勤政。这"三勤"完全可以证明，崇祯皇帝不是一个亡国之君，而是一个不幸的末代皇帝。

其实，明朝灭亡、清朝取而代之，不过就是两个封建王朝之间的更迭，机缘巧合，大明朝亡在朱由检手上，如果朱由检生在万历时期，结果就会完全不一样，这就是不可抗拒的历史宿命。

所谓"历史宿命"就是一个无法改变的历史必然。这种必然在中国古代社会的历史进程中表现为几百年重复一次的治乱之间的循环，这种客观性让任何个人都无法抗拒。作为一代君王，朱由检恰恰遇到由治到乱的历史转折时期，他登基的时候接手了一个烂摊子：土地兼并，民不聊生；政治腐败，积重难返；自然灾害，连年爆发；竞争对手，过于强大等，而且是中国古代封建社会与大明王朝的双重末期！仅凭他个人的主观努力，根本无法改变历史的进程，大明王朝最终被李自成强大的农民军推翻了。王朝灭亡之际，朱由检选择自缢以维护个体的人格与皇帝的尊严，并嘱咐占领者善待百姓，这是面对宿命的顽强抗争，令后人肃然起敬！

可是，李自成建立的大顺朝仅存在四个多月就失败了，在北京只待了四十几天便仓皇出逃，清军乘虚入主中原。在这不到两个月的时间里，北京城里自缢一个皇帝，逃跑一个皇帝，从关外又杀进来一个皇帝，中国政坛上演着残酷、血腥的权力争夺。中华大地陷入半个多世纪的战乱和动荡。与此同时，西方世界却在进行资产阶级革命，不久又开始工业革命。别人在不断地攀升，我们却原地踏步，中国和西方之间的差距因此拉大，如何不让人心生悲怆！

纵观二千多年的封建社会历史，与汉、唐和两宋相比，明代立朝最正，没有依靠任何外来势力，也没有做出任何妥协，在中国历史上是最硬气的王朝。大明王朝的皇帝，不称臣、不纳贡、不割地、不赔款、不和亲，只有给别国册封的份儿，哪容得他人指手画脚？征蒙古，北犁王庭；下西洋，耀武扬威，的确堪称"大明王朝"，绝对属于超级大国。可是，为什么一手好牌打了个稀烂？这难道不应该认真总结教训吗？细细地讲述这十七年的历史，无非是想引发读者的思考，如果相似的场景再度出现，无论是国家、集体还是个人，我们能否做得更好？

虽然，历史只有结果没有如果，但是以"如果"的方式提问，会引发人们的思考，有可能更深刻地理解历史规律，汲取历史教训。那么，这样讲述的历史还是客观的历史吗？其实，客观的历史是"历史本身"，它永远消失了，我们呈现给读者的只能是写的历史，或者讲述的历史。因此，我们不可能摆脱写作者或讲述者的主观态度。面对复杂、繁多的历史材料，又没有任何头绪，讲述历史的人必须有所选择。在此我选择讲述明朝最后的十七年，意欲叩问"天崩地坼"的逻辑前提，试图寻找王朝灭亡的历史教训。

如此充满悲情的历史和"天崩地坼"的灾难，每每提起都是心灵的自虐，那么我为何还要讲述它呢？我究竟想要告诉读者什么呢？读者看了我写的这段历史之后究竟能够有什么收获呢？这才是我必须认真考虑的问题。我知道，有心的读者不可能仅仅为了满足好奇心才读书，而是想通过历史故事和人物的讲述，有所收获和启发，对自己的工作、事业、学习、爱情和家庭有所帮助。这才是我通过人物讲历史的用意。

CONTENTS

目录

第一章

临危受命

明天启七年（1627）八月，大明皇帝朱由校罹患重病，太医束手无策。皇帝信任的大太监魏忠贤感到紧张和恐惧，因为皇帝一旦去世，他的靠山就会倒塌。魏忠贤深知自己的所作所为，如果失去皇帝的支持，他将会无所依靠。为了延长皇帝的寿命，魏忠贤寻找了一种神秘的秘方——"仙方灵露饮"。该秘方制作非常费力，需要将上好的大米淘洗干净，然后放在蒸笼里蒸。在笼屉的下面放置一个大口长颈的银瓶，使其紧贴着笼屉。在蒸的过程中，大米中会渗出一种被称为"灵露"的液体流入银瓶中。据称，"灵露"是"米谷之精"，有延年益寿的功效。但是，皇帝服用"仙方灵露饮"后病情反而恶化，几天后全身浮肿，不再进食。任何神药都无法挽救他的生命。不久之后，年仅23岁的皇帝便驾崩了。

皇帝去世后，魏忠贤秘不发丧。有人说，他想掌控大明王朝最高权力，但这并不太可能，因为他是太监，无法继位。他只是想像秦朝的赵高那样，控制皇位的继承。皇帝突然的去世导致最高权力处于真空状态，大明王朝陷入了一场政治危机。这是封建专制王朝的典型特征。全国最高领导人的更替是一件非常重要的事情，它关系到整个国家的安危。如果权力交接不能顺利完成，有可能爆发争夺皇位的内战。如果真的发生了这种情况，大明王朝的末日就到了。

当时，由于年轻的天启皇帝过早驾崩，大明王朝陷入了非常危险的局面。然而，关于年轻的皇帝朱由校驾崩，确实存在一些蹊跷之处。

具体来说，这一事件发生在两年前的端午节上午，当时天气晴朗，皇帝和两名小太监在西苑（即中南海的北海）划龙舟。突然间，狂风袭来，皇帝乘坐的龙舟翻覆。三人随即落水，附近的太监们随即划船前来救援。皇帝得以及时获救，未有生命危险。但另外两名小太监由于抢救不及时，不幸溺亡。由于这次落水事件造成的惊吓，再加上冰冷的湖水对皇帝的身体产生了不良影响，皇帝开始一病不起。很明显，皇帝的身体非常虚弱。

不仅仅身体虚弱，作为皇储，朱由校也没能受到良好的教育。

朱由校的父亲是泰昌皇帝朱常洛。朱常洛在19岁时才被正式立为太子，而他的太子身份持续了19年之久。在此期间，他一直担心自己的太子地位会被万历皇帝废除，也无心按照皇储的要求教育自己的儿子。19年后，朱常洛终于继位，但只当了29天皇帝就驾崩了。因此，朱由校在没有任何准备的情况下仓促继位，根本没有机会按照皇储的要求接受教育。

朱由校继位时只有15岁，从国家最高领导人的标准来看，他的年龄实在是太小了。但是按照普通人的标准，15岁已是少年，完全可以接受好的教育。那么，这段时间他在干什么呢？史实表明，朱由校整天什么正经事都不干，只知道玩儿。这与朱由校的奶妈有关。

朱由校出生后，没有奶吃。即使在宫廷的"奶子府"里，他也不喜欢任何奶妈的奶。因此，万历皇帝下旨在京城附近招聘奶妈，条件是：十八到二十岁、身体健康、相貌端庄。最终在保定府定兴县的乡下找到了一个符合条件的奶妈。她姓客，18岁时刚刚生下自己的孩子不久，应聘来到了皇宫。奇怪的是，朱由校不喜欢任何奶妈的奶，却偏偏喜欢客氏的奶。因此，客氏成功应聘为朱由校的奶妈。由于朱由校的生母在他出生后不久就去世了，客氏被安排一心一意地照顾这位皇长孙。因为深深受到奶妈客氏的影响，朱由校对动手创造充满了浓厚的兴趣。那么，天启皇帝又热衷于何种手工艺呢？

　　首先是木匠工艺。若是降生在一般百姓家庭，他必定是一个天资聪颖的工匠。他没有经过师承，没有接受过专业培训，却能独立自主地掌握木匠技艺。比如，天启皇帝嫌弃自己的床太过笨重，须借助数十名工匠才能搬动，且用料繁多，样式也不够精美。于是，他自行设计图样，动手制作，花费了一年多的时间，终于打造出一张极其别致的床铺。不仅能够便捷折叠，移动亦格外方便，且在床架上刻着各式花纹，美观大方，即便是宫廷中的工匠们见了都不禁佩服。

　　其次是盖房造屋。中国古代的建筑与家具的制作工艺往往相通。或许是因为制作家具已经不能满足他的需求，朱由校于是仿效乾清宫的样式，在自己居住的庭院内建造了一座小型宫殿，高仅三四尺，比例精确，就仿佛现今的微缩景观，与真实场景几乎无异。人们常说，"心灵手巧"，实则如此，手巧源于内心。像朱由校这样的工匠，智力过人，手工技能超群，绝对是极其聪明的人。遗憾的是，他生错了时代，成了皇帝，无法有效地施展这些才能。

　　正因如此，天启皇帝的手工技能便无实际用途，表现为纯粹的娱乐。在旁人看来，这不过是在打发时间而已。因此，朱由校做手工艺的两个特点也就随之显现出来：

　　首先，朱由校喜欢制造过程。他经常在完成房屋建造后高兴得手舞足蹈地欣赏一会儿，然后毫不可惜地将其拆除，重新设计图纸，按照新的样式重新开始建造。

　　其次，他对手工艺特别痴迷。只要是干手工活，他就会起早贪黑、废寝忘食、不停歇地投入其中。即使累得满头大汗，他也还是会越干越来劲。然而，他却对处理政务兴趣不大。

　　劳动本身是人类优秀品质之一，如果朱由校是普通百姓的孩子，他的优秀特质将会为家庭带来很多财富。但作为皇帝，因为手工艺成果没有实用价值，劳动就变成了一种娱乐，劳动热情也变成了玩乐热情。在复杂的宫廷斗争中，这成为他致命的弱点，被别有用心之人所利用，而这个人就是大太监魏忠贤。

魏忠贤总是在皇帝干活热情高涨时，让他处理紧急公文，这导致皇帝没心思处理国事，他只说："你们用心去做吧，我知道就好了。"随着时间的推移，这个惯例逐渐形成，皇帝逐渐被架空，魏忠贤最终把持了朝政。与此同时，魏忠贤对天启皇帝的伺候也非常周到，尽最大可能满足他的种种欲望，因此天启皇帝对魏忠贤特别信任。就这样，魏忠贤一步步地爬上了权力的顶峰，被人们称为"九千岁"，距离被称为"万岁"的皇帝，只有一步之遥。

当然，魏忠贤显然有其独特的才干，否则，又如何能够从一个地位卑微的小太监，攀升至"九千岁"的高位呢？尽管魏忠贤并未接受过正式的教育，却非常擅长言辞，能够口若悬河，且相貌堂堂。在未进入宫中成为太监之前，他是一个市井无赖，长期与一些地痞流氓为伍，对黑社会的规矩和手段非常熟悉。据传，由于欠赌债，魏忠贤被债主追杀至走投无路，为了保全性命，他不得不采取极端手段将自己阉割，随后成为太监进入宫中。那年，魏忠贤二十一岁。

然而，魏忠贤并不想一辈子当一个卑微的太监。为了向上爬，他想方设法巴结一位名叫魏朝的太监。他们经常一起喝酒，结果成了好朋友。魏朝是皇帝的居所乾清宫的管事，曾担任朱常洛和朱由校的侍从太监，深得两位皇帝的信任。在魏朝的推荐下，魏忠贤不再打杂，而是被派去侍奉皇帝的妃子，地位也随之提升。后来，天启皇帝任命魏忠贤为司礼监秉笔太监，专门代替皇帝批阅公文。如果皇帝懒政，魏忠贤就有可能代替皇帝行使权力。然而，这个职位需要有相当高的文化水平，必须能够读懂大臣们的奏章。让魏忠贤这样一个文盲担任秉笔太监，真是前所未有的事情。

为何天启皇帝会任命一个文盲为自己的秉笔太监？这正是魏忠贤的才干所在。他的活动能力极其突出，千方百计地巴结朱由校的奶妈客氏。客氏又如何能助魏忠贤这个太监晋升呢？原因是天启皇帝对奶妈有着非同寻常的感情。正如前文所述，朱由校从小丧母，由奶妈抚养成人，两人感情深厚。不过，关于客氏与朱由校之间的关系，历史记载中也有另一种说法：客氏"先邀上淫宠"①。

尽管无法排除朱由校与奶妈之间存在男女私情的可能性，但我更倾向于将两人的关系视为母子之情。我给大家举两个例子来说明这一点：

第一个例子，朱由校完婚之后，按照宫廷规矩，客氏必须出宫。无论客氏与皇帝之间存在何种关系，客氏都没有理由继续留在宫中。尽管朱由校十分留恋奶妈，但他一时之间想不出阻拦的理由。然而，客氏出宫后不久，朱由校便无法忍受，急忙下旨给大臣们说："我日夜思念奶妈，从小到大都是她照料我成长，我已经习惯了，自从她出宫以来，我吃不下饭，睡不着觉，我已经精神恍惚了。还是把她请进宫吧。"于是，朱由校不顾大臣们的反对，又把客氏请回宫中。朱由校的表现，完全是一个孩子。他对客氏的感情，基本上是对母亲的依赖。这也难怪，他继位的时候才15岁。

第二个例子，天启皇帝去世后，客氏向皇宫请求回到自己的家中居住。在她离开的时候，她在皇帝灵前打开了一个小盒子，取出了一个黄缎小袋，里面装着朱由校在幼年时的胎发、痘痂以及朱由校剪下的头发、指甲等。客氏在天启皇帝的灵前将这些遗物焚化后痛哭而去。这些东西只有一个母亲，而且是一个特别细心、体贴入微的母亲才会收藏的。

由于母子情深，朱由校成为皇帝后，封奶妈客氏为"奉圣夫人"，并赏赐她丰厚财富，委托她掌管后宫重要事务。但是，客氏依仗自己的地位变得嚣张自大。每次外出时，她都要坐八抬大轿，路上的行人若不避让，护卫们也会立刻出手，用手中的棍棒打击行人的头部。一些朝廷大臣看不惯这种行为，于是上疏弹劾客氏的霸道行为。结果，所有弹劾客氏的大臣都受到了降职处分。

魏忠贤是个精明的人，他知道客氏在皇帝心中的地位，因此想方设法巴结她。他先找到魏朝，让他引荐自己。因为此时魏朝和客氏公开结为夫妇，而在明代，宫中的宫女和太监结为夫妻是很普遍的事情。他们被称为"对食"，名义

---

① 抱阳生：《甲申朝事小记》初编卷10《禁御秘闻》。

上是夫妻，实际上只是互相照应。于是，魏忠贤通过魏朝结识了客氏。

有一天，魏忠贤花了500两银子，办了一桌60道菜的酒席，邀请客氏共饮。这样高规格的酒席让客氏感动万分，加上魏忠贤相貌英俊，口才了得，两人的关系发展迅速，不久客氏就想抛弃魏朝，与魏忠贤结为夫妻。然而，魏朝不甘心就此放手，双方互不相让，客氏十分为难，只好请求皇帝裁决。皇帝看了看跪在面前的两个太监，立刻就明白了，指定魏忠贤为客氏的丈夫："那就是你们俩了！"于是，皇帝将自己的奶妈判给了魏忠贤。

魏忠贤娶妻客氏后，不仅取代了魏朝在宫中的地位，而且还将魏朝赶出宫外，并派人将其杀害。此后，魏忠贤和客氏默契合作，完全掌握了后宫的大权。

随着魏忠贤和客氏对内官的控制力日益增强，他们开始干预朝廷事务。魏忠贤深知若想参与外廷朝政必须赢得天启皇帝的青睐。因此，他让客氏在天启皇帝面前推荐自己，这是魏忠贤巴结客氏的最终目的。在客氏的推荐下，魏忠贤终于得到了接近天启皇帝的机会。没过多久，天启皇帝便离不开魏忠贤，并对他非常喜爱！这是为什么呢？原因有二：

首先，他能陪皇帝玩。因为天启皇帝朱由校是个好玩的男孩子，特别喜欢玩。而玩是魏忠贤的强项！他出身于梨园世家，父亲是戏曲演员，母亲是杂技表演者。他能唱歌跳舞，擅长各种乐器，这些都是天启皇帝所喜欢的。此外，魏忠贤还善于踢足球和打弹子，技艺高超，这使天启皇帝极为赞赏。因此，魏忠贤在市井中学到的本领都派上了用场。

其次，天启皇帝和魏忠贤皆为文盲。由于皇帝的文化水平较低，遇到有文化的人便会感到自卑。更何况，如果一个奴才特别有文化，让皇帝感到太没面子，那就更不得了了。因此，当魏忠贤这样一个文化水平不高的太监出现时，天启皇帝很高兴，因为他们能相互理解，互不嘲笑。这就是"物以类聚，人以群分"的道理。两个文盲在一起，互相不觉得别扭，自然能和谐相处。因此，天启皇帝任命魏忠贤为秉笔太监，以此嘉奖他。

为了表彰魏忠贤的功劳，天启皇帝还让他兼任东厂总督太监。这两个职位加在一起，为魏忠贤提供了干预朝政的条件。由于天启皇帝对朝政不予干预，魏忠贤很快通过操控皇帝来掌控朝政。他的声望也逐渐提高，一些大臣纷纷阿谀奉承、投机倒把。几年之后，从内宫到外廷，从中央到地方，都形成了一个以魏忠贤为首的政治集团，即"阉党"。他们互相勾结，对忠良不利，侵害百姓权益，十恶不赦。阉党是明朝末年朝廷政治中的最大毒瘤，将大明王朝引入历史上最黑暗的时期。

然而，朝廷中的大臣都是饱读诗书的士大夫，他们怎么会巴结像魏忠贤这样的市井无赖、没有文化和社会地位的阉人，甚至不惜卖身投靠呢？大致有两个原因：

第一，魏忠贤手中的权力太大。人们巴结的并不是魏忠贤这个人，而是他靠近皇权的位置。当他将皇帝架空之后，巴结他就是巴结皇帝。实际上，任何人都一样，如果没有权力，他就是一个普通人。

第二，他们担心遭受迫害。魏忠贤作为东厂的头目，东厂是皇帝手下的特务机构，专门用来监视百官。魏忠贤可以不经过任何法律程序，随时将人置于死地。正是通过这样的手段，魏忠贤权倾朝野，最终形成了"阉党"专政的局面。

正当魏忠贤和客氏的权势达到巅峰之际，皇帝却即将离世！这一天，他们二人绝对不愿意看到的，终于到来了。皇帝病入膏肓，魏忠贤和客氏非常焦虑，因为一旦皇帝驾崩，他们的天下也将随之崩溃。他们不仅会失去权力和地位，甚至连性命都难以保全，因为他们掌握朝政这几年来做了太多恶事，结下了太多敌人。

其实，对这一天的到来他们早已经有了思想准备，唯一的解决办法就是寻找一个能够控制的皇位继承人，以便继续保持他们的地位。为此，他们采取了两个步骤：

首先，他们不能让皇帝有儿子。据史书记载："天启三年十月己巳，皇长子慈然生，旋殇（中宫出）。"①"旋殇"意为生下来就夭折，"中宫出"则表示皇后所生。在明代，皇后所生的儿子往往是皇太子，这种情况并不多见。那么如此珍贵的皇长子，怎么会刚出生就死了呢？因此，人们怀疑是魏忠贤和客氏所为。据史书记载："张氏有孕，客氏暗嘱宫人，于捻背时，重捻腰间，孕坠。"②这意味着张皇后怀孕，而客氏却暗示宫女在为皇后捏背时使劲捻腰间，结果导致皇后早产。由于早产，皇长子刚出生不久就死了。就这样，魏忠贤和客氏的阴谋得逞了。

然而，皇帝身边的妃嫔众多，当天启皇长子不幸夭折不到十天后，皇次子便降生了。天启皇帝十分欣喜，于是便下诏大赦天下。遗憾的是，不到一年时间，皇次子亦不幸夭折。接着，又有妃子为皇帝生下了皇三子，可惜仅存八个月便夭折。这两位皇子的死因一直是个谜。

终于，天启皇帝的儿子全部不幸夭折了！

为了寻求接班人选，接下来便是谋划让皇帝生育私生子的计策。客氏将自家怀孕的美貌婢女带入宫中，伪装成一名宫女，使其在皇帝身旁出没，只要皇帝与其有过一夜之欢，这位婢女所怀胎儿的父亲就难以考证。在客氏的证言下，任何人都不敢质疑这个孩子的皇子身份。这样一来，她的孙子便有了皇子的身份，一旦这个"皇子"登基继承皇位，客氏便可以成为太皇太后。幸好，天启皇帝并未给这位伪装宫女机会，这场阴谋最终未能得逞。

关于皇位继承人的问题，不仅魏忠贤和客氏感到紧张，连天启皇帝和张皇后也同样着急。大家都清楚，如果皇位交接不顺利，那么大明王朝就面临危险。由于天启皇帝没有儿子，皇位无人接班，这是一个极为严重的问题。然而，天无绝人之路，因为天启皇帝还有弟弟。按照祖制"兄终弟及"的原则，天启皇帝将目光投向了自己的弟弟。

---

① 谈迁：《国榷》卷八十五。
② 抱阳生：《甲申朝事小纪》初编卷10《禁御秘闻》。

天启皇帝的父亲泰昌皇帝有七个儿子,老大就是天启皇帝自己,可是老二、老三、老四、老六和老七,都死了,只有老五还活着。老五就是当时的信王朱由检。这样也好,没有选择,也就没有争夺。皇位就让信王朱由检继承。

朱由校和朱由检虽然是同父异母的兄弟,但是,两人从小一起长大,感情很深。朱由校在去世的前十天,单独召见了信王朱由检。兄弟二人一见面,朱由校直截了当地对朱由检说:"来!吾弟当为尧舜。"①意思是,我死之后,你来当这皇上。朱由检一听这话就愣住了,沉默了好一阵才说:"臣死罪,陛下说这样的话,臣罪该万死!"

但是,朱由校决心已下,根本不容朱由检推辞,他直接嘱咐朱由检说:"你要继位得答应我两个条件:第一,要善待皇后;第二,继续重用魏忠贤。"朱由检继续推辞,不愿意接受皇帝的位子。就在兄弟二人争执不下时,张皇后从屏风后走了出来,对朱由检说:"皇叔义不容让"②,意指目前情况紧急,恐怕发生变故。朱由检这才答应继承皇位。朱由校虽然在政治上糊涂一世,但是在选择五弟继承皇位这件事上,还是很明智的。

兄弟二人相见十天之后,天启皇帝驾崩了。

但是,魏忠贤秘不发丧,既封锁皇帝驾崩的消息,也封锁皇帝临终前的遗诏,那么皇位传给谁,就成了悬念。这个时候,张皇后设法将天启皇帝驾崩的消息和皇帝的遗诏送出了皇宫,交给英国公张维贤,命令他联合朝中的重臣,支持信王朱由检继承皇位。英国公是明朝时期地位最高的公爵,而且还是永乐皇帝朱棣封的,魏忠贤再专横,再霸道,也不敢对英国公怎么样。这样一来,魏忠贤篡权的阴谋就很难得逞了。因为,天启皇帝的遗诏一公开,魏忠贤也不敢公开对抗。英国公联合一些朝中重臣,劝信王朱由检即位,经三次劝进,信王朱由检终于答应,继承皇位。

---

① (清)汪楫:《崇祯长编》卷一。
② (清)张培仁:《静娱亭笔记》卷四。

可是，这深宫对朱由检来说实在太凶险，因为整个皇宫都在魏忠贤和客氏的控制之下。但是，事已至此，朱由检考虑不了那么多，只是牢记张皇后的话："勿食宫中食"，就是不要吃宫里的饭，以免被毒死。朱由检随身带着干粮，小心翼翼地来到了皇宫。

进宫的当天晚上，朱由检一直不敢睡觉，一个人在房间里秉烛独坐，警觉地观察着周围的动静。就在这时，他听到门外有脚步声，出门一看，只见一个佩剑的太监走了过来，朱由检心中不由得紧张起来，马上问道："你为何深夜佩剑到此？"

太监回答说："我在巡夜。"

朱由检松了一口气，笑着说："你的剑真不错！能让我看一下吗？"

那太监连忙将佩剑摘下，递给朱由检。朱由检欣赏了一会儿，对那个太监说："你这把剑就留在我这儿吧，以后我会给你重赏的！"

未来的皇帝发话，谁敢不同意，这位太监留下剑转身继续巡逻去了。这把剑就成了朱由检在深宫中的防身武器。朱由检命令身边的太监："去！取酒和饭菜来，犒赏宫中的卫士！"一时间，宫中欢声如雷，大家纷纷表示愿意效忠这位即将登基的皇上。就这样，朱由检提前进入皇帝角色，平安地度过了登基前的不眠之夜。

第二天，举行登基大典，朱由检正式即位，宣布年号为"崇祯"。这一年，朱由检年仅17岁。可是，他接手的大明王朝却是个烂摊子，二百多年的大明王朝危机四伏，正处在风雨飘摇之中。在众多的危机中，最麻烦的就是"阉党"专政，皇帝的权力被架空。新任皇帝如何解决这个棘手问题，人们都在期待着。

第二章

铲除阉党

虽然朱由检曾多次推辞，不愿接受皇位，但一旦担此重任，他必须当真正有权力的皇帝，并通过自己的治理使大明王朝再次繁荣昌盛。为了实现这一目标，他需要解决许多问题，其中最棘手的问题是以魏忠贤为首的阉党集团掌握了朝政，使得皇帝的权力受到严重削弱。因此，铲除阉党成为朱由检实现目标的首要任务。

然而，阉党势力庞大，藏匿在暗处，稍有不慎，即有可能导致阉党势力未除，新皇帝的位子岌岌可危，甚至连崇祯自己的生命也受到威胁。因此，朱由检必须谨慎行事，确保自身安全，首先摆脱魏忠贤对自己的控制，才能采取有效的行动清除阉党势力。

魏忠贤一开始没有成功阻止朱由检继位，于是他决定采用老办法，控制年轻的皇帝。他想："我一个快六十岁的人，还斗不过你这个17岁的娃娃，我就像过去控制你哥哥那样控制你，把你这个小皇帝玩弄于股掌之中，咱们走着瞧！"于是，在朱由检和魏忠贤之间，一场暗中进行的控制和反控制的斗争就开始了。

魏忠贤控制新皇帝的第一招是"美人计"。这是一个俗得不能再俗，烂得不能再烂，却屡试不爽的计谋。据史书记载："上初立，魏逆进国色四人，欲不受，恐致疑,遂纳之入宫。"①意思是,朱由检即位后不久,魏忠贤就给他进奉了四名长得非常漂亮的女子,对于魏忠贤送来的礼物,朱由检还不能不接受,否则会引起魏忠贤的警觉。所以,朱由检装作很高兴的样子接受了这份礼物。可是,等魏忠贤一离开,朱由检立刻下令搜这四位女子的身。结果,在每个人的裙带的顶端都发现了一颗像米粒一样大小的药丸。贴身太监认识这东西,他告诉皇帝朱由检,此药名叫"迷魂香",是一种通过嗅觉发挥功效的春药。皇帝朱由检立刻命令将"迷魂香"毁了,魏忠贤的第一招失灵了。

美人计没有起作用,魏忠贤当然不会善罢甘休,他还有别的手段。

有一天,崇祯皇帝下朝之后,回到自己的房间批阅奏章,忽然闻到一阵奇怪的香味儿,身体内有一种从来没有过的感觉。为什么会有这种奇怪的感觉呢?他立刻警觉起来:"嗯?不对啊!这是什么味道,闻了之后怎么会有这种感觉?这房间里一定有问题!"他立即命令贴身的太监点上灯笼四处查看,可是查遍了房间的各个角落,什么也没发现。但是,这香味儿依然一阵阵地,不断地飘过来,而且越来越浓烈。崇祯皇帝想了一下,命令道:"大家把手里的灯都灭了!"

众位太监立刻吹灭了手中的灯笼,在漆黑的大殿里,皇帝朱由检和众位太监四处寻找,朱由检突然发现对面墙壁上有微弱的火星在闪。走近一看,发现墙壁上有个洞,火星的闪光就是从这个洞里发出的。崇祯皇帝立刻下令:"来人,把这墙给我凿开!"太监们七手八脚将墙壁凿开之后,只见一个小太监手持一根香坐在夹壁墙里。

经过审问,小太监交代,他点的也是"迷魂香",是魏忠贤命令他这样做的。崇祯皇帝不禁仰天长叹道:"皇考、皇兄,皆为此误也!"②意思是,父亲和哥哥,都是被这种东西给毁了!崇祯皇帝的父亲是泰昌皇帝朱常洛,即位之后不到一个月就死了,死得莫名其妙;崇祯皇帝的哥哥天启皇帝,也只当了七年

---

① (清)计六奇:《明季北略》卷三《闻香心动》。
② (清)计六奇:《明季北略》卷三《闻香心动》。

的皇帝，年纪轻轻的就驾崩了。两代皇帝如此短命，人们都觉得有些奇怪，但是都不知道是什么原因。现在朱由检明白了，这"迷魂香"就是其中重要的原因。崇祯皇帝心想："我幸好及时识破了魏忠贤的这种手段，否则我也会和我的父亲和哥哥一样，沉湎于女色而死，真是太可怕了！"

朱由检识破了魏忠贤的手段之后，对魏忠贤真是恨之入骨，但是他还不能过早地表现出来，否则会打草惊蛇。因此，他装出一副若无其事的样子，一切照旧，该干什么该什么，就像宫里什么事情也没有发生一样。

好在新皇帝刚登基，事情很多，他就把全部的精力都集中在即位之后的一系列琐事之上，比如筹办先帝的葬礼，册封皇后和妃子，册封自己死去的生母为皇太后，等等，忙了个不亦乐乎！而且这些事情，他都放手让魏忠贤去做，一副完全信任魏忠贤的样子。同时，他一如既往地优待客氏和魏忠贤，并没有因为换了皇帝而发生什么变化。对那些弹劾客氏和魏忠贤及其党羽的奏章则一概不理。无论是外廷，还是内官，一切都和天启皇帝在位的时候一模一样，几乎没有什么变化。

但在此之前，美人计未能奏效，迷魂香也被揭穿，一系列迹象表明新皇帝与其兄并不相同，这种不同引起了魏忠贤和客氏的警觉。他们急于了解新皇帝的真正想法，于是魏忠贤提出辞去东厂总督太监的职务，试图探测皇上的意图。这是一个巧妙的计策，因为魏忠贤的职位是司礼监秉笔太监，是太监中最高级别的官员，而东厂总督太监则是他的兼职。如果朱由检同意了魏忠贤的辞职要求，就会暴露他的立场。朱由检刚刚登基，对他身边的人谁是阉党，谁不是阉党并不了解。如果换了一个魏忠贤的亲信，情况不会有任何不同。此外，魏忠贤是司礼监秉笔太监，无论东厂总督太监换成谁，都必须听从魏忠贤的命令。崇祯皇帝自然知道魏忠贤的意图，为了稳住这个阉党头子的心态，他毫不犹豫地拒绝了魏忠贤的辞职请求，让他放心。

辞呈被拒绝，魏忠贤心想，看来这个小皇帝真的还挺信任自己，魏忠贤放心了，心里的石头落了地。客氏见朱由检拒绝了魏忠贤的辞呈，她也学魏忠贤的样子，想试探一下这位新皇帝对自己的态度，便向皇帝提出从宫中搬回自己家住的请求。

皇帝朱由检接到客氏的辞呈，心里那个乐啊！心想："你以为你是谁！你不过是我哥哥的奶妈，我哥哥结婚之后，你就应该出宫了，是我哥哥离不开你，才把你再请进宫来的。现在我哥哥已经死了，你根本没有理由留在宫中了。我正想找机会赶你出宫，你倒自己先提出来。我即使不同意你出宫，也没有理由啊！让一个没有理由待在宫中的人，继续在宫中待着，人家想走还不让走，那么不等于告诉魏忠贤，我是故意要稳住你们，那不就暴露我的真实意图了吗？"

想到这儿，朱由检立刻批准了客氏的请求。当客氏接到崇祯皇帝准许她出宫的谕旨时，她有些后悔了，可是已经来不及了。第二天凌晨，客氏穿着一身孝服，在天启皇帝的灵位前祭拜，焚烧了天启皇帝的胎发、痘痂以及历年剪下的头发、指甲等遗物之后，痛哭而去。客氏自作多情走错了一步棋，她与魏忠贤在宫中结成的联盟，就这样轻而易举地被朱由检给瓦解了。

下一个清除的对象，该轮到大太监魏忠贤了。

可是，要除掉魏忠贤可就不那么容易了。因为，从内宫到外廷，魏忠贤的势力相当大。各个要害部门都掌握在魏忠贤的亲信手中。尤其是兵部尚书崔呈秀和锦衣卫都督田尔耕，一个掌握着全国兵权，一个手握着宫廷禁卫大权，他们都是魏忠贤的死党。他们随时有可能发动兵变，或者威胁崇祯皇帝的生命安全。所以，要想铲除魏忠贤，必须先打掉魏忠贤这几个掌握兵权的爪牙才行。可是，必须得找一个合适的理由。什么样的理由才合适呢？就是，既要打掉这几个掌握兵权的爪牙，又不惊动魏忠贤，不暴露皇帝朱由检的政治底牌，让魏忠贤没有还手的机会。

正在皇帝朱由检耐心等待这个机会，小心寻找理由的时候，一个叫杨所修的人跳了出来。他给皇帝上疏，弹劾兵部尚书崔呈秀等四五个魏忠贤的亲信，理由是父母死了不回家"丁忧"，不符合大明朝"以孝治天下"的准则。

中国古代封建制度有一个严格的规定，为官者父母去世必须回家守孝三年，名为"丁忧"。无论什么人，无论官大官小，必须如此，否则就会被人以"不孝"的名义弹劾。如果工作太忙离不开，必须由皇帝亲自批准，才可以免去"丁忧"，就是所谓"夺情"。事情也真凑巧，他们都是魏忠贤的亲信，都身居高位，家中都有丧事，又都不回家"丁忧"。

从表面上看，杨所修打着"以孝治天下"的旗号，让魏忠贤的这帮亲信们回老家守孝去，而实际上是要夺魏忠贤的兵权。可是，崇祯皇帝在心里琢磨："这杨所修是不是阉党分子呢？如果他是，那么他的弹劾就是投石问路，是试探我的态度；如果他不是，那他的上疏就是逼我表态。我如果同意他的弹劾，就会过早暴露我的态度，打乱我的步骤。无论他是什么背景，现在都不是摊牌的时候。"不管杨所修是不是阉党分子，都不能让他牵着鼻子走，打乱自己的步骤，因此，崇祯皇帝立刻下旨斥责杨所修说："这几位大臣都是因为战事吃紧先帝让他们'夺情'的，你随意诽谤朝中重臣，按理应该降职处分，但看在我刚当皇帝的分儿上，就不追究了，下不为例，否则绝不轻饶！"就这样，崇祯皇帝把杨所修的弹劾给驳回了！

可是，杨所修的弹劾毕竟十分在理，虽然被皇帝驳回，但那几个遭到弹劾的高官，自己也感到有些心虚，便一个个地都给皇帝上书，请求辞官回老家为父母"丁忧"。没想到，崇祯皇帝一律不批准。这一下，可把魏忠贤给被弄蒙了，他在想："这个小皇帝的葫芦里到底卖的什么药啊？难道，他真的会信守对先皇的承诺，继续重用我？如果是，那当然最好，要如果不是呢？"想到这儿，魏忠贤心里不禁一惊，"如果不是的话，那么他登基以来的所作所为，对我的态度，难道都是装出来的？这几个月以来，我都被他蒙在鼓里？天啊！那这位小皇帝的城府可就太深了！不行，我必须摸清他到底是怎么想的！可是，怎么才能搞清楚这小皇帝的真实想法呢？"

琢磨了好几天，魏忠贤终于想出了一个办法：让亲信太监帮他写了一封上疏，乞求皇帝下令，让全国各地停止为他建造生祠。所谓"生祠"就是给活人建造的祠堂，在魏忠贤专政的时期，全国许多地方为了巴结魏忠贤，纷纷给他建造"生祠",搞起了个人崇拜。

这让我想起了三国时期的诸葛亮,他死了之后,刘禅坚决禁止民间给死去的丞相建祠堂,尽管诸葛亮活着的时候,他一口一个"相父"地叫,但是相父一死,他便反脸无情。可见,任何一个皇帝,哪怕傻得像阿斗,都不会喜欢老百姓崇拜别人而不崇拜自己。那么,崇祯皇帝又如何对待魏忠贤的个人崇拜呢?魏忠贤拭目以待,他心想:"如果你同意给我建生祠,就表明你和你哥哥一样,只配做个傀儡皇帝;如果你不同意给我建生祠,那么我就知道你心里想什么了。对这种事情,你不可能没有态度。"魏忠贤这招的确高明,他这是在逼皇帝表态。这还真的难住了崇祯皇帝,崇祯皇帝要怎么答复他呢?崇祯皇帝略加思考之后,便在魏忠贤的上疏上批复道:"以后各处生祠,其欲举未行者,概行停止。"①意思是,以后各地的生祠,想盖还没有动工的,就一律停止。这个回答真是太妙了!魏忠贤仔细揣摩这话的意思:"'欲举未行者,概行停止',那么已经盖好的难道就不追究了,这到底是支持我还是反对我呢?"魏忠贤还是摸不清崇祯皇帝心里到底是怎么想的。

其实,崇祯皇帝何尝不想让魏忠贤和他的这帮亲信立刻滚蛋!可是,目前时机还不成熟,一方面,绝大部分的大臣还在观望,另一方面,这群"阉党"抱成一团,互相支持,互相鼓励,而且人多势众,大都占据要害部门。崇祯皇帝此时可以说是势单力薄。在这个时候,不能让对手过早地了解自己的政治倾向,以免他们联合起来,威胁皇帝的安全,要让他们产生错觉,放松警惕。一旦他们放松警惕,就有可能出现内部分化,露出破绽,提供铲除他们的机会。这就叫"以静制动"。

只要耐心等待,就一定会有机会。果然,崇祯皇帝经过一段时间的耐心等待,机会真的来了。

一个叫杨维垣的云南道御史,也就是专门监察云南省工作的御史,上疏弹

---

① (明)朱长祚:《玉镜新谭》卷七。

劾兵部尚书崔呈秀，说他"立志卑污，居身秽浊"①，意思是说，崔呈秀这个人内心很肮脏，行为很龌龊。一个重要的理由是，朝廷官位一旦有空缺，他就会标出价格，将职位卖给出价最高的人。杨维垣在奏折上还讲了这样一件事："新皇帝登基那天，百官一同进殿拜谒，可是门前的太监却大声喊：'兵部尚书崔呈秀到！'当时百官都在场，这并不是太监目中无人，而是崔呈秀专横跋扈。"杨维垣显然在挑唆百官对崔呈秀的不满，他这样做是为了保护魏忠贤。果然，杨维垣在弹劾完崔呈秀之后，便开始为魏忠贤评功摆好了。他说："天启皇帝绝对信任魏忠贤，而魏忠贤工作努力，任劳任怨，他只是不该听崔呈秀的话，所有罪恶都是因为崔呈秀。"杨维垣的上疏，不仅暴露了自己"阉党"分子的身份，也暴露了他弹劾崔呈秀的真实目的。他是想把百官对魏忠贤的不满转向崔呈秀，跟崇祯皇帝玩了把"丢车保帅"的计谋。

既然"阉党"分子要"丢车保帅"，就说明"阉党"内部出现了分化，崇祯皇帝就给他来一个"将计就计"。

阉党分子们原本计划通过"保帅"来维持自身的地位。但崇祯皇帝以登基典礼成功为由，嘉奖了魏忠贤等人，并提升了他们的亲属官职。这让"阉党"分子们误以为新皇帝仍信任魏忠贤等人，从而心存侥幸，不敢轻举妄动。但崇祯皇帝果断下令免去崔呈秀的所有官职，并命令其回老家"丁忧"，夺取了"阉党"手中的全国兵权，从而扫清了铲除"阉党"的第一个障碍。

崔呈秀下台在朝廷上下引发了强烈的震动，人们开始揭发魏忠贤及其党羽的罪行。但是，崇祯皇帝却没有明确表态。这种态度让长期受"阉党"压制的群臣不仅对魏忠贤的弹劾升温，而且对皇帝的态度也开始不满。有一位大臣甚至批评崇祯皇帝说，他"念先帝付托之恩，欲曲全其所信"，即认为皇上是因为先帝的托付才登上皇位的，因此只能委曲求全地信任和重用魏忠贤。这种批评显然是激将法，但是，崇祯皇帝对此置之不理，依然没有对魏忠贤采取任何行动。

---

① （清）汪楫：《崇祯长编》卷二。

崇祯皇帝的这种态度，不仅迷惑了群臣，也迷惑了魏忠贤。魏忠贤觉得朱由检很守信用，答应了先皇继续信任和重用我，果然说话算话。一想到这儿，魏忠贤就来了劲，竟然跑到崇祯皇帝面前，一边哭，一边诉说他满肚子的委屈："陛下啊！您可得为我做主啊！我对先皇和对您一向是忠心耿耿啊！可是那些大臣们总是和我过不去，骂我是奸臣，还诬陷我那么多罪状，真是天大的冤枉啊！"魏忠贤的这一招，让崇祯皇帝没有料到。朱由检面对一个六十多岁的老头子，跪在自己面前一把鼻涕一把泪地哭，心里有一种说不出的厌恶，可是，脸上一点儿也没有表现出来，反而面带微笑，口气温和地安慰魏忠贤说："放心吧，我相信你的忠心，我会信守对先皇的承诺，不会轻信那些闲言碎语的！"魏忠贤听了崇祯皇帝的这番话，心里的石头终于落了地！

魏忠贤高兴了，那些反对阉党的大臣们着急了，这位新皇帝难道真的要继续信任和重用魏忠贤吗？要说他害怕被谋杀，客氏已经被逐出宫；要说怕有人政变，"阉党"的兵权已经拿下。那么，崇祯皇帝对魏忠贤为什么迟迟不动手呢？大家都摸不透这个小皇帝的心里到底是什么想法。

群臣们并不了解皇帝朱由检的心思。虽然朱由检也渴望铲除魏忠贤等阉党分子，但他觉得时机尚未成熟，需要等待更好的机会。然而，什么时候才是时机成熟的时候，这是不能明说的，因此群臣们都不知道。当群臣们焦急地想着该如何处理阉党分子，对年幼的皇帝的不满也愈加强烈之时，一位来自浙江海盐县的贡生钱嘉征递交了一份上疏。

所谓"贡生"，是指还没有进入官场的国子监学生。钱嘉征在上疏中详细列举了魏忠贤的十大罪状，其中有三条最为关键。

第一，并帝。说的是，魏忠贤与皇帝平起平坐，甚至大臣们上奏章，都要先通过魏忠贤，而且以天启皇帝名义下圣旨的时候，都要称"朕与厂臣"，这在中国历史上可是从来没有过的事。

第二，蔑后。说的是，魏忠贤指使他的亲信，到处罗织罪名，企图陷害张皇后和她的家人。魏忠贤为什么要陷害张皇后呢？因为，这位张皇后进宫之后不久，就察觉到客氏和魏忠贤想架空皇帝，把持朝政。面对客氏与魏忠贤的不轨行为，张皇后经常当面斥责，甚至还要处罚他们。因此，魏忠贤和客氏就特别恨张皇后，想通过编造罪名的方式，让天启皇帝废掉张皇后。

第三，弄兵。说的是，魏忠贤将内宫中的太监们都武装起来，每日操练，这些太监成了魏忠贤手中的一支武装力量。

按照当时大明王朝的法律，这些罪状中的任何一条，都够上死罪了，何况有十条之多，那真是死有余辜了。

这位贡生的文章的确写得非常精彩，尤其是最后一句："圣主当阳，有敢言之士，万死何辞焉？"①意思是，今天的皇帝有如朝阳一样，国家有希望了，所以我才敢说话，为此就是死了也不怕！崇祯皇帝看了这份上疏之后，心里就有定论了。他觉得这是一份来自民间的上疏，代表了普通百姓的呼声，因此朱由检认为，彻底铲除阉党集团的时机终于成熟了！于是，崇祯皇帝大声喝道："来人，立刻把魏忠贤给我叫来！"

魏忠贤一听皇帝叫他，连忙来到皇帝面前。崇祯皇帝把钱嘉征的上疏递给身边的太监说："念给他听！"对于魏忠贤这样的文盲来说，用古文写的上疏他未必能全听得懂。他一直在观察崇祯皇帝的表情，心里在琢磨："哎，今天这个小皇帝怎么像变了个人似的，从进门到现在连正眼儿都不瞅我，一脸的怒气和鄙视。哦，我明白了，这才是他的真面目！以前和蔼可亲的笑容全都是假的！我上当了！"一想到这儿，魏忠贤差点儿瘫在地上。

他从皇帝那儿告别出来后，脑子里老是挥不去小皇帝那一脸的怒气和鄙视，可是，他还是不死心，心想："我不能就这么完了！怎么办？找人帮忙说说情吧，找谁呢？谁能跟皇帝说上话呢？哎，想起来了，找徐应元！"这徐应元就是朱由检身边的贴身太监。魏忠贤为什么要找徐应元呢？因为，魏忠贤在当小太监的时候，就和徐应元认识，他们可是在一起吃喝玩乐的酒肉朋友，后来徐应

---

① （清）外史氏辑：《圣朝新政要略》卷一。

元进了朱由检的信王府，现在又进了宫。想到这儿，魏忠贤立刻带着大批珍宝，来到徐应元的住处，希望他能在皇帝面前为他美言几句。徐应元给魏忠贤提了一个建议，这个建议言简意赅，只有八个字："辞去职务，暂避锋芒。"意思是，赶紧辞职，回家养老，这样还可以保住你的老命。魏忠贤觉得有道理，第二天就向皇帝提交了辞呈。魏忠贤多么希望皇帝，能像上次那样驳回他的辞呈啊！可是，他万万没有料到，崇祯皇帝二话没说，立即批准了他的辞呈。这个时候，徐应元站出来为魏忠贤说好话，惹得崇祯皇帝大怒："没有想到我信王府的太监也是阉党！"他立刻将徐应元贬出皇宫。魏忠贤这下子才死心了，知道崇祯皇帝真的下决心要除掉他了。当他刚回到住处，还没醒过神儿来，崇祯皇帝的圣旨就到了："令魏忠贤立刻出宫，到凤阳去看管皇陵！"就这样，魏忠贤这个权倾朝野的大太监，这个残害忠良，无恶不作的阉党头子，这个野心勃勃的大奸臣，终于被崇祯皇帝把他从权力的顶峰拉下来了！大太监魏忠贤被崇祯皇帝拿下了！

将魏忠贤逐出宫之后，朱由检又下了一道"去恶务尽"的谕旨，将客氏和魏忠贤的家产全部充公，将他们所有的亲属一律发配充军，并且下令，全国各地将魏忠贤的"生祠"全部拆除。考虑正在天启皇帝的大丧期间，崇祯才没有把魏忠贤等人处死。

可是，魏忠贤在被贬往凤阳的路上，居然还摆他"九千岁"的谱。一路上卫队、随从前呼后拥，40多辆满载金银珠宝的大车浩浩荡荡，这哪里是被贬出宫的落魄太监，完全是衣锦还乡的达官贵人！崇祯皇帝听说魏忠贤如此张狂，不由得大怒，心想："都什么时候了，还敢给我摆这个谱，你是不是以为我不敢杀你啊！"于是，立即下令："通知兵部，马上派人，把这帮奸恶给我捉拿归案！"注意，皇帝没有派锦衣卫，而是让兵部派部队去，表明崇祯皇帝将魏忠贤这帮人当成叛乱分子，准备镇压了！

魏忠贤的亲信得知消息之后，立刻派人给魏忠贤送信。走在半路上的魏忠贤，听说皇帝派军队来抓他，知道大事不好，心想："完了完了，这下必死无疑了。我犯的罪很可能会被千刀万剐。唉，还是自己了断吧，免得受罪！"于是，魏忠贤半夜从旅店的床上爬起来，用裤腰带悬梁自尽了。跟随他的贴身太监清晨起来看到主子已死，也跟着上吊自杀了。其余的随从和卫队见魏忠贤已死，怕受到牵连，四下里逃命去了。周围七里八乡的百姓听说大太监魏忠贤自杀了，都来看热闹，混乱之中，那四十辆大车里的金银珠宝被一抢而空！

魏忠贤自杀之后，崇祯皇帝马上责成三法司（指刑部、大理寺和都察院），对崔呈秀立案调查。正在老家"丁忧"的崔呈秀听到这个消息之后，知道自己难逃一死。当晚，和他的小妾一起共进最后的晚餐，几杯酒下肚，崔呈秀突然像发疯一样，将桌上珍贵的酒器全砸碎，嘴里还念叨着："什么也不给你们留下！"把能砸碎的东西都砸碎了之后，崔呈秀独自一个人回到自己的房间，上吊自杀了。皇帝朱由检得知崔呈秀自杀的消息之后，马上下令没收他的家产。可是，崔呈秀早有准备，家产大部分都转移了，查没的财产还不足他全部财产的十分之一。看来，崔呈秀早就料到会有这一天。

魏忠贤自杀了，崔呈秀也自杀了，崇祯皇帝立刻下令，马上提审客氏，彻底查抄她的家，别让她再自杀了！接到圣旨的太监，立刻将客氏从她家押送到浣衣局审问，浣衣局本来是宫里专门洗衣服的地方，后来成了专门惩罚犯罪宫女的地方。在查抄客氏家的时候，太监发现八个宫女中有两个已经怀孕了。这宫女怎么会在客氏的家里呢？太监追问客氏，客氏开始不说。经过严刑拷打，客氏终于招供：这八个宫女，原来都是她自己家里的奴婢，怀孕之后由她带入宫中，服侍皇上，专等被皇帝宠幸之后，冒充怀上皇帝龙种，继承皇位。这等大逆不道之罪一经招供，太监们就开始对她实施杖刑，也就是用棍棒抽打，最后把客氏活活地打死了。

就这样，魏忠贤、崔呈秀和客氏全死了，"阉党"完全处于群龙无首的状态。这个时候，皇帝朱由检有两个选择：其一，首恶必办，胁从不问，就此罢手；其二，彻底清除所有阉党分子。朱由检选择了后者，原因很简单，因为，朱由检不仅要当个名副其实的皇帝，而且要实现他中兴大明王朝的梦想。他心里很清楚，如果不把阉党分子斩草除根，中兴大明是根本不可能的。因此，崇祯皇帝决心要彻底清除阉党分子。这首先得从清理阉党骨干分子开始。那么，除了魏忠贤、崔呈秀、客氏之外，阉党骨干分子还有很多。

他们被称为"五虎"和"五彪"。所谓"五虎"是文臣，他们专门帮魏忠贤出谋划策；所谓"五彪"是武将，他们专门帮魏忠贤残害异己。除掉魏忠贤、崔呈秀和客氏之后，崇祯皇帝立刻给三法司下旨，责成他们对"五虎"和"五彪"等阉党骨干分子，立案审理，查清他们的罪行之后，依照大明法律，予以严惩。

可是，三法司的官员们接到皇帝的圣旨之后，并不买账。当然，他们不敢公开抗旨，却采取了拖延的办法，应付皇帝。无论崇祯皇帝怎么心急火燎地催促，他们就是拖拖拉拉不办事。实在拖不过去，就拿出来了个敷衍了事的处理意见。说是敷衍了事其实就是从轻处罚，属于不痛不痒。对这些罪大恶极的"五虎"和"五彪"，他们只给了个"削秩""革职"和"逮论"的处理。崇祯皇帝一看就火了："哦！这些罪大恶极、必须严惩的'五虎''五彪'，你们就给个'削秩''革职''逮论'的处理啊！不行！拿回去，给我重审！"

"削秩"就是降级、"革职"就是撤职、"逮论"是逮捕候审。对"阉党"骨干分子，这样的处理显然太轻了。就拿"五彪"之一的锦衣卫镇抚司提督许显纯来说，经他的手害死了多少人啊！比如，对杨涟的迫害。由于杨涟弹劾魏忠贤二十四项罪，被魏忠贤打入锦衣卫大牢。许显纯趁杨涟正在昏睡的时候，将装满沙土的麻袋压在杨涟的胸口，可是第二天一早，杨涟并没有被闷死。许显纯又用铜锤砸杨涟的胸膛，几乎砸断了他的所有肋骨，可是杨涟还是没有死；许显纯又将铁钉钉进他的双耳，杨涟昏迷了。可是，到了晚上杨涟又苏醒过来。第三天早上，许显纯将一枚大铁钉钉入杨涟的头顶，杨涟终于被迫害致死！

像这样的刽子手，用"逮论"是不可能结案的。这显然是在纵容包庇坏人。面对这样的审理结果，崇祯皇帝自然要发火了。三法司的官员们见崇祯皇帝发火了，知道这样敷衍不过去，只好把第一稿的处理意见拿回去，想新的办法应付崇祯皇帝。新办法没有，他们只能选择拖延。

又拖了很久，第二稿的处理意见终于拿出来，处罚比第一稿显然重了一些："削秩"改成"追赃"，"革职"改成"发配"，"逮论"改成"斩监候"（相当于现代的"死缓"）。崇祯皇帝一看这个处理意见，心想："这帮三法司的人显然不把我这个皇帝放在眼里，他们肯定还希望阉党复起，继续执掌朝政。可见，这帮人不是阉党分子，就是与阉党分子有瓜葛。靠他们根本不可能彻底清除阉党集团。必须要想一个釜底抽薪的办法，一举从根本上铲除阉党。"经过一番苦思冥想，崇祯皇帝终于想出了一个办法。

第三章

昭雪沉冤

崇祯元年正月的一天，崇祯皇帝派人分别奔赴魏忠贤和崔呈秀的老家，打开二人的棺材，将死了一个多月的两具尸体，魏忠贤凌迟，崔呈秀斩首然后暴尸，好在天寒地冻，尸体没有腐烂，同时派人把已经打死的客氏斩首暴尸，焚尸扬灰。

人已经死了，崇祯皇帝这样做的意义何在呢？有人甚至以此为由指责皇帝朱由检心理变态。其实，崇祯皇帝这样做至少要达到两个目的：

第一，提高量刑标准。

在崇祯皇帝看来，阉党首恶罪大恶极，死有余辜，死刑远远不足以惩罚他们的罪恶，必须用凌迟、暴尸、焚尸扬灰等残酷的方法来惩处他们。那么，根据罪恶的等级，其他阉党骨干至少是死刑了。

第二，震慑阉党分子。

此等酷刑虽然对死人没有意义，但是对活人尤其是对阉党分子，还是有震慑作用的。崇祯皇帝就是想以此等酷刑表明自己一定要严惩阉党集团的决心，并且告诉那些依然占据高位的阉党分子，不要试图通过包庇阉党骨干来保护自己，更别想蒙混过关。

崇祯皇帝明白，仅仅依靠残酷的惩罚手段是无法彻底清除阉党集团的。关键在于揭露那些隐藏得极深的阉党分子。为了实现这个目标，皇帝制订了一套自己的计划。有一天，他突然发布了一份考选令，通过考试选拔出言官。

言官就是专门负责给皇帝谏言，监督百官言行，发现谁有问题立刻弹劾的人。言官的作用可了不得，尤其是明朝，言官制度发展得很完善。

明朝的言官有两种：一种叫"给事中"，一种叫"御史"。

中国古代的朝廷都设六部，到了明朝针对六部，增设了六科，职能就是监察和弹劾六部的官员。六科的成员就是"给事中"。比如，兵科给事中，就专门监察和弹劾兵部的官员。

所谓"御史"，是都察院的成员，负责监察朝廷上下，朝内朝外所有官员。有些御史专门负责某一个地区，比如，云南道御史，主要负责监察云南地方的官员；有些御史专门负责某一个领域，比如，巡城御史主要负责监察城防和治安。

给事中分科，御史分道，所以他们又被称为"科道官"。当然，他们可以超出自己的监察范围，监督和弹劾任何有问题的人和事，甚至包括皇帝本人。

要说皇帝也受到言官的监督，大家也许不会相信，皇帝是全国最高领导人，在封建专制体制下，谁敢说皇帝一个"不"字儿呢？言官就敢！我给大家举个例子。

明朝初年，朱元璋刚当皇帝不久。有一天，一位巡城御史正在南京城奉天门巡察，突然看到几个太监领着一群女乐，也就是唱歌、跳舞、演奏乐器的女艺人，正朝奉天门走去。这位巡城御史立刻上前拦住这些人，并且大声喝道："站住！内宫制度规定，女乐不准入宫！"领头的太监说："我有圣旨！"巡城御史说："有圣旨也不行！"

这位太监没有办法，只好回宫向皇帝朱元璋禀报。朱元璋觉得这位认真的御史做得对，就让这位太监传他的口谕："女乐不再入宫，巡城御史你干得好，回去休息吧。"

可是，巡城御史不相信太监传的口谕，怕他一走，太监会把这些女乐再带进宫，因此，一定要皇帝朱元璋出宫亲自对他说才行。朱元璋只好穿上朝服走出宫门，对巡城御史说："你做得对，我已经反悔了，不再用女乐了，你可以休息了！"

这位巡城御史这才心满意足地下班，回家睡觉去了。

人们可能会认为，这巡城御史之所以这么大的胆子，是因为朱元璋开明。朱元璋是比较开明，不过，中国古代社会的确有一个悠久的传统，那就是不杀言官。当然，言官犯了其他罪行除外。历史上无论多么昏庸的皇帝，很少有胆量因言官进谏和弹劾而杀他们。因此，言官们的胆子就特别大，甚至连皇帝都惧他们三分。言官是以直言敢谏著称的，我们来看一则万历年间的记录。

有一天，万历皇帝和一群宫女、太监等在一起演戏，正玩得高兴的时候，忽然听到巡城御史大声呵斥的声音。这言官的声音特别洪亮，因为选拔言官的一个重要条件就是声音洪亮，所以打老远就听见这位言官的呵斥声。万历皇帝一听见巡城御史的声音，马上命令道："音乐停了，快停了！别唱了，都别唱了！"当大家都停了下来之后，万历皇帝无可奈何地说："唉！我真怕了这些御史！"怎么样？连皇帝都怕御史，这明朝的言官厉害吧？

必须承认，明代的言官制度对防止官吏腐败，限制政府官员甚至皇帝的权力，都起到了很好的作用。

但是，在"阉党"专政时期，刚直不阿的言官不是被迫害致死，就是被贬官。因此，许多言官为了自保，或者保持沉默，或者卖身投靠，已经基本上不起作用了。言官一旦不起作用，就会有两大弊端：

第一，朝廷失去了舆论监督。

言官制度实际上就是朝廷内部的舆论监督体制，阉党专政时期，就是要压制舆论，一旦言官不起作用，他们就可以为所欲为了，政治就会越来越黑暗。

第二，无法揭露隐藏的阉党分子。

许多阉党分子虽然作恶多端，但是都隐藏在暗处。崇祯皇帝刚刚登基，根本不知道谁是阉党，谁不是阉党，这就需要言官起来揭发。如果，言官不起作用，这些隐藏的阉党分子就有可能永远逍遥法外。

所以，崇祯皇帝要考选新的言官，让言官制度重新发挥作用。当新的言官选拔出来之后，崇祯皇帝立刻命令道："从今天开始，你们别的事先不管，专门揭发阉党分子。"有了皇帝的大力支持，新言官自然努力工作，老言官也反戈一击，很快在全国形成了一个揭批阉党集团的高潮，一大批身居要职的阉党分子被揭露了出来。

随着阉党分子的罪行逐渐被揭露，一个重大的历史问题——"东林邪党案"浮出了水面。从案情的表面上看，这是一起行贿受贿的经济案。行贿者叫熊廷弼，曾经出任辽东经略，也就是辽东地区最高军事长官。在他担任经略期间，从辽河以西到山海关以东的领土，都被金国占领了，因此朝廷将他判了死刑。为了免罪，熊廷弼向左副都御史杨涟等人行贿。事情败露之后，熊廷弼不但被处死，并且"传首九边"（也就是将首级斩下之后，在边关各地传看），杨涟等人被打入大牢，后来死于狱中。由于杨涟等人都是东林人士，因此这个案子被称为"东林邪党案"，受株连的东林人士有三百多人。

这"东林邪党案"之所以此时浮出水面，是因为这个案子是阉党专政时期的产物，既然魏忠贤已经被铲除，以他为代表的阉党集团被定成"逆案"，那么"东林党"也就不应该是邪党，这是顺理成章的事。因此，有人提出要为"东林邪党案"平反，而且提议的人越来越多，呼声越来越高。可是，崇祯皇帝对此却不置可否。皇帝的这种态度，立刻被"阉党"分子抓住。他们说："不能以魏忠贤为是非的标准，过去反对魏忠贤的人不一定就是对的。"主张为"东林邪党案"翻案的人，立刻针锋相对地加以反驳，并且为"东林党人"鸣冤叫屈。正在双方吵得不可开交的时候，崇祯皇帝站出来说话了。他说："朕总揽人才，一秉虚公，诸臣亦宜消融意见，不得互相抵訾。"[1]意思是，我会全面考虑问题主持公道的，各位大臣应该放弃成见，不要相互攻击。显然，崇祯皇帝不想拉一派，

---

① （清）外史氏辑：《圣朝新政要略》卷七。

打一派，使自己陷入朝党之争。

崇祯皇帝的态度是可以理解的。明朝末年的"朝党之争"异常激烈，朝廷被分为两个派系，面对任何事情都要争吵、相互攻击，根本无法达成一致。甚至有人认为，"朝党之争"是导致明朝灭亡的根本原因。那么，"朝党之争"是如何形成的呢？这要怪崇祯皇帝的祖父——万历皇帝。万历皇帝在位48年，其中将近30年不理朝政。

万历皇帝为何不理朝政呢？因为他生气了！生谁的气呢？生他手下所有大臣的气。事情是这样的：万历皇帝一直宠幸郑贵妃，郑贵妃生了个儿子，名叫朱常洵，排行老三。万历皇帝想立老三为太子，但大臣们认为"废长立幼"是动乱的根源，所以一致表示反对。为什么"废长立幼"就必然会发生动乱呢？因为嫡长子（即皇后所生的长子）只有一个，立嫡长子为太子时没有竞争；而皇帝的其他儿子却有很多，废长立幼将引发皇位继承权的争夺，导致天下大乱。因此，大臣们坚决反对万历皇帝废长立幼。无论万历皇帝如何努力，都无法说服大臣们。

万历皇帝非常苦恼，心想："我这皇帝当得实在是太窝囊了，竟然连想立自己喜欢的女人生的儿子为太子都做不到！那好吧，我什么都不管了。既然你们这些大臣们有本事，那就自己管去吧。"于是，万历皇帝一怒之下就不理朝政了，直到他去世前近三十年都不再理朝政，而将全部精力投入如何获取财富的事业上。他派遣太监到民间征收矿捐、矿税，结果闹得百姓们苦不堪言，怨声载道。

万历皇帝一旦不理朝政，整个朝廷便群龙无首。面对一些重大问题，大臣们的意见很难统一，因为他们不仅有自己的私利，而且背后代表着不同的利益集团。没有最高领导出面裁决，有着利害冲突的大臣们便陷入无休止的争吵之中。时间一长，利益相关、相近甚至相同的人，就逐渐地走在一起，朝臣中出现了一个个的小派别。最终形成了"东林党"和"齐楚浙党"对立的局面。

所谓"东林党"本来是东林书院讲学的一群文人。他们在讲学时抨击朝政，评价人物，其观点在全国形成了广泛的影响。因此，被反对他们的人诋毁为"东林党"。在中国古代"党"是贬义词，孔子曾经说过"君子不党"，意思是说，品质高尚的人不结党。而且皇帝也特别忌讳大臣们结党形成与他抗衡的势力。这样一来，"党"就成了朝中大臣们相互攻击的罪名。

所谓"齐楚浙党"，也就是同乡的官员结成小集团，"齐"是山东，"楚"是湖广，就是现在的湖南、湖北，"浙"是浙江。其中"浙党"势力较大，所以这几个小集团便以"浙党"为中心联合起来，这样一来，朝廷中就形成了两大政治集团的对抗。

两派之间在许多问题上存在着严重的分歧，有的时候是关于国家的大政方针问题，但有的时候是故意吵架，根本没有是非标准，不管正确不正确，你说对我就偏说不对，你说不对的我就偏说对。彼此之间互相排斥，最后闹得水火不容，这就是明朝末年的"朝党之争"。

万历皇帝驾崩，太子朱常洛也就是泰昌皇帝，即位仅二十九天也驾崩了，不到一个月连死了两个皇帝，朝廷政局顿时陷入混乱之中。在朝局动荡的关键时候，朱常洛的儿子朱由校，也就是天启皇帝，在东林人士的鼎力相助之下成功登基，使大明王朝平安渡过了一个政治危机。这样一来，天启年间初期，整个朝廷就成了东林人士的天下。内阁和各要害部门都由东林人士把持着，齐楚浙党处于受打压的状态。

可是，一件很小的偶然事件，开始改变了这种局面。将东林党引入一场灾难之中。

天启初年，左都御史高攀龙，到淮扬地区检查工作。这个高攀龙在当时可是一位影响极大的人物。说他影响极大，是因为他是东林书院的开创者之一，是东林人士的精神领袖，明末著名的思想家。他为人正直，为官清廉。当地百姓听说高攀龙来了，便向他告状。告的不是旁人，而是崔呈秀。崔呈秀当时是巡盐御史。中国古代盐业是国家专卖，巡盐御史就是专门监督检查盐业专卖工作的，他与高攀龙一样，也是一位言官。老百姓就向下基层检查的高攀龙告崔呈秀贪赃枉法。据知情者揭发："淮安一带出了个大强盗，为害一方，后来被官府抓住了。可是，崔呈秀到了淮安，收了那强盗的三千两银子，就把他放了。一个被政府通缉的要犯被抓住之后，崔呈秀收了他一千两银子，就把他放了。各级官员一见崔呈秀如此贪财，便纷纷来贿赂他。有问题的人只要贿赂他，他就不会弹劾；想升迁的人，只要贿赂他，他就一定会推荐。"高攀龙一听崔呈秀如此胆大妄为，立刻上疏吏部弹劾他。吏部尚书，也是一位东林人士，经过认真复查，认为崔呈秀的犯罪事实确凿，提议将崔呈秀革职，并发配边疆充军。

崔呈秀知道自己罪责难逃，连夜来到魏忠贤家。一进门儿，崔呈秀就给魏忠贤跪下，一边哭一边叫着："干爹救我！"魏忠贤见有人主动上门投靠，心中不由得大喜。据史书记载："当是时忠贤为廷臣，交攻愤甚，正思得外廷为助……得呈秀恨相见晚，遂用为腹心。"[①]意思是，魏忠贤当时遭到大臣们的攻击，正想在大臣们中寻找帮助，因此崔呈秀的投靠，让魏忠贤觉得相见恨晚，于是就收留了这个干儿子，并且从此将他当作自己的心腹。魏忠贤收留了崔呈秀之后，就指使亲信言官为他鸣冤叫屈，最后崔呈秀不仅恢复了官职，而且官位迅速攀升。崔呈秀就这样成了魏忠贤的死党。为了表示对魏忠贤的效忠，他将东林人士按照《水浒传》一百单八将的座次列了一张名单，供魏忠贤提拔亲信，排除异己时参考。魏忠贤心想："你东林党人不是瞧不起我吗？哼，我就专门打压你们！"齐楚浙党人，一见魏忠贤有如此大的能量，而且专门和东林人士过不去，便纷纷倒向魏忠贤，甚至卖身投靠。这些人迅速得到提拔，并且占据要害部门，阉党势力就这样逐渐形成了。实际上，所谓"阉党"就是掌握大权的太监与齐楚浙党人的联合。

东林人士虽然良莠不齐，有不少败类，但是大部分东林人士却能够信守儒家修身、齐家、治国、平天下的理想，以拯救世风为使命，以匡扶正义为己任，在阉党专政面前表现出与齐楚浙党人完全不同的政治操守。他们刚直不阿，清

---

① （清）张廷玉：《明史》卷三〇六《崔呈秀传》。

正廉洁；面对阉党专政，东林人士中的优秀分子们，为了维护国家和民众的利益，当然也为了维护皇帝的权威，纷纷给皇帝上疏，矛头直指魏忠贤。

其中的代表人物就是左副都御史杨涟。杨涟担任地方官时清正廉洁，深受百姓爱戴，被誉为"天下第一廉吏"。出任言官之后，他刚正不阿，敢于直言进谏。当魏忠贤蒙蔽皇上，权倾朝野，残害忠良，为非作歹时，杨涟不畏强权，挺身而出，向天启皇帝上疏，弹劾魏忠贤二十四条该杀之罪。这些罪包括：干预朝政，架空皇帝，残害忠良，扼杀皇长子，逼死怀孕妃子，操纵东厂太监，滥施暴行等。杨涟请求皇上，必须严惩魏忠贤。在奏疏的最后，杨涟警示皇帝说："掖廷之中，但知有忠贤不知有陛下；都城之内，亦但知有忠贤不知有陛下。"①意思是说，朝廷上下，京城内外，现在只知道有魏忠贤，而不知有皇上。

这段话是杨涟整个奏疏的关键，表明杨涟既洞彻魏忠贤的阴谋，也掌握皇帝的心态。他知道任何一个皇帝，都不会坐视自己被架空。皇帝看到此话，一定会下决心除掉魏忠贤。

杨涟写好奏疏之后，却犯了难。原因无他，只因当时朝廷上下都是阉党，都是魏忠贤的人，这封奏疏如果按照常规上奏，很难到达皇上手中。想要直达圣听，最安全最稳妥也是唯一的办法就是面见皇上，当面念给皇上听，这也是言官的权力。打定主意之后，杨涟就把写好的奏疏带在身上，准备第二天一大早上朝的时候，亲自读给皇上听。可是，皇帝这天却宣布不上朝，接着一连三天，皇帝都不上朝。杨涟没办法，只好把这份奏疏交给负责传递文书的官员。

果然不出所料，这份奏疏落到了魏忠贤的手里。他不识字，只能让别人念给他听。当听到一半的时候，魏忠贤吓得双手发抖，脸色惨白，半天说不出话来。他想："害死皇长子这事儿，是我和客氏在后宫悄悄干的，杨涟是怎么知道的呢？这样的奏疏，绝对不能让皇帝看到。"扣下了杨涟的奏疏之后，魏忠贤又设法哄着皇帝玩儿，继续不上朝，企图以此方式阻止杨涟见到皇帝。

---

① （清）张廷玉：《明史》卷二四四《杨涟传》。

可是，魏忠贤万万没有想到，杨涟的奏疏有副本。杨涟将奏疏的副本交给国子监的学生，这些学生们一见这份奏疏，齐声称赞，干脆书也不读了，课也不上了。四百多个学生一起动手，每天抄杨涟的奏疏，直抄得京城的纸都脱销了。就这样，杨涟弹劾魏忠贤二十四项罪的奏疏，以手抄本的方式在民间迅速传播。

当杨涟的奏疏在民间传得家喻户晓的时候，天启皇帝终于听到了一点风声，便召见魏忠贤，询问杨涟上疏的事儿。魏忠贤立刻恶人先告状，大声哭号着说："皇上啊！朝廷中有人要害我，而且还要害皇上，这个责任我可担当不起，皇上您还是免了我的职务吧。"天启皇帝没有理他的话茬儿，大声追问："奏疏在哪儿，拿来给我看！"魏忠贤心想："这下完喽，杨涟弹劾我的罪名，哪一条都能构成死罪！怎么办啊？"可是，在皇帝的严令下，魏忠贤又不敢抗命，只好硬着头皮跑回去把杨涟的奏疏拿给皇上。当魏忠贤把奏疏递给皇帝的时候，这心都提到了嗓子眼儿了。只见天启皇帝接过奏疏，随手递给身边的另一位太监说："念给我听！"那位太监接过杨涟的奏疏，打开一看就愣住了。天启皇帝催促道："快念啊！"那位太监定了定神，便细声细气地念了起来。唉！真是苍天不佑杨涟啊！为什么呢？因为，这位太监恰恰是魏忠贤的死党。他的反应太快了，他拿着杨涟的奏疏不是照着念，而是现编词儿。他太有才了，通过他的嘴，魏忠贤所有的罪状都不见了，变成了一些无关痛痒的话。天启皇帝有点纳闷儿了："听起来还不错嘛！我以为有什么大不了的事儿呢！"魏忠贤连忙申辩道："我说我是冤枉的嘛！"说完便号啕大哭起来。天启皇帝安慰道："好了，没什么大事儿，你该干什么就干什么去吧！"就这样，魏忠贤平安地渡过了弹劾危机。

魏忠贤渡过了危机，可是杨涟却倒霉了。魏忠贤觉得杨涟这个人太可怕了，他决心对杨涟以及所有弹劾他的东林人士实施报复。他利用权力，假传圣旨，将杨涟等人统统削职为民，撵回了老家。可是，不杀杨涟难解心头之恨，而且说不定哪一天他们又会卷土重来。但是，大明朝从来没有因弹劾而杀言官的先例，即使弹劾错了，最多革职罢官，削籍为民。所以，要想将东林人士赶尽杀绝，那得另想办法。

其实这种事儿，对魏忠贤来说的确没有什么难度。想好了主意之后，魏忠贤立刻去找锦衣卫镇抚司的提督许显纯。镇抚司是锦衣卫下属专门负责逮捕、关押、审讯和处死犯人的部门。许显纯就是这个部门的头儿。他是武进士出身，虽然读过一些书，但是生性冷酷，手段残忍，特别适合他从事的工作。许显纯投靠魏忠贤之后，专门帮魏忠贤排除和残害异己，成为"五彪"之一。魏忠贤对许显纯说："熊廷弼被判死刑之后，杨涟等人是不是一直都在想办法救他？"许显纯说："是啊，可这又能怎么样呢？"魏忠贤问许显纯："他们为什么要救熊廷弼呢？"许显纯想了想说："不知道，也许他们都是东林党吧。"魏忠贤提示许显纯说："你就不能说是杨涟他们收了熊廷弼的银子？"许显纯说："可是没有证据啊！"魏忠贤冷笑道："证据？这对你来说还不简单吗？"许显纯立刻心领神会。

得到魏忠贤的授意，许显纯便来到镇抚司监狱，提审一个特别的犯人，这个人名叫汪文言，这个汪文言的确很特别，他在家乡时是个监狱看守，因为犯了法逃亡到北京，后来花钱买了个功名，就一直在京城里混。他这个人的社会活动能力很强，无论是东林党，还是齐楚浙党，他都能说上话；从内阁辅臣到宫中大太监，他都有来往。正是由于他的这种活动能力，东林人士才委托他四处奔走营救熊廷弼。魏忠贤得知此事之后，觉得可以从这个人身上打开缺口，达到报复东林人士的目的。因此，魏忠贤就找了个借口将汪文言打入镇抚司大牢。

许显纯用各种酷刑折磨汪文言，让他揭发东林党人的罪行。无论怎么折磨，汪文言始终回答："不知道！"不是他坚贞不屈，而是他真的什么也不知道，关键是东林人士的确没有什么可以揭发的罪行。许显纯见汪文言如此死硬，就天天用酷刑折磨他。终于有一天，汪文言实在受不了了，他用微弱的声音对许显纯说："你们需要我承认什么，我承认就是了！"许显纯一下来了精神，连忙说："只要你说杨涟接受熊廷弼的贿赂，我就放了你。"汪文言沉默了一会儿，微弱的声音一下子变得很坚定。他说："这世上，不可能有贪赃的杨涟！"面对如此顽抗的汪文言，许显纯开始伪造口供。而且一边拷打汪文言，一边在他的眼前伪造口供。这招真够损的，因为许显纯不仅在肉体上折磨汪文言，而且在精神上摧残他。伪造完了口供，许显纯得意扬扬地念给汪文言听，汪文言突然拼尽体内最后的力量，发出一声怒吼："你不要乱写，我就是死了也会和你对质的！"这话提醒了许显纯，不能留活口，因此他一声令下，就把汪文言活活打死了。

魏忠贤拿到这份捏造好的供词之后，立即派锦衣卫去逮捕杨涟等人。

杨涟被打入镇抚司的诏狱之后，为了逼杨涟承认捏造的罪名，许显纯将镇抚司里的所有酷刑挨排用了个遍，将杨涟折磨得遍体鳞伤，奄奄一息。杨涟宁死不屈，为了揭露事情的真相，不顾伤痛在狱中写下了《绝笔》。可是，这《绝笔》却被每天奉命搜查监狱的看守发现了。看守看完《绝笔》之后，沉默了一会儿，一言不发地将它藏在室内的一尊关公像背后。过了几天，他又找机会将《绝笔》埋在牢房的墙角下，希望有一天能够把真相公之于众。

魏忠贤本来想屈打成招，然后让天启皇帝批准处死杨涟，把冤案做成铁案。可是，万万没有想到杨涟竟然如此坚强。这让魏忠贤既恨又怕，无计可施之下，魏忠贤索性一不做二不休，魏忠贤命令许显纯除掉杨涟，并且不能让人看出死亡的真正原因，企图让这个冤案死无对证。许显纯接到命令之后，便开始施展他的本事了。

在一个漆黑的夜晚，许显纯趁杨涟正在昏睡的时候，将装满沙土的麻袋压在杨涟的胸口，可是第二天一早，杨涟推开装满沙土的麻袋坐了起来。

许显纯见杨涟没有被闷死，就用铜锤将杨涟的肋骨全都砸断了，可是杨涟还是没有死；许显纯又将两枚铁钉钉进他的双耳，杨涟昏死过去。可是，到了晚上，杨涟又以顽强的毅力，挣扎着爬了起来，用自己身上的血，写下一封血书。血书写好之后，杨涟将血书藏在了枕头里。

第三天早上，许显纯见杨涟依然活着，便将一枚大铁钉钉入杨涟的头顶，这次再没有奇迹发生了，杨涟终于被迫害致死！四天之后，锦衣卫才通知亲友来认领尸体。当时正值盛夏，尸体从诏狱里拖出来的时候已经开始腐烂生蛆了！

魏忠贤为了消灭证据，下令仔细检查杨涟的所有遗物，一位看守发现了杨涟的血书。一开始，他如获至宝，准备将血书交出去领赏。可是，当他读了这封血书的内容之后，却改变了主意。他把血书藏在身上，悄悄地带回了家。他老婆知道后吓坏了，逼着他赶紧把血书交出去。可是，这位看守坚决不肯，他一边痛哭，一边重复着这样一句话："我要留着它，将来用它赎我的罪过。"三年后，魏忠贤等阉党首恶被铲除，这位看守拿出了这份血书。血书总共二百多个字，其中有这样一句话：

"仁义一生，死于诏狱，难言不得死所，何憾于天，何怨于人？"①

意思是，我一生仁义，却死在诏狱（诏狱是关押皇帝下诏逮捕的钦犯的监狱），不能说我死得不是地方，面对上天我没有遗憾，面对世人我没有怨恨。像杨涟这样一生仁义，忠于天子的人，却死于诏狱，这是何等的冤枉。可是，杨涟觉得他死得其所。因此，没有任何遗憾，也不怨恨任何人。受如此冤屈，遭这么大的罪，可是他却没有任何怨言！杨涟为什么会有如此的精神境界呢？杨涟在血书中说："我身为朝中大臣，身负先帝托孤的使命。我因忠于职守而死，所以我死得其所，我无愧于先帝和历代君王。"这些话表达了杨涟的信仰，他在血书的最后写道："大笑，大笑，还大笑，刀砍东风，于我何有哉！"②意思是，我始终以大笑面对死亡，刀可以砍杀我的生命，却杀不死我的精神。

我们的确在东林人士的身上看到了一种精神，一种不畏强暴，为理想献身的精神；一种为民请命，不惜粉身碎骨的精神。这种精神体现了我们这个民族的核心价值观，是我们这个民族历经磨难而终究不会灭亡的根本原因。

说到这儿，让我想起另一个故事，它更能说明东林人士这种精神境界的影响力。

这个故事发生在东林人士左光斗身上。他也是一位言官，由于弹劾魏忠贤

---

① （明）金日升：《颂天胪笔》卷上。
② （明）金日升：《颂天胪笔》卷上。

与杨涟同时被捕,是"东林邪党案"的成员之一,许显纯为了让左光斗承认捏造的罪名,对他实施了炮烙之刑,就是将人放在烧红的铁器里烤。左光斗的一位学生得知消息之后,心急如焚,每天等在监狱门外,想找机会到狱中探望老师。但是,监狱防守很严,不让任何人探望。这位学生花了五十两银子买通狱卒,装扮成清洁工由狱卒领进了监狱。当他终于见到自己的老师左光斗时,他被眼前的情形震撼了。左光斗的左膝下筋骨全部被打烂了,已经无法站立,人被烤得像焦炭一样。学生看着恩师的惨状,控制不住内心的悲痛,扑通一声跪倒在地,抱着老师的双膝,失声痛哭!炮烙之刑烤瞎了左光斗的双眼,但是他却能够听出是自己最喜欢的学生来看他,便大声地骂道:"蠢东西!这是什么地方,你怎么到这儿来了!国家已经烂成这样了,我也是要死的人了,可是你却不顾生命危险,置天下苍生于不顾,跑到这儿来看我,奸人们会因此陷害你的,还不快走!"左光斗见这位学生不动地方,便发起脾气来,大声说:"再不走,看我不杀了你!"一边说一边要用身边的枷锁打自己的学生,可是他已经拿不动那枷锁了。左光斗的学生无法抑制内心的悲痛,一句话也说不出来,泪水不停地往下流,他跪在地上默默地给恩师磕头,与恩师告别!

二十年后,这位学生站在扬州城头,面对城外的清军,他暗暗发誓:"我绝不能对不起我的恩师!"后来,扬州城陷落,他被清军俘获,誓死不肯投降而被杀害。他就是著名的民族英雄:史可法!

崇祯皇帝终于被东林人士的这种精神境界所感动。他不再保持"公允"的态度,开始旗帜鲜明地为东林人士平反昭雪。并且下令严惩那些残酷迫害东林人士的阉党骨干分子,罪大恶极的许显纯被斩首。经过一年多的努力,将三百一十多名阉党分子从官僚队伍中清除出去,近百名受迫害的东林人士官复原职,正义终于得到伸张。崇祯皇帝登基以来的第一件大事,彻底铲除阉党集团,可以说干得非常漂亮。接着,崇祯皇帝要实施他的新政了。

第四章

推行新政

崇祯皇帝对他的新政推行，心里也没有什么具体的方案，他只是想革除朝廷中的一些弊端，这些弊端集中表现为朝廷官员的腐败现象，因此，崇祯皇帝在彻底铲除阉党集团之后，决心要惩治腐败。针对朝廷官吏中普遍存在的腐败现象，皇帝朱由检提出了"文臣不爱钱"的号召。"文臣不爱钱"这句话出自南宋民族英雄岳飞的名言。岳飞说："文臣不爱钱，武将不惜死，天下太平矣！"可以说，崇祯皇帝登基之后所追求的目标就是天下太平，如果天下太平，大明王朝的中兴就有希望了！

　　崇祯皇帝多么希望天下能够太平啊，因此他在不同场合多次对他的大臣提出"文臣不爱钱"的要求，可是对皇上的要求，朝廷上下并没有引起多大的回应，既没有人反对，也没有人响应，人们该干什么干什么，一切依然如故。正在崇祯皇帝不知道如何惩治腐败的时候，他收到了一份奏疏。这份奏疏让崇祯皇帝精神为之一振，原来终于有人对他提出的"文臣不爱财"的要求做出回应了，而且观点鲜明，意见尖锐。崇祯皇帝立刻召集群臣开会。

　　当各位大臣陆续到齐了之后，崇祯皇帝就让写这份奏疏的言官，将自己的奏疏念给大家听。这位言官叫韩一良，是新上任的户科给事中。

韩一良曾经担任过陈留知县（陈留现属河南开封）。这个县特别穷，韩一良上任之后，重视发展农业生产，同时兴办学校，推行儒家的道德教化，使全县的社会面貌有了很大的改观，当地百姓称赞韩一良，"二百年来无此官"。

在阉党专政时期，魏忠贤大搞个人崇拜，在全国各地给自己修建生祠，可是，韩一良却不信那个邪，偏偏不跟风，坚决抵制给魏忠贤修生祠，因此，尽管韩一良工作很有成效，却一直得不到升迁。

韩一良在担任陈留知县期间，为官一直很清廉，因此，崇祯皇帝登基之后，他以"清官第一"的名义，被提拔为户科给事中。

这位勤政爱民、不畏强权、为官清廉的韩一良，一上任就给崇祯皇帝上奏疏，回应皇帝提出的"文官不爱钱"的要求，要与朝廷内部的腐败现象进行坚决的斗争。

韩一良在皇上的支持下，大声地念他的奏疏，可是，他的奏疏并没有弹劾谁，反而开篇就说："文臣不爱钱是不可能的！"大臣一听都大吃一惊，立刻安静下来，竖起耳朵听韩一良到底想说什么。

韩一良这份奏疏的头开得真好，没有空话、套话，没有对皇上的恭维，反而直接反驳皇上提出的口号，一下子就把所有大臣的注意力全部吸引过来。大臣们认真地听韩一良的理由。韩一良为了论证自己的观点列举了四个理由：

用韩一良的话说："彼原以钱进，安得不以钱偿？"[1]意思是说，这官本来就是花钱买来的，所以要用钱来偿还。韩一良还列出了不同官位的价格表。比如，"一督抚也，非五六千金不得；""督抚"，就是总督、巡抚，总督相当于现在的大军区司令，巡抚相当于现在的省长。这样的职位，没有五六千两银子是拿不下来的；"道府之美阙，非二三千金不得。""道府"也就是道台、知府，道台，是副省级官员，知府是地级领导，这样的职位，至少也得二三千两银子；至于县长和副县长这样的七品小官，也都各有定价；甚至国子监的入学资格，衙门

---

[1] 谈迁：《国榷》卷八十九。

里办事的公务员，都能用钱买到。花这么多钱买官，当官之后自然要想方设法挣钱，不然，这买官的钱如何偿还，岂不成了赔本的买卖？

不仅买官需要花钱，而且当了官之后还得继续花钱，为什么呢？因为，在官场上混，必须得行贿，否则你就寸步难行。韩一良只当过县官，他只能以县官为例。那么，县官又是怎么行贿的呢？韩一良具体列举了四项行贿的内容：

其一，给上级领导报账。上级领导花钱花出了许多亏空，他们就会到下级的衙门来打白条子，可是这些白条子根本没有地方报销，县官只好掏自己的腰包垫上。

其二，给路过领导送礼。每年总会有许多比我们大的官路过我们的县城，给这些人必须得送礼。如果不送，你就会得罪他；你如果要想巴结他，这是个好机会，自然会送得更多。

其三，给顶头上司送礼。我们的顶头上司，每年都会代表朝廷到地方视察工作，慰问下属，对此我们应该表示感谢吧？仅这一项，我们每年就得花五十两，甚至一百两银子。

其四，通过述职考核。每当我们的任期届满的时候，都必须进京去述职和接受考核，没有个三四千两银子，那是根本无法过关的。

列举完这四大开销之后，韩一良大声地问道："那么，这么多的银子从哪儿来呢？能从天上掉下来吗？不可能！能从地里长出来吗？更不可能！那就只好去贪污了。所以，要让州县一级的官员不爱钱，是根本可能的！"

对于其他职位的文臣韩一良不了解，因为他现在是言官，所以就拿言官说事儿。这言官就是专门监督朝廷百官，发现谁有问题立刻弹劾的人。可是韩一良却认为，"言官是受贿的罪魁祸首"，为什么呢？因为，"言官就像抹布，只知道挑别人的毛病，可是自己却越来越脏"。韩一良以自己为例说："我这个人从来不爱钱，仅仅两个月之内，我就已经拒绝了各种送礼高达五百两银子。我还属于那种不善交际，人际关系比较简单的人。如果关系再复杂些，交际再广泛些，那得收多少钱啊！"

韩一良说："有一些言官，专门以弹劾的权力吓唬人，那些有问题的人当然怕被弹劾，所以会想方设法用钱买言官闭嘴。这样的言官倒不是真的要弹劾谁，主要是用这种方法骗钱。像这样的人，那银子还不跟流水一样流进他的腰包啊！"

韩一良在奏疏的最后乞求皇上，要大力惩治腐败，对那些最大的贪官，一定要杀一儆百。从而，让所有官员觉得贪钱是龌龊的行为，贪钱会给自己带来杀身之祸，只有这样文臣才可能不爱钱。

等到韩一良念完他给皇上的奏疏之后，崇祯皇帝又将韩一良的奏疏递给在场的大臣们传阅，让他们发表自己的意见。大家你看我，我看你，谁也不说话。这些腐败现象大家都看得到，而且自己也不可避免地参与其中，说什么好呢？什么也不好说，只有沉默。沉默了很久，皇帝不高兴了，大声问道："怎么都不说话？"这时一位内阁大学士看到场面有些尴尬，便出来打圆场说："韩一良所说的这种社会现象，应该区别对待。一种属于交际，一种属于纳贿。"皇帝问道："这有什么区别呢？"这位大学士回答："所谓'交际'也就是亲朋好友之间的馈赠，这是人之常情，礼尚往来，不能算是腐败；至于'纳贿'，主要是因为有些人想花钱获得荣耀和改变地位，这也是情理中的事，况且这样的人太多了，数都数不过来，这怎么惩治啊！"

这位内阁大学士所做的区别很有道理。人与人之间的礼尚往来，亲朋好友之间的相互馈赠，虽然是一种不好的社会风气，但的确还不属于腐败现象。真正的腐败，也就是这位内阁大学士所说的，花钱获得荣耀和改变地位，用今天的话说就是"权力寻租"、权钱交易，用钱买动公权为私利服务。比如，花钱买通掌握公权的高官，或者使自己的官职得到升迁，或者让自己获得丰厚的利润。可是，这位内阁成员却认为，这是人之常情，法不治众！他实际上是在为普遍存在的腐败现象作辩护。

当时，崇祯皇帝听了这位大学士的"腐败合理论"之后，并没有理会他的观点，而是高声表达了自己的看法。皇帝认为，韩一良能够打破情面，他的忠诚和正直实在难得，应该得到褒奖。于是，皇帝决定破格使用韩一良，任命他为"右佥都御史"。但是，这一任命引起了大臣们的不满和议论。他们认为，这也提升得太快了吧，只不过是一份奏疏而已。

据我们所知，御史是明朝的言官，而"都御史"则是御史的领导，都察院的长官。而"佥都御史"则是都御史的助理，有左右两位，官职为四品。原本韩一良是户部给事中，官职为七品，但此次一下子成了右佥都御史，官升三级。这就好比今天有一位处长，突然升为副部长。难怪众大臣们都感到惊讶，认为他的升职速度太快了。

尽管如此，皇帝已经做出了决定，主管官员升迁与考核的吏部尚书不得不恭敬地回复了皇帝的指示。不过，他心里其实非常不痛快。因为韩一良所弹劾的内容都是官场上的腐败现象，这些都属于吏部尚书管辖的范围，这次弹劾的矛头有意无意地指向了他。吏部尚书是官场老手，他虽然内心非常愤怒，但却和颜悦色地对皇帝说："言官揭露问题必须实有所指，不能凭空瞎说。我请求皇上让这位言官再说得更具体一些，究竟谁是贪官，而且谁是最大的贪官，请说出姓名。什么人，在什么时间，什么地点收受了多少贿赂，都必须有确凿的证据。这样，皇上才好下令惩处，我们也才好引以为戒啊！"

崇祯皇帝一听觉得很有道理："对啊！韩一良，你让我惩治最大的贪官，那请问最大的贪官是谁？"韩一良却毫无准备，只得回答："我揭露的都是一些表面现象，具体事实我得等到平定辽东边患之后再进一步调查，并详细向皇上汇报。"崇祯皇帝心想："这怎么回事？让你揭露最大的贪官，跟平定辽东边患有什么关系？"于是他命令韩一良立即告诉他谁是最大的贪官。韩一良被逼无奈，只好承认："具体姓名我说不上，只是听说而已。"崇祯皇帝一听大怒："你就是凭着听说就上疏给我了？"韩一良回答："是的，只是听说。我上疏的目的只是揭露目前官场中的现象，并未实名举报具体人。"事实上，韩一良知道的最大的贪官也许就在场，但他没有足够的证据，也不敢乱说。

然而，崇祯皇帝迫切地想清除腐败，一定要韩一良立刻说出具体事实和人名。韩一良无可奈何，只好回答："有四种人可以重点调查。"崇祯皇帝追问："哪四种人？"韩一良回答："第一种是已被弹劾但事实有待进一步核实的人；第二种是口碑极差但仍在高位掌权的人；第三种是资历浅薄但突然升职重任的人；第四种是四处游说寻求晋升机会的人。"

崇祯皇帝不满地说："这跟没说一样，我要你说出最大的贪官姓名！"韩一良回答："我现在说不出来。"这引起了崇祯皇帝的愤怒，他大声斥责道："我给你五天时间，必须查清事实，告诉我贪官的具体姓名！"

韩一良一听傻眼了："天哪！五天之内查清事实，说出贪官的具体姓名？这怎么可能呢？皇上也太急了吧！"但皇帝下令要他必须指名道姓地说出谁是最大的贪官，他不能抗旨，只好回家去想办法。五天之后，韩一良果真列举了几个贪官的名字，报给了皇上。

崇祯皇帝接到韩一良的第二份奏疏之后，再次召集群臣，继续讨论惩治腐败的问题。崇祯皇帝对韩一良说："你在奏疏上列举的那几个贪官我都知道，他们这几个人，早在天启年间就已经处理了，根本不需要你现在弹劾。你当我是谁啊，拿几个已经处理过的贪官来糊弄我！"说完这话，崇祯皇帝把韩一良的第一份奏疏拿出来，亲自大声地朗读起来。当念道"我拒绝收各种送礼，钱数达五百两银子"的时候，崇祯皇帝停了下来，转过身问韩一良："这五百两银子都是什么人送的呢？"韩一良心想："糟了，皇上这是要拿我开刀了！"连忙随口应付道："臣有交际簿在。"崇祯皇帝大声追问："交际簿在哪儿？"韩一良被逼无奈，只好说："风闻而已！"

这句话可把崇祯皇帝给惹火了，他厉声训斥道："又是'风闻'！别人受贿你可以说是风闻，人家给你送银子，你怎么可能'风闻'呢？你韩一良就用这'风闻'二字来搪塞我。难道就让我靠这'风闻'二个字来惩治腐败吗？"

崇祯皇帝训斥完韩一良之后，便转过身来对旁边的大臣们说："这个韩一良，两道奏疏前后矛盾，第一道奏疏，言之凿凿地说有最大的贪官，建议我惩处，可是第二道奏疏却拿几个前朝处理的贪官来应付我。根本说不出谁是最大的贪官，更没有任何证据。"

说完又转过身来继续训斥韩一良说："我看你这个右佥都御史也别当了，你以为这都御史是那么容易当的吗？那得有真本事！"众大臣们见皇上不仅发怒，而且收回了五天前对韩一良的任命，便纷纷上前劝谏说："皇上您说话要算话，虽然这个韩一良，也不是什么人才，我们也不是可惜他，但是，陛下毕竟已经提拔他为右佥都御史了，您不能出尔反尔，这会影响皇上您的威信啊！"

崇祯皇帝怒气未消，愤愤地说："你们这会儿怎么又替他说好话了？他既然不知道谁是最大的贪官，为什么还轻易地上奏呢？哦，在纸上这么随便地说说，我就给他一个都御史当，天下哪有这么便宜的事！"说完这话，崇祯皇帝突然大喝一声："韩一良给我出列！"韩一良连忙从后排来到皇帝面前。崇祯皇帝接着训斥说："你的两道奏疏，前后自相矛盾，显然你自己心里就根本没底。朕本想问你的罪，看在你是言官的分儿上，暂且饶你一次。不过，这言官你也别当了，回老家该干什么就干什么去吧！"

就这样，韩一良被革职为民了。

你说这位崇祯皇帝怎么能够说翻脸就翻脸呢？前几天还对韩一良要求惩治腐败的奏疏大加赞赏，并且给予他连升三级的待遇。可是五天之后，崇祯皇帝却将韩一良革职为民。这种变化之快，让人难以接受。然而，也难怪崇祯皇帝出尔反尔，因为韩一良实在是个书呆子。惩治腐败是一件非常艰难的事，崇祯皇帝和韩一良都忽略了一个任何历史时期都无法逃避的事实，那就是：人们能感受到腐败现象的存在，但是真的要让你拿出证据来，指出具体的人和事，非常困难。为什么呢？因为所有腐败的事情，都是见不得人的"暗箱操作"。所谓"暗箱操作"，就好比人的大脑，我们只知道人有思维、情感等精神现象，但是这些现象究竟是如何产生的，人的大脑内部是如何活动的呢？我们都无法知道。因此，当我们愤怒地指责腐败现象的时候，大多数情况只能泛泛而论，根本无法掌握腐败现象背后的真实过程。

如果只是泛泛而论，那么不需要证据。但是，一旦向皇上上疏要求惩治腐败，那么就不能泛泛而论了。这就好比今天你想反腐败，写一篇世人都知道的关于腐败现象的论文，然后寄给反贪局或者纪检委，那又有什么意义和作用呢？如果手中没有具体的事实和证据，更不敢或者根本无法指名道姓，那么你让有关部门如何惩治腐败呢？惩治腐败必须以事实为依据，以法律为准绳，封建社会同样如此。因此，纸上谈兵行不通，反腐败的空头理论更是无用的。不过，崇祯皇帝也太心急了，五天之内找到腐败的证据，无论是谁也做不到。

　　就在崇祯皇帝一怒之下，将韩一良削职为民后不久，崇祯皇帝又收到了一封奏疏。这份奏疏是上任刚几个月的工部尚书写的。工部主要负责工程建设，这个新任的工部尚书一上任，就发现他领导下的工部在招商、采办等方面存在重大的腐败问题，简单地说，就是负责招商和采办的官员层层收回扣。比如，工部的一项采买，本来发银一千两，可是到了具体的商人手中，就只有三四百两了。崇祯皇帝一看这份上疏，说得有理有据，有事实，有具体人。这就和几天前那位韩一良的泛泛而论完全不一样了。崇祯皇帝一下子又来了精神。

　　崇祯皇帝突然召集有关方面的大臣到文华殿议事，引起了大家的疑惑和关注。当大家各自站在自己的位置上，静候皇帝发话时，文华殿中一片肃静。突然，崇祯皇帝高声叫出了两位言官——工科给事中王都和陕西道御史高赍明，让他们到他面前来。

　　崇祯皇帝厉声责问两位言官："朕命你们到工部的工厂和仓库去巡视，清除舞弊和腐败现象。可是你们是怎么做的？为什么一千两的经费，到了商人手里只剩下三四百两了？而且不等货物入库，这钱在京城门外就被瓜分了？"

　　王都连忙解释说："经我巡视的仓库，都是发一千满一千，发一百满一百，从来没有过以二八比例吃回扣的问题。"

　　皇帝心里暗自发笑，心想："哼，不打自招了吧？我只说一千两变成三四百两，并没有说什么'二八分成'啊？"王都这一说露馅了，崇祯皇帝心里更加确定有腐败现象存在。便进一步追问道："不经过你的批准，谁敢瓜分？他们今年是没有按二八吃回扣，那是去年。今年的回扣涨了，是四六了！一千两吃得只剩下三四百两，你们这些巡察官发现问题，为什么不及时制止？今天我让你到这儿来回话，你怎么还敢跟我支支吾吾地不说实话？"

跪在一旁的高赉明心想："糟了，皇上什么都知道了，这一定是新上任的工部尚书把内幕捅给了皇上。不承认已经不行了，可是承认吧，这罪名实在不小！"所以他连忙解释说："也不算是吃回扣啊！商人和工匠领银子的时候，需要给办事部门交'支使钱'，给主管官员交'常例钱'。各级官员收取的这些钱，我们只是听说，没有发现证据，所以没有上报。不是我们故意隐瞒。"所谓"支使钱"用现在的话说，就是"辛苦费"，人家办事部门毕竟为你跑腿儿；所谓"常例钱"，就是习惯如此，大家都这样做，已经成了规矩，是潜规则。崇祯皇帝听了高赉明的辩解之后愤愤地说："这些事朕早就听说了，不用你在这儿跟我解释，现在事情已经搞得太不像话，你们还敢在这里狡辩！"

王都大声说道："陛下，为臣的确有难处！我……"但崇祯皇帝不容分说地打断了他的话，"不必狡辩了！来人！"几个锦衣卫立刻出现在殿内，"给我拿下！"王都和高赉明，立刻就被锦衣卫押了下去。内阁辅臣上前求情，但崇祯皇帝对他们不予理睬。接着，对那些负责监察的言官们说："存在这么大的弊端，你们为什么知道了不说？是官官相护，还是包庇同类？"这些言官们个个哑口无言，不敢吱声。崇祯皇帝愤怒地追问道："你们为什么不报告？我要你们这些言官是干什么吃的？"在皇上的再三追问下，一位言官战战兢兢地走出来，跪倒回奏说："这二八抽回扣的风气，是由来已久的弊端……"还没有等他说完，崇祯皇帝不耐烦地一挥手："废话少说，回到你的位置上去！"这位言官灰溜溜地退了回去。

这时，新任工部尚书觉得有些尴尬，便向皇上求情道："乞求陛下，还是宽恕他们吧！"但崇祯皇帝断然拒绝道："不行！绝不宽恕！"一看这位新任工部尚书脸上露出为难的样子，便安慰他说："这样的腐败现象，许多大臣已经多次向我报告过。我早就知道这些事情，不是因为你的上疏才处理他们的。所以，你不要有什么顾虑，安心上你的班吧。"

此时，锦衣卫的负责人上前向皇帝汇报说："王都和高赉明两位人犯，已拿到朝房候旨。"皇帝冷冷地回答："知道了！"司礼太监以为皇帝的会见就要结束了，便高喊："结案！"但崇祯皇帝不高兴地说："结什么案，把案子给我抬过来！"几个太监把皇帝写批复用的案子抬到皇帝跟前。崇祯皇帝打开工部尚书的奏疏，提笔在上面批道："将王都、高赉明革职，交刑部严刑追赃，并速将结论报给我。"内阁辅臣们看了之后都觉得对二人的处分太严了，纷纷为他二人求情，可是，崇祯皇帝根本听不进去。

从整个案情看，王都和高赉明未必是贪官，只是知情不报，这与收取回扣的贪官毕竟是有区别的，如果把他们当作贪官处理，很可能会制造冤案。崇祯皇帝未必不明白这一点。崇祯皇帝抓住他们两个不放主要就是因为他心太急了。崇祯皇帝的心急有两个原因：

第一，急着要惩治腐败。

崇祯皇帝听说建筑工程招商和材料采购过程中有吃回扣的现象，所以才派这两位言官去调查，结果他们知情不报。是官官相护，还是也收受了好处，那就不得而知了。如果所有的言官都如此，那么惩治腐败就根本不可能了。

第二，急着实现天下太平。

崇祯皇帝推行新政，渴望天下太平的心情太急切了！用崇祯皇帝自己的话说："此时不矫枉振颓，太平何日可望？"[1]意思是，现在如果不使用矫枉过正的方法惩治各种弊端，那么太平的日子什么时候才能到来啊！

刚处理完工部官员吃回扣的问题，崇祯皇帝又收到一封弹劾驿站腐败问题的上疏。

所谓"驿站"，在中国古代社会，主要是用来传送情报、接待来往官员的，很像现在各级政府的招待所、接待办、驻京办等，并且具有邮政局的功能。明代使用驿站，有严格的规定，必须有官府开具的"勘合"，也就是准许使用驿站

---

[1]（清）汪楫：《崇祯长编》卷十五。

的证明。可是，政府官员自己使用完驿站之后，"勘合"不上交，送给亲戚朋友反复使用；而且在使用驿站的时候，不满足于正常的招待，无限制地提高招待规格。驿站无力支付的时候，就通过摊派和无偿使用的方式，把费用转嫁到驿站民夫和周边普通百姓的身上。在明朝末年，驿站已经成为政府职能部门腐败的重灾区。针对驿站的腐败现象，言官们多次上疏弹劾，崇祯皇帝也多次下旨要求兵部严格管理。但是，多年来的积弊，仅靠一纸命令，根本不见成效。

就在崇祯皇帝已经拿驿站没招的时候，一位名叫刘懋的刑科给事中给皇帝上疏，建议皇帝裁撤驿站，这样做既能惩治腐败，又能减少财政开支，还可以减少百姓的负担。崇祯皇帝对刘懋的建议极为赞赏地说："裁之一字甚有理。"[①]立刻任命刘懋为兵科给事中，具体执行裁撤驿站的工作。因为驿站隶属于兵部，刑科给事中管兵部的事，渠道不顺，所以皇帝就给刘懋调整了工作，并且赋予他很大的权力，所有使用驿站的"勘合"必须在刘懋那里登记，使用完驿站之后，必须到刘懋那里注销。

在皇帝的支持下，刘懋大刀阔斧地开始整顿驿站。主要措施有三项：其一，撤销多余的驿站；其二，裁减富余的人员；其三，严格使用权限。除了公事和军情之外，私人一律禁止使用驿站。一年下来，裁掉了二百多个驿站，为政府每年节省白银六十八万余两，这相当于崇祯元年全年财政收入的五分之一，这个数字是相当可观的。但是，这些钱仅仅表现在账目上，还没有进入国库就被各级官员以种种借口挪用一空了。裁撤驿站侵犯了既得利益者的利益，他们对主持裁撤驿站的刘懋群起而攻之，刘懋终于顶不住压力，辞职回乡了。

由此可见，崇祯皇帝惩治腐败的努力，并没有收到预期的效果。具体原因可以归结为三条：

第一，缺乏新意。

崇祯皇帝所谓"新政"，没有什么新内容，无非是提高行政效率，惩治腐败

---

① （清）汪楫：《崇祯长编》卷二十。

等，这些举措被历代有作为的帝王所采用。比如，裁撤驿站和对驿站使用的严格限制，无非是恢复了大明朝的祖制。

第二，急于求成。

崇祯年间，可以说是百废待兴，问题非常多，需要长时间艰苦努力才能改变。可是，皇帝朱由检铲除阉党之后，恨不得一夜之间，就让大明王朝中兴，结果适得其反。因为，崇祯执政时期，中国古代社会进入了两个意义上的末期，一是，历时一千八百多年的中国封建社会已经进入末期，无论是文化观念还是社会制度，都背负了沉重的包袱；二是历时二百八十多年的大明王朝也进入了末期，政治的黑暗、制度的腐败都非常严重，可以说是积重难返。改变这种局面，需要花相当长的时间才行。而且，一项新政出台，没有任何相应的补充措施，往往会产生始料不及的负面效果。比如，驿站裁撤之后，上万人失去了工作岗位，再加上连年大旱，失去生活保障的驿卒只好走上揭竿而起的道路，其中就有后来成为农民起义领袖的李自成。

第三，不得要领。

明朝末年积重难返的问题，主要源于制度本身，所以，要想使大明王朝中兴，必须从体制改革入手。但是，崇祯皇帝根本不可能这样做。因为，他根本没有意识到问题的症结在什么地方，不可能想到是制度本身出了问题，所以他只能头疼治头，脚疼治脚。比如，惩治贪官，他只能要求举报最大的贪官，根本不可能意识到如何改变产生贪腐现象的社会根源。人是不能超越历史局限的，长期生活在深宫中的朱由检更不例外。朱由检的社会地位决定了他不可能对大明王朝进行自上而下的社会变革。

由于以上三个原因，崇祯皇帝的新政和他惩治腐败的举措，虽然取得一些成效，但最终只能是不了了之。

第五章

欲平边患

皇帝朱由检在推动惩治腐败的工作时遭遇了巨大阻力，因此未能达到预期的成果。然而，他的新政还有其他许多内容。除了惩治腐败外，皇帝朱由检还急切需要着手展开收复辽东的重大事项。

　　"辽东"一词有两个意义。第一个意义是地理意义上的"辽东"，指辽河以东地区，东部与建州女真毗邻，北部与蒙古察哈尔部相邻，南部则与朝鲜隔鸭绿江相望，包括现今辽宁省东部和南部以及吉林省西南部地区。第二个意义是行政区划上的"辽东"，在不同的朝代中定义不同。在明朝，辽东指的是辽东都司所管辖的区域，大致相当于现在的辽宁省大部分和吉林省一部分。

　　皇帝朱由检迫不及待地要收复辽东，实际上是因为这个地区发生了一些事情。这就得从万历四十四年（1616）说起了。这一年的正月初一，女真首领努尔哈赤，在统一了女真各部之后，在赫图阿拉城（今辽宁新宾县永陵镇）举行仪式，将原来隶属于大明朝的建州，改称金国，也就是说，努尔哈赤正式宣布建国了。为了区别南宋时期女真人建立的金国，人们称努尔哈赤建立的金国为"后金"。努尔哈赤自称"大汗"，也就是皇帝，年号"天命"，表示他这皇帝是老天任命的。从这一天开始，大明王朝的辽东地区的东部出现了一个与大明王朝分庭抗礼的政权。

这金国一成立，似乎并没有受到天命的眷顾，反而遭到连年大旱，境内粮食奇缺，百姓们开始逃亡，国家的根基发生动摇。努尔哈赤为了摆脱经济危机、转移社会矛盾，下决心要向西进入辽东平原，发动一场以抢夺粮食、财富，劫掠人口为主要目的的战争。后金地处辽东以东的长白山地区，要想向西进入辽东平原，有两个重镇挡住了他们的道路，哪两个重镇呢？一个是正西方向的抚顺（今辽宁抚顺市），一个是西南方向的清河（今辽宁本溪清河城）。要想进入辽东地区，必须先拿下这两座重镇。

努尔哈赤一时无法决定先攻击哪个城镇，因为这两个城镇相邻且互为犄角，攻击其中一个可能会陷入两面夹击的危险境地。此外，攻城战对于八旗铁骑来说是弱点，一旦强攻，将导致很大的伤亡。这使得努尔哈赤非常为难。在他的六十大寿庆祝宴会上，皇太极建议："父汗，我们最好先攻打抚顺。"

努尔哈赤不解地问："为什么呢？"

皇太极解释说："四月八日到四月二十五日，抚顺城将举行马匹交易会，吸引了各地商人的到来。我们可以派遣装扮成贩马商人的勇士混入城中，然后我带领五千士兵趁夜摸到城下，点火作为信号，里应外合一举拿下抚顺城。"

努尔哈赤觉得皇太极的主意太妙了，当即拍板说："好！就这样定了，咱就先打抚顺城！"

但是，当皇太极完成攻打抚顺的各项准备工作后，努尔哈赤又开始犹豫。这是因为，抚顺是明朝在辽东地区的军事重镇，如果后金攻打抚顺，就意味着正式对明朝宣战。既然要宣战，就需要以合适的名义来宣示，这个名义必须真实可靠，同时能够激起女真人对明朝政府的仇恨。为此，努尔哈赤确实费了不少心思。

最后，努尔哈赤终于凑足了七条理由，他将其称为"七大恨"，并且对天诏告，制造社会舆论。如果是现代社会，那就叫"通电全国"。其核心内容是控诉明朝政府对女真人的压迫，大致可以概括为三个方面：

其一，明朝政府军杀害了努尔哈赤的祖父和父亲；其二，明朝政府蚕食女真人的土地、抢割他们的庄稼，杀害他们的使者；其三，明朝政府实行民族分裂政策，对女真各部拉一派打一派。

有了这"七大恨"，努尔哈赤对大明朝发动的这场战争似乎就有了"正义性"。其实，所谓战争的"正义性"，对于发动战争的人来说，就是打仗的借口。

不过，从今天的角度看，努尔哈赤能够提出这"七大恨"来，说明明朝政府的民族政策是失败的，给努尔哈赤煽动民族仇恨提供了口实。明朝政府对比较弱小的民族一直采取强制性的同化政策，对势力稍强的少数民族则采取分化瓦解或分而治之的政策。这些做法，必然激起少数民族的强烈不满。再加上明朝政府官吏腐败、欺压百姓，军队官兵杀良冒功、暴虐无道，进一步激化了民族矛盾。因此，努尔哈赤的"七大恨"在女真人内部具有很强的号召力。这样一来，就使得这场本意是劫掠财富、摆脱经济危机和转移社会矛盾的不义之战，披上了正义的外衣。

然而，无论是后金的建立，还是努尔哈赤宣布对明朝政府的"七大恨"，都没有引起明朝政府的足够重视。在明朝政府和军队毫无防备的情况下，皇太极里应外合的计划成功了，后金军队出其不意一举拿下抚顺城。几天之后，辽东总兵张承胤率军前去讨伐，结果中了努尔哈赤的埋伏，主力部队全部被歼，张承胤本人战死。此战，后金国缴获战马9000匹、甲胄7000副，实力大增。

努尔哈赤攻陷抚顺之后，并不占领它，而是把人口、牲畜、粮食、财物劫掠一空之后，将抚顺城夷为平地。然后，派骑兵排成一百多里长的横队，对抚顺周边地区像篦头发似的篦了一遍，五百多个村镇，被抢劫一空，掳获人畜30多万，编为千户，迁到赫图阿拉城附近地区为后金从事劳动生产，其实就是当奴隶。此时的后金还没有能力扩张领土，只是用劫掠来的大批粮食、金银、布匹等财富来缓解其经济危机。

由于明朝政治腐败、官员无能、军备松弛，努尔哈赤攻陷抚顺城，简直不费吹灰之力。抚顺一战成功得太容易，而且利益又非常丰厚，这一下极大地刺激了努尔哈赤及其将领们的贪欲。尝到了战争的甜头，这战争就一发不可收拾了。《孙子兵法》说："合于利而动，不合于利而止"[1]，的确揭示了战争的一项重要规律。因此，为了获得更大的利益，努尔哈赤决定再攻打清河城。怎么攻呢？既然用里应外合的方法攻打抚顺获得成功，那么，打清河自然会故技重演。于是，努尔哈赤再度派人化装入城，里应外合一举攻破了清河城。然后，又将清河城周边地区的粮食和财富劫掠一空。这就有点儿像强盗作案，第一次作案成功，便每次作案都用同样的手法，从而形成习惯。后金在攻打辽东其他重要城镇的时候，几乎都采用里应外合的手法，让明朝守军是防不胜防啊！

努尔哈赤攻陷抚顺、清河之后，觉得这明朝真是不堪一击，不仅胆子更大了，而且态度更加蛮横，手段更加残暴。他将300多名被俘的村民押到与明朝交界的抚顺关斩首，只留下一个活口将他的双耳割掉，然后令他给明朝政府送信。努尔哈赤在信中说："你们如果认为我做得不对，那就约个时间和我决战；如果不敢决战，那就是认为我做得有道理，拿钱来，我们就不再进攻了！"这口气简直就像个占山为王的土匪！

抚顺、清河失守和总兵张承胤战死的消息传到北京，再加上努尔哈赤蛮横无理的态度，整个朝廷都震惊了！多年不理朝政的万历皇帝大声惊呼："虏势益张，边事十分危急！"[2]皇帝立刻下令，动员全国的力量，决心将努尔哈赤一举歼灭。

明朝政府集中了将近十万人马，还联合了朝鲜和女真的叶赫部，号称四十七万，兵分四路，以合围之势向后金都城赫图阿拉扑了过去，企图一举消灭努尔哈赤的后金。对后金来说，这是一场生死存亡的决战，后金能否存在，关键在此一役。

当这十万大军集结完毕，准备发起进攻之际，大雪突袭而来。这对于明朝来说，真是天公不作美；然而，对于后金而言，这却是老天爷在施以援手。因

---

① 《孙子兵法·九地篇》。
② （明）程开祜：《筹辽硕画》卷三。

为，白茫茫的大雪给明军大部队的行动带来了极大的困难，使得进攻的日期不得不一拖再拖。然而，这却给了后金充分的准备时间，让努尔哈赤对明朝军队进攻的方案了如指掌。

针对明军分进合击的战术，努尔哈赤果断地收缩兵力，准备集中优势兵力各个歼灭来犯之敌。用努尔哈赤的话说："凭尔几路来，我只一路去。"①这是一种战术思想，也是一种信心，努尔哈赤天生就是为战争而生的，他一直在捕捉战机，也在等待他的敌人犯错误。

离赫图阿拉城最近的是西路大军，这是明军的主力，共有六万人马。西路总指挥杜松率领他的西路人马，先期从抚顺出发，直接向赫图阿拉城扑去。杜松这个人，久经沙场，打仗勇猛，为人十分骄横。他要抢头功，所以出发前他就喊："谁也不要和我争，努尔哈赤的人头是我的！"一副志在必得的样子。

从地图上看，所谓的"分进合击"并非从四个方向同时进攻。因为，后金国与明朝的分界是南北走向。四路人马，北起开原（今辽宁铁岭开原市），中间是抚顺、清河，最南是宽甸（今辽宁宽甸满族自治县），呈弧形纵向排列。除了从抚顺出发的西路是正面进攻之外，其他三路都需要长途迂回包围，尤其是南路，路程最遥远，因为要迂回到赫图阿拉城的东面。这样一来，如果要想形成对赫图阿拉城的合围之势，必须等到其他三路人马到达指定位置之后，同时发动进攻才能奏效。这是最普通的军事常识。

可是，距离赫图阿拉城最近的杜松，为了抢头功最先发动了进攻。这样一来，当其他友邻部队还在分路迂回、根本没有到达指定位置的时候，他的提前进攻，就把自己最先孤立地暴露在后金的主力面前。因此，当杜松的部队刚刚渡过浑河，抵达南岸的萨尔浒时，就中了努尔哈赤的埋伏，杜松的部队全军覆没，杜松本人战死。

另一位总兵马林从最北面的开原出发，从西北向赫图阿拉城扑了过来。但

---

① （清）谷应泰：《明史纪事本末补遗》卷一。

是，半路听说杜松兵败，立即停止前进，刚准备安营扎寨，就遭到突然袭击，马林大败而逃，北路全军覆没。坐镇沈阳的总指挥杨镐得知两路人马全被打败的消息之后，立即下令从南路进攻的李如柏和从南向东迂回进攻的刘綎停止前进。

李如柏倒是听话，不敢再前进了。可是，刘綎却不听号令，继续深入后金的腹地，向赫图阿拉城逼近。刘綎不听号令，其中有两个原因：其一，他这个人打仗非常勇猛，是一位骁勇善战的将军，根本不把女真人放在眼里；其二，后金的主力都集中在西北方向与杜松、马林决战。所以，他带着部队深入后金三百多里，没有遇到多大的抵抗，还取得了一些小的胜利，这就使刘綎更加骄狂了。可是，当后金主力在消灭了杜松和马林两路人马之后，迅速南下，将孤军深入的刘綎团团围住。一场激战之后，刘綎这员骁勇善战的大将阵亡了。至此，整个战役全部结束，这就是历史上著名的"萨尔浒之战"，后金大获全胜，明军惨遭失败，损兵折将六万余人。

萨尔浒一战，明朝军队在财力、物力、兵力等方面都占据明显的优势，却吃了败仗，其中的原因有四个：

第一，急于求成。

当皇帝的就怕自己的天下出事，一旦出事他恨不得立刻将它平息。万历皇帝即使平日不理朝政，也迫切希望辽东战事能很快地结束。同时，兵部、户部这些负责调集兵员、筹集军饷的大臣们，怕这仗打的时间太长了，兵员没地儿招募，军饷无法凑齐，所以都主张速战速决。这就对参战的将士形成了一种压力，使得他们个个心浮气躁、急于求成，从而对战场局势做出错误判断。

第二，轻敌冒进。

朝廷上下，都太小瞧这个刚诞生不久的后金了，低估了这个新近崛起的对手，以为大军一到辽东，胜利便指日可待，都想一仗解决问题。轻敌再加心急，必然会冒进。一旦冒进，就会暴露自己的破绽，给敌人提供战机。

第三，决策失误。

指挥打仗的将军，应该懂一些基本的气象知识，至少应该知道辽东地区在这个季节的天气情况。可是，急于求成的明朝将军们，选择冬天进军，甚至不顾茫茫大雪天与努尔哈赤决战。这就使部队陷入了困境。

第四，指挥不当。

虽然明朝有部队十几万，在数量上处于优势，但是，当明朝的十几万大军分兵四路，而努尔哈赤的后金军队合兵一处的时候，在战场的局部，强弱的对比就发生了变化。再加上明朝将领步调不一致，争功冒进，从而使努尔哈赤能够集中优势兵力，逐个击破明朝的军队。

再加上后金的八旗铁骑战斗力极强，单兵决战，明军士兵根本不是其对手，而且明军士兵大多来自湖广、四川等省，不习惯辽东冰天雪地的气候，所以明军惨败。

可以说，萨尔浒之战，奠定了后金也就是后来清朝的基业。萨尔浒一战取得完胜之后，后金开始迅速扩张。先向北，拿下开原和铁岭，再向西攻陷沈阳，再向南占领辽阳。然后，渡过辽河，进入辽西地区，袭取广宁等城。结果，整个山海关以东，除了辽西走廊之外，基本上都成了后金的天下。

辽阳是辽东都司府所在地，是明朝政府在辽东地区的政治、经济中心，后金占领辽阳之后，努尔哈赤很快就将首都从赫图阿拉城迁到辽阳。努尔哈赤迁都辽阳有两个重要意义：其一，宣布明朝在辽东地区的统治彻底结束；其二，努尔哈赤将以辽东地区为基地建立自己的帝业。后来，努尔哈赤又把首都从辽阳迁到沈阳。努尔哈赤将首都迁往沈阳的意图也有两个：其一，准备向西进攻中原；其二，准备向北联合蒙古。努尔哈赤将首都迁到沈阳之后，在那里大兴土木，建造皇宫，仿照明朝的政治制度，建立和完善后金的政权体制。后金的总体实力虽然还很弱，但是它的八旗铁骑却所向披靡。一个大明王朝的劲敌，隔着山海关虎视眈眈；一个新崛起的政权，时刻准备入主中原。

这就是朱由检继位时辽东的局势。朱由检着急收复辽东，也是迫于形势。其中有两个原因值得我们思考：其一，当时有一种说法叫："天下安危系九边，九边之首在辽东"，意思是，天下的安危靠长城维护，而辽东则是整个长城防线的重中之重，因此，辽东地区的战略地位十分重要；其二，崇祯皇帝登基之后就希望天下太平、中兴大明，而收复辽东则象征着这一目标的实现。因此，当皇帝朱由检彻底铲除了"阉党"集团之后，他立刻任命袁崇焕为兵部尚书兼右副都御史，督师蓟、辽、登、莱、天津军务，相当于现在的河北、辽宁、山东、天津等地最高的军事长官。这在当时，可是除了内阁首辅之外最大的官了。那么，皇帝朱由检把这么大的权力交给袁崇焕，除了希望尽快收复辽东，朝中也一直有人极力推荐袁崇焕。理由是：袁崇焕打败过金兵，而且他不怕死，不爱钱。

袁崇焕有四大特点：

第一，文武双全。

袁崇焕是进士出身，所以有着足够的文化知识积累。同时，他自幼喜读兵书，兵学素养很深厚。比如，他在福建任邵武知县的时候，没事总和一个老兵一起讨论辽东战局。在谈到兵法谋略时，张嘴就来，倒背如流。后来到宁远带兵，他身先士卒，作战非常勇敢。

第二，忠心爱国。

袁崇焕本是进士出身的文官，虽然36岁才担任邵武知县，不知何时才能有升迁的机会，但这是一条没有多大风险的仕途，到退休时怎么也能混到四品。对于中国传统的读书人来说，能混到四品就不错了。可是，袁崇焕却选择去辽东，这是一个充满危险的地方。他一直有建功立业的梦想，希望能够一展胸中抱负，更希望能够恢复国土，报效国家。

第三，为官清廉。

袁崇焕一生都很清贫，仅靠自己那点俸禄生活。比如，他父亲去世，他连回家的路费都没有，是靠同僚和朋友凑钱他才回的家。他在福建邵武做知县时，人们评价他"不入一钱"[1]，就是一文钱也不贪污。袁崇焕死后是"家无余赀"[2]，

① （清）查继佐：《罪惟录》卷三十二。
② （清）张廷玉：《明史》卷二五九《袁崇焕传》。

就是家中没有任何积蓄。这在贪污成风的明朝官场上，是极其难能可贵的。

第四，胆大妄为。

这其实是两个特点。先说他的胆大：当后金铁骑占领辽河以西，明军退守山海关之后，有一天，袁崇焕一个人骑着马出山海关考察。回来之后他对自己的上司说："给我部队、马匹和钱粮，我就能守得住宁远。"宁远就是现在的辽宁兴城，是山海关外的一个军事重镇。

这说的是袁崇焕的胆大，再说他的妄为：有一回，袁崇焕奉命核查一位副总兵贪污军饷的事儿，核查确有其事，这位副总兵也承认了。袁崇焕全然不顾法度，当场就把这位副总兵给砍了，这位副总兵手下的士兵不干了，抄起家伙就要跟袁崇焕拼命，好在总兵出面，才安抚了差点儿哗变的士兵。

就是这位袁崇焕，虽然守宁远城有功，但是受阉党排挤，只好以有病为借口，辞职回了广东老家。正当袁崇焕在家闲待着没有事儿的时候，接到了崇祯皇帝的任命，他立刻动身赶往北京。

从广东到北京，袁崇焕在路上足足走了三个多月。袁崇焕一进北京，皇帝朱由检迫不及待地立刻召见袁崇焕以及有关方面的负责人，专门讨论收复辽东的问题。皇帝朱由检一见袁崇焕便关切地问：

"你跋涉万里，一路风尘，前来进京赴任，实在辛苦了！建州女真已经在东北边疆为患十年之久，导致土地沦陷，生灵涂炭。爱卿啊！你有什么好办法能够平定辽东，赶快告诉我！"

袁崇焕回答说："平辽方略臣都写在给陛下的奏折里了。陛下对臣有知遇之恩，臣一定会竭尽全力回报。"这些都是套话，关键是最后一句。袁崇焕说："'如陛下愿假以便宜计，五年全辽可复'。"[1]意思是，皇上您如果给我灵活处置事务的权力的话，那么，五年之内，我就可以收复整个辽东！

崇祯皇帝一听五年就可以收复辽东，真是大喜过望啊！他高兴地说：

---

① （清）张廷玉：《明史》卷二五九《袁崇焕传》。

"太好了！五年收复辽东，这就是最好的平辽方略。如果成功，我给你封侯。这可是解民倒悬的好事，希望你加倍努力，你的子孙也可以世世代代享福了。"明代规定，除非特殊功勋，异姓不能封侯，因此，崇祯皇帝要给袁崇焕封侯，这是多么大的一个承诺啊！在一旁的内阁辅臣们一听袁崇焕说"五年全辽可复"，一个个欢欣鼓舞，纷纷称赞道："哎呀！这袁崇焕真是胆识过人啊，真是一个奇才啊！"

可是，在场的兵科给事中对袁崇焕的豪言壮语却表示怀疑。我曾经介绍过，这兵科给事中就是专门监察兵部官员的言官。这位兵科的言官，觉得有必要给这位新任的兵部尚书提个醒儿，所以他趁皇上去休息的机会，把袁崇焕悄悄叫到一边儿，轻轻地问道："你有什么好办法能够五年收复辽东？"

袁崇焕心想："如何收复辽东的方法，那得亲自跟皇上说，跟你说有什么用？弄不好又找个碴儿弹劾我了。"所以，袁崇焕随意应付道："圣心焦劳，聊以是相慰耳。"①意思是，皇上为辽东的事那么操心，我只是用这话安慰皇上。

这位兵科给事中一听袁崇焕这句话，不禁大吃一惊，心想："天啊！吹牛都吹到金銮殿了！"便小声警告袁崇焕说："上英明，安可漫对，异日按期责效，奈何？"②意思是，皇上非常英明，你怎么敢随便说这种大话应付呢？五年之后，你如果收复不了辽东，怎么向皇上交代？

袁崇焕微笑不作声，一副胸有成竹的样子。

这袁崇焕到底有什么本事，他怎么敢在皇上面前吹这个牛呢？

袁崇焕可是个了不起的人物，他的确有吹牛的资本！为什么这么说呢？

举个例子，1626年，也就是天启皇帝驾崩的前一年，努尔哈赤亲率6万大军，号称14万一路南下，势如破竹，辽河以西的八座城池不战而降。金国大军很快兵临宁远城下，宁远城已经是一座孤城。宁远就是现在的辽宁兴城，是努

---

① （清）张廷玉：《明史》卷二五九《袁崇焕传》。
② （清）张廷玉：《明史》卷二五九《袁崇焕传》。

尔哈赤过山海关、进兵中原的必经之路，战略地位极为重要。当时宁远城的守将就是袁崇焕。他严词拒绝了努尔哈赤的招降，然后，用剑划破手指，写血书激励全体将士，亲率一万多军民，决心与宁远城共存亡。

袁崇焕不仅有胆有识，而且手中还有最新式的武器，那就是英国制造的红衣大炮，这种大炮，炮身长、管壁厚、射程远，而且弹头射出去会开花，对密集的骑兵冲锋具有特别大的杀伤力，是当时世界上最先进的火炮。袁崇焕在宁远城上架设了十一门这样的红衣大炮，以极强大的火力，将攻城的八旗铁骑炸得血肉横飞，尸积如山。后金大军只攻了三天城，便突然悄悄地撤兵了。

人们不禁要问：进攻势头如此凶猛的八旗铁骑，为什么只打了三天就突然撤了呢？据史书记载："炮过处，打死北骑无算，并及黄龙幕，伤一裨王。"①意思是，红衣大炮打死了无数后金的骑兵，并且击中努尔哈赤的黄龙幕帐，炸死了一名裨王，也就是小王爷。金国人认为出师不利，用皮革裹着小王爷的尸体，一路哭着撤退了。有人据此推测，那"裨王"其实就是努尔哈赤。因为，宁远战役不久，努尔哈赤果真死了。许多人认为，是袁崇焕的红衣大炮打伤了努尔哈赤，所以后金撤退了。

这个说法普遍被人们所接受，而且许多文学和影视作品都采用了这个观点，但是，我认为这个说法很难成立，其中有两个疑点：

疑点一：如果努尔哈赤是被红衣大炮所伤，那么，为什么袁崇焕报告宁远大捷的奏折和皇帝表彰袁崇焕的圣旨，都对此只字不提呢？

疑点二：努尔哈赤宁远战败是1626年正月的事儿，可是努尔哈赤却死于这一年的八月十一日，其间过了八个多月的时间。在这段时间里，努尔哈赤并没有闲在家里养伤，反而一直在忙于备战。四月份还亲率大军征伐蒙古，五月击溃明朝将领毛文龙对鞍山的袭击。根本不像是一个身负重伤的人。

清代官方的史书说努尔哈赤是得病而死，但是究竟得的是什么病，却只字

---

① （清）张岱：《石匮书后集》卷十一《袁崇焕列传》。

不提。所以说，努尔哈赤究竟是怎么死的，至今还是一个谜！

其实，后金退兵另有原因。

原来努尔哈赤见进攻宁远城伤亡惨重，便避实击虚，分兵进攻宁远的粮食补给基地觉华岛（现称菊花岛）。该岛离宁远十八里，其中海上距离八里。由于后金都是骑兵，没有水师，所以袁崇焕没有想到努尔哈赤会进攻觉华岛。可是，当时是正月，那年的天气又特别冷，海面结冰，海岛与大陆连成一体。虽然守岛士兵凿开冰面，但是凿开的地方很快又冻上了。没有大海作屏障，觉华岛无险可守，无城可防。后金铁骑长驱直入，很快就攻下了觉华岛。岛上的七千名官兵全部战死，七千名商人和百姓全被屠杀，两千艘战船被焚毁，努尔哈赤缴获了二十万石粮食。"二十万石"是个什么概念呢？就是一千二百吨，是十万大军半年的口粮啊！这对努尔哈赤来说，简直是个意外的收获，为了将这二十万石粮食搬回家，努尔哈赤只好撤兵，搬不走的全部放火烧了。

虽然觉华岛损失惨重，但是袁崇焕毕竟取得了宁远保卫战的胜利。是否炸伤努尔哈赤，他究竟怎么死的已无关紧要。关键在于，宁远一战让后金一直所向披靡的攻势受到了有力的遏制，大明与后金之间的战事进入战略相持阶段。明朝方面完全被动挨打的局面得到扭转。

正是这位袁崇焕，打破了八旗铁骑不可战胜的神话，遏制了后金大军南下西进的势头，使整个辽东战局发生了根本性的变化。所以，他才敢夸下海口："五年全辽可复。"

皇帝朱由检休息片刻之后回到大殿，与袁崇焕继续讨论平辽方略。

皇帝朱由检满心欢喜地对袁崇焕说："五年之内，你如何收复辽东啊？"

袁崇焕实事求是地对皇上说："辽东的局面是四十年积累下来的结果。要想根本解决辽东问题，的确非常艰难。要想五年复辽，必须答应为臣的几个条件，而且事事都必须落实，否则'五年复辽'根本不可能。"

袁崇焕的意思是说，我提的条件皇上你能答应而且做到，五年就能够收复辽东。否则，五年根本不可能收复辽东，而且责任也就不在我了。

收复辽东心切的崇祯皇帝立刻问道："什么条件，你尽管提。"

袁崇焕说："必须保障辽东将士打仗所需要的全部军饷。"

崇祯皇帝一听马上答应："这没有问题。"然后，转身对户部负责军饷的官员交代说："尽力去筹办，一定要保证前方不短缺军饷。"

袁崇焕接着提要求说："今后运到辽东打仗用的各类武器装备，必须是最精良的，而且使用起来必须得心应手。"崇祯皇帝同样一口答应，然后指着工部负责武器装备的官员说："今后运送到辽东打仗使用的武器，必须将制作工匠和监造官员的姓名，都铸在兵器上，出了质量问题，也好追究他们的责任。"

皇帝答应得爽快，袁崇焕的胆子也就更大了。他继续提要求："吏部和兵部在用人方面必须按照我的要求办。该用的人用，不该用的人立刻罢免。"这显然是朝皇上要人事任免权啊，这可是个敏感问题。可是皇上想都不想，转身对吏部尚书和兵部尚书说："立刻照办。"

所有相关部门的大臣都在场，这是一次现场办公会。"五年全辽可复"这句话，对皇上起的作用真是太大了，简直是要什么给什么。袁崇焕大着胆子进一步提出更高的要求。他说："以我的力量，制服辽东绰绰有余；但是，我却没有办法让朝廷的大臣们都满意。况且，有人会因功妒忌我，必然会对我说三道四，这虽然并不能阻碍我做事，但却足以动摇我的意志。"

听了袁崇焕的这一要求，皇上似乎觉得有些为难。因为，袁崇焕这是要求皇帝压制朝廷舆论。因此，朱由检站起身来在大殿内踱步，略加思索之后回答说："对此我心里有数，你不必介意那些闲言碎语。"

袁崇焕见皇帝如此信任和支持自己，马上表决心说："臣如果不能马到成功，收复故土，还有什么脸见皇上？"看看皇上没有什么反应，他便暗示皇上说："不过，臣才疏学浅，希望皇上给予指示和教训。"

崇祯皇帝还是没有明白袁崇焕的意思，答非所问地说："哦，你的回答井井有条，不必谦虚。希望你实现五年收复辽东的诺言，抓紧时间出关吧，辽东人民都在盼望你的到来呢！"

　　袁崇焕欲言又止。这个时候站在一旁的一位内阁大臣明白了袁崇焕的意思，连忙提醒皇上说："请皇上赐给袁崇焕尚方剑，并且赋予他'便宜行事之权'。"

　　皇上这才恍然大悟，连忙表示同意。就这样，袁崇焕获得了一个军事统帅所能获得的最高权力和君主的绝对信任。这是在未来战争中取得胜利的必要条件。袁崇焕提出的所有条件，皇帝朱由检都做出了口头的承诺，并且获得了尚方剑和"便宜行事之权"。

第六章

平定兵变

按理说，有了崇祯皇帝的承诺，这袁崇焕没有了后顾之忧，应该赶紧去辽东上任，可是这袁崇焕也不知道怎么回事，就是迟迟不出发，在京城里一泡就是半个月，这崇祯皇帝纳闷儿了，你袁崇焕到底想干什么？你要的条件我都答应了啊！前方战事这么紧张，你迟迟不去上任，你到底什么意思啊？

　　实际上，袁崇焕之所以迟迟不愿上任，是因为他后悔了。他在崇祯皇帝面前夸口要在五年内收复辽东，现在却发现自己说话太过冲动。他感到后悔大概有五个原因：

　　第一，皇帝的态度让袁崇焕感到有压力。袁崇焕本来想提一些皇帝很难答应的条件，如果皇帝不答应，那正好，收复不了辽东就有了借口。可是，没想到崇祯皇帝竟然如此痛快地答应了他的所有条件。皇帝急切的心情，对五年收复辽东的期待，让袁崇焕感到压力非常大。

　　第二，"五年全辽可复"的工作目标太难实现了。一旦崇祯皇帝认了真，答应了袁崇焕提出的条件，袁崇焕就要冷静地面对现实了。后金占领辽东之后，在那儿又是建都，又是修皇宫和衙门，完全把辽东当成自个儿家，怎么可能轻易放弃。所以，要想收复辽东，尤其是五年收复辽东，那可真是太难了，甚至是不可能的。

第三，袁崇焕怕崇祯皇帝不讲诚信。崇祯皇帝虽然答应了袁崇焕的所有要求，可那都是口头承诺，到时候能不能兑现，各级官僚能不能配合，都很难说。虽说"君无戏言"，但是皇帝要不讲诚信，大臣也无计可施，而且，其他大臣也不一定买他袁崇焕的账。

第四，袁崇焕担心崇祯皇帝做不了主。大明王朝虽然是专制制度，但是皇帝也并不是什么事情都能自己做主的。有些事情，如果大臣们拼命反对，皇帝也无能为力。比如，万历皇帝想要立自己的三儿子为太子，就因为大臣的反对，而没有达到目的。最让袁崇焕放心不下的是皇帝身边的一些言官，这言官就是专门监督百官言行的人，发现谁有问题就弹劾谁。言官的作用可是了不得，在当时就是一种舆论监督，皇帝也怕舆论压力，所以言官的弹劾可能会影响皇帝的意志，改变皇帝的承诺。对此袁崇焕深有体会。天启七年（1627），皇太极进攻朝鲜，返回沈阳后直接包围锦州。袁崇焕当时驻军宁远，自己没有亲自带兵去救援锦州结果言官就弹劾袁崇焕，说他"暮气"，天启皇帝听信了言官的话，逼得袁崇焕不得不辞职回家。

第五，在袁崇焕之前的几位前任下场都不好。努尔哈赤发动对明王朝的战争初期，辽东经略是杨镐，当时还是在天启年间。他在朝廷多次催促之下，对后金仓促用兵。他集中十几万大军，分兵四路进攻赫图阿拉，结果被努尔哈赤逐一消灭，这就是历史上著名的"萨尔浒之战"。"萨之浒之战"失败之后，杨镐被打入大牢，后来被杀。

杨镐的接替者叫熊廷弼，朝廷同时又任命王化贞为巡抚。王化贞虽然有胆略，但是他对后金的军事力量估计不足，主张主动出击，甚至提出要在三个月内荡平后金。熊廷弼则主张长期坚守。这样一来，二人一主战，一主守，造成"经抚不合"的局面。可是，王化贞的冒进政策得到了朝廷中那些急于求成的大臣们的支持。于是，王化贞率领重兵驻守广宁——辽河西岸重镇，而熊廷弼手里只有几千名士兵，经略已徒有虚名，完全被架空了。王化贞不听熊廷弼的意见，准备以投降的明将作为内应，发动进攻。可是，还没等他的计划实施，努尔哈赤趁辽河结冰，跨过辽河，围攻广宁以西的西平堡。王化贞没有识破努尔哈赤"围城打援"的计谋，派出去救援的三万明军中了努尔哈赤的埋伏，全军覆没。与此同时，努尔哈赤打入广宁的卧底挑起兵变，打开城门，后金里应外合拿下了广宁城。王化贞只身狼狈地逃出广宁，来到右屯见熊廷弼。王化贞在熊廷弼面前痛哭流涕，熊廷弼嘲笑地问王化贞说："你那个六万军队三个月荡平后金的计划，进行得怎么样了？"王化贞承认自己指挥失误，建议熊廷弼设法阻击后金军队，可是，熊廷弼决定，全部撤回山海关。退到关内不久，王化贞在阉党头目魏忠贤的支持下，将辽东战事失利的责任全部推到熊廷弼身上。熊廷弼被杀，而且传首于九边，也就是将首级在长城各边境重镇传着看。

接替熊廷弼担任辽东经略的是孙承宗。他一上任，立刻着手建立宁锦防线，整顿辽东守军，提高了部队的战斗力，并且积极准备，恢复辽西，收复辽东。孙承宗担任辽东经略四年多，重用了袁崇焕等一大批人才，不但扭转了原先的那种颓败之势，而且使整个辽东形势变得越来越好，以宁远城为中心，逐渐向前推进二百里，形成了坚固的宁锦防线。孙承宗功高权重，誉满朝野。魏忠贤一心想把孙承宗拉到自己一边，试探了几次，都被孙承宗拒绝了。因此，魏忠贤对孙承宗怀恨在心。先是在天启皇帝面前诬陷孙承宗"拥兵叛逆"，但是天启皇帝没有理会。后来，孙承宗手下一位总兵作战失利，被阉党分子抓住把柄，群起弹劾孙承宗。气得孙承宗辞职回乡了。

有了以上这五个原因，袁崇焕肯定会后悔，但是就算是后悔，他也没办法甩手不干。辞职回家更无可能，崇祯皇帝不可能同意，那可是欺君之罪啊！再说，袁崇焕自己也不甘心！硬着头皮继续干下去？难度太大了。唯一的办法，就是向崇祯皇帝上疏，请求放宽收复辽东的期限。袁崇焕在给皇帝的上疏中讲了一些具体的方略和忧虑之后，便直截了当地说："法在渐不在骤，在实不在虚。"[1]意思是

---

[1]（清）张廷玉：《明史》卷二五九《袁崇焕传》。

说，要想收复辽东，必须循序渐进，不能急于求成，而且所有的方法都必须切实可行，不能吹嘘和夸张。袁崇焕要表达的意思很明白：这活儿我接了，皇上您给的条件最好别变，只是再多宽限几年行不？袁崇焕显然是要收回他"五年全辽可复"的承诺了。这岂不是食言而肥，欺君罔上？

崇祯皇帝肯定不可能同意。崇祯皇帝之所以对袁崇焕有求必应，正是因为他做出了"五年全辽可复"的承诺。所以，对袁崇焕，皇帝什么条件都有可能答应，就是这放宽期限的要求不可能答应！崇祯皇帝不仅不答应袁崇焕放宽期限的要求，而且对袁崇焕拖拖拉拉、迟迟不去辽东赴任的表现有些不满。崇祯皇帝看着袁崇焕的上疏心中在想："这都半个多月了，你袁崇焕怎么还不出发去辽东，老在北京磨蹭啥啊！老是担心我不信任你，怕我周围的人说你的闲话。真是的！我难道就没有自己的主见？我把能给的权力都给你了，还让我怎么信任你啊！你明摆着是不信任我嘛！"想到这儿，崇祯皇帝这心里就有几分不高兴了，可是转念一想："收复辽东还非袁崇焕莫属，那就多写几句好话安慰安慰吧！"于是，崇祯皇帝批复道："嘉其忠劳久著，战守机宜，悉听便宜从事，浮言朕自有鉴别，切勿瞻顾。"①意思是说，长期以来，你的忠诚和辛劳，应该受到嘉奖。是战还是守，完全由你灵活掌握。至于那些闲言碎语我能够辨别。你就别再瞻前顾后了，赶紧去辽东上任吧！

在崇祯皇帝的催促下，袁崇焕不得不启程前往辽东上任。然而，他在离开北京不远的路上就接到了一条令人不安的消息，令他的脸色顿时变了。原来，大明王朝在辽东地区的边境重镇——宁远城发生了一起兵变！

说起宁远城，熟悉明史的人都知道，就是现在的辽宁兴城，它位于山海关与锦州之间，是明军建立的宁锦防线的中心点。当年袁崇焕就是在宁远城，带领他的关宁铁骑击败了努尔哈赤和皇太极的两次进攻，从根本上扭转了辽东的局面。宁远城是整个宁锦防线最重要的据点。驻守这里的士兵发生兵变，可能

———————————

① （清）汪楫：《崇祯长编》卷二。

会引起整个宁锦防线的连锁反应，如果他们投降后金，里应外合，整个宁锦防线就会全线崩溃，山海关也将不保。后金大军一旦攻破宁锦前线、占领山海关，从山海关到北京，也就无险可守，无城可防。从山海关到北京只有几百里路，八旗铁骑几天就能赶到，北京随时可能遭到直接的进攻。因此，宁远兵变，是一场直接威胁大明江山的危机。

这些参与兵变的宁远城守军，都是当年袁崇焕的老部下。当年，他们在袁崇焕的领导下，拒绝努尔哈赤的诱降，死守宁远城，击退了努尔哈赤和皇太极对宁远城的两次进攻，取得宁锦保卫战大捷。可是，这些久经沙场、作战勇猛的老兵们，为什么会突然发动兵变呢？

原因很简单，他们四个多月没有领到军饷了！

有人或许会提出疑问，拖欠四个月的军饷就因此起兵造反，这样的士兵实在是太无能了吧？这难道还是当年让努尔哈赤和皇太极闻之色变的关宁铁骑吗？难道军饷对于这些士兵来说就这么重要吗？事实上，军饷的确十分重要，因为这些士兵都是雇佣兵。明朝实行的是募兵制，即朝廷花钱在社会上招募闲散人员，接受训练后再派到前线去打仗。这些士兵基本上都是出于生活所迫才选择从军的，当兵是他们的职业。他们需要通过每月的军饷来养家糊口，一旦拖欠军饷，他们全家的生活就会受到影响。

驻守宁远城的士兵就是这样一群雇佣兵，他们中有很多人来自四川和湖广（在明朝，湖广指的是现在的湖南和湖北），长期远离家乡，作战又非常辛苦。但是，他们连续四个月领不到军饷，生活就成了问题，尤其是那些有家室的士兵，生计变得无法维持。这让人不禁要问：是谁竟然这么大胆，敢拖欠驻守边疆重镇的士兵军饷？这不是在拿大明王朝的江山社稷开玩笑吗？事实上，士兵并不知道为什么连续四个月都没有领到军饷，只好到辽东巡抚衙门去请愿，甚至还搜查了巡抚的卧室，但结果一文钱也没找到！实际上，拖欠军饷的是户部，而不是辽东巡抚。辽东巡抚找户部尚书要钱，但被拒绝了！要军饷干吗找户部呢？因为户部是专门管钱的衙门啊。这位户部尚书是什么人啊？怎么连军饷都敢拖欠，而且一拖欠就是四个月呢？他难道就不怕士兵造反？不怕拖欠士兵军饷激起兵变，朝廷治他的罪？其实，他不是不怕，也是被逼无奈啊，因为这朝廷实在太穷了！

人们一定不会相信，堂堂的大明王朝，怎么穷得连士兵的军饷都发不出呢？没办法，事实还真就如此！以崇祯元年（1628）为例，当年的财政收入是326万两白银，扣去前一年的欠账，仅有200万两，可是当年用于辽东的军费竟高达327万两。全年的财政收入根本不够支付军费，这朝廷的日子还怎么过？不用别的什么原因，就这场战争再继续打下去，早晚有一天会把大明王朝拖垮！

可是，普通的雇佣兵并不了解朝廷的财政情况，他们只知道从自己的利益出发考虑问题，也不会相信朝廷穷得没有钱发军饷。所以，四个月领不到军饷，生活成了问题，这些士兵就找他们的上峰讨要。多次讨要没结果，就发动了兵变。兵变的士兵们占领了军营，逮捕了巡抚和总兵等人。然后把他们绑在城门楼上用鞭子抽，并且扬言，再不补发军饷，就要他们的命！就在这危急时刻，宁远城的兵备道（兵备道是宁远城负责军事事务和地方治安的官儿）郭广新赶来了，他用身体挡住巡抚，对众位士兵首领说："巡抚是朝廷派来的，你们千万不能伤着他，否则这事儿就闹大了。至于军饷的事儿，你们别着急，我尽量想办法。"阻止了士兵对巡抚等人用刑，郭广新立刻到处去筹钱。他费了好大的劲才勉强凑了二万两银子，可是士兵首领嫌太少，还是不放人。郭广新没办法只好找当地的商人打条子借了三万两银子。就这样，郭广新凑了五万两银子，才从兵变士兵的手里把巡抚等人赎了出来。

士兵们拿到钱之后，依然占领着军营，整天喧哗吵闹，秩序混乱，同时还戒备森严，随时准备与前来弹压的政府军开战。被郭广新用银子赎出来的辽东巡抚，没有回巡抚衙门，而是逃到了中左所，也就是现在的塔山堡，这是宁远防线上的一个军事据点。他躲在那里给皇上写了一份上疏汇报情况之后，上吊自杀了！

面对这样的危局，袁崇焕该选择主动出击。他紧急赶往京城，拜访户部尚书，催促其尽快发放被拖欠的军饷。袁崇焕深知，迅速平息这场风波的最佳方式是提供资金。若无资金，当前的兵变便无法得以平息；若无资金，这些兵变的士兵很有可能会背叛大明朝，投靠后金，导致宁锦前线的溃败。若无资金，那么"五年全辽可复"的壮举就将无从谈起，大明朝的江山社稷甚至都可能受到威胁。

但是，户部仍然不肯支付这笔款项。袁崇焕不得已向崇祯皇帝求助。崇祯皇帝曾多次口头保证要确保辽东将士的军饷，这可是"五年全辽可复"的关键之一啊！崇祯皇帝也不敢怠慢。

听闻此事，崇祯皇帝立即发布旨意称："宁远的四川籍士兵只是要求支付拖欠的军饷，怎么会采取这样冲动的犯法行为呢？难道全城的人都参与了吗？"崇祯皇帝没有一字提到要解决拖欠军饷的问题，但在旨意中命令兵部："立即通知辽东现任和前任领导，要求他们迅速平定此次事件，千万不能让这些为军饷而发起兵变的士兵投降金国！"

这些兵变的士兵真的会投降后金兵变，虽然大节有失，但是利己优先。崇祯皇帝的这种担心真不是多余的，他的担心也全部应验了。因为，后金的八旗兵根本就不存在欠军饷的问题。他们的军饷就是战利品，战场上缴获的财富很大一部分归士兵个人所有。后金发动战争的目的就是掠夺财富。因此，每当士兵出征之前，后金上下如同"过节"一般。说是"过节"，其实是抢劫。因为，对后金而言，解决经济危机的时刻到了；对每一个士兵而言，发财的机会到了。这样的军事生活，对这些雇佣兵来说，很有诱惑力。难怪那些本来不堪一击的明朝士兵，一旦投降了后金（清朝），立刻变得凶悍无比。

虽然崇祯皇帝认识到宁远兵变的严重性，责成袁崇焕迅速平息兵变，可是压根儿不提钱的事儿。等着要军饷的袁崇焕，只拿到崇祯皇帝如何处理兵变的谕旨，这就是一纸空文。袁崇焕多想拿到拖欠的军饷再走啊！可是，崇祯皇帝却一再责成兵部命令袁崇焕立刻出关去平息兵变。袁崇焕只好空着两手，出了山海关。

　　袁崇焕此时的内心状况可以想象：为了获得崇祯皇帝的绝对支持，他承诺了"五年全辽可复"。然而，即使皇帝答应保障辽东将士的军饷，当兵变发生时，他却仍然没有兑现承诺。这让袁崇焕感到非常担心，因为他最担心的事情，这么快就发生了！此时，他手中一文钱也没有，只能拿着皇帝的谕旨去平息兵变，这是否可行呢？袁崇焕自己也不确定。在这种情况下，他只能硬着头皮往前走，以机智应对。

　　袁崇焕拿到皇帝谕旨之后，撇下所有随行人员，堂堂二品钦差大臣，一个人骑着马，出山海关，朝宁远城飞奔而去。

　　袁崇焕这会儿已经是兵部尚书、蓟辽督师，官居二品的钦差大臣，按照明朝的礼仪制度规定，三品以下的官员只能骑马不能坐轿，而二品以上的钦差大臣出京，不但可以坐八抬大轿，而且还要鸣锣开道，有二百多人组成的仪仗队，以显示钦差大臣的等级和朝廷的威严。我们经常在一些影视作品中，看到钦差大臣仪仗队的威严和排场。

　　这场面是多么荣耀啊！有些人成为官员就是为了享受这样的待遇，但是有多少人想要而得不到呢？可是，袁崇焕为什么不享受这样高规格的待遇，不遵守朝廷的礼仪制度，偏偏要自降身份，骑着一匹马出关呢？这是因为，袁崇焕本质上就是这样的人，他不在意虚荣和排场，特别注重实际效果。现在的情况十分紧急，他们必须尽快采取行动。华而不实的仪仗有什么用呢？赶紧出发吧，否则那些老部下可能会真的投靠皇太极，那将是非常麻烦的事情。时间就是生命，袁崇焕要出其不意地出现在兵变士兵的面前，让他们措手不及。

　　就这样，袁崇焕单人匹马一路狂奔来到宁远城，进城之后他没有去督师衙门，也未做停留，直奔兵营。被兵变士兵们占领的军营，整天吵闹不休，秩序一片混乱。当身为钦差大臣的袁崇焕，单人单骑突然出现在军营中时，往日喧闹的军营，顿时安静下来。这群造反的士兵，一下子就被袁崇焕控制住了。个中缘由其实很简单：

　　第一，士兵崇拜袁崇焕。士兵们崇拜袁崇焕，是因为袁崇焕打仗勇猛。比如，第一次宁远大战，袁崇焕以一万军民对抗三四万敌兵，让一生没有吃过败仗的努尔哈赤第一次尝到失败的滋味，几个月之后努尔哈赤居然连气带病地死了；第二次宁锦大战，打得皇太极再也不敢来进攻宁锦前线。这种连努尔哈赤和皇太极都望而生畏的人，士兵当然最崇拜了，这是其一。其二，袁崇焕不但勇猛，而且有智谋，他很少打败仗。在残酷的战争中，指挥员的失误，往往是以士兵的生命为代价的。谁指挥打仗，士兵的性命就交给了谁。在袁崇焕的指挥下战斗，士兵们有安全感。因此，袁崇焕在士兵中的威信极高。

第二，士兵害怕袁崇焕。袁崇焕这个人，敢作敢为。比如，一次清查一位副总兵贪污军饷的事儿，当事实查清之后，袁崇焕二话没有说，当时就把那个副总兵给杀了。袁崇焕敢于对部下痛下杀手，而且不顾法度，令士兵胆怯。

第三，士兵被震慑住了。一位官居二品的钦差大臣，居然一人一骑突然出现在被造反士兵占领的军营，身后不仅没有钦差仪仗，而且没有一兵一卒，这种一反常规的做派和出人意料的胆气把兵变的士兵给镇住了！

士兵们都不吱声，拭目以待，看这位手握尚方剑的将军、二品钦差大臣如何处理这场兵变。

现在的袁崇焕可没有了往日的风光，单人匹马，两手空空，接下来将要面对几万名哗变的士兵。

袁崇焕注意到自己的出现震慑了士兵们，他知道自己在这些士兵中的威望仍然存在，于是心里有了些底气。但他也知道不能操之过急，必须先稳住局面。他召集全体士兵开会，宣读了皇帝的谕旨。虽然崇祯皇帝并不相信这是一场全体士兵都参加的兵变，而只是一场为讨要拖欠军饷而起的少数士兵的闹事。但崇祯皇帝在谕旨中表示，如果能抓住领头者，就给予重赏，参与兵变的士兵如能抓住领头者，就可以不追究他们的责任。这一态度对于参加兵变的士兵具有相当大的瓦解作用，他们的情绪得到缓解。

宣读完皇帝的谕旨后，袁崇焕宣布散会，叫大家回营休息。等到众人都离开之后，袁崇焕找来了兵备道郭广新，很快了解清楚了谁是带头闹事的人。他立刻下令将这两个士兵抓起来，并亲自审问："想死还是想活？"这两个士兵回答："当然想活了，我们只是为了几个军饷，没必要把自己的命搭进去！"袁崇焕说："你们可以活着，但只有告诉我你们的同伙才能免于一死！"为了保住自己的性命，这两位领袖很快就供出了同伙。袁崇焕当众宣布，这两个首犯由于检举有功，免于死罪，让他们军前戴罪立功。被检举出来的十五个从犯全部被处决，士兵们一下被吓住了。袁崇焕的铁腕手段成功地平息了宁远城士兵的兵变！

然而，局势并未稳定，接踵而至的新问题又出现了。袁崇焕刚刚平定了宁远地区的动乱，却又接到了锦州城士兵发生兵变的消息。这些士兵之所以起义，是因为长期拖欠他们的军饷。袁崇焕意识到，如果这种情况继续发生，宁锦防线和整个山海关的边防前线可能会遭受连锁反应。一旦后金发动进攻，后果将不堪设想！于是，袁崇焕向崇祯皇帝上疏，请求尽快发放欠缴给山海关内外守军的全部军饷。然而，这笔银子高达74万两，朝廷因财政困难无法立即筹措。

袁崇焕深知此事的紧急性，曾前往京城请求，但并未得到解决。面对辽东局势的危急，袁崇焕决定冒险向崇祯皇帝建议："能否动用您的内帑，以解燃眉之急？"所谓内帑，指的是皇帝自己的小金库，也就是私房钱。或许会有人问：这江山都是皇帝的，他还需要存私房钱吗？实际上，国库的钱并不等同于皇帝私人的钱。皇帝要动用国库的钱，必须先征求大臣们的同意。如果群臣反对，户部尚书会硬顶着不给，皇帝也束手无策。而内帑则不同，它是皇帝自己的钱，不论如何花费，皆无须报告他人。

皇帝小金库的钱又是哪儿来的呢？其实，皇帝内帑来源很有限，基本上来自皇庄的地租，当皇帝的没有俸禄，这皇庄的收入实际上就相当于皇帝的俸禄了。当年，万历皇帝为了扩大自己小金库的收入，曾经派太监到全国各地拼命征收矿税，闹得百姓怨声载道。不过，这是特例，崇祯皇帝可从来没有干过这种事，因此，可供崇祯皇帝支配的内帑的确十分有限。同时，内帑的支出很大。人人都要养家糊口，皇帝也不例外啊！况且，皇帝的家多大啊！那哪是平常百姓比得了的？除皇后、太后、王子和公主之外，还有太监和宫女。这么多人要皇帝养活，细算一下，一年下来，皇帝的收入也所剩无几。

袁崇焕竟然要求崇祯皇帝自己掏腰包来解决拖欠军饷的问题，这样做实在是胆大妄为。袁崇焕敢这样要求皇帝呢，也是没有办法的办法。很显然，袁崇焕是在向崇祯皇帝施压。他心想："陛下，您曾答应保证给予辽东将士军饷，但是一直没有兑现，原因是国库十分紧张，户部不敢给。用国库的钱，您有时候也说了不算，但是内帑是陛下自己的，您总应该可以做主吧？"

崇祯皇帝也在计算，其实打仗和政治一样，都是零和博弈。皇帝心中想："袁崇焕刚刚说兵变已经平息，现在又说士兵要造反，必须补发拖欠军饷，还要动用我的私房钱。一旦此事发生，以后他们缺钱就会向我要私房钱，但我的内帑不是聚宝盆，不可能永远满足他们的需求。"除非刻不容缓，否则崇祯皇帝当然不想动用自己的私房钱。但是，袁崇焕的要求又不能不答应，无可奈何之下，他只能去和户部尚书商量。

皇帝亲自请求解决拖欠军饷的问题，户部尚书当然不能再拒绝了，只好答应说："户部现在确实没有钱，让我想办法筹措吧！"经过多方筹措，终于给袁崇焕补发了军饷，但是没有按照袁崇焕的要求全额发放，而是打了个四折，只发给他三十万两。拿到军饷之后，袁崇焕又向崇祯皇帝提出了新的要求。前面提到，辽东巡抚因为兵变，上吊自杀了。袁崇焕要求崇祯皇帝不要再派巡抚来辽东了，让他一个人在辽东说了算。这叫"信而不疑，任而勿二"①。意思是说，您既然相信我，就不要怀疑我，因此，在辽东地区就不要再派第二个最高领导人了。崇祯皇帝破例接受了袁崇焕的建议，没有再派巡抚到辽东。不久，山东地区的登、莱二州的巡抚卸任，袁崇焕又提出，干脆这两个地方，皇上您也别再派巡抚了。崇祯皇帝也同意了。

为什么袁崇焕要求崇祯皇帝取消辽东等地的巡抚呢？原因在于，按照大明王朝的制度规定，在重要的军事区域，朝廷总是任命一名经略负责军事，再任

---

① （清）汪楫：《崇祯长编》卷二。

命一名巡抚监督经略的行为。

这是一种权力制约机制，可以保证经略按照皇帝的旨意办事，同时制约手握兵权的大帅不至于拥兵自重、威胁皇帝的安全。然而，这种权力制约机制往往会造成经略和巡抚之间相互掣肘，影响决策效率。袁崇焕要求皇帝不要派人监督他，一切由他一个人说了算。

袁崇焕的要求显然挑战了皇权，即使放在现在也很过分。举个例子，假如领导让你负责某个领域的工作，你却要求领导："你别给我派书记，一切由我一个人说了算！"没有监督权力，必然滋生腐败，领导怎么可能满足你的要求呢？然而，崇祯皇帝却容忍了袁崇焕的挑战，同意了他的要求。

皇上的大度不是没有缘由的，崇祯皇帝希望袁崇焕实现他"五年全辽可复"的诺言！在崇祯皇帝的支持下，袁崇焕成为整个辽东地区和登莱二州的最高领导人。在这里，除了皇帝之外，没有谁能够制约袁崇焕的权力。

袁崇焕虽然拿到了辽东地区的最高权力，但是他的有效辖区实在太狭小，不过就是从山海关到锦州，宽几十里，长几百里，狭窄的辽西走廊。他的东面是后金，北面是蒙古察哈尔部，南面是大海。在这几乎没有战略纵深，没有回旋余地的辽西走廊，要想五年收复辽东，太难！所以，袁崇焕必须寻找新的立足点，扩大他的生存和发展空间。具体方法就是向海上发展，一方面可以通过海上的运输、贸易，扩大辽东地区的经济实力，另一方面，由于后金当时还没有水师，袁崇焕就可以从辽东半岛南面，形成对其夹击之势。但是，当袁崇焕准备实现这个战略目标的时候，他的权力遇到了一个地方实力派人物强有力的挑战。

第七章

同室操戈

在崇祯皇帝的支持下，袁崇焕成为辽东地区的唯一领导人。然而，袁崇焕控制的地区只是辽西走廊这么一个小地方，大部分辽东地区已经被后金国占领。为了实现五年收复辽东的诺言，袁崇焕必须扩大他的生存和发展空间。然而，他的权力遇到了一个人的挑战，这个人就是毛文龙。毛文龙是一位历史人物，他比袁崇焕的资格要老，自从努尔哈赤挑起战争以来，他就参加了抗金斗争。他担任左都督一职，手握尚方剑，甚至连朝廷也束手无策，无法管束他。

对毛文龙的评价分歧很大。一些人认为他是抗金英雄，而一些人则认为他是汉奸。然而，在评价历史人物时，不能简单地将他们分为忠臣或汉奸。因为人性是复杂的，很难简单地评价一个人。对于毛文龙这样的历史人物，他的性格、行为以及历史背景等多方面因素都需要被考虑。

要准确评价毛文龙，是需要全面了解他的生平经历并进行深入研究的。毛文龙出身不好，家境贫寒，无法供他读书，他也因此未能参加科举考试，获得功名。毛文龙在三十岁之前一直没有正当职业，以摆地摊算卦、看相、测字等方式为生。不过，毛文龙自学成才，特别喜欢读兵书。到了中年时期，他意识到不能再这样混下去，于是让他的舅舅推荐他，前往辽东谋生。当时，他的舅舅是山东布政使，类似于现在的省长。因此，辽阳总兵看他舅舅的面子，任命毛文龙为千总，相当于现在的团长。

然而，毛文龙未能长期担任千总，因为努尔哈赤攻陷了辽阳。他侥幸逃了出来，然后带着几个弟兄在鸭绿江北岸一带打游击战。后来，他得知被后金占领的镇江（今辽宁丹东）城内空虚，于是率领几十个弟兄夜袭镇江，成功夺回了这座城市。这一举动震惊了整个辽东地区，许多据点纷纷归附他。毛文龙因此立了大功，被朝廷任命为副总兵，不久后又升为平辽总兵，相当于现在的师长。然而，十几天后，后金再次攻陷了镇江城。

镇江城曾一度失陷，毛文龙则不知所踪。他在千钧一发之际逃脱了厄运，顺着鸭绿江漂流到海上。当时，他不知该如何是好，直到他漂到距离鸭绿江入海口不远的皮岛，也叫东江。这座小岛东西长十五里，南北宽十里，位于辽东、朝鲜和山东登莱之间，战略地位十分重要。毛文龙一看到这个地方，便想到："这里的环境不错，周围还有很多相似的小岛。我们可以在这些海岛上建立根据地，因为后金没有水师，所以他们打不着我们。如果我们趁机打击，说不定还能恢复整个辽东呢。"于是，毛文龙决定写信给兵部，请求朝廷拨给他三十万两银子作为军饷。他确实是个敢说敢做的人啊！尽管兵部的官员认为，指望毛文龙消灭后金是不可能的，但他能起到牵制后金的作用，因此真的给了毛文龙三十万两军饷。

毛文龙没有想到朝廷会如此痛快地给予他三十万两军饷。但是，他拿到这笔巨款后面临一个问题：荒凉的海岛上没有多少人，仅凭军饷是不能解决问题的。长久之计只能选择招兵买马。于是，毛文龙去山东的登州和天津一带招募了两万多士兵，并在浙江招募了一万多擅长使用火器的士兵。明朝的火器是指火铳，前膛装火药和铁砂，从枪尾点火射击，一次发射可以覆盖一大片区域，威力巨大。从此，毛文龙成为牵制后金的重要力量。

毛文龙在建立东江根据地之后，不仅多次挫败了后金对明朝沿海的侵袭，而且在辽东半岛和辽河以东一带展开了游击战，不断袭扰后金国的后方。皇太极甚至说："有毛文龙在，我不敢出远门，否则家中妇孺不保！"当时朝廷中也有人称赞毛文龙是"海外长城"。崇祯皇帝的大哥天启皇帝，非常器重毛文龙，不称他的名字，直接叫他"毛帅"，听起来非常亲切，充满着欣赏和信任。

天启皇帝虽然整天做木匠活儿，但是愚者千虑，必有一得。毛文龙实际上确实有过硬的本领。天启三年（1623），他率领部队收复了辽东半岛西部的金州（即现在的辽宁大连一带）。因此，朝廷晋升毛文龙为左都督挂将军印，并赐予尚方剑。"毛帅"的称号实至名归。

左都督挂将军印是一种官职，用这个官职来形容毛文龙更贴切。实际上，在明朝中期之后，左都督和将军都成了虚衔。但是，这些头衔以及手中所持的尚方剑显示出毛文龙直接受到朝廷的领导，无须遵守地方官员的节制。这一点也让毛文龙日益骄傲自满，逐渐放肆嚣张，最终就连朝廷也难以约束他。

毛文龙只是收复金州而已，竟然敢不受朝廷的约束。其实这有当时形势的原因。当时正值阉党专政时期，为了巩固自己的地位，毛文龙重金贿赂魏忠贤，并称其为"义父"，修建了魏忠贤的祠堂。正是在魏忠贤的支持下，毛文龙才敢这样无视朝廷的节制。毛文龙后来的行为足以证明他与阉党分子的关系密切。

崇祯皇帝即位后铲除阉党集团，那对毛文龙的态度如何呢？据悉，崇祯皇帝认为，尽管毛文龙与阉党关系密切，但鉴于他的功勋和作用，没有将其视为阉党成员予以处理，并保持了其原有的地位。但是，朝中的一些大臣对毛文龙极为不满，常常上疏弹劾他，并在各方面对他施加限制。为此，毛文龙不断上疏向崇祯皇帝诉苦，而崇祯皇帝则安慰他说："我非常清楚你的忠诚和勇敢，不必在意别人的攻击！"有人想调查毛文龙是否存在吃空饷问题，但崇祯皇帝制止了此事，声称："毛文龙在海外牵制敌人那么辛苦，就不要在军饷问题上难为他了。"

面对这样一位曾受两代皇帝恩宠，拥有挂将军印、手握尚方剑，却根本不受朝廷节制的左都督，袁崇焕该怎么办呢？

在袁崇焕去辽东之前，他已经想好了对付毛文龙的方法。这表明，处理毛文龙是他收复辽东的重要一步。在袁崇焕向崇祯皇帝夸口要在五年内收复辽东的第二天，内阁大臣钱龙锡前来拜访袁崇焕，询问如何具体实现收复辽东的计划。钱龙锡是内阁大学士，当袁崇焕在崇祯皇帝面前展示自己的胆识时，钱龙锡也在场。虽然他欣赏袁崇焕的勇气，但他认为"五年全辽可复"似乎有些不太可能，于是第二天前来探访，以确认具体实现计划的可能性。

钱龙锡问道："五年复辽，你如何着手呢？"

袁崇焕回答："准备从东江（也就是毛文龙统治的皮岛）着手。"

钱龙锡不解地问："为什么要舍弃陆地，而从海上开始呢？况且，那位毛帅也未必能够很好地配合你啊！"

袁崇焕回答："可用则用之，不可用则杀之。"这句话的意思是，如果毛文龙听从我的调遣，我就利用他；否则就杀了他。

钱龙锡说："毛文龙已经盘踞海上多年，杀他是一件很困难的事情。"

袁崇焕非常有信心地说："我会进入他的军营，斩杀他的头领。"也就是说，他会亲自前往毛文龙的军营杀死他。

在袁崇焕到达宁远后，他的计划就开始实施了。首先袁崇焕控制了海上运输，不允许山东半岛北部的登州的任何船只擅自出海。所有运往东江（也就是皮岛）的物资和装备，一律先运到宁远觉华岛，经过督师衙门的检查后，再运到旅顺口，最后转运到东江。

袁崇焕这么做用处极大，确切地说，袁崇焕的这一招太狠了，不仅切断了毛文龙的粮饷装备的供给，而且封锁了毛文龙在海上的贸易通道，这对毛文龙来说，的确是致命一击。常言说得好："兵马未动，粮草先行。"断对方的粮道，历来是兵家争斗的撒手锏。曹操以少胜多取得官渡之战的胜利，关键在于他偷袭乌巢，烧了袁绍的粮草；诸葛亮六出祁山，均无功而返，原因就是他粮草不济，功亏一篑。十万大军，断粮三日，不战自溃。在某种意义上，战争打的就是后勤补给，就是经济实力。

面对袁崇焕的挑战，毛文龙实在没有办法，他的实权没有袁崇焕大，只好向皇上诉苦说："我知道已经有几十份奏疏弹劾、诽谤我了，我早已心灰意懒。我之所以还在这海岛上支撑着，只是因为还没有报答皇上的圣恩。我绝对不是贪图官位的人，只是要完成未竟的事业。可是，袁督师封锁了海上交通，这是'拦喉切我一刀，必定立死'。"[1]

毛文龙给崇祯皇帝的第一封上疏，没有得到任何回应。毛文龙坐不住了，他心里感到恐慌：皇帝是怎么考虑的呢，是不是已经舍弃我了呢？还是皇帝不知道袁崇焕的真实意图呢？毛文龙再次给皇帝上疏说："各位文臣就知道设计除掉我，可是却没有办法消灭敌人。这是以江山为代价报私仇，不顾大敌当前，'操戈矛于同室'[2]。"他提醒崇祯皇帝：同室操戈、祸起萧墙，这是兵家之大忌啊！

崇祯皇帝面对自己的两位爱将之间的争斗，也是左右为难，皇帝希望他们同心协力，收复辽东，多一个人多一分力量，两位大帅都是不可多得的人才。所以，崇祯皇帝既不会让毛文龙继续不听节制，也不会同意袁崇焕除掉毛文龙。

两位大帅都是不愿意受节制的人。崇祯皇帝想要消除这两个人的矛盾是非常困难的。这个时候，崇祯皇帝依然很器重毛文龙，可是他并不了解袁崇焕的真实意图。所以，皇帝在回复毛文龙的奏疏中安慰他说："岛上士兵的人数已经确定，军饷会照额发给你。我已经下旨，最近袁崇焕会找你面谈有关事宜。军中所有事情，应该从长计议。"皇帝的态度非常明确，不查你的兵额，军饷照发。但是，你毛文龙也得听从袁崇焕的调遣。有了皇帝的这番安慰和批示，毛文龙的心里有了底，所以就派人找袁督师去讨要军饷。

上门要钱，往往要看别人脸色。毛文龙的使者心中惴惴不安，想着："我们的粮饷被袁督师切断了，我们找他上门要钱，他到底会怎么回应呢？"然而，袁崇焕见到毛文龙的使者，却在众人面前惊叹道："什么？你们没有粮饷了？这些

---

① （清）汪楫：《崇祯长编》卷二十，崇祯二年四月甲辰。
② 中央研究院历史语言研究所编：《明清史料》甲编《平辽总兵毛文龙奏本》。

文官真不像话，居然不肯体恤士兵，有点意见不合就想方设法中伤诬蔑，这算是什么风范？"他骂完文官之后又责怪道："既然你们缺少粮饷，为什么不早点告诉我？我马上派出十船军粮！"袁崇焕等十船军粮装好后，又写了一封慰问信送给毛文龙，连同一些银两和食品一同送到东江。

毛文龙收到袁崇焕送来的粮饷和慰问信后，完全消除了心中的戒备，并专门前往宁远城向袁督师致意。他亲自到访，这可是除掉他的好机会啊！但袁崇焕并没有在自己的地盘上动手。其实，袁崇焕并没有改变主意，而是考虑得很清楚，若在自己的地盘上杀死毛文龙，会激起其部下哗变，事情反而会变得难以收拾。

袁崇焕消除了毛文龙的戒心，就开始实施他的计划。袁崇焕约毛文龙在双岛再次会面，商量对后金进行东西夹击的军事计划，然后再检阅一下东江的官兵，视察一下皮岛等地的军备情况。毛文龙立刻答应，心想："在我的地盘上，料你袁崇焕不能把我怎么样！"所以，毛文龙马上返回东江准备迎接袁督师来岛视察和面谈。

袁崇焕约毛文龙在双岛见面而不是在自己的大本营皮岛见面，有他的聪明之处。因为，双岛位于辽东半岛的顶端，就在渤海湾的出口，虽然是毛文龙的地盘，却处在他控制区域的最边缘。况且，双岛虽然是毛文龙的地盘，可是海却在袁崇焕的控制之下。对这样的安排，毛文龙没有任何警觉。

几天之后，袁崇焕如约来到双岛，与毛文龙会面。两人一见面，寒暄了几句之后，袁崇焕就试探地问毛文龙："这辽东的海面上就我们两个人，如果我们同心协力，大业就能成功。我今天来到双岛，就是要与你商量如何收复辽东的大计。"毛文龙说："好啊！不知督师有什么计划？"袁崇焕说："我现在有一良方，不知你是否能够接受？"毛文龙随口答应说："只要钱粮充足，互相协助的事，没有问题。"袁崇焕说："你长时间在边塞太辛苦了，为什么不回杭州老家呢？西湖可是享受生活的好地方啊！"这根本不是什么良方，明朝官员退休的年龄是七十岁，毛文龙当时也就五十三岁，怎么一上来就让人家退休，这显然是要夺权嘛！可是毛文龙却回答说："我早就有这个想法了，不过，只有我才知道如何消灭后金。等到灭了后金，还可以占领朝鲜。"

毛文龙当然不是真的想灭后金、占朝鲜，他只是想动动嘴皮子功夫，吹吹牛皮，震慑一下袁崇焕。袁崇焕只不过是要五年复辽，收复金国占领的辽东地区。而毛文龙不仅要复辽，还要消灭后金、占领朝鲜。这人一狂妄就变得愚蠢，雄心也就成了野心。袁崇焕明知道毛文龙是在吹牛，便转换话题说："朝廷考虑你太辛苦，会找别人代替你的。"这话没有明说，其实意思很清楚，我袁崇焕就是要来取代你的。毛文龙专横地问道："这个地方，谁能代替我？"

袁崇焕心想："这毛文龙怎么这么不可理喻呢？"便又换了一个话题说："我要给你部所有官兵进行赏赐，你现在把全体官兵的花名册交给我。"要赏就赏嘛，赏了之后让人家自己去分，还要人家的花名册，这个花名册其实是袁崇焕的私心，他要核查毛文龙部的实际人数。毛文龙对这个问题相当敏感，连忙搪塞道："我从皮岛带来的士兵，加上双岛的驻军，一共三千五百多，明天一起来领赏。"

毛文龙拒绝交出全体官兵的花名册，等于不打自招，可是，袁崇焕没有选择继续追究毛文龙冒领军饷的问题。因为，这不是袁崇焕此次会见毛文龙的目的，他要按计划行事，不想打草惊蛇。

第三天，袁崇焕在双岛上犒赏毛文龙手下的三千五百名官兵。犒赏完毕，毛文龙进入袁崇焕的大帐当面道谢。袁崇焕问道："你手下的各位军官，为什么不一起来见我？"袁崇焕上双岛以来，每次都只是与毛文龙单独见面，这一次却突然要见所有军官。这叫擒贼先擒王，将军官全部控制起来之后，那三千五百个士兵便是一群乌合之众。毛文龙根本没有想到这一层，连忙叫自己的手下进帐拜见袁崇焕。

毛文龙手下的众位军官走进大帐之后，袁崇焕一个一个地问他们的姓名，不料他们个个都姓毛，什么毛可公、毛可侯、毛可将、毛可相。一个部队里的军官不可能都姓毛，这显然是毛文龙给起的。毛文龙连忙在一旁解释说："这些都是我的小孙子。"别解释了，越描越黑。全军将士都姓毛，显然这已经不是朝廷的军队，而是毛家军。毛文龙已经沦为一个割据一方的军阀。

面对一群毛文龙的"小孙子"，袁崇焕面色一沉，当面揭破毛文龙的谎言说："你们哪里都姓毛，不过是出于不得已。"接着袁崇焕又和毛文龙的部下套近乎。袁崇焕说："像你们这样的好汉，个个都可以重用。现在宁远前线，我手下将军挣那么多钱，士兵发那么多口粮，可是他们还是吃不饱。你们在这荒凉的海岛上，这么辛苦，每个月那么一点儿军饷，许多人还要养家糊口。你们太辛苦了，处境太让我感动。在此受我一拜。"话音未落，袁崇焕恭恭敬敬地对众将官施礼。袁崇焕显然在撒谎，他手下的士兵为拖欠军饷闹兵变，这才刚平息几天啊！

袁崇焕施完礼之后，又当着毛文龙的面对他的部下说："如果你们愿意为国家出力，今后就不会再为军饷发愁了！"言下之意，这帮人都不是为国家出力，而是在为毛文龙个人干活。袁崇焕这是在收编毛家军，当着毛文龙的面。袁崇焕也不怕，因为他太了解这些雇佣兵，知道军饷对他们的诱惑力。果真，毛文龙的手下被感动得连连叩头谢恩。

毛文龙见自己的手下一个个都这副德行，心想："这些人都怎么了？为了几个军饷，至于吗？"还没有等毛文龙想明白呢，袁崇焕突然对毛文龙大声喝道："毛文龙你可知罪？"毛文龙毫无思想准备，一脸的茫然，嘴里下意识地回答："知罪？知什么罪？"袁崇焕立刻当众宣布了毛文龙的十二条该杀之罪。

毛文龙听完袁崇焕列举的十二条罪状后，一脸漠不关心的神情。他心想："这区区罪状，就想要整我？如果这些所谓罪状就足以构成死罪，那么整个朝廷和朝内朝外的官员都是死罪了。"显然，这十二条罪状无法震慑毛文龙。

袁崇焕看到毛文龙的不屑和不服气的表情，心中十分愤怒："这个人狂妄自大，以为我无法制裁他？"想到这里，袁崇焕毫不犹豫地拿出尚方剑，面向北京城的方向，以崇祯皇帝的口吻，厉声喊道："除掉毛文龙的官服，绑起他来！"袁崇焕的手下立即冲上去，抓住毛文龙并开始捆绑他。毛文龙奋力挣扎，并大声喊道:"我没有罪,凭什么要抓我?"

袁崇焕大声地斥责毛文龙说:"你没罪?你带兵截杀难民,然后冒充是敌军的士兵,向朝廷领赏,你这是'杀良冒功'!"毛文龙大喊冤枉。袁崇焕接着训斥道:"冤枉?那你两次带兵到山东登、莱二州抢掠钱粮,并且口出狂言:'牧马登州,取南京如反掌',这也是冤枉你不成?这两条哪条都构成你的死罪!"

这两条罪状还真是有点分量,毛文龙不再嘴硬了。可是,这会儿在毛文龙的地盘上,当着毛文龙众部下的面,帐外还有三千五百名毛文龙手下的士兵,袁崇焕如何才能下手杀了毛文龙呢?

袁崇焕手捧尚方剑说:"今天我将你处决,如果未来我不能收复辽东,我愿意以这把尚方剑偿还你的性命!"这番话实在缺乏逻辑,为什么这样说呢?因为,毛文龙虽然犯有罪行,但是否杀他与收复辽东没有任何关联。袁崇焕非要把这两件事联系在一起,显然是想用收复辽东这个大事来压制毛文龙。好像只有杀了毛文龙,才能收复辽东;不杀毛文龙,就像永远无法收复辽东一样。

更不讲道理的是,袁崇焕转过身对毛文龙的部下说:"毛文龙犯下如此严重的罪行,你们认为我应该处决他吗?"这种提问,让这些将领怎么回答呢?袁崇焕心知肚明他们不会说话,于是接着说:"如果你们认为我冤枉了毛文龙,那么你们就来杀我吧!"说完,他将尚方剑架在自己的脖子上。袁崇焕这是何意?他是钦差大臣,谁敢杀他呢?而且此时,他随身的参将和卫士已经控制住了毛文龙的部将,他们根本没有反抗的机会。袁崇焕无非是想让毛文龙的部下明白,他不仅要在他们面前处决他们的大将,还要让他们表示赞同。这实在是太过分了!毛文龙的部下被袁崇焕逼得无可奈何,只好跪地叩头求饶。

袁崇焕此时觉得杀毛文龙的时机成熟了,便大声宣布说:"我要在五年之内平定辽东,就必须依法行事。毛文龙犯下这么大的罪,今天如果不斩他,以后让我如何管束别人呢?这就是皇上赐给我尚方剑的原因。"袁崇焕要杀毛文龙,真的是"依法行事"吗?根本不是那么回事!明朝的法律很严格,像毛文龙这样挂将军印的左都督,即使是钦差大臣,手握尚方剑也没权力杀。

毛文龙一见袁崇焕杀心已定，只好屈服了，跪在地上连连求饶："文龙自知死罪，只求恩赦。"袁崇焕当然不肯饶了毛文龙。他说："你长期目无国法，如果不杀你，东江这块土地，就不属于皇上所有了！"袁崇焕说完这话之后，向京城方向跪倒叩头，如同面对皇帝请旨一样："臣今天杀毛文龙就为了整肃军政，臣如果五年不能收复辽东，请求皇上就像今天杀毛文龙那样，杀了微臣。"说完这番话，袁崇焕起身将尚方剑交给旗牌官，旗牌官立刻将毛文龙推出大帐给斩了。

崇祯皇帝得知毛文龙被杀的消息之后大为震惊，他没有想到袁崇焕居然如此胆大妄为，而且还给崇祯皇帝出了一个难题，让崇祯皇帝一时不知道如何是好！现在毛文龙已死，先斩后奏，想要治袁崇焕擅杀朝廷重臣之罪却不可行，现在将星凋零，已经失去了一个大帅了，再治袁崇焕的罪，谁能去收复辽东呢？无奈之下，崇祯皇帝只好违心地下旨将毛文龙的罪状公布于天下，表示对袁崇焕的支持。

崇祯皇帝支持袁崇焕杀毛文龙，其实是违心的，他是不得已而为之。前面已经提到，崇祯皇帝已经答应毛文龙，就按照他报的人数发军饷，明知道他冒领军饷，也不追究。如此纵容的态度，根本不可能同意袁崇焕杀了他。可是，袁崇焕已经把毛文龙杀了，崇祯皇帝也束手无策。无论同意还是不同意，已经是既成事实了。崇祯皇帝以收复辽东这个大局为重，只好接受事实。所以，崇祯皇帝在给袁崇焕的奏折上批复道："不必为此事有负罪感，一切事情的处置按照我们约定好的方案办，你有权力灵活掌握。"约定好的方案是什么？"五年全辽可复"啊！崇祯皇帝的意思很明白，只要袁崇焕能够五年收复辽东，那么他所做的一切都不在话下。如果五年收复不了辽东呢？那还用问？新账老账一起算！

杀了毛文龙，袁崇焕把自己逼上了绝路。皇帝已经不再站在他这一边了。因为，袁崇焕的一意孤行，把崇祯皇帝弄得很尴尬。崇祯皇帝只是为了收复辽东的大业，才违心地支持袁崇焕。袁崇焕对此心知肚明，所以他在给崇祯皇帝的奏折上说："如果我五年之内收复不了辽东，陛下您就像我杀毛文龙一样，杀了我！"是的，一切以五年能否收复辽东为准，五年收复不了辽东，袁崇焕绝没有好下场。

毛文龙被杀的消息，几天之后就传到了皇太极的耳朵里。皇太极的耳目众多，细作遍布明朝境内。在东江军中就有后金国的卧底。但是袁崇焕诛杀毛文龙确实骇人听闻，影响深远。

第八章

铁骑犯京

根据《明史》记载："帝骤闻，意殊骇！"[1] 意思是说，崇祯皇帝听到毛文龙被杀的消息时，非常吃惊。可是，考虑到还要靠袁崇焕收复辽东，就只好表示支持他的行为，不久又公布了毛文龙的罪行，安慰袁崇焕。崇祯皇帝也是强压下心中怒火。大敌当前，未经请示擅杀大帅，袁崇焕这事儿做的是有些过分了。杀了毛文龙之后，袁崇焕自己也有一些后悔。他先感慨地说："室戈方操几时休。"[2] 然后，在给皇上的奏疏中称自己"不胜战惧惶悚之至"[3]，也就是非常非常害怕，害怕到了极点的意思！

　　袁崇焕既然知道是"同室操戈"，而且事后又非常害怕，还杀毛文龙，这有另一层原因。

　　当时，有一种比较流行的说法。说袁崇焕到了辽东之后，觉得五年收复辽东太困难，就写信给皇太极表示愿意议和。皇太极在给袁崇焕的回信中说："如果你能杀了毛文龙，我保证从占领的辽东地区退出去。"这种条件，谁听了都不

① （清）张廷玉：《明史》卷二五九《袁崇焕传》。
② 袁崇焕：《偕诸将游海岛》，《率性堂诗集》。
③ 中央研究院历史语言研究所编：《明清史料》甲编《蓟辽督师袁崇焕题本》。

会相信是真的，可是袁崇焕居然相信了皇太极的承诺。因此，他铤而走险，上双岛杀了毛文龙。袁崇焕在杀毛文龙的时候一再说："为了收复辽东，我必须杀毛文龙；如果我五年之内收复不了辽东，就让皇帝像我杀毛文龙一样，杀了我！"袁崇焕的这句话，似乎印证了他与皇太极之间有议和的约定条件。让人们觉得，袁崇焕之所以敢杀毛文龙，是因为杀了毛文龙之后，这辽东必然能够收复！

我认为，这种说法是站不住脚的，我们试着来分析一下：

其一，交易条件不对等。既然是交易，条件就应该相当，可以用土地换和平，也可以用金钱换和平，就像南宋时期，以割地赔款的方式换取和平一样。用杀毛文龙换整个辽东地区，这样的交易根本不对等。

其二，皇太极没有和平的意愿。在辽东地区，后金与明朝相比，在力量上显然处于强势和主动地位，因此，皇太极根本没有和平的意愿，他不可能对明朝政府做出这么大的让步，用整个辽东地区换和平，更不可能用整个辽东地区换毛文龙的一条命！

这么简单的道理，袁崇焕不可能不懂。可是，这个明显的谣言由于毛文龙被杀而被人们当成事实，在京城中传得沸沸扬扬。这样的传言肯定会传到崇祯皇帝的耳朵里，皇帝肯定不会当耳旁风。帝王心术是个很玄妙的东西，他此时即使不相信这个传言，恐怕也多少会起一些疑心，会部分地失去对袁崇焕的信任，因为在崇祯心里，毛文龙毕竟牵制了金兵，无论从哪个角度考虑，他都不该杀。

之前我们谈到：袁崇焕也承认杀毛文龙是"同室操戈"，而且事后又非常非常地害怕，但是即使害怕，杀毛文龙也必须要做。

其实，袁崇焕上双岛见毛文龙时，并不是非杀毛文龙不可的，他做了两手准备，用袁崇焕自己的话说就是："可用则用之，不可用则杀之。"[1]所以，袁崇焕从上岛开始就与毛文龙展开谈判，努力争取让毛文龙为己所用，可是，毛文

---

[1]（明）文秉:《烈皇小识》卷二。

龙就是不配合，坚决不听袁崇焕的节制。毛文龙不听节制，主要表现在以下五个方面：

第一，要求经济独立。袁崇焕坚持要由他为毛文龙的部队提供钱粮和一切生活物资，毛文龙坚决不同意，坚持自己花钱到登莱二州去购买粮草。袁崇焕想从经济上控制毛文龙，毛文龙则想要坚持经济上的独立。

第二，不满意区域划分。袁崇焕提出以旅顺为界，旅顺以西归袁崇焕管辖，旅顺以东归毛文龙控制，毛文龙不答应。因为，这样的划分使毛文龙只能控制辽东半岛南岸的沿海地区，而胶东半岛和整个渤海湾以及渤海湾出海口都给了袁崇焕。这样一来，毛文龙的东面是归顺了后金的朝鲜，北面是后金占领的辽东半岛，西面是袁崇焕控制的山东半岛，毛文龙失去了大陆的依托，完全被压缩在几个孤岛之上。

第三，不同意攻打金国。袁崇焕让毛文龙攻打镇江（今辽宁丹东）和旅顺，以形成对后金东西夹击之势。毛文龙也不同意。因为，毛文龙的部队擅长游击战，攻城是他的弱项。他不想硬拼，怕把自己的老本打光了。

第四，不愿接受整编。袁崇焕要求整编毛文龙的部队，毛文龙更不答应。因为，毛文龙在吃空饷，一旦整编，这空饷就再也吃不成了。而且，整编之后的指挥权也可能被架空，这是任何一个军阀都不可能答应的事。

第五，不愿隶属朝廷管辖。袁崇焕拟在毛文龙的地盘上设立一个隶属于中央政府的地方行政机构，然而毛文龙不同意。毛文龙在皮岛设镇后，私自征收过往商人的税款，并将其作为个人财物。如果设立隶属于朝廷的行政机构，那意味着他将失去这一收入来源。

以上这五个方面，其实就是袁崇焕上双岛与毛文龙谈判的主要内容。

可是，一连谈了三天，一项都没有达成协议，于是袁崇焕对毛文龙渐渐失去了耐心，同时也渐渐起了杀心。可是，毛文龙毕竟不同于常人，他是有功于朝廷，连皇上都高看一眼的人，对这样的人怎么能说杀就杀呢？可问题就在于，袁崇焕觉得自己受到崇祯皇帝高度信任，手中有尚方剑，有"便宜行事之权"，可以先斩后奏，没有不能做或不敢做的事儿。

毛文龙被杀，固然有他为非作歹、不服节制的一面，但袁崇焕肯定是有失误和责任的。我认为，袁崇焕的失误和责任在于，他不懂得妥协和让步，固执己见，不懂圆滑处事之道。

因为，毛文龙毕竟占据和经营东江根据地将近十年，面对这样一位军阀式人物，袁崇焕应该现实一些，做出一定的让步，这样才有可能团结毛文龙的力量，共同完成收复辽东的大业。毕竟在当时那种任务非常艰巨的情况下，多一分力量，就多一分胜利的希望，而且平心而论，毛文龙在对付金兵这方面，还是很有一套办法的。可是，袁崇焕提出的条件和要求意在吞并和收编毛文龙，根本没有做出任何妥协和让步。

袁崇焕不愿做出让步，是因为他深谙自身身份为辽东地区的军事主官，而毛文龙不过是他统辖的一位部将。作为部将，袁崇焕认为毛文龙应该无条件服从他的指挥。他在谈判中出于对毛文龙过去功绩的考虑，给予了一定程度的尊重与面子。袁崇焕认为毛文龙作为朝廷所派发军饷的受益者，必须听从他的调遣。

然而，毛文龙却持有不同观点。他认为朝廷每年给予的军饷微薄且不足以维持生计，大部分军饷都是他自己辛勤挣来的。他亦是东江根据地的奠基者，白手起家开拓该地区，凭何全盘听从袁崇焕的指挥？因此，毛文龙同样不愿做出让步，导致矛盾激化。正是因为这一情势，袁崇焕最终下定决心杀死毛文龙。

袁崇焕心知此事的严重性不容小觑。为尽量减少负面影响，他在杀害毛文龙后立即对其部队进行了整编，并任命新的领导人。接下来，他建立了地方政府，整顿社会秩序，并退还了毛文龙强占商人的货船和账款，同时释放了毛文龙关押的囚犯。在离开双岛之前，他还举行了毛文龙的亡灵祭奠仪式，以安抚毛文龙部下的情绪。袁崇焕此举旨在确立东江为自己的根据地，即使毛文龙不存在，同样能发挥牵制金国的作用。

可是，袁崇焕杀毛文龙之后所做的这一切，都无非在弥补他铸成的大错！因为，毛文龙被杀的几天之后，皇太极就得到了消息，高兴极了。毛文龙被杀，皇太极高兴是因为毛文龙是他心中一患，皇太极曾经说过，"毛文龙在，我不敢出远门儿，否则家中妇孺不保！"毛文龙一死，皇太极觉得可以出远门了，实施他的计划了。皇太极要亲率大军，绕道蒙古，长途跋涉，孤军深入，直接攻打大明王朝的首都北京城。

皇太极等的就是这个时机，崇祯二年（1629）十月下旬，也就是毛文龙被杀的四个月之后。皇太极率领满蒙铁骑，大约十万人马，避开袁崇焕把守的宁锦防线，绕道蒙古，突然出现在蓟门一线的长城脚下，对喜峰口一带的长城关隘发动了猛烈的进攻，很快突破长城防线，兵锋直指遵化城。

虽然，袁崇焕对皇太极的这一冒险计划早有预料，但是，一方面他一心一意地要收复辽东，另一方面，朝廷也没有那么多钱，一个辽东防线就花掉朝廷一年的收入，怎么可能同时经营辽东和蓟门两条防线！无奈之下，只好利用蒙古各部与后金的矛盾，牵制皇太极。可是，让袁崇焕万万没有想到的是，蒙古各部那么快就倒向了皇太极。从而，使皇太极绕道蒙古进攻北京的计划得逞了。长城防线被突破，遵化城危急！

遵化城是翻过长城之后的第一座军事重镇，距离北京城不过二百多里。大明朝的首都，直接受到满蒙铁骑的威胁。事情来得太突然，崇祯皇帝听说之后大吃一惊！心想："事情怎么会弄成这样呢？一年多以前袁崇焕不是还信誓旦旦地说'五年全辽可复'吗？怎么让人家翻过长城，打到家门口来了呢？你说这每年三百多万两银子的军费都花哪儿去了？养那么多军队都干什么吃的啊？唉！说什么也没有用了，京城危急，赶快想办法御敌吧！"于是，崇祯皇帝下令北京城戒严，同时号令京师附近的各位总兵，火速带部队进京勤王！

面对这种危急的情势，袁崇焕也是火烧眉毛，他可以有两种选择：其一，趁皇太极带领后金主力攻打北京，沈阳城兵力空虚的机会，领兵攻打沈阳，即使拿不下沈阳，也可以迫使皇太极回师，这叫"围魏救赵"，一旦皇太极回师，可以在半路打他的埋伏，这叫"围点打援"，这些都是皇太极最担心的。其二，派兵火速入关，在半路拦截满蒙铁骑，阻止其进攻北京，为此不惜与满蒙铁骑在蓟州平原上决战，这是皇太极最希望的。因为，关宁铁骑总躲在城堡里，很难消灭他们。一旦他们入关拦截皇太极，失去城防掩护时，他们的优势也就失去了。这样一来，皇太极即使攻不下北京城，也可以消灭关宁铁骑！这对皇太极来说，是"攻其必救"，同样是"围点打援"。

袁崇焕完全按照皇太极最希望的方法，派他的关宁铁骑飞驰入关，拦截满蒙铁骑。那么，袁崇焕为什么不用"围魏救赵"的方式解北京之围呢？原因很简单，他不敢。他为什么不敢呢？其一，袁崇焕擅长守城，不擅长攻城，他根本没有把握能够拿下沈阳城；其二，他不敢扔下皇帝不管去进攻沈阳，这一招风险实在太大了。

因此，袁崇焕得知满蒙铁骑越过长城防线的消息之后，急令驻守山海关的平辽总兵赵率教率四千关宁铁骑，直奔遵化城，构筑第一道防线，堵截皇太极的十万铁骑。可是，赵率教率领的四千铁骑，在即将到达遵化城时中了埋伏，全军覆没！第二天，遵化城陷落，满蒙铁骑朝蓟州城（蓟州就是现在天津的蓟州区）扑来。一旦皇太极攻下蓟州城，北京东北方向就再也无险可守，京畿地区完全暴露在敌人的铁蹄之下。

在这极其危险的时刻，袁崇焕当然不敢怠慢！在派赵率教入关的同时，袁崇焕率领九千关宁铁骑和七千步兵，从宁远出发，直奔蓟州城，要在那里构筑拦截满蒙铁骑的第二道防线。

与此同时，为解救京城的危机，各路勤王兵马纷纷进入京师地区，为了保证这场京城保卫战的统一指挥，崇祯皇帝再一次表现出对袁崇焕的极大信任，任命袁崇焕为各路勤王兵马的总指挥，袁崇焕立即对各路人马做出部署，自己则守在北京东北方向防御重地——蓟州城，专等着皇太极来攻城。

袁崇焕将他的军事部署派快马进京对崇祯皇帝作了汇报，崇祯皇帝说："相机进止，唯卿便宜。"[①]意思是说，究竟怎么打好，完全由你自己见机行事。

---

① （明）汪楫：《崇祯长编》卷二八。

得到了崇祯皇帝的同意，袁崇焕的信心就更足了，他觉得蓟州城是皇太极进攻北京的必经之路，他要在这里拦截皇太极的满蒙铁骑。当年在宁远城，袁崇焕就是以城池为依托，利用红衣大炮，不但守住了宁远城，而且给努尔哈赤和皇太极以重创。这次在蓟州城，袁崇焕想以同样的方法与满蒙铁骑决一死战！

　　可是，袁崇焕等了很久，却不见皇太极的动静。派出去的探马来报，皇太极的大军绕过蓟州向西，奔顺义去了。皇太极不进攻蓟州，是因为他是一名出色的将领。

　　皇太极和明军打了这么多年的仗，太了解明军的作战特点。尤其是袁崇焕守城的方法，他更是了如指掌。他想："当年我和父汗两次进攻宁远城，都被你袁崇焕打得大败，损失惨重，我不会再上当了。这回你袁崇焕又想以守宁远城的办法守蓟州城，我偏不跟你打，我避开蓟州、绕道顺义，从那里直插北京城。看你怎么办！"

　　袁崇焕得知皇太极进攻顺义的消息之后，立刻带着关宁铁骑奔向顺义。可是，已经追不上了。皇太极在顺义一带烧杀劫掠之后，掉头向南扑向通州。通州离北京只有40里了，袁崇焕连忙带着关宁铁骑赶往通州，想在通州拦截皇太极。可是皇太极绕过通州，直奔北京城。

　　失去了战场主动权的袁崇焕，完全被皇太极牵着鼻子走。袁崇焕设计的阻截方案，人家皇太极根本没有理会。就这样，袁崇焕利用城池将满蒙铁骑挡在京城之外的计划落空了！

　　满蒙铁骑直指北京城，北京城危在旦夕！袁崇焕决定，立即回师北京，凭借京城坚固的城防，对满蒙铁骑进行防守反击，从而击败皇太极！可是，袁崇焕的部下一听说袁崇焕这个决定之后，坚决反对！这都什么时候了，袁崇焕的部下还要反对回师北京。部下的理由是，大部队只适宜在城外阻击敌人，而不能进入京城，这是朝廷大忌，这是其一；其二，袁崇焕身为边关大帅，没有奉旨擅自入京，按照大明律法，是谋反罪！这些道理袁崇焕当然知道，但是，如果顾及自己的政治风险，那么就会置京城的安危于不顾。这时的北京城已经有将近二百年没有打过仗了，京城如果守不住，后果不堪设想！所以，袁崇焕不顾部下的强烈反对，毅然决然地说："皇帝的安危比什么都重要，如果能够打退敌人的进攻，守住京城让皇帝转危为安，我死而无憾！"

其实这个时候，已经不是该不该入京，敢不敢入京的问题，而是能不能赶在皇太极之前到达北京城的问题。因为人家皇太极已经直接奔北京城去了，自己这会儿还争个啥劲呢！赶紧着点儿吧，晚了那才叫危险呢！其实，这个时候袁崇焕已经是心急如焚了。他率领关宁铁骑，丢下步兵、炮兵和辎重，人不吃饭，马不停蹄，走小路，抄近道，一路狂奔，拼死也要抢在皇太极的前头到达北京城。

仗打成这样，袁崇焕也觉得难辞其咎，便在前往京城的途中，派快马先进京给崇祯皇帝上疏，既汇报自己进京护驾的决定，同时又检讨自己的指挥失误。崇祯皇帝立刻下旨安慰袁崇焕说："既然带兵前来，就一心一意地指挥打仗，一定要争取大获全胜，不必再引咎自责！"皇帝没有埋怨他长城失守，也没有责备他拦截不住皇太极，更没有阻止他无圣旨擅自进京。崇祯皇帝的信任和理解，让袁崇焕非常感动，他更是拼命地向京城赶，赴汤蹈火，在所不惜！

袁崇焕带着他的九千关宁铁骑终于在皇太极到达之前，赶到了北京外城的广渠门外。可是，北京城大门紧闭，不让袁崇焕的救援部队入城。城外正在打仗，这深更半夜地突然来了一大队人马，一时弄不清底细，谁敢放他们进城啊！第二天一大早，皇太极的大队人马也来到了北京城下。这一下就更说不清楚了。因为，袁崇焕和皇太极，脚前脚后地来到北京城，你让城里城外的人怎么想，都以为皇太极的大军是袁崇焕引来的。甚至有人怀疑，袁崇焕的关宁铁骑就是女真人装扮的。因此，袁崇焕是汉奸的说法，在北京城里迅速传开了。老百姓不但不支持袁崇焕的部队，而且还一个劲儿地骂他们，朝他们扔石头。这时候的袁崇焕已经没有选择，必须打好这一仗。

皇太极的大队人马一到北京城下，便兵分两路开始攻打北京城。皇太极亲率大军向驻守在德胜门外的满桂和侯世禄的部队发起猛攻。满桂是大同总兵，侯世禄是宣化总兵，他们都是进京勤王的，也都在皇太极之前赶到了北京城下。他们的部队自然也不让进城，只好在城外与满蒙铁骑展开决战。可惜，这两支部队根本不是满蒙铁骑的对手，因为在平原上与满蒙铁骑决战，根本就是明军的弱项。

尤其是侯世禄总兵的部队，在后金军猛烈进攻下很快就被击溃了。满桂只好孤军奋战。城上的守兵用炮火配合，将满蒙铁骑击退。可是，从未打过仗的士兵，这火炮没有准头。虽然炸到了敌人，同时也将满桂所剩无几的官兵，炸得死伤殆尽，满桂本人也被炸成重伤，只好带着自己不足百人的残兵退到城外关帝庙休整。第二天，北京城守军打开德胜门的瓮城，让满桂率的残兵进去休息。德胜门一战，明军虽然顽强抵住了后金军的进攻，却伤亡惨重，几乎没有再战的力量。

德胜门外战斗打响之后不久，满蒙联军的另外一路大军开始进攻关宁铁骑驻守的广渠门。两军激战八小时，满蒙铁骑被击溃。袁崇焕率关宁铁骑追出三十里。广渠门外大捷，袁崇焕解了大明王朝的燃眉之急。

广渠门大捷之后，京城的危急形势得到了缓解，整个北京保卫战的态势也开始向明朝有利的方向转变。然而，就在这个关键时刻，崇祯皇帝的态度却出现了微妙的变化。这种变化令人难以理解，崇祯皇帝开始对袁崇焕的信任产生动摇，甚至怀疑起他来。为何崇祯皇帝会发生如此变化呢？

很多史料记载了这样一段故事。皇太极在广渠门战败后，挖空心思地设计了一个离间计。他让自己的两个手下，故意在被俘的明朝太监杨某面前低声耳语说："今天的撤兵，那是皇上的计策。今天皇上一个人骑着马去了袁崇焕的阵前，对面有两个人来见皇上，他们谈了好长时间才走。皇上与袁崇焕有密约，这北京城早晚得拿下。"这位杨太监假装睡着了，却把他们两人的谈话都记在了心上。第二天，皇太极故意把杨太监放了回去。杨太监进宫之后，就把他听到的话，悄悄地告诉了崇祯皇帝。崇祯皇帝信以为真，因此不再信任袁崇焕，甚至下决心要除掉他。

由于《满文老档》《清太宗实录》《清史稿》等史料，都对此事有明文记载，所以人们很难否定这个阴谋的存在。但是，崇祯皇帝对袁崇焕失去信任，未必完全是受这一离间计的影响。理由有四：

第一，这一离间计实在太过拙劣，其中存在着诸多漏洞。假设袁崇焕与皇太极之间真的存在某种密约，他们完全可以在沈阳或宁远进行协商，而无须在京城之外、双军阵前、众目睽睽之下见面。即便二人有秘密协定，这类机密事务又如何可能让手下人知悉？更何况他们会在俘虏面前公开提及，并在谈话结束后释放俘虏呢？历史上的崇祯皇帝并非昏君，如此拙劣的离间计，又岂能令其轻信？

第二，袁崇焕自身行为引发了许多疑点，使得崇祯皇帝无法不产生猜疑之心。我们不妨思考一下，皇太极率领十万满蒙铁骑绕道蒙古进入长城关隘，如此大规模的行动，袁崇焕怎能毫不知情？这一点实在令人难以置信。此外，皇太极进入中原后，为何总能绕过袁崇焕的阻拦？是皇太极诡计多端，还是袁崇焕故意摆出姿态以示朝廷？再者，皇太极兵分两路进攻北京城，为何满桂、侯士禄的数万人马却遭遇惨败，几近覆灭，而袁崇焕所率区区九千人却能将满蒙铁骑逐出三十里之外？若非目睹，如何不引人怀疑这是一场假戏？

这些因素使崇祯皇帝对袁崇焕产生疑虑，并开始怀疑他的忠诚。然而，对于这一复杂局势的真实性质，我们仍需深入探究和考证。

第三，皇帝周围的人对此起了挑唆之言。皇太极绕过蓟州后，所到之处烧杀抢劫，肆无忌惮。而这一地区多为皇室亲属、高官贵人和大太监们的庄园，满蒙铁骑造成的巨大损失，这些人对此难以接受！众多忠于朝廷的军队为何眼睁睁地看着侵略者在国土上肆意妄为，他们难以理解。于是，他们纷纷向皇帝告状，指责袁崇焕通敌，并故意阻止各路忠诚部队与满蒙铁骑决战。

第四，袁崇焕无法履行他的承诺。曾经袁崇焕在皇帝面前自夸要在五年内收复辽东。然而，一年之后，皇太极将战火烧到北京城下，使崇祯皇帝深感失望。一旦皇帝产生失望，信任就会动摇；一旦信任动摇，疑虑也会滋生；一旦怀疑萌生，便会觉得处处存疑。

因此，不论离间计是否存在，崇祯皇帝对袁崇焕的怀疑确实产生了。然而，此时战争尚未结束，皇太极的满蒙铁骑和袁崇焕的关宁铁骑都在城外，此刻还不能对袁崇焕采取行动。事实上，即便有意行动，亦难以下手。那么，皇帝将如何应对呢？崇祯皇帝自有他的方法！

在广渠门大捷两天后，崇祯皇帝在紫禁城召见了德胜门、广渠门战役中表现卓越的功勋者。尽管京城的危机暂时缓解，但战火已烧到北京城下，袁崇焕深感自己有不可推卸的责任。他预感崇祯皇帝将追究他的罪责，因此他小心谨慎地心怀悔过之情，身着平民所穿的黑色衣帽，前去拜见皇帝。

在取得胜利后，袁崇焕一见到众位大臣便极力夸张敌军的势力不可抵挡，希望朝臣们能出面建议皇上与皇太极进行和议，以促使敌军撤退。甚至对大臣们宣称："皇太极这次来就是要当皇帝的，他连登基的日子都算好了！"众位大臣惊讶得目瞪口呆，谁也不敢回应他的话。心中不禁疑惑："袁崇焕啊，你竟敢说出这样的话？看来有人传言你要与皇太极结盟，竟是真实的？"大家都会觉得，袁崇焕是不是太过冒失了？为何如此夸张敌军的力量，并提出与皇太极结盟的建议，这不是自陷困境吗？

实际上，袁崇焕的目的是想将战场转移到城内进行防守，以便与满蒙铁骑作战。他的关宁军在野外作战处于劣势，也就是说，如果不进城，他无法确保守住北京城。当袁崇焕见到崇祯皇帝时，语气虽不再夸张，却仍强调形势的危急，只是一直不敢提及与皇太极和议。崇祯皇帝先对袁崇焕等人进行表扬，并赐予各种礼物以示慰问，然后亲切地询问："下一步应该如何作战？"袁崇焕见到机会来了，立即回答："是否可以让关宁铁骑进城防守？"崇祯皇帝立刻表示反对，见袁崇焕一脸失望，皇帝急忙解下自己身上的貂皮大衣，亲自为袁崇焕披上。当时正值阴历十一月，北京的天气十分寒冷。袁崇焕穿上皇帝身上带着温暖的貂皮大衣，心中无比感激。

袁崇焕心里明白，虽然进城防守才能真正发挥出关宁铁骑的优势，但是一群杀红了眼的骄兵悍将，进驻京城是犯忌的事，无论谁都不可能同意！袁崇焕意识到自己太唐突了，所以连忙辞别皇帝，"缒城而出"，也就是守城士兵用大抬筐和绳子把他吊出城。

大家一定替袁崇焕感到委屈，一个堂堂的蓟辽督师，京师地区勤王部队的总指挥，就这样坐在抬筐里进出北京城。其实，袁崇焕这会儿根本顾不上在意这些问题，他考虑的是如何应对皇太极。此次皇帝召见，没有解决任何问题。既然不同意让关宁铁骑进城防守，那下一步的战斗将会极其残酷，他得赶紧回自己的部队，想办法御敌。

这个时候的关宁铁骑，已经抵达京城七八天了，一直没有得到补给和休整，士兵缺口粮，战马缺草料，天气又非常寒冷，已经是人困马乏。袁崇焕命令全军："不许一兵入民家，即野外树木，亦不得伤损。"[①]有一个士兵，因为饥饿难耐，偷了百姓一块饼，当场就被枭首示众了。可是，后金的军队，到处抢夺粮草，随便砍伐树木点火取暖，并积极准备向关宁铁骑发起进攻。面对这种状况，袁崇焕再次向崇祯皇帝提出，能不能让他的士兵像满桂的士兵那样，进驻外城御敌。袁崇焕的要求还是被崇祯皇帝拒绝了。袁崇焕只好命令士兵，挖战壕，筑栅栏，准备抵御敌人骑兵的冲击。

满蒙铁骑经过七天的休整之后，在皇太极的亲自率领下，向广渠门以南的左安门发动了猛烈的进攻。然而，饥饿、寒冷和疲劳并没有影响关宁铁骑的战斗力，他们太顽强，太能打了！他们不但打仗凶猛，而且人人身上带着火铳，作战能力非常强。因此，左安门一战下来，皇太极伤亡惨重，只好退守到南海子，就是现在的南苑。第二天，袁崇焕派五百名火炮手，悄悄潜伏到皇太极的驻地周围，四面突然开炮，后金军大营顿时大乱，皇太极只好撤出南海子。

皇太极正在撤离，逐渐远离京城，京城的危险局势基本解除。按理说，崇祯皇帝应该松了口气才对，然而他并没有松懈，反而更加紧张起来。他立即派

---

① （明）周文郁：《边事小纪》卷一。

遣自己最信任的大太监接管京城和皇城的警卫，显露出一副如临大敌的姿态。尽管满蒙铁骑已经撤出城郊，但崇祯皇帝为何还如此戒备森严呢？原因在于他下定决心要清除内奸。崇祯皇帝在完全掌控京城和皇宫之后，立即下令召见袁崇焕进宫商议军饷问题。

此时，袁崇焕正带领部队追踪敌军，当他听说要发放军饷时，不禁感到欣喜，心想："这太好了，兄弟们非常需要补充粮饷！"袁崇焕正准备出发时，他的一位手下提醒道："过去我们要军饷都没有得到，这次却主动召见你进宫商议军饷问题，不会有什么问题吧？"袁崇焕稍稍犹豫了一下，一方面他不能不去应召见皇上，另一方面军饷对他来说太过重要。袁崇焕顾不得太多，毅然决定马上奔赴京城，来到城墙下，再次通过"缒城而入"的方式进入宫廷，与皇帝面见。

第九章

自毁长城

袁崇焕一踏入宫殿，立刻感受到一股异样的气氛。除了内阁大臣外，大殿上还站着大同总兵满桂和他的副将黑云龙。满桂满脸怒气，其他人神情凝重。袁崇焕心中疑惑："明明是进宫商议军饷问题，为何他们都怒气冲冲？"

　　崇祯皇帝一见袁崇焕到来，立刻开门见山地质问道："袁崇焕，你为何杀害毛文龙？为何敌军能够攻打北京城？你为何伤害满桂？"袁崇焕完全没有准备好，突然被这三个问题冲击得目瞪口呆。崇祯皇帝见袁崇焕一脸无辜，便命令满桂脱去衣服，向袁崇焕展示自己身上的伤势。袁崇焕感到疑惑："上次在皇上召见时，你不是告诉皇上这是德胜门守军误伤的吗？如今为何把责任归到我的身上呢？"袁崇焕看看满桂那一脸的怒气，再看看皇上冰冷的目光，他心里全明白了："是谁打伤的满桂已经不重要，皇上显然是要治我的罪，这不过是一个借口。"一想到这儿，袁崇焕就知道这会儿说什么也没用，便沉默不语。

　　面对袁崇焕的沉默，崇祯皇帝更加气愤了，他厉声喝道："锦衣卫，把袁崇焕拿下，押出殿外！"崇祯皇帝的话音刚落，早已守候在殿外的十个锦衣卫一起拥了进来，他们扒去袁崇焕的官服，给他脖子上挂上锁链，再给他的手上戴上手铐，然后将他押出大殿。袁崇焕的副将、锦州总兵祖大寿被这种场面给吓坏了，浑身一个劲儿地发抖。这时，内阁首辅成基命，一个七十多岁的老先生，连忙跪下来给皇上叩头，替袁崇焕求情说："皇上啊！您可一定要慎重啊！现在兵临城下，大敌当前，临阵换将，可是兵家之大忌啊！"几位大臣也纷纷跪下来，为袁崇焕求情。崇祯皇帝冷冷地回答道："势已至此，不得不然！"①意思说，事情已经发展到这一步，我没有办法，只能这样做！

　　尽管众多大臣为袁崇焕辩护，然而袁崇焕自进宫至被押走的整个过程中，始终保持沉默，既不喊冤，也不辩解，更不回答问题。这引人疑惑，面对如此冤屈，为何袁崇焕不为自己辩解呢？实际上，袁崇焕心知肚明，一旦皇帝改变态度，任何辩解都无济于事。事实上，崇祯皇帝根本不会听袁崇焕的解释，他提出的这三个问题本身就无须袁崇焕回答，因为崇祯皇帝早已得出了自己的答案。让我们具体分析一下这三个问题：

　　首先是为什么杀毛文龙。前文提到，有谣言称袁崇焕之所以杀毛文龙，是为了与皇太极达成协议，皇太极承诺若袁崇焕杀死毛文龙，就会从辽东撤军。这一谣言在京城广为传播，皇帝深信不疑。既然皇帝相信了这谣言，袁崇焕的解释又能得到相信吗？

　　其次是敌军为什么能够攻打北京城。崇祯皇帝受身边大臣挑唆，认为袁崇焕故意不阻止皇太极的进攻，目的是让皇太极攻至北京城下，以便与其签订城下之盟。而袁崇焕自己在广渠门外取得重大胜利后，曾向大臣们描述皇太极的强大之处，并建议他们出面劝说皇帝与皇太极和谈，并多次向皇帝提出让关宁军进城的建议。如果此刻袁崇焕再进行辩解，是否还具有意义呢？

　　最后是为什么打伤满桂。崇祯皇帝之所以相信满桂的控告，是因为他心头一直困惑："为何满桂和侯士禄的部队几乎被皇太极彻底消灭，而袁崇焕的关宁铁骑却将满蒙铁骑逼出三十里？"

　　当满桂告状说，是袁崇焕的大炮打伤了他时，皇上根本不考虑满桂在城北，

---

　　①（明）文秉：《烈皇小识》卷二。

袁崇焕在城东南，炮火根本够不着的问题，却恍然大悟地解开了自己的疑问："哦，难怪皇太极不消灭你，原来你们是一伙的。你帮助皇太极打满桂，那满桂他们还能不全军覆没！"

就这样，大臣们的挑唆，袁崇焕自己的疏忽，满桂的诬告，使崇祯皇帝不能不相信，袁崇焕的确有太多的疑点，必须好好审查。

但问题是，满桂作为一名身经百战的老将、袁崇焕的老部下，曾经与袁崇焕一起死守宁远，一起出生入死，可是他却要诬告袁崇焕。据我分析，有两个原因：

第一，满桂与袁崇焕有过节。满桂很早就是总兵了，资格比袁崇焕老得多，虽然与袁崇焕一起守宁远，但是一直不服气袁崇焕，不愿意听他的调遣。后来因为满桂与赵率教闹矛盾，满桂认为袁崇焕偏袒赵率教，因此两人关系很僵。袁崇焕当上督师之后，嫌满桂不听调遣，就干脆将满桂调到大同当总兵。满桂因此怀恨在心。

第二，想取代袁崇焕的位置。本来就不服气袁崇焕，这次进京勤王又得听他的调遣，满桂心里非常不舒服，想取代袁崇焕勤王总指挥的位置，又没有理由。因此，就诬告袁崇焕在背后暗算他。结果，崇祯皇帝不但相信了他的话，而且在逮捕了袁崇焕之后，立刻任命满桂为勤王部队的总指挥。满桂的诬告虽然不是袁崇焕被逮捕的直接原因，但是满桂的确是踩着别人的肩膀向上爬的。

满桂是蒙古族人，从小习武，没有什么文化，就是个大老粗。他虽然资历很深，但是缺乏统率三军的能力。崇祯皇帝会让一个大老粗担任勤王部队的总指挥，自然有他的用人理由：

第一，满桂打仗非常勇猛，德胜门一役就是证明。这个理由还能勉强让人接受。

第二，德胜门一役中，满桂的部队几乎全军覆没。这个理由可能让人感到不可理解，全军覆没怎么还能成为满桂担任总指挥的理由呢？然而，在崇祯眼里，全军覆没恰恰证明了满桂的忠诚。现实世界有时候就是如此荒诞。袁崇焕率领的关宁铁骑击退了满蒙铁骑，这反而让崇祯皇帝认为袁崇焕与皇太极之间存在说不清楚的关系。满桂虽然遭受了战败，却让皇帝觉得他表现出忠诚和勇敢的可贵品质。此时的崇祯皇帝已经无暇顾及满桂是否具备军事才能，只要他表现得忠诚可靠即可。这也是满桂的士兵被允许进城休整，而袁崇焕的关宁铁骑绝对不能进城的根本原因。

崇祯皇帝让他认为最可靠的满桂担任勤王总指挥，让黑云龙接替满桂原来的职务，让祖大寿带领关宁铁骑。他觉得这样的人事安排很满意，既除掉了内奸，又有人取代袁崇焕的位置，他终于可以安心睡觉了！可是，第三天一大早传来一个消息，让崇祯皇帝大惊失色！

原来，祖大寿带领着一万五千多人的关宁铁骑，撤离战场，回宁锦防线了！

战役尚未结束，没有得到命令，擅自撤离战场被视为临阵脱逃，可能给整个战役带来灾难性的后果。无论按照任何时代的法律，这都是死罪。祖大寿并不会不知道他这样做的后果，那么他为什么还敢带领关宁铁骑擅自撤离战场呢？原因有两个：

首先，接替袁崇焕指挥关宁铁骑的祖大寿目睹了袁崇焕被捕的场面，他意识到崇祯皇帝的残酷无情，感到极度恐惧！他担心皇帝会突然对自己下手。

其次，关宁铁骑的许多将领与满桂存在不和，而且听闻满桂对他们崇敬的袁崇焕进行诬陷，进一步激起了他们的不满。因此，他们不愿听从满桂的指挥，情愿跟随祖大寿一同回到宁远。

有人可能会问，崇祯皇帝一直将关宁铁骑视为重点防范对象，他们撤离后，京城不是更安全了吗？皇帝为何仍然大为震惊？实际上，崇祯皇帝防范的是袁崇焕而不是关宁铁骑。一旦袁崇焕被捕，关宁铁骑就不再构成威胁。不仅如此，他们的存在变得不可或缺。因为其他明军面对满蒙铁骑都无法抵挡，唯有关宁铁骑表现出越战越勇。若没有这支部队，北京周围的局势必将逆转，北京城将再次陷入危机！可以想象，崇祯皇帝为什么会对此感到震惊吧。

崇祯皇帝接到关宁铁骑撤出战场的消息之后，立刻召集大臣们商量对策。一位大臣建议："祖大寿并不是要反朝廷，主要是因为袁崇焕被捕怕株连他。所以，要想召回祖大寿，还非得袁崇焕亲笔写信不可。"这位大臣叫余大成，官居兵部职方司郎中，崇祯皇帝觉得这个建议很有道理，马上命令说："这个办法可行，最好马上就去办。"此时的崇祯皇帝显然被这突发事件闹得乱了方寸。两天前才把人家当作后金国的内奸抓起来，这会儿又让人家写信。可见，这袁崇焕究竟是不是内奸，崇祯皇帝心里根本就没谱，而是"宁可信其有，不可信其无"的心理在作祟。

那么，袁崇焕会答应写信给祖大寿吗？

对此，内阁大臣和各部的尚书们心里也没谱，所以大家一起来到锦衣卫镇抚司的大牢，看望在押的袁崇焕。袁崇焕一见全体内阁成员和各部的尚书们都来了，一时弄不清发生了什么事儿。要说是审自己的案子吧，用不了这么多的人；要说是接自己出狱吧，也用不着这么隆重。内阁首辅成基命把大家的来意告诉了袁崇焕，袁崇焕一听便冷冷地拒绝说："祖大寿过去听我的话，因为我是督师。现在我关在监狱里是个罪人，怎么可能再对祖大寿下命令呢？他怎么可能听我的话呢？"内阁大臣们早就料到袁崇焕会是这个态度，所以开始轮番劝袁崇焕。无非是"你要以国家利益为重啊！不要在意个人得失"等无关痛痒的大道理。可是，无论各位大臣怎样劝，袁崇焕只说了一句"戴罪之身，不参与国事"，然后就再也不吱声了。

袁崇焕为何不答应写信呢？这岂不是一个洗清自己冤屈的绝佳机会？袁崇焕自然知道这是一个难得的机会，然而他在情感上一时难以转变。为何如此呢？因为这实在太不公平了！袁崇焕心想："哦，当京城危险之际，我无论如何指挥都行；可一旦京城解除危险，就怀疑我是内奸，将我囚禁于大牢之中。而如今京城再度陷入危机，又想起我了？既然想起我，就应该释放我，恢复我的官职。只要我一声令下，便能召回祖大寿，写信又何必呢！这纯粹是想利用我，却根本不信任我。这种情况实在让人心寒啊！"

就在双方僵持不下的时候，余大成开口了。余大成对袁崇焕说了一番话之后，袁崇焕二话不说，立刻来到桌前给祖大寿写信。余大成说了什么金玉良言，能让袁崇焕一下子改变态度了，给祖大寿写信呢？余大成说："公长久以来一直忠心耿耿，抵御金国，不顾生死，'天下之人莫不服公之义而谅公之心'。"①意思是，天下人都佩服你的大义，体谅你的心意。余大成见袁崇焕有点动心了，就接着说："我知道您为了国家不惜牺牲自己，可是要死也死在战场上，别死在大牢里啊！皇上的谕旨虽然没有提到您，但意思很明白，这是您走出大牢最好的机会啊！"

这些话平平无奇，完全是套话，之所以能够打动袁崇焕，使他改变主意，其实还有更深层的原因，听起来却有些凄凉：

几乎所有的大臣都认为袁崇焕有罪，只是抓得不是时候。甚至有人说："袁罪当诛，而此非其时也。"②因此，大臣们虽然为袁崇焕求情，恳请崇祯皇帝宽恕袁崇焕，但理由都是"大敌当前，不宜临阵换将"，却没有一个人为袁崇焕鸣冤叫屈！显然，人们都相信了谣言，都认为袁崇焕并不冤枉。可是，这位余大成却说袁崇焕"天下之人莫不服公之义而谅公之心"！什么是"义"，就是天下国家的利益。既然袁崇焕"心怀大义"，那么被打入大牢就是冤枉的！这是袁崇焕入狱以后，第一次有人承认他是冤枉的，而且是当着全体内阁成员和各部尚书的面。不管是余大成谈判技巧高，还是他真心这样认为。总之，袁崇焕毕竟被余大成这番话打动了，他欣然提笔给祖大寿写信，而且语气极其恳切，劝祖大寿以大局为重。

崇祯皇帝拿到袁崇焕写的信之后，立刻派人去召回祖大寿，并给祖大寿带去了自己的谕旨。崇祯皇帝在谕旨中说："你们在这场战役中表现勇敢，功绩卓著。只要你们能够截断敌人的归路，或者直捣敌人的巢穴，反正只要立功就可以既往不咎。"崇祯皇帝这会儿承认关宁铁骑的勇敢和功绩了，可是这些都是在袁崇焕带领之下的表现啊！这个时候居然想起了"围魏救赵"和"围点打援"

---

①（明）余大成：《剖肝录》。

②（明）文震孟：《文肃公日记》，崇祯二年十二月一日。

的战略。可惜啊！一来，为时已晚，二来，仅凭祖大寿手下的一万多人马，根本不可能完成这个任务。

信使追出山海关，快到锦州的时候，终于追上了祖大寿的部队，将袁崇焕的信和崇祯皇帝的谕旨给祖大寿。祖大寿读完袁崇焕的亲笔信之后，泣不成声，全军官兵都哭了。可是，是否回师入关呢？祖大寿依然犹豫不决。这个时候，从一乘轿子里下来一位八十多岁的老太太，人们不禁要问：这关宁铁骑的队伍里，怎么会有老太太？这老太太不是别人，他正是祖大寿的母亲，祖大寿是个孝子，走到哪儿都把母亲带在身边。老太太劝儿子说："你们撤出关不就是因为失去了袁督师吗？现在既然知道袁督师还没有死，你们为什么不立功赎罪，然后乞求皇上饶袁督师不死呢？"祖大寿一听母亲的话有道理，立刻下令回师入关。

可是，这个时候，战场的情况已经发生了逆转。袁崇焕被打入大牢，关宁铁骑撤出战场，皇太极觉得攻陷北京的机会又来了。他立刻停住北撤的脚步，回师南下，绕到北京的南面，对永定门发起了猛烈的进攻。满桂在永定门外率领四万明军拼命抵抗。战斗打得非常激烈，结果总指挥满桂阵亡，黑云龙等人被俘后投降。明军虽然被打败，但是皇太极的满蒙铁骑也损失惨重，只好再次撤退。

永定门战役结束后，皇太极虽然退兵了，但是却派重兵占据了遵化、滦城、永平、迁安等四座城池，想以此为据点，随时回来对北京发动进攻。皇太极在长城以南安插这四个大钉子，长城防线便没有任何作用了。此时，进京勤王的部队已经达到二十多万，可是，袁崇焕被捕，满桂战死，一时间谁也不敢轻举妄动。

正在崇祯皇帝不知如何是好的时候，祖大寿带兵入关了，他给皇帝写信，请求立功赎罪。皇帝收到信之后，马上批复说："祖大寿好好干，朕全力支持你！"得到崇祯皇帝的宽恕之后，祖大寿开始了收复失地的战斗。好一个祖大寿，带领着关宁铁骑只用了五天时间，就把皇太极占领的四座城池全部收复了。人们不禁要问了：皇太极派重兵把守的城池是用什么办法拿下的？祖大寿的办法说起来复杂，其实非常简单，祖大寿并没有派士兵直接攻城，而是集中全部火炮，对准城墙的一个点猛轰，当城墙被轰塌之后，关宁铁骑一拥而入，城就被拿下了。

消息传到京城，崇祯皇帝大喜过望地说："看来，这守辽东还非得'蛮子'不可啊！"因为，袁崇焕是广西人，所以崇祯皇帝私下里亲切地称他为"蛮子"。袁崇焕的命运显然出现了一丝转机！其实，崇祯皇帝在下令逮捕袁崇焕的时候，并没有要杀他，只是"暂解任听勘"[①]，也就是暂时解除职务，听候调查。现在皇太极已经撤退，关宁铁骑又收复了失地，崇祯皇帝这一高兴，就产生了重新起用袁崇焕的念头。

这个时候，一位名叫钱家修的言官给崇祯皇帝上疏，为袁崇焕喊冤。可是，他没有办法证明袁崇焕与皇太极之间是否有密约，所以只能从袁崇焕为官清廉的角度，说明他的人品，从而证明袁崇焕的忠心。钱家修说："袁崇焕身为督师，从没有为自己的亲戚谋求一官半职，他掌握重兵以来，家里依然生活俭朴。"如此清廉的人，怎么可能投降金国？因此，他希望皇上能够"宽恕袁崇焕，继续重用他"。可是，这样的辩护是无力的。为什么这样说呢？因为，仅仅从为官清廉论证袁崇焕的忠诚是不够的，必须从正面证实袁崇焕与皇太极之间没有勾结才行。所以，崇祯皇帝接到钱家修的奏疏时，立刻批复道："袁崇焕的问题只要调查清楚，就立刻让他去边塞立功，到时候会委以重任。"可是，袁崇焕的问题是很难查清楚的。

其实，不用调查，也不用辩解，袁崇焕的问题已经非常清楚了。因为事实胜于雄辩。整个北京保卫战的前后过程，完全能够证实袁崇焕的清白。理由有四：

第一，皇太极绕道蒙古。如果袁崇焕是内奸，皇太极完全可以通过山海关直接进攻北京，就像后来吴三桂引清兵入关一样。没有必要舍近求远，七绕八绕，走那么多的冤枉路。

---

① （清）谈迁：《国榷》卷九十。

第二，袁崇焕入京勤王。如果袁崇焕是内奸，跑到北京城下结的哪门子的盟呢？与皇太极合兵一处攻打北京就是了，又何必拼命拦截皇太极？又何必在广渠门外、左安门与满蒙铁骑死磕，又何必派五百火炮手袭击皇太极的大营呢？

第三，袁崇焕被捕之后局势的逆转。袁崇焕被捕，关宁铁骑撤离，皇太极却停下撤退的脚步，回师之后再度发动对北京城的进攻。这既证明皇太极与袁崇焕之间根本没有密约，也说明皇太极很有可能就是离间计的制造者。因为，他的目的达到了。

第四，袁崇焕写信召回祖大寿。袁崇焕的这一举动，表明他能够忍辱负重，以大局为重，这正是他对国家和皇帝的忠心耿耿的表现。

事情本来已经非常清楚了，崇祯皇帝也明白袁崇焕与皇太极没有勾结，但是，袁崇焕一案却一直拖而不决。这一拖就是八个多月。因为，朝廷中一些别有用心的人，非要把袁崇焕置于死地不可，他们不惜栽赃陷害，造谣诬蔑，故意使问题越来越复杂。

要把袁崇焕置于死地的人可不止一个，首先要提的是温体仁，因为他最早开始诬陷袁崇焕。温体仁是礼部侍郎，礼部是专门管教育、科举、宗教、外交等事务的部门，侍郎相当于副部长。他为什么要诬陷袁崇焕呢？因为他一直都想入阁，却苦于没有机会。内阁有名额限制，一般五到七人，温体仁入阁就得有人出阁。让别人出阁而自己入阁是一个很棘手的事情，等哪位自然死亡，那太遥远了！最便捷的办法就是找碴儿让他滚蛋。

找碴儿也是个技术活。皇太极突然打过长城，温体仁看到了自己入阁当辅臣的希望。温体仁想："国家发生这么大灾难，皇上有一腔怒火和满肚子怨气，他一定要找只'替罪羊'。找谁呢？谁挡我入阁的路就找谁；谁能与皇太极的入侵扯上关系，就找谁！"因此，当皇太极绕过通州向北京袭来时，他给皇帝上密疏，弹劾袁崇焕："引敌长驱，欲要上以城下之盟。"[①]意思是说，袁崇焕带领皇

---

① （清）叶廷琯：《鸥陂渔话》卷四，《温体仁家书》。

太极长驱直入，就是要逼皇上签订城下之盟。

袁崇焕并不是内阁辅臣，你温体仁想入阁就入呗，干吗和袁崇焕过不去呢？这就是温体仁的狡猾之处了。因为，直接弹劾某位内阁辅臣，没有借口。所以说，温体仁弹劾袁崇焕，那是"醉翁之意不在酒"。果然，温体仁弹劾完袁崇焕，立刻便把矛头指向内阁辅臣钱龙锡。说他"素与袁通，倚为长城"①。意思是说，钱龙锡和袁崇焕长期相互勾结，把袁崇焕这样与敌人勾结的人看作是保卫国家的力量。这样一来，只要能把袁崇焕的罪名定死，那打倒钱龙锡就不成问题了。

当然，仅凭温体仁的一面之词和个人的力量，还无法置袁崇焕于死地。在皇太极绕过通州攻打北京的时候，崇祯皇帝依然很信任袁崇焕。可是，当崇祯皇帝把袁崇焕打入大牢之后，一些阉党残余分子纷纷弹劾袁崇焕和钱龙锡。

首先跳出来的是江西道御史高捷。他在给皇上的上疏中说，钱龙锡与袁崇焕狼狈为奸，相互勾结。理由有两个：其一，袁崇焕之所以敢擅杀边疆大帅毛文龙，就是因为有钱龙锡的指示，是他们两个人密谋好的；其二，祖大寿私自带兵退出战场，也是钱龙锡挑唆的结果。像这样的人，一刻也不能留，必须杀了！

钱龙锡立即上疏为自己申辩，说他与袁崇焕以前根本就不认识，只是在听了袁崇焕五年平辽的大话之后，觉得不靠谱，才去找他询问收复辽东的具体方法，根本不存在密谋的事。为了证明自己的清白，钱龙锡向皇上提出辞职。崇祯皇帝开始并没有同意钱龙锡的辞职，并且下旨安慰和挽留钱龙锡。可是，高捷连续上疏攻击钱龙锡，不打倒钱龙锡绝不罢休。崇祯皇帝最终动摇了，批准了钱龙锡因病辞职的请求。

仅仅是辞职，阉党分子当然觉得不过瘾，他们非要把钱龙锡置于死地不可。不久，又有一个阉党分子跳出来，他叫史范，是山东道御史。他给皇帝上疏，诬陷钱龙锡接受袁崇焕数万两银子的贿赂，而且银子就藏在钱龙锡的亲家家里。

---

① （清）叶廷琯：《欧陂渔话》卷四，《温体仁家书》。

崇祯看到这份奏疏之后勃然大怒，立刻命令有关部门去调查。

这些所谓的阉党成员为何对钱龙锡怀有如此深的仇恨，并试图将他置于死地呢？事实原来是这样的，钱龙锡是清算阉党逆案的主要负责人，他亲手处理了许多涉及阉党成员的案件。残留下来的阉党成员一直在寻找机会来平反自己的冤屈，而皇太极进攻北京，袁崇焕被捕入狱之后，他们认为翻案的时机终于来临了。他们打算通过捏造事实、散布谣言和诬蔑的手段，将袁崇焕和钱龙锡与逆案扯上关系，以此为自己翻案谋求机会。

可是，经多方查证，袁崇焕贿赂钱龙锡数万两银子的指控，纯属捏造。

温体仁的弹劾与阉党分子的诬告，虽然没有得逞，但是，却使袁崇焕一案的审理，彻底改变了方向。崇祯皇帝不再去追问袁崇焕为什么杀毛文龙，以及袁崇焕与皇太极之间是否有密约的问题，而是去追查袁崇焕在杀毛文龙这件事情上，与钱龙锡之间到底是什么关系。

崇祯皇帝下令有关衙门，五天之内必须彻底查清楚，在杀毛文龙这个问题上，袁崇焕与钱龙锡究竟是什么关系。为此，锦衣卫立刻提审了袁崇焕。袁崇焕的回答是："杀毛文龙完全是我自作主张，与钱龙锡无关！"

袁崇焕光明磊落、敢做敢当，将杀毛文龙一事的责任完全承担下来，这的确也是事实。崇祯皇帝看了袁崇焕的供词之后，终于下决心了。

几天之后，他召集群臣，专门讨论如何处置袁崇焕的问题。会议一开始，崇祯皇帝就宣布了袁崇焕的罪名，这些罪名大都是莫须有的。为了证明我的观点，容我一条条地分析给大家听：

第一，"付托不效，专事欺隐"。意思是，嘱托袁崇焕的事，他没有做到，欺骗了皇上。这是指袁崇焕对皇帝做出的五年收复辽东的承诺。虽然，袁崇焕曾经在崇祯皇帝面前夸下海口，但还没到时间，这罪名当然不能成立。

第二，"市粟谋款"。这是两项罪名。所谓"市粟"是指袁崇焕为了取得蒙古喀喇沁人的支持，防止皇太极绕道蒙古袭击北京，卖粮食给喀喇沁人，可是，没有想到喀喇沁人后来投靠了皇太极，这的确是袁崇焕的失误，但罪不至死。

所谓"谋款"就是议和。袁崇焕刚刚就任蓟辽督师的时候，就给崇祯皇帝上疏，提出"守为正着，战为奇着，和为旁着"，当时皇上并没有反对议和，那么议和也就不能构成罪名。

第三，"纵敌不战，散遣援兵"。意思是说，敌人长驱直入，他不派兵阻止。我们曾经分析过，袁崇焕只有九千骑兵，在蓟州平原上根本无法阻止皇太极率领的十万满蒙铁骑。至于对勤王部队的布置，袁崇焕事后曾经请示过崇祯皇帝，皇帝也是同意的。所以，遣散援兵更是无稽之谈。

第四，"潜携喇嘛僧入城"。[①]袁崇焕的确一再提出要进北京城，因为他擅长守城，希望自己带领的关宁铁骑能够依托北京坚固的城防，以击退皇太极的进攻。可是，袁崇焕入城的要求被崇祯皇帝拒绝了。至于部队里的喇嘛僧就是内奸，这更是莫须有的罪名。

崇祯皇帝宣布了袁崇焕的罪状之后问群臣："现在你们对袁崇焕的罪行已经清楚了，你们看怎么处置呢？"众位大臣谁也不敢发表意见。崇祯皇帝看大家不吱声，便宣布了自己的决定："依律磔之！"[②]"磔"就是凌迟，就是千刀万剐啊！这个时候，大殿里死一般的沉寂，看看大家还是没有什么反应，崇祯皇帝命令刑部侍郎说："你立刻去刑场，监督执行！"从公布袁崇焕的罪名，到宣布将袁崇焕凌迟处死，整个过程，群臣们一言不发，没有一个人敢为袁崇焕喊冤叫屈！在错误的决定面前，保持沉默就是支持，所以，这帮大臣对袁崇焕的死都负有责任！

就这样，在群臣们的默许之下，袁崇焕被执行死刑。被五花大绑的袁崇焕，在押赴刑场的路上还不断遭到京城百姓的唾骂。面对舍命要保护却根本得不到理解的百姓，我无法想象袁崇焕此时心里是何感受。就在刽子手准备对他下刀的时候，他低声地吟诵道：

---

① （清）谈迁：《国榷》卷九十一。

② （清）谈迁：《国榷》卷九十一。

一生事业总成空，半世功名在梦中。死后不愁无勇将，忠魂依旧守辽东。

意思是说，我一生追求收复辽东的事业不可能实现了；我一生刚过去一半，可是建功立业的愿望，将成为永远的梦；不过，我死之后依然是一员勇将，我的忠魂依然守卫辽东！

这首诗当然不可能是临死前的灵感，而是被关在狱中八个月的反思，也是袁崇焕的自我总结。如此忠贞不贰，战功显赫，临死都不忘收复国土的民族英雄，却被千刀万剐了！

我们前面曾提及，北京保卫战的整个过程已经完全能够证实袁崇焕的清白。崇祯皇帝也表示守辽非"蛮子"不可，只要查清袁崇焕的问题，就会重新重用他。

第十章

钩心斗角

虽然袁崇焕被崇祯皇帝下旨关进了监狱，但崇祯皇帝也表示过，只要查清袁崇焕的问题，就会重新重用他。袁崇焕毕竟是一代名将，对后金国有着巨大的威慑力。可是，由于崇祯皇帝自北京保卫战结束之后，对袁崇焕的态度一直不明朗，所以袁崇焕的案子迟迟没有结论，这一拖就拖了八个多月。八个多月之后，崇祯皇帝的态度突然来了个一百八十度的大转弯，不仅判处袁崇焕死刑，而且将他千刀万剐了！

崇祯皇帝为何非要杀害袁崇焕，而且还会使用如此极端的刑罚来处置他，其中深意值得思考。从皇帝公开宣布的罪名来看，主要是袁崇焕为了与皇太极进行和谈而杀害毛文龙，从而引发了后金国对北京的进攻。然而，事情并不像表面看起来那么简单，崇祯皇帝对袁崇焕的处决有其他原因。它涉及一位朝廷的重要官员——钱龙锡。钱龙锡是东林党的领袖，也是崇祯皇帝登基后第一任内阁成员。正是在钱龙锡的领导下，对清除阉党的逆案进行了彻底处理。可见，崇祯皇帝对钱龙锡非常信任，而钱龙锡在朝野间的声望也很高。

然而，当崇祯皇帝发现袁崇焕和钱龙锡两人关系密切时，他内心感到不安。这一点乍看令人奇怪，深究会发现，崇祯皇帝特别关注袁崇焕与钱龙锡之间的关系，这牵涉崇祯皇帝心中的一个心结。事实上，这个心结并非崇祯皇帝独有，历代帝王都有类似的担忧。这个心结源于对朝廷大臣结成派系的担忧。

作为边关重要将领，袁崇焕掌握着强大的军权，同时也是明朝最精锐部队的将领；而钱龙锡则是内阁辅臣，权势重大，且在朝野间享有崇高声望。一旦两人结成派系，后果将不堪设想。崇祯皇帝一想到这点就感到不安！因此，崇祯皇帝决意杀了袁崇焕，是因为他相信袁崇焕与钱龙锡两人存在结党之虞。

既然认定二人是朋党，那这两个人自然就都不能放过了！因此，崇祯皇帝在宣布将袁崇焕千刀万剐之后，就接着宣布：钱龙锡"私结边臣，蒙隐不举，令廷臣议罪"[①]。意思是，钱龙锡私下里勾结边关大臣，对袁崇焕的所作所为隐瞒不报，命令朝廷大臣们讨论一下如何定钱龙锡的罪。

当众位大臣为钱龙锡求情的时候，崇祯皇帝大发脾气说："袁崇焕通敌谋叛，所以我必须治他的死罪。他和钱龙锡结成朋党，一起欺骗我。你们这些朝廷大臣，一直都被他蒙蔽了，从来也不指出他的罪过。今后如果你们谁还敢结党营私，一起欺骗我，我手中的三尺剑绝不会饶过你们！"

崇祯皇帝发这么大的火，是因为他最恨朝中大臣结党。我们曾经详细地论证过，指控袁崇焕"通敌谋叛"是莫须有的罪名，完全是诬陷！这些罪名不过是杀袁崇焕的借口而已。崇祯皇帝之所以要杀袁崇焕，而且要用千刀万剐的方式，就是想用这种极刑，震慑那些企图在朝中结党的人。

那么，袁崇焕和钱龙锡之间到底有没有互相勾结，结成朋党，公开造反，站到崇祯皇帝的对立面？

我们提到过，崇祯皇帝曾经对袁崇焕非常信任，任命他为蓟辽督师之后，对他言听计从；对钱龙锡也不例外，任命他专门负责清理阉党逆案，并且鼎力支持他。一个边关大帅，一个朝廷重臣，可以说是崇祯皇帝的左膀右臂。完成着崇祯皇帝登基以来最重要的两件大事：一件是铲除阉党集团，一件是收复辽

---

① （清）谈迁：《国榷》卷九十一。

东失地。所以，崇祯皇帝虽然知道袁崇焕与钱龙锡走得比较近，但是，一开始并不相信钱龙锡与袁崇焕之间会有什么特殊关系。我们在前面曾经提到，早在皇太极绕过通州进攻北京城的时候，礼部侍郎温体仁就第一个跳出来给崇祯皇帝打小报告，诬陷袁崇焕引敌长驱直入，就是想要挟皇上与皇太极结城下之盟。又说钱龙锡"素与袁通，倚为长城"①，意思是，钱龙锡与袁崇焕长期以来关系一直很密切，钱龙锡把袁崇焕当成自己依靠的力量。

可是，当时崇祯皇帝并没有相信温体仁的话，对袁崇焕依然非常信任。只是后来崇祯皇帝开始怀疑袁崇焕通敌谋叛，这才把袁崇焕打入大牢。当然，这个时候崇祯皇帝并没有怀疑袁崇焕与钱龙锡结党，因此并没有要杀袁崇焕的意思。

可是，袁崇焕被逮捕之后，残余的阉党分子们看到了机会，就想利用袁崇焕一案打倒钱龙锡，从而达到替阉党逆案翻案的目的。首先跳出来的是江西道御史高捷，他诬陷袁崇焕是在钱龙锡的指使之下杀了毛文龙，才有了这场战争灾难，所以不能只逮捕袁崇焕，必须逮捕钱龙锡。对此，崇祯皇帝批复道："龙锡忠慎，戒勿过求！"②意思是，钱龙锡忠诚而且谨慎，你们对他不要苛求！可见，崇祯皇帝虽然怀疑袁崇焕通敌谋叛，却并不相信袁崇焕与钱龙锡会是朋党。

钱龙锡为了证明自己的清白，在上疏为自己申辩之后，立刻提出辞职。崇祯皇帝一再下旨安慰和挽留钱龙锡，表明崇祯皇帝相信钱龙锡是清白的。可是，高捷等人连续上疏攻击钱龙锡，不打倒钱龙锡决不罢休。崇祯皇帝最终动摇了，批准了钱龙锡因病辞职的请求。即便如此，崇祯皇帝依然没有怀疑袁崇焕与钱龙锡之间有什么特殊的关系。

崇祯皇帝开始认为袁崇焕与钱龙锡之间有结党嫌疑，是在钱龙锡辞职之后不久。又有一位阉党分子，山东道御史史范诬告袁崇焕给钱龙锡行贿两万两银子，而且就藏在钱龙锡亲家的家里，说得有鼻子有眼的，这下崇祯皇帝信了，

---

① （清）叶廷琯：《欧陂渔话》卷四，《温体仁家书》。
② （清）张廷玉：《明史》卷二五一。

而且勃然大怒，立刻派人去搜，结果什么也没有搜到。什么都没有搜到，并不能证明他们没有结党，因为银子完全可以转移啊！因此，崇祯皇帝开始相信钱龙锡与袁崇焕之间有问题，于是命令锦衣卫立即查清在议和与杀毛文龙这个问题上，袁崇焕与钱龙锡之间到底是什么关系。锦衣卫提督立刻提审袁崇焕，提审完之后又马上将袁崇焕的口供呈报给崇祯皇帝，恰恰就是这份口供，最终让崇祯皇帝相信，袁崇焕与钱龙锡之间的确是朋党。

难道袁崇焕真的愚蠢到会承认自己与钱龙锡是朋党？当然不会。锦衣卫提督问袁崇焕："议和与杀毛文龙是否与钱龙锡密谋？"

袁崇焕回答说："杀毛文龙完全是我自作主张，与钱龙锡无关！"

袁崇焕光明磊落、敢做敢当，将议和与杀毛文龙的责任全部承担下来，一切都与钱龙锡毫无关系，这的确也是事实。

按理来说，袁崇焕的回答足以让崇祯皇帝相信袁崇焕与钱龙锡并非结党。袁崇焕将一切都归咎于他的个人行为，崇祯皇帝应该会宽恕袁崇焕独断专行的行为，不至于将其处死。然而，令所有人意想不到的是，恰恰是袁崇焕的这种态度，最终导致崇祯皇帝坚决决定处决袁崇焕。这一点令人困惑，为何袁崇焕独自承担责任，坚决否认与钱龙锡之间有任何密谋，而崇祯皇帝却决定将其处死？原因在于，崇祯皇帝认为两人之间的关系过于密切！袁崇焕完全呈现出为友人两肋插刀的形象。对皇帝来说，大臣之间若有此类关系，是他最不愿看到的。皇帝更喜欢见到群臣互相争斗、内斗不休、各自自顾的局面，这样才能维持皇帝的权威，让每位大臣都心存戒惧。

这个肯定很难理解：皇帝为何如此做？他不希望大臣们真心团结吗？当然不希望！原因又是什么呢？因为，一旦大臣们相互争斗，他们个个都期望得到皇帝的支持，以战胜自己的对手，他们因此会极其听从皇帝的命令。若大臣们团结一致，就可能联合对抗皇帝，甚至出现抵制皇权、篡夺帝位、掌握帝位更迭甚至推翻皇帝的可怕局面。阉党专政便是这种局面的典型，当时阉党集团掌握内廷，操纵朝政，架空了天启皇帝，整个大明江山险些被魏忠贤夺走，崇祯皇帝自身也几乎落入阉党之手，他在刚进宫时和即位前后的日子里，曾经历惊心动魄的局面！这种经历至今令他记忆犹新、心有余悸！因此，大臣们之间结党，是崇祯皇帝最痛恨，也是最害怕的事。

就这样，温体仁要入阁的野心，"阉党"余孽要翻案的企图，崇祯皇帝对朝臣结党的忌讳，这三种力量结合在一起，袁崇焕就必死无疑了。可以说，袁崇焕之死，绝不是因为他通敌谋叛，那只是崇祯皇帝的借口，袁崇焕实际上是朝廷内部权力争夺的牺牲品。

袁崇焕被杀之后，钱龙锡的命运将会走向何方呢？

袁崇焕被杀半个多月之后，六十多位朝廷大臣，专门开会讨论如何处理钱龙锡的问题。讨论的结果是，袁崇焕杀毛文龙与钱龙锡无关，完全是袁崇焕自己的责任。但是，钱龙锡作为朝廷重臣，对这种关系国家安危的大事，没有及时发现，因此罪责难逃。不过，最终如何处理，一切由皇上看着办。就这样，大臣们把球儿又踢给了崇祯皇帝，这显然表明众位大臣不同意给钱龙锡定罪。崇祯皇帝看了大臣们的讨论结果之后，二话不说，立即降旨，派锦衣卫到钱龙锡的老家，把钱龙锡逮捕入京，打入大牢。大臣们的抵制，反而坚定了崇祯皇帝处置钱龙锡的决心。因为，大臣们对钱龙锡的同情和支持，正是一种结党的表现，这让崇祯皇帝心里极其不舒服。

所以，钱龙锡被捕之后，有关部门在崇祯皇帝的授意之下很快就做出判决："大辟，决不待时。"① "大辟"就是斩首，而且要立即执行。罪名是：袁崇焕杀毛文龙，导致后金大军进犯北京。钱龙锡是袁崇焕的同谋。按照传统，死刑犯都是等到秋后才问斩的，这次却"决不待时"，可见崇祯皇帝要杀钱龙锡的急切心情。

杀钱龙锡的判决下达之后，执行死刑的刑场很快就准备好了，并且通知家属进京料理后事。就在刽子手正要开刀问斩的时候，突然接到崇祯皇帝的圣旨：

---

① （清）张廷玉：《明史》卷二五一。

"龙锡无逆谋，令长系。"①意思是，钱龙锡并没有叛逆的阴谋，还是把他长期关押起来吧。真就像电视剧里常见的情节一样，皇帝一句话，死刑就改无期了。钱龙锡死里逃生！

那么，崇祯皇帝为什么会出尔反尔，突然改变主意不杀钱龙锡了呢？原因说起来有些令人难以置信。因为是钱龙锡在狱中的上疏救了自己。那么，钱龙锡在上疏中都说了些什么话，最终让崇祯皇帝宽恕了他呢？钱龙锡说："斩帅一事，袁崇焕自知专杀有罪，借临别时无心问答一语，为分过之地。"②意思是，袁崇焕觉得自己独自决定杀毛文龙显然有罪，于是就把临别时钱龙锡无心的问话，拿来为自己分担责任。显然，钱龙锡怀疑是袁崇焕出卖了自己，因此在上疏中指责袁崇焕，并且为自己鸣冤。是啊，这不能不让钱龙锡怀疑，钱龙锡心想："我和袁崇焕在他住处的会谈，怎么会让阉党残余分子们知道呢？我从来没有对任何人说起过啊！那一定是袁崇焕为了逃脱罪责把我供了出去！"钱龙锡对袁崇焕的不满，表明二人之间没有默契，显然不是朋党。前面我们已经提到过，皇帝就是喜欢看到大臣们之间相互争斗、彼此攻击，这样他就可以驾驭他们了。钱龙锡的态度，与袁崇焕的态度形成了鲜明的对比。袁崇焕不辩解，不鸣冤，完全承担全部责任，一副为朋友两肋插刀的样子，那就必死无疑，因为这是结党的最好证明；钱龙锡指责袁崇焕，并且为自己鸣冤，完全是为了洗清自己，这就是钱龙锡之所以不死的重要原因，因为，这是不结党的最好证明。就这样，钱龙锡通过对袁崇焕的指责，保住了自己的性命，并且将长期关押改为发配浙江定海，钱龙锡不仅死里逃生，而且免除了牢狱之苦！

钱龙锡的上疏证明他与袁崇焕之间没有结党，当崇祯皇帝明白这一点的时候，一切都晚了，虽然钱龙锡死里逃生，但是袁崇焕被杀，大错已经铸成。袁崇焕的被杀，可以说是崇祯王朝的一个转折点。崇祯皇帝登基以来的上升局面

---

① (清) 张廷玉：《明史》卷二五一。
② (清) 张廷玉：《明史》卷二五一。

从此打住了，大明王朝中兴的希望开始走向破灭。

除此之外，崇祯皇帝打击朋党的努力，还有更深远的负面影响。什么样的负面影响呢？就是大臣们之间的钩心斗角，从此公开化。因为，这种宁愿看到群臣争斗，也不愿看到大臣结党的心态，被别有用心的人利用。这个人是谁呢？他就是温体仁。温体仁利用崇祯皇帝的这种心态就是为了便于自己往上爬。温体仁自打崇祯皇帝的爷爷万历皇帝那会儿，就是朝廷中的大臣，可以说是三朝元老了。可是，他这会儿还只是个礼部侍郎，所以他太想入阁当辅臣，却苦于没有升迁的机会。当他揣摩到崇祯皇帝的这个心思之后，觉得自己升迁的机会来了。温体仁利用崇祯皇帝的这种心态，可以随意攻击任何一位妨碍他升迁的人，却不会引起崇祯皇帝的反感。他公开排除异己，也不怕成为众矢之的，因为这样反而让崇祯皇帝觉得自己没有结党，更加信任自己。

就这样，把钱龙锡赶出内阁之后，温体仁如愿以偿地成为内阁大学士。可是，温体仁并不满足，他还想进一步担任内阁首辅，也就是内阁成员中的一把手，相当于过去的宰相。不过，他要达到这个目的，首先得扳倒一个人，这个人就是现任内阁首辅成基命。成基命我们曾经提到过他，一位七十多岁的老先生，当崇祯皇帝下令逮捕袁崇焕的时候，就是他第一个跪下为袁崇焕求情的。这么大岁数了，即使没有什么问题，也该退休了。可是，温体仁一天也不愿意多等，在发配了钱龙锡之后，他立刻在幕后操纵一些人，开始纷纷给崇祯皇帝上疏弹劾成基命，主要说他"闭门高坐，巧为卸担"[①]，意思是说，成基命成天坐在家里，什么事也不管，国家一有什么大事，他不是装病就是找借口推卸责任。面对这些无端的指责，成基命立刻向崇祯皇帝上疏申辩，反驳这些人对他的诋毁，可是这帮人不依不饶，一副成基命不下台，他们决不善罢甘休的样子。为了表明自己的清白，成基命只好向崇祯皇帝提出辞职。崇祯皇帝一再挽留，可是成基命坚决要走。崇祯皇帝觉得实在挽留不住，就只好同意他辞职了。

---

① （清）汪楫：《崇祯长编》卷三十七。

可是，成基命辞职之后，温体仁并没有当上内阁首辅。显然，崇祯皇帝还有更信任的人，而这个人就是周延儒。崇祯皇帝之所以特别信任周延儒，原因在于周延儒具备以下三个与众不同的特点：

其一，周延儒是个很有见解的人。比如，崇祯元年（1628），驻守辽东的士兵因为朝廷拖欠军饷哗变了，袁崇焕请求补发军饷。为此，崇祯皇帝在文华殿召集大臣商议，大臣们都主张动用国库。可是，周延儒却不同意，他建议说："边关守军本来是为了防止外敌入侵的，可是现在却要防备这些守军了。宁远士兵哗变，要发军饷，锦州士兵哗变，又要发军饷，这样下去，镇守边关的部队都要学样子了。"崇祯皇帝问道："那你说怎么办？"周延儒说："现在情况紧迫，不得不发军饷，但是，总得想个长久之策才是。"崇祯皇帝听了认为周延儒说得有道理。过了几天，崇祯皇帝单独召见周延儒，问他有什么长久之策。周延儒回答说："粮饷以粟为最好，因为山海关一带盛产这东西。所以，只要开展屯田军营中就不会缺粮食，只是缺银子。正是由于这个原因，骄横的武官才煽动士兵起来闹事，威胁袁崇焕。"崇祯皇帝听了周延儒的一番话，认为有道理，从此对周延儒特别器重。

其二，与温体仁背后挑拨不同，周延儒经常当面诋毁。比如，就在皇太极越过长城，北京城告急的情况下，崇祯皇帝召集大臣们商量对策，周延儒当着兵部尚书王洽的面对皇帝说："王洽身为兵部尚书，却疏忽大意没有积极备战，敌军进攻时，他对军队的调度也很混乱，既不能预先将敌人阻拦在长城之外，又不能在长城之内阻击敌人的进攻，本朝历史上哪有这样的兵部尚书啊？"崇祯皇帝一听周延儒的这番话，立刻将王洽打入大牢，后来王洽死在牢里。这本来是借国难排除异己、打击同僚的损招，却被崇祯皇帝认为是不讲情面、敢说真话。

其三，这种当着众臣和本人的面在皇帝面前诋毁别人的人，自然在朝廷中不会有什么人缘儿，大家都不愿意理周延儒，他也经常遭人弹劾，显得比较孤立，这就让崇祯皇帝觉得周延儒没有朋党的嫌疑。

有了以上这三个原因，崇祯皇帝特别信任周延儒。因此，就在北京保卫战打得最激烈的时候，周延儒入阁了；战争结束不久，周延儒就担任了内阁首辅。

虽然，温体仁想当内阁首辅，周延儒是最大的障碍，并且要设法扳倒他，但是，周延儒对温体仁却一直挺好。他们二人曾经都是礼部侍郎，都想入阁，共同的追求使他们多次联手打击共同的政敌。温体仁入阁还是周延儒推荐的。可是，当周延儒成为内阁首辅之后，温体仁的态度就发生了变化，开始暗地里拆周延儒的台。

有一天，周延儒去看望刚刚走出大牢的钱龙锡。周延儒对钱龙锡说："皇上很生气，对你的意见那真是太大了，你是不知道啊。我为了救你的命，可是费了不少劲啊！"不明底细的钱龙锡，对周延儒真是感激万分，简直就把周延儒当成是自己的大恩人了！

钱龙锡送走了周延儒之后，不一会儿温体仁也到家里来看望他。钱龙锡把周延儒对他说的话告诉了温体仁，并且一再表示感激说："皇上生了那么大的气，不是你们几位出手相救，我怎么可能活到今天啊！"

温体仁听完这话之后，面无表情，口气十分平淡地说："皇上压根儿就没生气！"温体仁话里有话，显然是在向钱龙锡暗示："皇上根本就没有要杀你的意思，所以也就根本不存在周延儒救你命这回事，他是在撒谎！"

钱龙锡一听就火了："皇上没生气，那周延儒还说救我多么艰难。他撒这个谎干吗？"温体仁神秘地笑了笑，不置可否。

温体仁挑拨是非的水平真高明，他没有说周延儒一个不字，也没有诽谤任何人，只是告诉钱龙锡真相。可是，钱龙锡一听这话立刻对周延儒产生反感。由于钱龙锡的影响力很大，因此这件事情很快就在朝廷内外传开了，人们普遍认为，周延儒虚伪，温体仁诚实。这个温体仁，玩起钩心斗角真的是不简单，就利用这一件小事儿，轻而易举地在舆论上先赢了周延儒一招。

当然，这种小伎俩，要想扳倒周延儒，那还差远了。为了打倒周延儒，温体仁一直在寻找机会，不放过任何蛛丝马迹！等着等着，这机会终于来了。

崇祯四年（1631）春天，三年一次的会试开始了。这会试是国家级的科举考试，一般由礼部负责人主持，可是这次会试周延儒却非要亲自担任主考官不可，温体仁立刻觉得有些不大对劲儿。周延儒是内阁首辅啊！按照惯例，内阁首辅政务繁忙，从来不担任主考官。周延儒一反常规地要出任主考官，其中必有文章。温体仁马上指使自己的亲信注意观察，看周延儒究竟想干什么。

这个亲信还真没有辜负温体仁的期望，果真发现问题。这个周延儒，他悄悄嘱咐考官在密封卷子之前，偷看考生的封号，然后再转告给已经打好招呼的阅卷人。结果，周延儒老朋友的儿子在会试中得了第一名。

温体仁得知这个消息之后，立刻指使他的亲信言官，准备上疏弹劾周延儒。周延儒马上就听到了风声，慌了神了。周延儒知道，考场舞弊可是重罪，这要是让温体仁抓住把柄告到崇祯皇帝那儿，他可就全完了。拦住言官不让他们弹劾是不可能的，周延儒一咬牙，豁出去了，他揣上老朋友儿子的卷子就去见崇祯皇帝。见了皇上之后，他就把那份卷子呈给皇上看。好在这位考生的文章还过得去，崇祯皇帝看完之后非常满意，周延儒马上请示道："我准备给他个第一，皇上您看呢？"崇祯皇帝顺口就答应了："行啊！"按理说，所谓"第一"也没有绝对标准，往往是在众多考卷的比较中，选择一篇最好的。可是，崇祯皇帝只看了一篇文章，就同意给第一，显然过于武断了，这只能说明崇祯皇帝太信任周延儒了，"你说第一就第一吧！"就这样，周延儒利用崇祯皇帝对自己的信任，让老朋友的儿子成了皇帝御批的会试第一名，这事皇上已经下结论了，谁还敢说三道四，那不是自找没趣儿吗？就这样，周延儒平安渡过了考场舞弊的风波。

经过这件事，温体仁觉得这个周延儒还真不好对付，好吧，咱们走着瞧，要想扳倒你周延儒有的是机会。果然，没过多久机会又来了。

崇祯五年（1632），毛文龙的旧部在胶东半岛发动叛乱，占领了登州城，活捉了登州巡抚孙元化和他手下的所有官员。消息传到北京，崇祯皇帝立刻召集大臣们想办法应对这场危机，可是温体仁提不出任何有用的解决方案，却利用这个机会指使他的亲信弹劾周延儒说："这场叛乱虽然是毛文龙旧部发动的，但实际的支持者却是巡抚孙元化，孙元化之所以敢这样做是因为他贿赂了周延儒，从而得到周延儒的支持。因此，周延儒才是胶东半岛叛乱的罪魁祸首。"本来这个罪名就很牵强，再加上崇祯皇帝非常信任周延儒，不但不理会言官的弹劾，反而把弹劾周延儒的言官连贬三级，以示惩处！温体仁的阴谋又没有得逞。

崇祯皇帝如此信任周延儒，这就让周延儒有点儿不知天高地厚了，为人越来越骄狂，行为和言语也就越来越不谨慎了。本来周延儒这个人，打小就比较张狂。据说他四岁的时候，他爷爷背着他到街上去玩，见到前朝内阁首辅的牌坊，就问爷爷说："他做了宰相把牌坊竖在这里，那我以后做了宰相，牌坊竖到哪里呢？"他爷爷一听孙子这话马上骂道："你年幼无知，不许胡说八道！"便匆匆背着周延儒离开了牌坊。还真让他自己说准了，周延儒后来当上了内阁首辅。不过，他当上内阁首辅之后，就更加骄狂了。有一天，周延儒对身边的人说："我有回天之力，'今上是羲皇上人'。"①"羲皇"就是伏羲，周延儒说崇祯皇帝不过是"羲皇上人"，意思是说崇祯皇帝就像受祭祀的祖先一样，是一个牌位。这句话让温体仁听说之后，立刻指使他的亲信言官上疏弹劾周延儒。崇祯皇帝一看这份上疏不禁勃然大怒，可是又不大相信周延儒敢这样说，因此立刻把那位上疏的言官叫来追问："这话你是从哪听来的？"这位言官马上找来了当时在场的三四个证人。这下崇祯皇帝相信了，周延儒也无法抵赖，只好向皇帝提出辞职，皇帝立刻批准，就这样周延儒终于被温体仁扳倒了。

扳倒了周延儒，温体仁如愿以偿地当上了内阁首辅，按理说，事情至此应该满足了吧！可是，温体仁却感到了更大的压力和不安。原因无他，只因崇祯皇帝有个特点，很难长时间地重用一位辅臣。他在位十七年，前后共换了五十多位内阁成员，十九位内阁首辅，这在明朝历史上是从来没有过的事情。在温体仁之前，已经换了近三十名内阁成员，四位内阁首辅了。崇祯皇帝这么做的一个重要原因，就是怕内阁成员在位久了之后，结成朋党。

---

① （清）谈迁：《国榷》卷九十二。

崇祯皇帝这样做，造成内阁成员人人自危，只是谨小慎微地保住自己的地位，而缺少承担社会责任的使命感。内阁成员全由这样的人组成，这内阁便失去了积极进取的锐气，整个崇祯王朝也就只能走下坡路了。温体仁深知崇祯皇帝的这个特点，所以，自从当上了内阁首辅之后，他就开始想尽一切办法维护自己的地位。

其中一个简单粗暴的办法他经常采用，那就是直接装病！只要有言官弹劾他，他一定会装病，以避风头。他老是这样做，崇祯皇帝对他就有些不太满意了，因此又一次动了更换内阁成员的念头。以往更换内阁成员都是通过"推举"，也就是由现任内阁成员和各部尚书提出候选人名单。可是，有一天，崇祯皇帝突发奇想，出题考试！朝廷各部门的官员只要够条件都有资格参加考试。考试的那天，除了在家装病的温体仁之外，所有的内阁辅臣及各部的尚书都到了，参加考试的官员也准备就绪。考试题目很简单，就是让每人写一道奏疏。

可是，到了第二天，崇祯皇帝一看交上来的试卷，不由一愣："嗯？怎么没有文震孟的考卷呢？他怎么没有参加考试呢？"负责考试的官员一听，赶紧派人去打听，一问才知道，这位文震孟根本不愿意入阁，借口有病没有参加考试。崇祯皇帝心想："既然如此，我也就不管那么多了。"他立刻命令吏部，调阅文震孟的档案。吏部马上将文震孟的档案呈给皇上。几天后，崇祯皇帝做出决定：任命文震孟为内阁大学士，立刻入阁。大家觉得纳闷儿，不是要通过考试选择入阁人员吗？怎么，所有参加考试的人都没戏，而这位不愿意入阁，借口有病不参加考试的文震孟，却被提拔为内阁成员了呢？显然，这考试完全是幌子，崇祯皇帝就是想要绕过众位大臣的推举，直接提拔文震孟入阁。当然，这也是崇祯皇帝打击朋党的一个重要手段。因为，大臣们的举荐，总是难免人情关系。

这个文震孟，是天启年间的状元，很有才华，学问也做得非常好。当年因为上疏弹劾魏忠贤，被贬为普通百姓。崇祯皇帝上台之后便请他给自己讲课。这样一来，文震孟就成了崇祯皇帝的老师。文震孟不但课讲得好，而且为人非常正直，经常在讲课的时候，提醒崇祯皇帝，小心阉党余孽翻案，抨击朝中大臣的一些恶行，对崇祯皇帝管理朝政很有帮助。因此，崇祯皇帝就想提拔他进入内阁，帮他打理朝政。可是，如果按照老方式推荐，像文震孟这样耿直的知识分子，在当时的官场上，是很难被推荐上来的。于是，崇祯皇帝就想出了考试这招。可是，这个文震孟却偏偏没有参加考试，因为他根本不想入阁。崇祯皇帝只好硬着头皮，破格提拔他。这样一来，崇祯皇帝就把所有参加考试的人都给涮了。

在家养病的温体仁，一听说崇祯皇帝破格提拔文震孟为内阁成员，这病一下就全好了，马上跑到内阁上班来了。温体仁这么紧张是因为他太了解文震孟的本事了，文震孟的入阁让他感到了巨大的威胁。

第十一章

暗无天日

温体仁通过捏造罪名的方式，将钱龙锡发配到浙江定海，满足了他入阁的愿望；然后，他又抓住内阁首辅周延儒的把柄，暗中指使自己的亲信给崇祯皇帝上疏，把周延儒逼得辞职回了老家，他当上了内阁首辅；可是，崇祯皇帝又破格提拔了著名学者文震孟为内阁成员。本来在家养病的温体仁，一听说这个消息之后，这病一下就全好了，马上跑到内阁上班来了。

温体仁太了解文震孟的本事了。文震孟是天启二年（1622）的状元，之后就成了翰林院的编修。这"翰林院"是朝廷办的学术机构，是培育高级文官和高层次学者的摇篮，编修也就是翰林院的专业学者。当时，正是魏忠贤的阉党专政时期，文震孟上任不到两个月，就给天启皇帝上疏，弹劾魏忠贤，被魏忠贤削籍为民，打发回老家了。文震孟因此名声大振。更让温体仁感到威胁的是，崇祯皇帝登基之后，仰慕文震孟的学识和人品，就请他给自己讲授儒家经典，文震孟成了崇祯皇帝的老师，而且对文震孟的一些建议大都能够接受。因此，文震孟的入阁让温体仁觉得他很有可能取代自己，成为下一任内阁首辅。事情相当棘手，怎么才能不让他最终取代自己的位置呢？温体仁采取了三个步骤：

第一步，先与文震孟建立良好的关系。一开始，温体仁在文震孟面前表现得极其恭敬。温体仁是负责为皇上拟圣旨的，他每次拟完旨之后，必定要征求文震孟的意见。文震孟无论提出什么意见他都完全接受，表现得极其谦虚。文震孟对温体仁的印象不错，便对另一位内阁成员说："温体仁为人不错嘛。这么虚心的一个人，你们怎么说他奸呢？"这位阁员提醒他说："这个人的城府很深啊，不能被他表面文章所迷惑！"文震孟不以为然。

第二步，找碴儿激怒文震孟让他失态。当文震孟对温体仁产生好感后，对他的警惕心消散殆尽。温体仁于是认为可以与文震孟公开对抗，让他暴露出丑态。有一天，温体仁手持一份奏疏对文震孟说道："你这个地方写得不妥，必须修改过来。"然而，文震孟作为前朝的状元，怎能容忍此等指责呢！因此，他无视了温体仁的言论，没做出任何修改。温体仁不顾一切地拿起笔，直接划去他认为错误的部分。文震孟立即怒气冲天，拍桌大声呵斥，并抓起案上的奏疏向温体仁扔去。文震孟的失态让他的同僚们觉得他缺乏修养，根本不适合担任内阁成员，更不适合担任内阁首辅的职位。这是因为，在内阁这样的权力中心长期立足，必须避免暴露真实情感，必须学会妥协求全，忍辱负重，善于应对各方面的考验。文震孟原本是一位学者，完全是个性情中人，根本不适合从事行政工作，更不适合与朝廷的大臣们博弈政治。温体仁的挑衅策略完全暴露了文震孟的弱点，温体仁达到了他的目的。

第三步，找借口弹劾他，让他滚蛋。有一天，文震孟的一位担任言官的好朋友，因为弹劾温体仁，被温体仁捏造罪名免了职，削籍为民。文震孟得知是温体仁使的坏之后，当着温体仁的面前气愤地说："从一个言官，一下变成老百姓，真是太荣幸了！我真得好好谢谢你老人家的美意啊！"温体仁面对文震孟的冷嘲热讽不动声色，可是一转身他立刻给皇帝上奏疏说："皇上就是用官位鼓励天下的，人们因为当官光荣才为朝廷效命的，可是文震孟却说'从一个言官，变成老百姓，真是太荣幸了'，如此地颠倒是非荣辱，怎么能够担当朝廷重任！"崇祯皇帝一看温体仁的上疏，顿时大怒，立刻下旨："文震孟冠带闲住。"①意思是，文震孟回家待着去吧！就这样，文震孟被温体仁赶出了内阁。

从文震孟被崇祯皇帝破格提拔为内阁成员，到他被温体仁排挤回家闲住，时间还不到三个月，文震孟成为崇祯年间任期最短的一位内阁成员。温体仁成功地将文震孟赶出内阁之后，似乎意犹未尽，立刻开始了新一轮排除异己的行动，那么下一个是谁，能够威胁到了温体仁的地位，成为他下一个打击的目标呢？

这个人叫郑鄤，他与文震孟是同年的进士。文震孟是状元，郑鄤是榜眼。两个人相见恨晚，志同道合，成为终生的莫逆之交。郑鄤这个人有三个比较突出的特点：

第一，少年得志。郑鄤十八岁就中了举人，可谓"少年得志"。不过十年后才考中进士，虽然经历两次考试失败，但毕竟最后一次考试成功，然后又被选入翰林院当了庶吉士。所谓"庶吉士"，就是在进士中选拔最优秀的人在翰林院学习，经过一段时间的学习和考察，或者留在翰林院继续做学者，或者出任朝廷各部门的官职。明朝有个惯例：不是进士不能入翰林，不是翰林不能入内阁。因此，"庶吉士"有"储相"之称，也就是宰相候选人的意思。可以说，一旦成为庶吉士，那以后就很有可能平步青云。成为庶吉士的郑鄤，那年才28岁，真是春风得意马蹄疾！

第二，为人正直。郑鄤被选为庶吉士的时候，正是阉党专政的年代，魏忠贤权倾朝野，架空天启皇帝，排除异己，残害忠良，朝政十分黑暗。于是，郑鄤在入翰林院当庶吉士不到两个月，就继文震孟之后，给天启皇帝上疏，弹劾魏忠贤。结果郑鄤和文震孟一起被魏忠贤罢免回乡，削籍为民了。被贬回乡之后，郑鄤并没有因此屈服，他在家乡集会上公开反对阉党。这一举动，使郑鄤名声大振，同时也遭到阉党的迫害，他只好远走他乡避难。为了逃避阉党分子的迫害，他改名王小仙，为了生存，他干过油漆工，当过打铁匠的帮工，当过卖烧饼的伙计，总之受了很多磨难。

---

① （清）谈迁：《国榷》卷九十四。

　　第三，志向远大。修身齐家治国平天下，本来就是儒生们的志愿。这位考取进士成为庶吉士的郑鄤更不会例外，即使在深受迫害的时候他依然坚持自己的信念。有一天，郑鄤遇到一个道士，劝他说："政治如此黑暗，还是放弃一切世俗尘念，跟着我一起出家吧！"可是，郑鄤不答应，他一心等待报效国家的机会，而且他相信机会一定会来。

　　郑鄤终于等到了这一天！崇祯皇帝登基以后铲除了魏忠贤的阉党集团，郑鄤恢复了身份，从此结束了六年多的东躲西藏的生活。他终于可以一展宏图，实现自己的抱负！可是，当他正准备进京赴任的时候，父亲去世了，他只好在家守孝。守孝三年期满，母亲催促他赶快去北京上任，郑鄤却坚持要等第二年为母亲过了六十大寿再北上。母亲怕影响儿子的前程，就建议说："那就今年提前为我祝寿吧！"郑鄤觉得母亲的建议挺好，便答应了，于是请来众位亲朋好友为母亲祝寿。提前祝贺完了六十大寿，郑鄤正准备进京，母亲却突然病倒了，不久也去世了。母亲的突然离去，让郑鄤非常伤心，再次在家守孝，这一守又是三年。就这样，两次守孝一共花了六年时间。

　　守孝期满之后的郑鄤眼看崇祯王朝的政治越来越昏暗，一时对官场和仕途失去了兴趣，再加上父母双双离去之后，对生活也心灰意冷了。这位江南才子也许更习惯于田园生活，因此，迟迟不进京赴任，这一拖又是将近两年时间。如果没有外力的催促，郑鄤可能就这样终老田园了。

　　可是有一天，郑鄤突然接到老同学、内阁大学士钱士升的来信，钱士升在信中热情地说："我在温体仁面前说了你许多的好话，他愿意重用你，你快到北京来吧！"郑鄤为了稳妥起见，就给好友文震孟写信征求他的意见。文震孟立刻回信劝郑鄤千万不要进京。郑鄤对这个老朋友有些不满意了，心想："你春风得意，为什么不让我进京呢？"他就又给另外一位好友写信征求意见，那位朋友也劝他不要进京，并且告诉他："温体仁与文震孟矛盾很深，你是文震孟的老朋友，这谁都知道，你进京一定会受牵连！"接到这封信之后，郑鄤才明白了文震孟为什么不让他进京，因此更加犹豫不决。这个时候，一个叫孙慎行的人劝郑鄤进京。这个人是郑鄤父亲的至交，郑鄤的启蒙老师，他也被选入内阁了。孙慎行是看着郑鄤长大的，非常欣赏郑鄤的人品和才华，因此在临行的时候，非要带上郑鄤一起进京不可。就这样，郑鄤终于下决心来到北京。这一年，郑鄤已经42岁了。

郑鄤一到北京，立刻就去拜见内阁首辅温体仁，希望能够早日为国效力。温体仁虽然知道郑鄤是文震孟的至交，但还是希望这位前朝的才子成为自己的人。因此，温体仁很亲切地接见了郑鄤，并且试探性地问："你从南方来，那边对朝廷有什么议论啊？"郑鄤心直口快地回答："人们都说，国家需要人才，可是朝廷却不重用人才。"温体仁一听就不高兴了，但是脸上却并没有表现出来。只是冷冷地反驳说："不是不用人才啊，是天下没有人才可用！"郑鄤根本没有发现温体仁这会儿已经很不高兴了，依然由着性子说道："朝廷如果用人，人才就会出现；朝廷如果不用人，人才自然消失。如今抵御外敌入侵是最紧急的事情，如果真的能像萧何发现韩信，宗泽赏识岳飞那样，何患不能成功？"郑鄤本意是希望温体仁能像当年的萧何一样发现人才，可是，温体仁听了这番话之后却非常反感，但是他表面上还得说："谢谢你的建议，你说得真是太对了！"在心里他却暗中盘算："这个人的锋芒就像刀子一样，他现在是庶吉士，将来一旦入阁那还得了！必然威胁我的朝廷地位。不行，一定要设法除掉他！"就这样，温体仁与郑鄤第一次见面之后，就已经着手陷害郑鄤了。

温体仁心想："用什么办法才能除掉郑鄤呢？目前他只是个庶吉士，没有什么把柄和劣迹啊，而且又是反阉党的斗士，众人之中口碑很好。怎么办呢？哎，有了！"温体仁突然想起退休在家的前任内阁辅臣吴宗达，他是郑鄤的堂舅，他应该了解一些郑鄤私生活方面的事情。于是，温体仁就来到吴宗达的家，和他随意聊天，想套他的话。当温体仁提起郑鄤时，让温体仁没有料到的是，这个吴宗达对自己的外甥气不打一处来，于是，就给温体仁讲了一件几十年前听到的传闻。

吴宗达说，郑鄤会"箕仙幻术"。所谓"箕仙幻术"是民间的一种方术，也叫"扶乩"。郑鄤用这种方式，迫使他的父亲杖责也就是用棍子打他的母亲。

温体仁听完郑鄤舅舅讲的故事之后，真是大喜过望，回到家中立刻亲自起草上疏，然后亲自出面弹劾郑鄤。自从进入内阁之后，温体仁陷害别人，都是指使亲信去干，这次却以首辅的身份亲自弹劾下属官员，这在大明朝的历史上是从来没有过的事情。温体仁开此先例，可见他要整死郑鄤的决心有多大！他给郑鄤定的罪名是："假箕仙幻术迫父杖母！"①

崇祯皇帝看到温体仁的这份奏疏之后，开始有些不大相信，他听说过郑鄤的大名，这样有才华而且正直的人，怎么可能做出这种大逆不道的事呢？崇祯皇帝怀疑地问温体仁："这些你都是哪儿听来的啊？"温体仁就把材料的来源告诉了皇上。崇祯皇帝一听说是郑鄤的舅舅爆的料就不再怀疑，而且非常愤怒，立刻给刑部下令："把郑鄤给我抓起来，严加审讯！"刑部不敢怠慢，立刻去逮捕郑鄤。就这样，这位郑鄤进京还不到一个月就被打入了刑部大牢。

郑鄤的舅舅怎么会揭发自己的外甥呢？这于情于理都说不过去。唉，这就得怨郑鄤这个人，他太耿直了！中国的科举制度虽然是通过考试选拔人才，但是考试之前必须要有人推荐。这个人必须是有功名有声誉的人士。郑鄤在他的家乡一带就是这样的人士。所以，家乡的学子们参加科举考试之前往往经过他的推荐。有一天，吴宗达找到郑鄤，想让他推荐自己的儿子，也就是郑鄤的表弟去考举人，可是，这个郑鄤认为自己的表弟人品实在太差，因此拒绝推荐。就这样，吴宗达恨死了郑鄤！当温体仁要打听郑鄤的劣迹时，吴宗达就把他道听途说的事儿，告诉了温体仁。

被打入刑部大牢的郑鄤拒不承认温体仁的指控。开始，他寄希望于内阁成员孙慎行，是他带自己入京的，他是父亲的至交，自己的启蒙老师，了解自己的品行，一定会为自己洗清罪名。可是，这位老先生经不起舟车劳顿，一到北京就重病不起，没几天就去世了。京城里唯一能证明他清白的恩师去了。郑鄤

---

① 郑鄤:《痛沥奇冤疏》,《峚阳草堂诗文集》卷一。

只好上疏为自己辩解，希望皇上不要听信远离家乡多年的堂舅捕风捉影，最好能够派人到自己的家乡去了解情况。当时，刑部尚书冯英认为，即使温体仁的指控成立，郑鄤也只是通过幻术"迫父杖母"，并没有直接杖责母亲，所以郑鄤不孝的罪名并不成立。冯英觉得郑鄤是个人才，希望皇上能够网开一面。

崇祯皇帝一听这个结果，当然不满意，立刻将刑部尚书冯英革职了，然后把案子移交给锦衣卫镇抚司审理。锦衣卫提督吴孟明认为，这都是二十多年前发生的事儿了，本来就是民不举官不纠的事儿。况且，郑鄤的父母都已经去世，根本无法查证。既无法证实他有罪，也一时无法洗清他的罪名，这案子就一直拖着没有了结。就这样，温体仁借崇祯皇帝的手，将自己可能的政敌打入了大牢。由于案子迟迟不判，郑鄤也就一直被关在大牢里。这一关就是整整三年！

三年后的一天，崇祯皇帝突然下令，让各部门清理冤案。崇祯皇帝怎么突然想起清理冤案了呢？原来这一年北京一带大旱，崇祯皇帝觉得这是因为有冤情，清理一下冤案，看能不能感动上天下点儿雨。锦衣卫提督吴孟明便把郑鄤的案子报给皇上，希望皇上能够给郑鄤平反，并且释放他，以感动上苍。可是，崇祯皇帝虽然希望平反冤狱感动老天，却不愿意宽恕郑鄤，他下旨训斥吴孟明说："杖母这是大逆不道之罪，怎么可能是无辜的，既然无辜为什么没有人为他申冤呢？"

怎么没有人为郑鄤申冤呢？这崇祯皇帝也是差劲儿得紧。郑鄤被打入大牢之后不久，郑鄤的家人就找到了崇祯皇帝的岳父，希望通过周皇后在皇上面前为郑鄤伸冤。可是当周皇后在皇上面前刚开口说了一句："听说，常熟有个郑鄤……"话还没有说完，崇祯皇帝眼睛一瞪："你每天待在深宫，知道什么郑鄤！"一句话就把皇后给堵了回去。也许崇祯皇帝日理万机把这事儿忘了，于是命令吴孟明："立刻找一个他住在北京的同乡，了解真相！"

一个同乡被请进锦衣卫镇抚司做证，这位同乡开始不但证实了对郑鄤的所有指控，而且还添油加醋地说了郑鄤的许多劣迹。可是，当要把他的口供向上呈报的时候，这位同乡立即翻供了。锦衣卫镇抚司只好再审，可是他坚持说：

"郑鄤的这些事儿，我只是道听途说，根本没有证据。"

锦衣卫提督只好对崇祯皇帝上报说："事情纯属传闻，罪行多是诽谤。革职太轻，发配太重，究竟如何处理，请皇上圣裁。"崇祯皇帝一看锦衣卫提督的报告，勃然大怒，立刻批复："将郑鄤，脔割处死！""脔割"也是凌迟。就这样，崇祯皇帝在没有任何证据的情况下，就因为温体仁的诬告，下令将郑鄤脔割处死，而且要割三千六百刀！

当郑鄤听到崇祯皇帝的圣裁之后，长长地叹了一口气，然后在一张白纸上画了一个大大的圆圈，然后用墨将圆圈涂成黑色，意思是："大明王朝，暗无天日！"

那么，崇祯皇帝在没有任何证据的情况之下，非要处死郑鄤不可，据我分析大概有两个原因：

第一，崇祯皇帝要以孝治天下。崇祯皇帝处在明朝的末年，这是一个世风日下，人心不古的时代。为子不孝，为臣不忠，人欲横流，道德败坏。崇祯皇帝登基以来一直想整顿世风，方法就是提倡孝道。可是，他提倡孝道整顿世风却一直没有什么成效，突然遇到这么一个他认为是大逆不道的典型，就想用极刑震慑所有不孝之人。

第二，崇祯皇帝自幼丧母。崇祯皇帝五岁丧母，失去母爱的朱由检对母亲一直非常怀念。长大成人之后，他悄悄从太监那儿打听到自己母亲的坟墓，便经常去祭奠。当了皇帝之后，封自己的生母为"孝纯皇太后"，并且命人为生母画了一幅肖像，以寄托哀思，每逢母亲的忌日，都会哭着祭拜。失去母爱的不幸，在崇祯皇帝心中留下太重的阴影；不能在母亲膝前尽孝，是崇祯皇帝一生最大的遗憾。一旦听说有人虐待母亲，他就会失去理性，不问证据。似乎不杀不能解心头之恨！

那么，郑鄤是否有"迫父杖母"这种大逆不道的行为呢？

郑鄤18岁那年，郑鄤的父亲郑振先纳了一房小妾，这小妾特别能够讨郑振先的欢心，因此郑振先也就特别地宠爱她。郑夫人，也就是郑鄤的母亲因此非常嫉妒，总是与这位小妾过不去，按理说，女人之间吃吃醋，也是人之常情！郑振先却不干了，他太疼爱自己的小妾了，就想惩罚一下郑鄤的母亲，可是总得找个冠冕堂皇的理由吧？于是就用"箕仙幻术"，在沙土上写出了"杖责郑门吴氏"的字样。郑鄤一听说父亲要杖责母亲，立刻"叩头涕泣，请代扶，赎母罪"①，意思是，郑鄤边哭边给父亲叩头，请求"代扶"，也就是由他自己来做那个在沙土上写出字迹的人，以此来代替母亲接受责罚。其实，郑鄤根本不相信会有什么"箕仙"，就是想通过自己的手来揭穿这种民间的迷信，从而制止父亲对母亲的杖责。

郑鄤既然没有"迫父杖母"，为什么不说明真相，为自己洗清冤屈呢？因为，郑鄤心里非常清楚，一旦说明真相，就会将自己父母的一些过失为众人所知。其实，我们今天的人也是如此，如果家里的长辈做了一些见不得人的事，谁愿意让外人知道呢？这就叫"家丑不可外扬"。封建社会所谓"孝道"的一个重要内容，就是"子为父隐"②，父亲犯错儿子要为他隐瞒。在郑鄤看来，自己的父亲相信"箕仙幻术"就已经够荒唐了，而且因为偏袒自己的小妾杖责自己的原配夫人，就更丢人了；而自己的母亲呢，作为郑家的正夫人，却与自己丈夫的小妾争风吃醋，这"妒妇"的名声在那个时代也很不光彩。对这些家丑，郑鄤怎么可能在大堂之上供出，以挽救自己的生命呢。尤其是，父母已经去世多年，郑鄤宁可去死，也不愿意让自己的父母名誉受损！

就这样，崇祯皇帝在温体仁的蒙蔽之下，以维护孝道的名义，将郑鄤这样一个真正的孝子千刀万剐了！郑鄤死后，他的好友愤愤不平地说："正直而遭显戮，文士而蒙恶声，古今无甚于此者！"③意思是说，正直的人遭受如此刑罚，清白的人蒙受如此恶名，从古到今，没有比这更冤枉、更悲惨的了。是啊，这种不问事实，不讲证据，一味听信奸臣谗言，制造千古冤案的做法，说明崇祯王

---

① （清）陆继辂：《辨郑鄤阳狱》，《合肥学舍札记》卷十一。
② 《论语·子路》。
③ （清）陆以湉：《郑鄤阳》，《冷庐杂识》卷五。

朝政治的昏暗，其结果只能让天下人寒心！

通过文震孟被赶出内阁和郑鄤被磔割而死这两件事可以看出，崇祯皇帝完全被温体仁给蒙蔽了。可是，崇祯皇帝却浑然不知，根本没有觉察到自己实际上已经被操纵了，当时京师的百姓在歌谣里唱道："崇祯皇帝遭'瘟'了[①]。""温"与"瘟"谐音，意思是崇祯皇帝完全被温体仁蒙蔽了，崇祯皇帝会遭"温"就是因为崇祯皇帝太信任温体仁了。那么，崇祯皇帝这么信任温体仁这样的奸臣大概有四个原因：

第一，精明干练。温体仁天赋很高，记忆力好，心算能力也很强。比如，内阁大臣拟圣旨时，往往会遇到数目巨大的钱粮的预算和开支，众多的人头姓名，等等，这些往往会使一般人感到很头疼。可是，温体仁却能够一目了然，处理得井井有条。

第二，为官清廉。温体仁为了以廉洁的形象获得崇祯皇帝的好感，维护自己的地位，不接受任何贿赂。在贪污之风盛行的明朝末年的官场上，温体仁表现出相当的廉洁自律。

第三，"武大郎开店"。在温体仁当内阁首辅的时候，内阁同僚们大多是庸才，温体仁显得特别优秀。这正是温体仁多年来为了维护自己的权力和地位，惨淡经营的结果。正是这个缘故，才华超群又颇负众望的文震孟和郑鄤，必然会遭到温体仁的排挤和迫害。

第四，逢迎有术。温体仁特别善于揣摩崇祯皇帝的心思。比如，每当崇祯皇帝遇到重大问题，向他征求意见的时候，他总是说："惟圣明裁决。"可是，遇到重大问题拿不出主意，要你这内阁首辅有什么用呢？因此，朝廷的大臣就批评温体仁，说他太善于揣摩皇上的心思。温体仁狡辩说："我草拟圣旨的时候，总是有很多地方不合适，经过皇上的手一改，那就大不一样了，你连佩服都来不及，还敢说揣摩皇上的心思。"温体仁这话显然是说给皇上听的，崇祯皇帝听

---

①（清）计六奇：《明季北略》卷十。

了之后很受用，并不觉得温体仁虚伪，反而觉得他老实忠厚，对温体仁那真是更加地宠信了。

温体仁在崇祯皇帝的庇护之下，更加肆无忌惮，他在内阁一手遮天，排除了所有异己之后，还是不满意，开始对那些在民间有影响的人物，伸出了迫害之手。民间会威胁温体仁地位的这个人叫钱谦益。提起钱谦益，大家也许不大熟悉。但是，说起明末的"秦淮八艳"之一的柳如是，大家也许就不陌生了。柳如是虽然出身歌妓，但不仅相貌美艳，而且才气过人；诗写得婉约动人，而且能歌善舞，琴棋书画样样精通。这位柳如是心高气傲，许多名士才子向她求婚她都看不中。后来却嫁给了一个比她大三十岁，年过半百的老头子，这个人就是钱谦益。钱谦益的确不是一般的乡绅，他不但是大文学家、大诗人，而且是被罢了官的朝廷大臣，是东林党人的领袖。

说起钱谦益与温体仁之间的深刻矛盾，确实有一段历史。七年前，一次内阁成员的推选中，钱谦益的名字出现在名单上，而温体仁却被遗漏了。这对作为礼部侍郎的温体仁来说是难以接受的。因此，他找寻机会阻止钱谦益进入内阁，结果钱谦益的确给了温体仁可乘之机。他接受了考生的贿赂，并在考场上作弊，确凿的证据使得崇祯皇帝大为光火，立即罢免了钱谦益的官职，并将他遣返老家。这件事已经过去七年，但温体仁仍然认为钱谦益对自己构成威胁，大概是因为钱谦益在民间享有很高的声望，他担心崇祯皇帝某天会突然提拔钱谦益，从而对自己的地位构成威胁。因此，温体仁想方设法除掉钱谦益。

有一天，温体仁收到一份控告钱谦益的上疏，其中列举了钱谦益58条罪状，每一条都夸张至极。上疏称钱谦益在乡里行恶多端，甚至声称他"把持朝政"，操纵"生杀之权"。显然，这些都是捏造的罪名。温体仁收到这份上疏后，不等崇祯皇帝的旨意，利用手中的权力伪造圣旨，将钱谦益逮捕并押解至京城，将其关押在大牢中。

钱谦益被逮捕后，许多大臣接连上疏，为他申冤。即使在监狱中，钱谦益也不断上疏自辩，但却没有任何结果。他明白，这是温体仁陷害他，仅仅依靠上疏是无法洗脱罪名的。因此，钱谦益决定委托他人去找司礼监的太监曹化淳。曹化淳是皇帝信任的太监，负责替代皇帝批阅奏章。钱谦益为何要求曹化淳帮助呢？因为钱谦益本身是著名的文人，诗文造诣高超，曾为前任司礼监太监王安撰写过碑文。而曹化淳正是王安的徒弟，二人因此结下一定的交情。

曹化淳心想："钱谦益曾为我的师傅撰写过碑文，这个忙必须帮！"况且，曹化淳内心明白钱谦益受到了冤屈，因此他立即表示将全力营救。

然而，温体仁迅速得知曹化淳将出面为钱谦益申冤的消息，决定先下手为强，指使自己的亲信诬告钱谦益向曹化淳行贿四万两银子。曹化淳听闻此事后勃然大怒。他想："温体仁居然将矛头指向我！本来救助钱谦益是出于对已故师傅的尊重，既然温体仁要来找我麻烦，那就让我们斗个明白，看看谁能胜出！"因此，曹化淳在崇祯皇帝面前主动要求彻底调查此案。崇祯皇帝毫不犹豫，将调查钱谦益案件的权力交给了曹化淳。

调查过程并不费力，真相很快浮出水面。原来，起草状告钱谦益的人名叫张汉儒，他是常熟县衙的一位师爷，专门靠写诉讼状为生。事实上，张汉儒之所以以如此多的罪名上疏告发钱谦益，是因为他收了温体仁的贿赂。实际上，他完全是温体仁所雇用的人；而指控曹化淳收受钱谦益贿赂的上疏，也是温体仁在背后指使的。然而，温体仁却装病在家，似乎对此事毫不知情。这明显显示出，在朝廷内外，有许多温体仁的亲信和同党。钱谦益案得以水落石出后，曹化淳向崇祯皇帝进行了汇报。这个时候，崇祯皇帝猛然领悟到："体仁有党！"[1]立刻下令，将张汉儒等人戴上150斤重的木枷，活活枷死了。

这个时候，在家装病的温体仁正等着除掉钱谦益的好消息。同时，为了造成他与钱谦益一案无关的假象，他装模作样地给崇祯皇帝上疏，说自己最近身体不好，请求皇上恩准他退休。温体仁以为，崇祯皇帝一定会下旨对他加以挽留的。可是，崇祯皇帝却在温体仁的上疏上毫不犹豫地批了三个大字："放他

---

① （清）夏燮：《庄烈皇帝》，《明通鉴》卷八十五。

去"①，同意了温体仁辞职的要求。温体仁听到"放他去"的圣旨，吓得手中的筷子都掉到了地上，他完全没有想到崇祯皇帝会下决心除掉他。京城的百姓一听说温体仁被崇祯皇帝赶回老家去了，纷纷走上街头庆祝，可见百姓有多讨厌温体仁了。

一个被百姓如此厌恶的温体仁，居然在内阁首辅的位子上待了八年，表明崇祯皇帝遭"瘟"程度太深了。崇祯皇帝遭"瘟"的后果相当严重，大致可以概括为三个方面：

第一，政治越来越黑暗。温体仁利用崇祯皇帝打击朋党的意图，在朝廷中无所顾忌地打击和排斥政敌，不惜用捏造罪名、造谣诬陷等卑劣的手段，这就强化了朝廷内部钩心斗角、尔虞我诈的风气。朝廷的风气败坏了，使得崇祯朝的政治越来越黑暗。

第二，朝中没有能干之臣。温体仁心术不正，为了稳固自己的地位，排斥异己，压制人才，使得正人君子难以立足，有用人才惨遭陷害。其结果是，崇祯皇帝身边的大臣大多是些只知道明哲保身的庸碌之辈，在重大的灾难面前和紧要的历史关头，拿不出什么能够解决问题的办法。

第三，社会矛盾越来越尖锐。温体仁当政八年，一味地引导崇祯皇帝"繁刑厚敛"②，也就是滥用刑罚，加大对百姓的赋税负担，从而激化了社会矛盾，导致全国各地民变蜂起，国内的局势越来越严峻。

---

① （明）文秉：《烈皇小识》卷五。
② （清）陈鹤：《庄烈纪五》，《明纪》卷五十六。

第十二章

民变蜂起

正当崇祯皇帝被民变蜂起的国内的局面搞得焦头烂额的时候，从陕西传来一个消息，一支几万人的农民军被困在车厢峡。车厢峡，位于陕西兴安州（今陕西安康）以南，长约四十里，两边是悬崖峭壁，真像个狭长的车厢一样。峡谷两边的悬崖峭壁陡得连猴子都爬不上去，更别说人和战马了。当这支农民军进入车厢峡之后，进出车厢峡的两头立刻就被官军死死地堵住了。山上还有一些地方武装不断地骚扰，往峡谷里，滚巨石，投火炬，放冷箭。几万农民军完全陷入了绝境。更为严重的是，从五月到七月，这一带连续下大雨，农民军的骑兵主力"弓矢俱脱，马乏刍，死者过半"①。意思是说，弓箭因雨水浸透而松散，战马因为长时间没有饲料而死亡过半。这支队伍的领导人，这里一提大家都知道，他就是李自成。消息传到北京，朝廷上下兴奋异常，大家一致认为：彻底消灭李自成的机会到了！

　　中国这么大，李自成带领的部队为什么会自己走进这么个危险的死亡地区呢？难道他想来个"置之死地而后生"？当然不是！

---

　　① (清) 吴伟业：《车箱困》，《绥寇纪略》卷二。

　　自崇祯二年（1629）开始，由于陕西连年大旱，庄稼颗粒无收，地方政府不但不赈济灾民，反而加紧催逼赋税，饥民忍无可忍，终于揭竿而起。一时间是一呼百应，起义的农民武装到处攻城掠寨，打土豪、杀贪官，影响越来越大，开始还是小股团伙零星作战，后来就逐渐联合起来，因此势力越来越大，战斗力也越来越强。政府多次派军队围剿，可是收效很小。随着农民军实力的壮大，他们开始跨省作战。陕西一带的农民军为躲避官军的围剿，跨过黄河进入山西，然后又转战河南、湖广（现在的湖南、湖北）、四川等省。这个时候，全国各地的农民军开始相互配合，联手行动，起义烽火大有燎原之势。尤其是李自成率领的农民军，最让朝廷头疼，因为他的部队以骑兵为主，机动性和战斗力都特别强。

　　各地的农民军一直采用流动作战的方式，因此被称为"流寇"。他们在陕西、山西、河南、四川、湖广五省范围内，到处流窜作战。而流窜的路线和方向根本没有什么预先的计划，完全取决于政府军的部署。哪儿政府军的防守薄弱，他们就朝哪儿进攻，当然哪儿富庶也就朝哪儿打，因为有大土豪、大商人的地方才可能提供部队的给养。

　　面对这种局面，朝廷将陕西、山西、河南、四川、湖广等五省的军事力量集中起来，建立了一个统一的指挥机构，叫"五省总督府"，它的头儿叫"五省总督"。将五个省的军事事务统统交给五省总督一个人统一部署和指挥，这个人叫陈奇瑜。这个陈奇瑜，正是因为围剿陕西的农民军比较得力，才被提升为五省总督的。五个省的政府军在陈奇瑜的统一调度之下，一直对各地的农民军进行围追堵截。把李自成的农民军堵截得无处可逃，只能冒险进入人烟稀少的陕西南部的崇山峻岭之中，没有想到在车厢峡，被官军堵进了死胡同。

　　身处险境的李自成并没有慌乱，看着四周的绝壁，再看看身边与他出生入死的战友和疲惫不堪的士兵，他觉得这几万人的队伍不能就这样完了，应该设法逃出困境。可是，怎么办呢？李自成绞尽脑汁想主意。

　　这个李自成的确不是一个一般的农民领袖。自崇祯二年（1629）开始造反以来，不到五年时间，他转战陕西、山西、河南，从一个普通的下级军官，迅速成长为能够带领十几万人马的农民军的领袖。他开始称"闯将"，在各路农民军中，非常有号召力。他手下的部队，是各路农民军中，最能打仗的一支。李自成之所以能够迅速地成长为一名杰出的农民军领袖，关键在于他有四个特点：

第一，有文化。李自成少年时期读过私塾，而且读得不错。比如，有一天，一场大雨过后，私塾老师上对课，也就是练习对对子。老师出了个上联："雨过月明，顷刻顿分境界"，李自成略加思考之后，便脱口而出："烟迷雾起，须臾难辨江山。"[1]对得相当工整，可见他学习还是比较认真的。在农民军的队伍里，能对对子，就算很有文化了。有文化的自然领导没文化的，所以，他当领袖也就不那么意外了。

第二，有志向。也许是因为有了点儿文化，这李自成的志向也就不同于一般的乡下孩子了。有一年的秋天，正是吃螃蟹的日子。先生命学生以螃蟹为题写首诗。李自成的螃蟹诗开头这样写道："一身甲胄肆横行，满腹元黄未易评。"[2]意思是说，这螃蟹带着一身硬壳，总是横着走，就像穿着甲胄的将军，横行天下；吃螃蟹的人都喜欢吃蟹黄，可是李自成却把蟹黄称为"元黄"。所谓"元黄"也就是"玄黄"，玄黄就是天地，也就是江山社稷。可见，李自成的远大志向，很小就有帝王之心。

第三，有武功。李自成后来弃文习武，练就一身好武艺，尤其善射。有一天，李自成正忙着赶路，遇到一群溃败的逃兵。这些逃兵见李自成身上有些财物，上来就抢。李自成大声喝道："我是闯将，这三秦的地面上谁不认识我？"所谓"三秦"就是陕北、关中、陕南，也就是整个陕西。逃兵们一听就乐了："闯将？没听说过！"李自成也不跟这些逃兵废话，将一杆长枪插在地上，然后走出五十多步，回身就是一箭，只听"咔嚓"一声，箭中枪杆，枪杆顿时裂为两半。这群逃兵见状大惊，连忙跪倒便拜，不但不敢抢东西，还归顺了"闯将"。

---

[1]（清）计六奇：《李自成生》，《明季北略》卷二十三。
[2]（清）计六奇：《李自成生》，《明季北略》卷二十三。

　　第四，善用马。李自成是党项人后裔，北宋时期建立西夏国的就是党项人。党项人是古羌人的一支，有着悠久的游牧生活传统。李自成家族一直延续这种生活习惯，世代以养马为业。受父亲影响，李自成也特别精通这一行，不但马养得好，而且骑术也高超。这位既善养马，又善骑射的李自成，当了农民军的领袖之后，其部队以骑兵为主，而且特别能打仗。

　　李自成从小就有机会接受私塾教育，这表明他家境相对殷实。然而，为什么他还要参加起义呢？正如之前提到的，那些起来造反的人通常是走投无路、生活困顿的人，而相比之下，李自成家庭条件良好，似乎没有必要参加这场起义。然而，李自成的好日子并没有持续太久。在他父亲去世后，家庭开始走下坡路，债务也随之而来。家道中落后，李自成不得不辍学。不仅如此，为了偿还债务，他还不得不去债主家放羊。家庭状况的巨大变化给他带来了沉重的打击。他从一个渴望通过读书改变社会地位的私塾学生，一下子转变为放羊的孩子，社会地位的下降使他深深感受到屈辱。

　　不久之后，李自成离开家乡，前往银川的驿站，成为一名驿卒。由于他懂得养马，主要工作是照顾马匹。在驿站工作期间，他从未闲着，一直坚持武术和骑射训练。或许你会问，一个驿站的马夫为什么要一直练习骑马射箭呢？难道他打算前往边关杀敌，报效国家？当然不是，李自成一直在等待机会，他不甘心终生在驿站做马夫。最终，机会降临到他身上。

　　崇祯二年（1629），皇帝开始推行新政，倡导反腐倡廉，并下令裁撤全国各地的驿站。在这次裁撤中，李自成因为丢失了公文而被解雇，从而失业了。当然，很多人可能会说："大家都失业了，这怎么算是个机会呢！"然而，命运的转折和时机的到来通常不会以好运的方式展现，而更可能是逼迫你彻底改变现状，面对新挑战的倒霉方式。对于李自成来说，他正是经历了这样的转折。

　　失业后，李自成没有收入，只能借钱度日。然而，由于长期欠债，债主将他告到了米脂县衙。县令毫不留情地对李自成实施了严刑拷打，并戴上枷锁，让其公开示众。对于一个心怀壮志、极度自尊的人来说，这无疑是巨大的耻辱。

后来，在亲友的多方奔走下，李自成终于被救出狱。出狱后，李自成回到村里，将那个债主杀死。然而，不久之后，他发现自己的妻子与同村的一名男子私通。愤怒之下，李自成杀了妻子和那个男子。背负了几条人命的他，为了逃避官府的追捕，只得选择投身军队。

由于李自成擅长养马并具备文化素养，他在投军后不久就被提升为把总。明朝的把总官职居七品，相当于现在的团长，虽然管辖的兵力不多，大约只有几百人。然而，不久之后，由于上级长期拖欠军饷，李自成杀了他的上司和当地的县令，发动了兵变。随后，他带领手下投奔当地的农民军。李自成由于勇猛善战且有谋略，很快成为农民军的领袖，以"闯将"的身份在陕西、河南和湖广一带征战。几年后，他最终成长为一名带领十几万人马的农民军领袖。

然而，在关键时刻，李自成率领的几万人陷入了车厢峡之中。他们弹药耗尽，粮食断绝，人困马乏，陷入了绝境，似乎无路可逃。面对如此困境，李自成与其他首领一起商讨对策。大家都面临着困境，却无法提出令人满意的解决方案。在这个关键时刻，李自成做出了一个惊人的决定。他说："官府一直想招抚我们，为何不主动接受招抚呢？简单来说，我们投降吧！"有人担心地问道："我们被困在这里，根本没有力量冲出去，现在正是官府消灭我们的最佳时机。他们估计不会同意。"李自成回答说："那没问题，这些官员都很贪婪，我们可以花钱贿赂他们！"大家认为这个主意很好，便按照李自成的计划行事。这次，李自成之前抢夺的金银财宝发挥了重要作用。

李自成派出一个行贿使团，带着金银财宝，来到了陈奇瑜的军营。可是，陈奇瑜这个人很廉洁，拒绝收受任何贿赂。李自成的行贿使团，就一个一个地收买总督的下属，请他们出面斡旋，说服总督同意招抚这支被困的农民军。陈奇瑜的部下由于接受了大量贿赂，觉得这种"不战而屈人之兵"的好事，简直是天上掉馅饼。所以，一致同意招抚李自成。陈奇瑜经不起部下们不断的劝说，终于同意了。与李自成约定八月接受他们的投降，然后把投降的士兵遣送回老家。

可是，就在这个时候，有一个人提出了反对意见，而且态度非常坚决，这个人叫傅永淳，是陕西巡按御史。"巡按御史"是朝廷派到地方负责督察巡视的官员，他有责任监督陈奇瑜的言行。傅永淳建议陈奇瑜，立刻下令对被困的李自成部队发起进攻，傅永淳说："贼寇的弓也松了，箭也散了，刀也锈了，马蹄也穿了，铠甲也坏了，这是天赐良机啊！应该立刻发兵，将这支农民军彻底消灭！"傅永淳见陈奇瑜不以为然，便拉住他的手恳切地劝说："总督大人，彻底消灭造反流寇，正是此时啊！"这个时候，陈奇瑜的主意已定，应付傅永淳说："等到雨过天晴的时候，贼寇们走出栈道再说吧！"陈奇瑜见傅永淳要反驳，立刻打断他说："那个时候，贼寇根本没有力量反抗了，我将他们一一招抚，不伤一卒，不费一箭，便能成功！这是多好的事啊！你怎么就不同意呢？"

傅永淳提醒陈奇瑜说："总督大人啊，你想过没有？贼寇有好几万人，即使他们都投降了，你怎么安置他们呢？我们自己的士兵的军饷都很成问题，又如何解决这几万人的吃饭问题呢？再说，他们没有受到什么大的损失，怎么可能心甘情愿地投降呢？又怎么可能从此洗心革面，不再当贼寇了呢？恐怕等天一晴，他们一旦走出栈道，便会立刻向西突围。到那个时候，你想成功，也不可能了！"

可是，陈奇瑜一点也听不进傅永淳的意见，坚持接受李自成等部的投降，傅永淳忍不住痛哭起来，一边哭一边大声地劝陈奇瑜说："总督大人，您可不能因为一时的怯战，而坐失消灭流寇的良机啊！"可是，这位总督大人，已经铁了心要招抚李自成，断然拒绝了傅永淳发兵消灭李自成的请求。

其实，这么大的事陈奇瑜也不敢自作主张。他立刻将自己接受李自成投降、招抚农民军的决策上报朝廷。兵部尚书马上同意了这个方案，不过，这么大的事，兵部尚书同意了还不够，一定要让崇祯皇帝亲自拍板才行。可是，方案呈报之后，崇祯皇帝一直犹豫不决。因为有前车之鉴，他想起了几年前对陕西农民军领袖神一魁的招抚。

崇祯年间，最初的饥民造反发生在陕北地区。陕西三边总督害怕承担渎职之罪，服毒自杀了。陕西三边是指沿陕西北部长城边境的延绥、甘肃、宁夏等三个军事重镇。陕西三边总督自杀的消息传到北京，朝廷上下一片哗然。可是，大家都感到陕西的局势太严重，谁也不愿继任陕西三边总督的空缺。几个月之后，崇祯皇帝决定，派杨鹤去担任陕西三边总督。

这杨鹤就是都察院右佥都御史，即都察院的院长助理，是一位言官。这言官是专门监督朝廷百官言行的人，不懂军事，也不会领兵打仗。崇祯皇帝派一个言官担任陕西三边总督，自然有他的道理，他希望能够不战而屈人之兵。崇祯皇帝委派杨鹤的首要任务不是进剿，而是招抚。

按理说，后金国的皇太极连续对大明朝的打击已经让崇祯皇帝苦不堪言了，而这边的农民军又严重地威胁着朝廷的安危，在这种局面下，崇祯皇帝对农民军的态度应该必欲除之而后快，而他首先选择招抚主要是因为一个大臣的奏疏。这位大臣叫马懋才，崇祯二年的时候，马懋才从家乡陕北安塞县回到了北京。陕北是最早爆发饥民起义的地方，被围困在车厢峡里的李自成，就是陕北米脂县人。这位马懋才从陕北老家回到北京之后，立即给崇祯皇帝上了一道奏疏，心情非常沉痛地向皇上介绍了自己家乡发生的巨大灾情。灾情的严重程度主要表现在四个方面：

第一，百姓完全断粮了。马懋才在奏疏中说：家乡"自去岁一年无雨，草木枯焦"①，到了这一年的八九月间，百姓只好上山采蓬草的籽儿吃。这种草籽儿，外表像糠皮，吃起来又苦又涩。吃这种草籽儿，只能延长生命，不至于饿死，根本没有什么营养。可是，到了十月以后，连这种草籽儿都被吃光了。百姓只好吃树皮。其实，各种树皮，也只有榆树皮勉强能吃，可是榆树皮有限，只好掺着其他树皮一起吃。到了第二年，所有的树皮都吃光了。无奈之下，只好上山挖观音土吃。这种东西，洁白细腻，看起来好看，吃到肚子里能充饥，但是根本无法消化。饥饿难耐的人，吃几口观音土就饱了，可是，几天之后，便会腹胀下坠而死。

第二，百姓开始弃婴。家里没有吃的，大人都活不下去的时候，孩子就多余

---

① （清）计六奇：《明季北略》卷五。

了。在马懋才家乡安塞县城西边的一个角落，每天都有一两个弃婴。开始还不停地哭，有的已经会叫爸爸妈妈了。不一会儿就不哭了，因为饿极了，在吃身边的粪土。到了第二天一早，这些孩子就都饿死了。可是，又会有新的弃婴出现。

第三，人开始吃人了。在灾情最严重的时候，经常发生小孩子或独自外出的人失踪的事情。后来发现，城外有人"炊人骨以为薪，煮人肉以为食"[1]。就是用人的骨头当柴，锅里煮的是人肉。人们这才明白，那些小孩子和失踪的人都被煮着吃了。可是人肉的火气太大，吃下去几天之后，便面目红肿，内发燥热而死。

第四，饿死了很多人。饿死的人越来越多了，尸体开始腐烂，臭气熏天。人们只好在城外挖坑填埋尸体。一个坑就埋好几百人，在马懋才离开家乡的时候，已经埋了三坑死人了，但是离城数里之外还有很多没有掩埋的尸体。安塞是一个边区小县，就死了这么多的人，那大一点的县就可想而知了。

崇祯皇帝看了马懋才的奏疏之后，被这种惨状强烈地震撼了。他在马懋才的上疏中批复道："朕心恻然"，意思是说，我心里很疼也很难过。同时，崇祯皇帝也意识到人祸在加重自然灾害的程度，因此，他在批复中愤怒地指责道："地方官平日留心，何至束手无策？"[2]意思是说，地方的官员如果平常关心百姓的疾苦，怎么可能到灾难降临的时候没有一点办法呢？同时，崇祯皇帝下旨减免灾区的赋税，迅速发放救济粮。

根据崇祯皇帝的圣旨，朝廷相关部门迅速行动，发放了十万石的粮食用于救灾。而这"十万石"的数量在当时是一个极为庞大的数字。按照当时的计量标准，一石等于120斤，这意味着这批粮食足够供应十万饥民半年之久！然而，实际到达灾民手中的粮食数量却只有五千石，仅占全部救济粮的5%。剩下的九万五千石粮食不翼而飞了！

---

① （清）计六奇：《明季北略》卷五。
② （清）计六奇：《明季北略》卷五。

崇祯皇帝得知此事后，难以置信这样的情况会发生。毕竟，九万五千石粮食是一个巨大的数字，相当于超过5000吨的粮食，堆积如山，怎么可能消失得无影无踪呢？为了查清真相，崇祯皇帝亲自处理此案。在经过一番调查后，皇帝才了解到事情的真相。

原来，这十万石粮食一经发放，户部的官员就贪污了一半，所以在离开京城时就只剩下了五万石；到达陕西省后，巡抚又贪污了两万石，知府也贪污了两万石，最终只剩下一万石；而这一万石粮食还需要地方乡绅们代为分发，然而在代发的过程中，又有一半被滥用或侵占，结果只有五千石真正送到了灾民手中。

毫不夸张地说，如果仅仅是自然灾害，百姓们绝不会起义。可是，当天灾与人祸结伴而行的时候，人祸就强化了天灾的严重程度，老百姓就不得不起义了。这就叫"官逼民反"，这是整个陕西到处都是"强盗"的重要原因之一。对于陕西饥民造反的原因，崇祯皇帝心里非常清楚，因此，他才一再主张安抚，而不主张进剿，至少进剿的态度一直不坚决。因为，在崇祯皇帝心目中，饥民起义都是迫不得已的。所以他说："寇亦我赤子，宜抚之不必专戮。"①意思是说，造反的强盗都是朕的子民，最好是招抚，不要一味地杀戮。

正是这个原因，崇祯皇帝决定任命杨鹤作为陕西三边总督，以解决造反的饥民问题。杨鹤上任后不久，立即开始了对这些起义饥民的招抚工作。然而，饥民之所以起义，是因为他们缺乏足够的食物。因此，解决吃饭问题成为招抚工作的核心。面对几万甚至更多的起义饥民需要供养，这涉及一笔不小的开支。杨鹤自身无法提供这笔资金，只能向朝廷请求援助。然而，朝廷暂时无法提供资金。

为了支持杨鹤的招抚工作，崇祯皇帝决定从内帑（即皇帝个人的小金库）中拨出十万两白银，并派专人将其送往陕西。我之前提到过崇祯皇帝的内帑问

---

① （清）戴笠：《流寇长编》卷四。

题，这是皇帝个人的收入，即皇上自掏腰包的资金。然而，在宁远和锦州守军因朝廷拖欠军饷而发生兵变时，袁崇焕建议崇祯皇帝动用内帑补发拖欠的军饷以安抚军心，但皇帝并未答应。然而，这次皇帝却一下拿出十万两内帑，可见他对招抚饥民工作的重视程度。

在崇祯皇帝的大力支持和这十万两银两的赈济款下，杨鹤才敢放手进行招抚工作。经过杨鹤的努力，陕西最有影响力的起义军领袖神一魁决定放下武器投降，接受官府的招抚。为了赢得神一魁的信任，杨鹤打开城门，迎接投降的神一魁及其手下进入城内。为了扩大招抚的影响，杨鹤在城内举行了招安庆典。他还带领这些投降的首领在关帝庙举行仪式，发誓永不再反叛。投降的起义者纷纷为杨鹤抬轿子，城里的民众也欢声雷动。这表明招抚起义的饥民，是很得人心的事。七天之后，神一魁终于出现了。他拜见了杨鹤，杨鹤当即宣布他无罪，并授予他官职。然后，给所有投降的起义者发放证件，准备安排他们回乡务农。

崇祯皇帝得知成功招抚神一魁的消息之后，马上下旨说："杨鹤相机招安，允协朕意。"[1]杨鹤这次的招抚工作确实表现出色，与崇祯的心愿完全相符。然而，数万起义大军的安置问题，实际上是一项相当棘手的任务。无论是遣散他们返回家乡，还是在当地进行安置，都需要大量的土地、种子和耕牛等资源。为此，杨鹤再次向朝廷请求资金，以保障这些投降士兵未来的生活。然而，朝廷无法提供更多资金，因为最初的拨款已经是由崇祯皇帝自掏腰包。缺乏经济支持，情况开始逆转。因为这些曾经放下武器的起义饥民一旦陷入生活困境，必然会再度反抗。果然，一个多月后，神一魁再次起兵。他带领投降的士兵向北进攻，成功攻占了宁塞堡，该堡位于陕西靖边县的长城要塞。这一消息传到北京后，朝廷内外震动不已。朝廷对待饥民起义的态度一直存在两派：主张剿灭和主张安抚。神一魁的再次起义使得主张剿灭派占据上风，他们立即对主张安抚派展

---

① 郑天挺等编：《明末农民起义史料》，第13页，中华书局，1957年。

开追责，并将所有责任归咎于杨鹤身上。甚至上疏谴责杨鹤"主抚误国"①。

崇祯皇帝听说神一魁又反了，不禁大为震怒，立刻下令："撤杨鹤的职，把他给我抓到北京来问罪！"面对起义的饥民一边接受招抚，一边随时准备反叛的做法，崇祯皇帝的态度逐渐开始发生变化，从主张招抚转为主张进剿。不久，从陕西又传来另外一则消息，洪承畴将几个投降的起义军领袖杀了。洪承畴是延绥镇巡抚，延绥镇就是现在的榆林，洪承畴一直主张进剿而反对招抚，当他觉得无法安置这些投降的饥民领袖时，就干脆趁他们正在吃饭没有防备时，把他们都杀了。崇祯皇帝得知这一消息之后，大声夸奖说："贼势猖獗，招抚非是，杀之良是。"②意思是说，造反饥民太猖獗，招抚的方法是错的，杀得好。

正是因为崇祯皇帝的态度发生了重大的变化，朝廷才以决心努力进剿农民军为前提，组建了五省都督府，共同联合行动，以对抗四处流窜的农民武装，最终将李自成这支规模最大的农民军困在车厢峡。这是一个难得的机会，可以一举消灭李自成的军队。然而，李自成却向朝廷提出了投降的请求。陈奇瑜接受李自成的请求，并上报朝廷，此时就看崇祯皇帝的态度了。由于先前曾经有过一次招抚失败的教训，崇祯皇帝在做决定时犹豫不决。经过数天的思考后，崇祯皇帝最终下定决心，同意陈奇瑜的方案，接受李自成部队的投降请求。人们不禁会有疑问，既然崇祯皇帝曾经表示"招抚非是"，那么为什么他现在又同意招抚李自成的农民军呢？经过我的分析，有以下三个原因：

第一，始终认为造反者是迫不得已的。前面我们提到过，马懋才的上疏打动了崇祯皇帝，因此，在陕北发生民变之初，崇祯皇帝一直是主张招抚而反对武力进剿的。他说："抚字得法，自然盗息民安。"③意思是，只要招抚工作做得好，饥民造反就会自然平息。只是因为招抚失败之后，崇祯皇帝才改变了态度。所以，只要有机会，崇祯皇帝就会从主张进剿转为主张招抚。

---

① （清）张廷玉：《明史》卷二百六十《杨鹤传》。
② （清）谈迁：《国榷》卷九十一。
③ 中央研究院历史语言研究所编：《崇祯长编》卷三十一。

第二，"不战而屈人之兵。"这是兵家追求的最高境界。虽然李自成等部已经陷入困境，但是要消灭这几万人的造反武装，还是需要士兵付出生命代价的。当时，虽然政府的军队人数不少，但是真正能打仗的却并不多。此时，辽东前线战事不断，崇祯皇帝总觉得皇太极才是真正的敌人，为了抵御后金，必须保持更多能战斗的生力军和战争资源。

第三，李自成陷入绝境。当初杨鹤招抚神一魁时，手中只有三百士卒，面对有几万人的神一魁，根本不是对手。所以会坐视神一魁再度起义而无能为力。而且，当初神一魁也不是因为军事上失败才投降的，很大程度上是因为缺少粮饷，用投降的方式换口饭吃。而这次就不一样了，有总督陈奇瑜指挥着五个省的十几万军队，将区区几万农民军堵在了车厢峡，谅他们也不敢再反。

正是由于有了以上考虑，崇祯皇帝才终于下决心，同意招抚李自成。

在得到朝廷和崇祯皇帝的支持后，陈奇瑜充满信心地接受了李自成等部队的投降，并安排他们从车厢峡撤离到安全地带，随后成功地招抚了三万六千名士兵。陈奇瑜制订了一项计划，将这三万六千人全部送回陕北老家从事农耕。为确保顺利进行，他在每一百名投降的士兵中，安排一个安抚官员，担任监视和负责将他们安全送达目的地的职责。同时，他还发布命令，要求沿途的地方政府不得拦截投降军队，并且必须供应他们粮食和草料。

陈奇瑜将招抚和遣送工作安排好之后，兴奋地说："凶徒数万一朝解散，天下从此无患①！"意思是，数以万计的凶恶匪徒在一天之内全部解散，这使得天下从此恢复了太平安宁。朝廷上下皆为此感到欢欣鼓舞，如众人皆知，李自成率领的部队是反抗朝廷中最为活跃、战斗力最强、对朝廷构成最大威胁的农民军之一。既然李自成的部队已投降并遣散，曾经令崇祯皇帝困扰的民变问题基本得到了解决，崇祯皇帝内心的喜悦可想而知。

然而，不到一个月的时间，来自陕西的消息传来，一支农民军突然在陕南

---

① （清）吴伟业：《车箱困》，《绥寇纪略》卷二。

地区出现，以惊人的势头攻占了七座县城，并直指西安城。而领导此次军事行动的正是李自成。人们不禁疑惑：李自成的部队不是已经解散了吗？士兵不是已经被遣送回家了吗？为何在如此短的时间内又重新组织起来？事实上，原因相当简单，甚至令人啼笑皆非。

第一，本来就是诈降。李自成派遣他的行贿使团，买通了陈奇瑜部队的几乎所有高级将领。这些人异口同声地宣称李自成的投降是真心的，并且不断在陈奇瑜面前替李自成说好话，使得陈奇瑜对李自成的诈降不加怀疑。

第二，根本没有解散。陈奇瑜对李自成的诈降并未产生怀疑，而且对这三万六千名投降的农民军保持了原有的组织结构！不对农民军的组织结构进行改变，意味着这群投降者仍然是一个整体，这样的做法如何称之为遣散呢？

第三，没有放下武器。李自成的部队不但没有解散，而且没有放下武器。甚至没有盔甲的换上盔甲，丢失弓箭的换上新弓箭，多日没有吃饱的得以饱餐。这哪里是招抚，历史上从来没有见过这样对待投降部队的。

就这样，李自成诈降成功。他率领建制完整、全副武装的投降部队，走出困境之后，再度打起起义的大旗。从南向北，一路攻城夺寨，接连拿下七座城池。消息传到北京，崇祯皇帝这才知道上当了，终于意识到陈奇瑜车厢峡招抚是严重的失误，痛失了彻底消灭这支农民武装的良机！崇祯皇帝立刻下旨罢了陈奇瑜的官，令锦衣卫前往陕西逮捕陈奇瑜。然后，任命洪承畴出任五省总督去围剿逃出困境的李自成。

与此同时，农民军的主力——十三家七十二营，聚集在河南荥阳，并推举第一代闯王高迎祥为盟主，农民军的势力一时间浩大非凡，旗帜遮天蔽日。更重要的是，他们改变了过去盲目的游击战术，转而采取有计划的进攻策略。面对如此局势，洪承畴又将如何应对呢？

第十三章

围剿义军

李自成成功地用诈降计策蒙蔽了对方，带领着一支编制完整、全副武装的投降部队，离开车厢峡后，再次高举起造反的大旗。他沿途南征北战，先后攻下七座城池。消息传到北京，崇祯皇帝才恍然大悟自己上了当，陈奇瑜在车厢峡招抚李自成的举动成为一个严重的失误，错失了彻底消灭这支农民武装的绝佳时机！崇祯皇帝内心懊悔不已！然而，令崇祯皇帝更加懊悔的局面尚未到来！在李自成再度叛变的影响下，全国各地的农民军纷纷响应，几个月之后，民变之风再度扩散开来，十三家主力共计七十二营，数十万农民军会聚在河南荥阳。他们共同推举"闯王"高迎祥为盟主，农民军的力量一时间声势浩大。

　　高迎祥是陕北安塞人，此人相貌平平，没有什么特点，扔在人堆里都找不着，可是他却有过人之处，我把他的过人之处概括为"三明"：

　　第一，精明。高迎祥是贩马的商人出身。但凡商人都精明，不仅能够精打细算而且具有商业头脑。贩马的商人又不同于一般的商人，因为贩马都要走草原、闯大漠，所以他身上有游牧民族才具备的剽悍和勇猛，因此有人说他是"马贼"。高迎祥的精明使他与别的农民军领袖不同。最大的不同就是带着部队到处流窜，可是，他的行军路线都是经过精心设计的，并且沿途标明路标，引导部队行进。

第二，聪明。有两个例子可以说明高迎祥的聪明。其一，他造反不仅是为了打家劫舍而是要改朝换代，至少是与大明朝分庭抗礼。因此，在他连个县城大的地盘还没有的时候就开始组建政府机构。他组建的政府机构部门还挺全，明朝有的它有，明朝没有的它也有，不但有六部都察院，还设了宰相。他这样做目的就是增加自己部队的凝聚力，满足属下当官的欲望，从而让属下更加拥戴他。其二，被围困车厢峡时，高迎祥也在其中，为了诈降成功，一切由李自成出面与陈奇瑜斡旋，并没有打出"闯王"的旗号。因为高迎祥明白，如果朝廷知道是困住了"闯王"，就不会轻易相信他们投降的诚意，这诈降就很难成功了。

第三，高明。高迎祥的高明表现在他不仅善于发现人才，而且会用人才。比如，李自成和张献忠都是很牛的人物，却都是高迎祥的手下大将，在"闯王"高迎祥的队伍里，李自成充其量只能被称作"闯将"，而张献忠虽然自称"八大王"，但也得听高迎祥的。没有高明的手段，不可能驾驭得了这两位人物。

有了这"三明"，再加上高迎祥有一支能征善战的骑兵部队，因此在农民军中有很高的威望，他自然是农民起义军"盟主"的不二人选。

由于受了李自成诈降的骗，崇祯皇帝有些恼羞成怒，再加上农民军规模和势头如此之大，直接威胁到了朝廷的安危，崇祯皇帝下决心要消灭农民军，因此在全国范围内调集七万多人马，筹集九十多万两白银的军饷，任命洪承畴接替陈奇瑜为五省总督，统一指挥这些从全国调集来的部队，限期彻底剿灭聚集在河南的农民军。

洪承畴当时不过是延绥镇的巡抚，可是很快就被崇祯皇帝提拔为陕西三边总督，不久又被任命为五省总督兼陕西三边总督。崇祯皇帝之所以如此信任他，说明洪承畴这个人非同一般。就担任五省总督而言，至少有两个条件适合：

条件之一，有军事天赋。洪承畴虽然自幼家境贫寒，但是他学习非常刻苦，而且天资聪慧，24岁那年就考中了进士。虽然是进士出身，但是，他却具有极高的军事天赋。比如，崇祯二年（1629），农民军首领王左桂率兵进攻陕西韩城。当时，正赶上皇太极进攻北京，陕西的军队都进京勤王去了，陕西三边总督杨鹤身边只有二百名士卒，而且没有能带兵打仗的将领。面对黑压压围城的农民军，杨鹤没招了，情急之下只好令洪承畴领兵出战。当时洪承畴就是个参政，一个管粮食、水利、屯田等行政事务的四品文官。一个从来没有带兵打过仗的文官，面对来势汹汹的农民军能有什么办法呢？可是，让所有人没有料到的是，就是这么一位从没有带过兵，更没有打过仗的文官洪承畴，带领着一群家丁、仆人、伙夫上了战场。洪承畴带领这样一支连杂牌军都不如的队伍，面对人多势众的造反武装，没有丝毫的胆怯，凭借卓越的指挥才能，轻而易举地击败了包围韩城的农民军，斩杀了三百多人，解了韩城之围。韩城一战结束之后，洪承畴声名大噪。此战足以证明洪承畴天生就是一个带兵的料，仅此一仗就充分表现出他的军事天赋。

条件之二，行事果断，甚至有些心狠手辣。比如，被洪承畴打跑的农民军领袖王左桂，被洪承畴围剿得无处可逃，就提出要向洪承畴投降，洪承畴二话没说就答应了，于是王左桂带着手下一班人马来到了洪承畴的驻地缴械投降了。洪承畴对王左桂还真不错，请他和他的大小头目吃饭。可是，还没等王左桂把饭吃完，一群人冲了进来，不由分说就把王佐桂和他的手下当场就给砍了。洪承畴之所以要杀这些已经投降的农民军领袖，原因是他压根反对招抚，觉得没有办法安置他们，认为他们早晚还会造反，与其让他们日后再反不好控制，不如趁他们没有防备，杀了他们斩草除根。

正是因为洪承畴有这两个条件，崇祯皇帝才让他担任围剿农民军的五省总督，而且继续兼着陕西三边总督。可是，崇祯皇帝虽然信任洪承畴，任命他为五省总督，将全国调集来的部队交给他指挥，却又给他下达了一个时间表，限他在六个月之内将农民军彻底消灭，而且威胁说："如仍留余孽，督抚诸镇，置之重典！"①意思是说，如果完不成任务，从洪承畴到各级将领都要用重刑治罪！

---

① （清）戴笠：《流寇长编》卷八。

洪承畴不敢怠慢，立刻按照崇祯皇帝的旨意，调动部队围剿河南一带的农民军。全国各地的官军在洪承畴的调动之下，陆续向荥阳一带以"闯王"高迎祥为首的农民军包围过来，但是还没等这个巨大的包围圈形成，聚集在一起的几十万农民大军，突然兵分三路突围了。朝廷的部署一下子全被打乱了。

正当洪承畴忙着重新调兵遣将、排兵布阵，应对各路突围的农民军的时候，突然传来一个令人震惊的消息：一支突围出去的农民军，于崇祯八年正月十五的清晨，出其不意地攻陷了大明王朝的中都——凤阳！消息传来，不仅洪承畴被吓坏了，所有参与围剿农民军的明军将领都被吓坏了，因为这件事儿的后果太可怕了，谁也不知道将会有什么样的灾难降临到自己头上。按照过去的惯例，出了这么大的事儿，皇帝必定会杀一批人才能出气！比如，崇祯二年（1629），皇太极越过长城攻打北京地区，崇祯皇帝一怒之下杀了兵部尚书、工部尚书，以及蓟辽督师袁崇焕等高官。至于这次皇帝会治谁的罪，大家心里都没谱，总觉得自己有可能被当成替罪羊。

按理说，农民造反以来攻陷无数城池，凤阳不过是其中一座小城，它被攻陷有什么了不起，至于令众位将领如此害怕？原因很简单，凤阳是大明王朝开国皇帝朱元璋的出生地，他父母的坟在这里。朱元璋还在凤阳的皇觉寺当过几天和尚。过去这里叫"濠州"，朱元璋当了皇帝之后，将他父母原来的土坟改建成气势宏伟的皇陵，然后将"濠州"改为"凤阳"。由于凤阳地处北京、南京之间，所以又称"中都"。这里是明朝皇室子孙以及忠于皇帝的大臣们心目中的圣地！因此，农民军攻陷凤阳城，至少有三个好处：

第一，政治影响大。凤阳的皇陵埋的是朱元璋的父母，是大明王朝朱姓皇族的祖坟！攻陷皇陵就是要掘老朱家的祖坟，断大明王朝的龙脉。大家要知道，过去的人风水观念很强，龙脉断就意味着大明王朝的末日要到，大明王朝的气数尽了！

第二，有战略意义。攻陷凤阳必然能够吸引朝廷注意。因为朝廷已经组织力量展开对中原一带的农民军的围剿。攻打凤阳就可以调动官军驰援凤阳，从而打破官军对中原农民军的合围。

第三，凤阳防御空虚。凤阳虽是皇陵所在地，号称"中都"，却不是什么都城，甚至根本就没有修城墙。之所以如此，就是因为怕破坏风水，怕修城墙断了皇帝的"龙脉"。没有城墙的都城，自然不堪一击。

有了以上三个好处，会集在河南荥阳的农民军才决定攻打凤阳。于是，正当全国各地的官军向河南荥阳的农民军围拢过来的时候，一支农民军却悄悄地跳出了明军的包围圈向东南方向运动，很快来到了凤阳近郊。他们趁着弥漫的大雾，在当地民众的配合之下，里应外合，不到半天的工夫，就攻陷了凤阳。他们全歼了守军，击毙了守将，处死了知府。然后，捣毁监狱，释放全部犯人；打开粮仓，赈济贫苦农民。在发放完了官仓里的粮食之后，又组织凤阳和周围的百姓，将皇陵地区的几十万棵松柏树全都砍光了，拆除了陵墓周围的建筑物和朱元璋出家时待过的皇觉寺，放火烧了皇帝的祖坟。在整个过程中，这支农民军打着一面大旗，上面写着七个大字："古元真龙皇帝。"这是向崇祯皇帝示威，向天下人表示，我们才是真正的皇帝！

中都凤阳被攻陷，朱家的皇陵被焚毁，这件事的责任太大了，把凤阳巡按御史和巡抚等人都给吓傻了，直接责任人想隐瞒不报，企图蒙混过关，甚至撒谎说："攻击凤阳的流寇已被官兵杀退。"可是，纸怎么可能包得住火啊！凤阳被攻陷的消息拖了很长时间，终于还是传到了北京。听到这不幸的消息时，崇祯皇帝朱由检心痛得差点儿晕死过去，据史料记载说："帝闻变大惊，素服避殿，哭，亲告太庙。"①意思是说，朱由检听到凤阳被攻陷的消息时，大惊失色，宣布停止所有活动，换上孝服，奔到太庙也就是皇室的家庙，在祖先的灵位面前，一边痛哭流涕，一边焚香祷告，安慰祖先受惊吓的灵魂。同时传令："百官俱素服修省。"②意思是，所有大臣一律换上孝服，好好反省。从祖庙回来，崇祯

---

① （清）陈鹤：《明纪》卷五十四。
② （清）谈迁：《国榷》卷九十四。

皇帝又传令：吃饭的时候，减去几个菜，伴奏的乐队撤掉吧。崇祯皇帝的意思是，要好好地惩罚一下自己，祖先的灵魂受到如此巨大的惊扰，哪儿还有心思吃好的，哪还有心情听音乐！我估计，皇帝朱由检这会儿可能连吃饭的胃口都没了。

可以说，凤阳被农民军攻陷这事对皇帝朱由检的打击太大了。皇帝太恼火了，一发怒，手下的官员可就要倒霉了，和这件事稍有牵连的人，包括洪承畴这样的五省总督都有可能遭殃。

因为按照以往惯例，只要打了败仗，崇祯皇帝总会拿责任人开刀。但是，这一次却非常意外，崇祯皇帝虽然下旨杀了隐瞒真相的凤阳巡抚和巡按御史，但是却没有追究各位将领们的责任，反而下了一道"罪己诏"，将中都皇陵被毁的责任全部由自己承担了。这次崇祯皇帝之所以不责备负责围剿农民军的将领，大致有两个原因：其一，农民军势头实在太大了，大明朝能打仗的将领屈指可数，杀了他们便无人继续剿灭叛乱；其二，崇祯皇帝觉得这事太大、责任太重了，杀手下的大将根本无法取得祖先的谅解，只有自己承担责任，自己惩罚自己！

这个刨了朱家祖坟的人就是大名鼎鼎的张献忠。说起来，这个张献忠与李自成有很多相似的地方，比如说他俩是同乡，都是陕北米脂县人，而且同年出生。张献忠与李自成一样有文化，而且接受过军事训练。但是作为农民军首领，他也有三个不同寻常的特点：

第一，相貌奇特。张献忠曾经在延安府当过捕快，就是衙门里专门负责缉拿罪犯的人。因犯过失被革职之后，就去当了兵。当兵后不久又犯法，而且是死罪。可是，正准备要杀他的时候，一位将领看张献忠相貌奇特，便向总兵求情免他一死。总兵答应了，打了张献忠一百军棍之后，将他从部队里除名。人们一定会感到好奇，奇特的相貌居然能够让一个人免于死罪。据史书记载："献忠身长而瘦，面微黄，须一尺六寸。"[1]意思是，张献忠这个人，个子很高而且

---

[1]（清）彭遵泗：《起戊辰止癸未》，《蜀碧》卷一。

很瘦，蜡黄的脸上常留着一尺六寸长的胡须。这样的相貌，不仅奇特而且威猛，所以他当了农民军领袖之后，被人称作"黄虎"。

第二，狡猾多变。张献忠非常狡猾而且善变，反复无常。自从他揭竿而起之后，一会儿投降，一会儿反叛，毫无信义可言；不仅对明军这样，张献忠与同乡李自成之间的关系也一样，一会儿合作起义，一会儿反目成仇，在利益面前，什么同乡情战友情，统统靠边站。不过，在兵荒马乱，匪患成灾的明末，这个特点反而被认为是"聪明机智"，否则根本无法生存，王左桂投降洪承畴之后被杀就是一个很好的例子。

第三，生性残忍。这是张献忠最大的特点，他喜怒无常，一生气就杀人。比如，有一天，张献忠来到一座寺院，由于寺院的门槛有些高，差点绊了他一个跟头，张献忠顿时大怒，一声令下就把这个寺院里的僧人全部杀光了。杀了全院的僧人还不解恨，又把周围几乎所有寺院里的僧人都杀了。

像张献忠这样的人，天下没有不敢干的事，刨皇帝家的祖坟也自然不在话下。不过张献忠绝对没有想到，他这样做会给农民军带来什么后果。凤阳被毁之后，崇祯皇帝对待农民军的态度发生了根本性的变化。就是从以往那种在招抚与进剿之间举棋不定的态度，变为坚决主张彻底剿灭农民军。在一段时间内，只要一提起农民军，皇帝朱由检就会咬牙切齿，甚至说："张献忠曾惊祖陵，必不可赦。"①意思是，张献忠毁了我的祖坟，我绝不饶恕他。为了彻底剿灭农民军，崇祯皇帝命令五省总督洪承畴立刻从陕西赶往河南。同时，又觉得只靠洪承畴一个人力量不够，就提拔卢象昇为直隶（相当于现在的河北）、河南、山东、四川、湖广五省军务总理，与洪承畴一起剿灭农民军。

说起卢象昇，这也是明朝末期著名的将军。崇祯皇帝如此信任他，说明他必定有过人之处。卢象昇与洪承畴一样，也是进士出身。不过与洪承畴相比，卢象昇的特点似乎更加全面一些。因为，卢象昇虽然是读书人，却武艺高强。

---

① （清）杨嗣昌：《杨文弱先生集》卷四十五。

他像关云长一样，善使一把长柄大刀，刀重一百多斤，大刀抡起来无人能近得了身。而且，卢象昇的箭射得特别准。在一次与农民军的战斗中，卢象昇身先士卒，用他那把大刀亲手斩杀了十四个人，然后用箭射死射伤了一百多人。

卢象昇不但武艺高强，而且责任心也强。当年皇太极的八旗铁骑第一次跨过长城，在北京地区劫掠，朝廷下令北京周围的各路兵马立刻进京勤王。当时卢象昇任大名府（今河北大名县）知府，并没有接到进京勤王的命令，所以他也就没有进京勤王的责任，可是卢象昇却主动招募了一万多名士兵，来到了北京城下。虽然，没有和皇太极的八旗铁骑交锋，但是，这种主动带兵进京的将领，在明朝末年实属罕见。

卢象昇不但责任心强，而且打仗的时候总是身先士卒，冲在最前头。有一次，卢象昇率领士兵与一支农民军展开格斗，对方的刀砍在卢象昇坐骑的马鞍上，马鞍的皮带被砍断，卢象昇连人带鞍从马上掉了下来，他就地一滚就从地上跳起来，徒步与敌人继续格斗。当把一群敌人堵在一个绝壁前时，对方回身一箭射中卢象昇的额头，又一箭射死他身边的一个士兵。卢象昇不顾伤痛，提着手中的大刀越战越猛，农民军最终抵挡不住。此战之后，卢象昇被农民军称为"卢阎王"。

对手心目中的"卢阎王"却很会带兵。每次打仗之前，卢象昇都会在士兵面前声泪俱下地鼓舞士气。他尤其能够与士兵同甘共苦。据史书记载："军中尝绝三日饷，象昇亦水浆不入口，以是得将士心，战辄有功。"[1]意思是说，部队断粮三天了，卢象昇自己一口饭都不吃，甚至一口水都不喝，因此卢象昇深得将士的爱戴，手下的人跟着他拼死战斗，总能打胜仗。

卢象昇的这些特点表明他是一个全才，是围剿农民军的得力干将。因此，崇祯皇帝任命他总理五省军务，坐镇东南，与负责西北的五省总督洪承畴，对中原各路的农民武装形成了两面夹击之势。崇祯皇帝终于痛下决心，要与掘了

---

① （清）张廷玉:《卢象昇传》,《明史》卷二百六十一。

自家祖坟的人，决一死战！

可是，洪承畴和卢象昇并没有因为崇祯皇帝对他们的重用而得意忘形，相反，面对现实，他们非常冷静甚至有几分悲观。产生悲观情绪的原因有四：其一，农民军的战术发生了变化。过去农民军遇到官军一触即溃，还没有开战就四处逃窜。现在，他们会设下埋伏主动进攻官军。其二，农民军的装备比官军的好。比如，农民军的骑兵，每个士兵配备双马，可是官军的骑兵却没有这个条件，而且只占全军的百分之三十，根本追不上他们的流窜速度。其三，农民军总是居深山峡谷之中，利用险要的地势抗击官军，官军很难彻底战胜他们。其四，也是最为严重的原因，农民军的人数有二十多万，可是，参加进剿的到达战斗位置的各省官兵，加在一起才四万多人。力量实在是太悬殊了。

面对以上这种局面，搁谁都乐观不起来。可是，崇祯皇帝根本不理会这两位大帅的犹豫和顾虑，命令他们二人立刻对农民军尽快发起进攻。在崇祯皇帝多次催促之下，洪承畴和卢象昇只好硬着头皮去进剿农民军。

洪承畴遵旨从陕西进抵河南信阳，然后调集手下的得力的干将与他在河南信阳会合，准备围歼豫楚一带的流寇，可是当他的大队人马运动到位的时候，农民军却不见了踪影。当他们还在纳闷儿，不知如何是好的时候，却从陕西传来消息：原来流窜于河南的起义大军见陕西空虚，一个回马枪杀入陕西，避实击虚，钻了官军的空子，让洪承畴白跑了一趟。洪承畴面对"流寇"不停地"流窜"非常恼火地说："我带兵在陕西，他们就流窜到河南、湖广；我带兵到了河南、湖广，他们又流窜到陕西。让我东西两头来回地疲于奔命，真是又花时间，又费钱财。"面对农民军这种作战特点，官军不能总是这样疲于奔命，总得想出个对策才行啊！

这个时候，崇祯皇帝给洪承畴、卢象昇下命令："不要被各路农民军拖着到处跑，要集中力量对付高迎祥。流窜于陕西的李自成，让陕西巡抚去应付；流窜于河南一带的农民军，让河南巡抚去围剿。你洪承畴和卢象昇谁都不要去管，就给我死死地盯住匪首高迎祥，想尽一切办法抓住他、消灭他。"只要打败了高迎祥，其他农民武装则不战自溃。这就叫"射人先射马，擒贼先擒王"。

可是，这高迎祥可不好对付。我们前面说过，高迎祥是全国农民军的"盟主"，他拥有最大一支农民部队，与其他农民领袖相比，高迎祥率领的农民军有"三不可当"：

其一，"锐不可当"。高迎祥的士兵大多是蒙汉两族投降的职业军人，他们军事素质好，打仗不要命，而且配备重甲（铁制的铠甲）和两到三匹战马，机动性好，进攻力极强，所以"锐不可当"。

其二，"悍不可当"。由于高迎祥的文化层次比较高，他的部队管理严格，军纪严明。闯王的士兵非常守纪律，对百姓秋毫无犯，而且士气很高，作战凶悍异常，所以"悍不可当"。

其三，"狡不可当"。高迎祥熟悉兵法，而且在与官军作战的过程中，运用自如，指挥得当，让官军屡屡上当，所以说是"狡不可当"。

因为有了以上"三不可当"，闯王高迎祥的部队是所有农民武装中，最强大也是最能作战的一支。同样是饥民组成的起义军，高迎祥拥有比政府军还精良的装备，既不是从官军身上缴获，因为官军自己根本没有；也不可能自己制造，因为他们没有自己的武器制造工业；也不太可能得到皇太极的资助，虽然在李自成诈降之后，高迎祥突然出现在中原大地，一点征兆都没有，却一下子拥有了大量的重装备和骑兵部队。虽然当时朝廷有人怀疑皇太极是高迎祥的后盾，可是，史料中找不到皇太极资助高迎祥的任何证据。据我分析，这可能与高迎祥贩马商人的出身有关。他一定有渠道从关外买到装备和战马，至于资金当然是打土豪、杀贪官得来的。

不管高迎祥通过什么方法组建起这支装备精良的部队，卢象昇必须与之决战。可是，面对这支机动性极强的"流寇"，必须抓住时机与之决战。通过多年与起义军作战，卢象昇发现他们有一个致命的弱点。

农民起义武装的这个致命弱点，恰恰源自他们的特点。这个特点就是他们极具流动性，说白了就是没有根据地的运动战和游击战。他们总是避实击虚，打得赢就打，打不赢就走，根本不会长期占据一个地方，因此要想寻找战机围歼他们难度非常大。不过，这种流动性既是起义武装的一大优点，同时又是他们最大的弱点。因为，他们不能停下来，必须不断地进攻并有所收获，否则就无法生存，只能溃散。所以，一旦他们进攻某地，只要守城的将领能够坚守一定的时间，起义军就被吸引在一个点上，这样一来歼灭围城农民军的战机就会出现！不过，其中最关键的是守城的将领要坚持，合围而来的援军要迅速，如此配合战机就有可能出现。经过一段时间的围堵，这个机会终于出现了。

崇祯九年（1636）正月，闯王高迎祥等部围攻庐州（今安徽合肥）久攻不下之后，便掉头向东去攻打滁州，没想到滁州的守军同样很顽强，城池坚不可摧。高迎祥急了，攻打庐州没有成功，队伍没有补给，如果再不能攻下滁州，没有粮草接应，队伍连逃跑的本钱都没有了。无奈之下，高迎祥只能硬着头皮对滁州发起了一次又一次的进攻，直到卢象昇带部队抵达滁州外围的时候，高迎祥的部队还在艰难地攻打滁州城。及时赶到滁州城外围的卢象昇一声令下，率精锐部队立即冲了上去，与攻城的农民军发生激战。疲惫不堪又腹背受敌的农民军被击溃了，卢象昇带着部队一口气追击出五十多里路。此战，闯王高迎祥的精骑损失殆尽，农民军伤亡惨重，尸体堵得滁河水都不流了。

受了重创的高迎祥，带着残部进入西北方向的豫楚交界的山区。这一地区人烟稀少，这支完全依靠打土豪生存的起义军，虽然逃出围堵，却陷入了生存的困境。消息传到朝廷，崇祯皇帝大喜过望，在他看来彻底消灭这支农民军的时机到了。皇帝立刻下令河南、湖广和陕西的各路官军严密设防，不让一个农民军的士兵逃出深山。并且命令洪承畴和卢象昇，立刻率主力入山围剿，要求他们五个月之内彻底消灭这支农民武装。

眼看高迎祥的残部即将被彻底消灭，崇祯皇帝松了一口气，准备欢庆胜利了。可是，事情并没有想象的顺利，这时，从北方的长城防线传来了一个可怕的消息。

第十四章

南灭闯王

闯王高迎祥率领农民军残部进入豫楚边界的崇山峻岭之中，对崇祯皇帝而言，彻底消灭高迎祥的残余只是时间问题。然而，此时大清国的八旗铁骑出现了！辽东的女真族已经更名为"满洲"，金国也改称为"大清国"，皇太极正式登基称帝。这使得清兵入关与以往有根本不同之处。以往后金国的铁骑入关只是为了掠夺人畜、粮食和财物，然而，如今大清铁骑跨越长城，不仅要掠夺财物，还要消耗明朝的实力，最终夺取天下。这使得清兵入关不再是自然灾害引起的偶发事件，而是频繁发生的具有战略意义的军事行动，进一步加重了大明王朝的危机。

　　然而，这种变化并未引起明朝政府和皇帝朱由检的重视。因此，十万大清铁骑在英亲王阿济格的率领下，轻而易举地突破了长城防线喜峰口。接着在短短几天内，清军抵达了位于皇陵所在地的天寿山（即现在的十三陵），主力部队留下围攻昌平城，先头部队已经抵达北京近郊的西山。消息传来后，北京城立即宣布戒严。朝廷紧急下令周边地区的总兵立即率领本部人马进入京师地区勤王。

　　随着各地勤王兵马陆续进入京师，一个非常重要的问题摆在崇祯皇帝面前，若不解决，战事无法进行。这个问题就是在于由谁来指挥这些不甚听从号令的总兵。当崇祯皇帝提出这个问题时，众人相互对视，谁也不愿意主动站出来。此时，有人提议道："立刻召卢象昇入京，让他担任勤王兵马的总指挥！"在前面的故事中，我们曾提及卢象昇被崇祯皇帝任命为五省军务总理，忙于剿灭农民军，而且胜利已经近在眼前。正当崇祯皇帝犹豫不决之际，却听到有人高声反对："不可行，卢象昇正在指挥部队剿灭高迎祥，他若入京将前功尽弃！再者，他目前身处湖广的郧西，路途遥远，来不及赶到！陛下，请让我来担任勤王兵马的总指挥吧！"崇祯皇帝一听有人自荐，立即兴奋起来，任命此人为勤王兵马的总督师。也许大家会好奇，面对十万八旗铁骑的进攻，竟有人敢自愿承担指挥作战的重任，这个人就是张凤翼，当时担任兵部尚书一职。那么，张凤翼到底是何方神圣，他是否有能力担任总指挥这一要职呢？

据史书记载，张凤翼这个人"才驽而怯，识暗而狡，工于趋利，巧于避患"①。意思是，没有才能却非常胆小，缺少见识却诡计多端，特别善于追求利益，总能巧妙逃避灾难。

我也曾有疑问：崇祯皇帝为何会委任这样的人担任兵部尚书？这样的人又为何会自愿请缨抵御八旗铁骑的进攻？难道史书记载有误？或者是有人蓄意诋毁他吗？但后来我终于明白了，张凤翼之所以敢于自荐担任总指挥，是有其原因的。那么这些原因可以概括为"四个逃避"：

第一，逃避指责。有一些指责是无法逃避的。崇祯二年（1629），当皇太极首次率领八旗铁骑越过长城进攻北京时，崇祯皇帝召集了众臣进行讨论，以制定应对之策。在会议上，礼部侍郎周延儒当着皇上和朝廷文武的面，对当时的兵部尚书王洽提出了严厉指责。他言辞犀利地指责王洽说："身为兵部尚书，却因疏忽大意未积极备战。在敌军进攻时，你对军队的调度毫无章法，既未能预先将敌人阻挡在长城之外，也未能在长城之内阻击敌人的进攻。本朝历史上怎么会有像你这样的兵部尚书呢？"听到周延儒的指责，崇祯皇帝认为言之有理，

---

① （清）万斯同：《张凤翼传》，《明史》卷二五七。

立即将王洽下狱。同样面对强悍凶猛的八旗铁骑入侵，同样担任兵部尚书的张凤翼无疑对前任王洽被指责的事情记忆犹新。为了避免受到像王洽那样被当面指责的命运，张凤翼决定最好离开京城前往前线指挥战事。

第二，逃避惩罚。张凤翼身为兵部尚书，当大清铁骑突破长城关隘侵入中原时，自然应承担不可推卸的责任。崇祯皇帝本就有一种寻找替罪羊的倾向，特别是在面临重大事件时。正如之前提到的兵部尚书王洽，他被指责并下狱，最终被判处死刑（即斩首），尽管未等到执行时就在狱中病故。同样，袁崇焕也因为皇太极进攻北京使皇帝惊恐不安，被崇祯皇帝以莫须有的罪名处以酷刑而死！对于张凤翼来说，他不愿遭受类似的命运。因此，他选择担任总指挥，离开京城，与皇帝保持一定距离。

第三，逃避打仗。既然主动请缨担任勤王兵马总指挥，张凤翼还能逃避战斗，这个确实匪夷所思，但这也正是张凤翼的精明之处。若他留在北京，一旦清兵进攻该城，皇帝很有可能命令他像袁崇焕一样率军与清军进行殊死搏斗。然而，若他离开京城担任总指挥，情况就有所不同了。张凤翼可以选择一个位于战场边缘、清军几乎无法进攻的小城作为驻地。这个地方是现今河北省迁安县五重安乡。该地位于燕山南麓、滦河沿岸，完全位于清军的背后，避开了他们的进攻方向。张凤翼便留在这座小城中，目睹满洲铁骑在京畿地区所犯的种种暴行，却选择"固垒自守，经旬不出"。他修筑城墙，数十天不离城一步。他只下令部队跟随在清军背后，绝不主动进攻，坐视北京周边的城池相继失守。

第四，逃避死罪。清兵大举入侵关内，肆虐京畿，张凤翼对此毫无作为，这使他难以推卸罪责。他明白，在战争结束后，皇帝绝不会对他手下留情。他明白俗语所说的"躲得过初一，躲不过十五"。面对这种情况，他该如何应对呢？尽管前线战事仍在进行，但这位总指挥却一直思考如何逃避死罪。他确实想出了一种方法。在担任总指挥不久后，张凤翼开始每天服用少量的大黄。这种"大黄"是一种中药，专门用于祛瘀和清热，服用后会导致持续腹泻。张凤翼每天都坚持服用大黄，结果每天都不停地拉稀。俗话说："好汉难挡三泡稀。"

如此一来，张凤翼的身体日益衰弱，最终在大清铁骑退出长城地区几天后，不幸与世长辞。史书说他："惧罪饮药也！"①这种策略确实相当精明。说他精明，其实道理很简单。如果张凤翼服用药物过量，提前死去，那将被视为畏罪自杀。如果他服用药物不足，结果没有达到致命程度，或者死得过晚，那将面临怎样的结果呢？袁崇焕就是一个典型例子。而这位总指挥，他巧妙地控制了药物的用量，既没有过多也没有过少，恰好在敌人刚刚撤退之时，他就在岗位上去世，这被称为"因公殉职"。因此，他的家属还能够得到朝廷的抚恤金。若他过早离世，被认定为畏罪自杀，或若未能成功自杀而被判处死刑，那就将失去一切特殊待遇。现在明白什么是"工于趋利，巧于避患"了吧！史书对他的评价的确不冤枉。

提到这次清兵入侵，有一位人物的表现确实值得一提，他就是兵部右侍郎梁廷栋。梁廷栋平日里热衷与他人讨论兵法，对此滔滔不绝。崇祯皇帝得知此事后，心生念头："既然他是个军事人才，就让他去守护大明王朝的北部边疆，抵御清兵的入侵吧。"然而，当清军真的来袭时，梁廷栋满腹兵法却未能发挥作用，清兵的铁骑轻易穿越了他负责的防区，进入了京师地区。按理说，梁廷栋犯下了失职的重罪。崇祯皇帝当时并没有治梁廷栋的罪，只是命令他"戴罪入援"②，就是带兵救援北京，戴罪立功。然而，这位平日热衷于兵法讨论的兵部侍郎，在面对强敌时却显得无所适从，紧跟在阿济格军队的后面，胆怯到不敢发起战斗。最终，他莫名其妙地死去，有人说是因郁闷而死，也有人说是被吓死的。从这个角度来看，梁廷栋似乎只是个纸上谈兵的庸才，令人悲哀！然而，接下来我要讲述的事情会改变大家对他的看法。

当初崇祯皇帝逮捕了袁崇焕时，并没有打算处死他，然而梁廷栋却上书《请斩袁崇焕疏》，在皇帝面前表现得义愤填膺，仿佛除掉"国贼"才能平息他

---

① （清）谷应泰：《明史纪事本末补编》卷六。
② （清）张廷玉：《明史》卷二五七。

的愤怒，完全展现了一个捍卫国家民族利益的形象。然而，当轮到他自己上场抵御清兵时，他甚至未等到战斗，却莫名其妙地死去。那么，他的死因到底是什么呢？经过后来的调查，发现梁廷栋竟然和张凤翼一样，选择了慢性自杀，服用了大黄！

一个兵部尚书，一个兵部侍郎，在抵御敌人入侵的战争中竟然不约而同地选择了自杀！既然不惧死亡，为何不勇敢上阵杀敌，而选择自杀呢？原因有三：

第一，惧怕战场的惨烈。这两位官员都是进士出身的文人，缺乏亲身参与血腥战争场面的经历，恐惧战场上的死亡与疼痛。比如，陕西巡抚甘学阔就是一个典型的例子。虽然他担任了陕西巡抚的职务，却不擅长指挥军队。当城外的官军和农民军展开激烈战斗时，城上的士兵们向他请示如何退敌，却发现他紧闭双眼，背对外界，抱着头躲在一旁。这激怒了其他同僚，他们一致弹劾了他，最终朝廷不得不免去他的巡抚职务。或许许多人会嘲笑他，但他的表现只是反映了他惧怕战争与死亡，他并不适合在战争期间担任巡抚的职位而已。张凤翼和梁廷栋也都属于这一类型的人。

第二，惧怕战争的杀戮。战场上要么是杀人，要么是被杀。有些文人甚至连杀只鸡都感到胆怯，更别说杀人了！想象自己被杀的情景更是令之恐惧！

第三，惧怕死刑的折磨。另外一个重要原因是他们害怕事后被皇帝追究责任，尤其是可能面临凌迟处死的惩罚，那可是三千六百刀！这样的刑罚实在是难以忍受！相比之下，选择服用大黄进行慢性自杀反而成为一种相对容易接受的方式。对于这两位主管国防的大臣来说，他们自己觉得无法逃脱死亡的命运，自杀反而成为一种解脱。

以上这三种恐惧反应，其实也是普通人在面对战争时的正常情绪。问题的关键不在于是否应该感到恐惧，而在于为何这样普通的人占据如此重要的职位。实际上，他们是平庸之辈，毫无军事才能可言，这样的人都能被任命为兵部尚书和兵部侍郎，可见大明王朝的官员晋升机制着实匪夷所思，无法将合适的人才安排在合适的职位上。尤其是崇祯皇帝多疑的性格，对于忠诚、有能力却个性鲜明的人不信任，只喜欢顺从他的奸臣和平庸之辈。这样的做法难道不会导致国家的江山社稷岌岌可危吗？

大家一定会好奇，在这样的兵部尚书和兵部侍郎的领导下，京师地区的战役结果如何？没有忠诚的勤王部队积极参与战斗，守城的将领们又是如何抵御清兵的侵略呢？明朝政府军在面对清兵的猛烈攻势时，表现如何呢？以昌平城的战斗为例来说明吧。

在清军攻打昌平城之前，他们释放了2000多名投降清军的明军士兵，安排他们在城内充当内应。守城的军官们由于疏忽大意，并未发现其中的诡计，结果让这些内应进入了城中。当清军开始猛攻时，这些内应打开城门，清兵如潮水般涌入。虽然昌平城还未完全沦陷，但昌平总兵却率先出城投降了。

当然，并非所有人都像他们那样惧怕死亡。例如，户部主事王一桂，他在昌平城负责监督军饷，平日并未率兵或参加过战斗。然而，当清兵进攻昌平城时，他带领士兵坚守城门，而其他城门却被内应打开。尽管昌平城最终被攻陷，他被清兵俘虏，但他坚决拒绝投降，最终被清兵杀害。王一桂的妻妾和子女等27人为了避免受到凌辱，选择跳井自杀。

在这次战役中，还有一位叫王肇坤的御史。这御史是位言官，平时根本和带兵打仗不沾边，可是就是这样一位言官，面对清兵的进攻毫不畏惧，在昌平城上鼓励士兵拼命抵抗。当昌平城被攻陷的时候，王肇坤神色不变，一点儿也不惊慌，继续与强敌拼命厮杀，身中四箭之后依然挣扎着与清兵搏斗！鲜血将战袍都染红了，他终因流血过多无力再战而倒地，这个时候一拥而上的清兵将他砍死了。王肇坤为保卫大明江山社稷流尽了最后一滴血！

无论是王一桂还是王肇坤，虽然他们以悲壮的方式离世，但作为朝廷任命的官员，守土有责，进行抗战也是他们的职责所在。接下来，我将讲述一个退休的老先生，他名叫鹿善继，曾任太常寺少卿。太常寺是朝廷负责礼仪事务的专门部门，而少卿则是太常寺的副职。当清军对定兴（今河北定兴县）展开大规模围攻时，鹿老先生已经退休在家享受闲暇时光。作为一位退休在家的前任太常寺少卿，他对战争毫无了解，也没有守城的义务和责任，更何况他的住所并不在县城内。然而，一旦听说清军进攻定兴城，他立刻从自己所居住的村子赶往县城，参加保卫定兴城的战斗。老先生坚守了整整七天七夜，然而最终定兴城还是被清军攻破了，鹿善继老先生也陷入了敌人之手。当清军得知鹿老先生是明朝太常寺少卿时，他们用刀逼迫他交出自己的官服，并逼迫他投降。也许你会心存疑惑：为何清军要求鹿善继交出他的官服呢？这是因为太常寺是主持国家盛典和重要典礼的机构，而他的官服正是在国家盛典时穿着的礼服，因此清军特别渴望得到它。

面对清兵的威胁，鹿善继誓死不降，而且破口大骂道："大明王朝太常寺少卿的衣服，怎么能让你们这些畜生穿呢？"清兵一听这话，不由得大怒，将老先生连砍了三刀，还不解气，又补射了一箭。鹿老先生身负重伤，依然骂不绝口，最后伤重而死，时年六十二岁。

面对这样一位老英雄，我心中充满了敬意，因为，当时一些士大夫，平日里拿着朝廷的俸禄，满嘴的仁义道德，可是面对清兵的进攻，或是望风而走，或是剃发投降。而这位根本没有守城之责的鹿善继老先生，却以一死相拼。史书对他评价说："捧一箦以塞溃川，挽杯水以浇烈焰！"①意思是说，用一抔土去填塞崩溃的大堤，用一杯水去浇灭燃烧的烈焰。是啊！面对整个战争的局势，他的死根本无济于事，但是他的精神却是可歌可泣的，这正是我中华民族最需要的气节与最可贵的骨气！这样的老英雄，是不应该被我们这些后辈遗忘的！

遗憾的是，面对清兵南下，整个大明王朝完全处于被动挨打的地位。这场战役持续了四个月，清军首领阿济格向皇太极奏报说：一共打了56仗，每仗都取得胜利。一共攻克了16座城池，俘获人畜17万。当清兵带着劫掠的大量财富出关的时候，居然"艳饰乘骑，奏乐凯归"②，意思是，穿着艳丽的服装骑在马

---

① （清）计六奇：《明季北略》卷十二。
② （清）谈迁：《国榷》卷九十五。

上，奏着音乐缓缓地出关，整个出关过程经历了整整四天时间，明军跟在清兵后面，目送他们出关，没有采取任何军事行动。难怪清军退出长城之后，还留下了一个牌子，上面刻着"各官免送"①四个大字，对大明王朝表示出最大的不屑和戏弄。

写到这里，我突然想起唐代诗人王昌龄的那首《出塞》：

"秦时明月汉时关，万里长征人未还；但使龙城飞将在，不教胡马度阴山！"

"龙城飞将"指的是汉代名将飞将军李广。他因抵御匈奴入侵而闻名于世，匈奴对李广是闻风丧胆，有他在，匈奴就不敢轻易进入中原。可是，在大明王朝的末年，我们民族的"飞将"何在？让人不由得再一次想起袁崇焕。皇帝朱由检一定把肠子都悔青了！他一定会想："如果有袁崇焕在，这场战役怎么可能败得这么惨！当年袁崇焕虽然没有能够阻止皇太极的十万铁骑进攻北京，但是毕竟取得了广渠门和左安门大捷，成功偷袭了皇太极在南苑的大营。可是，我却把袁崇焕千刀万剐了！以后还有人能够打败八旗铁骑吗？还有人能够阻拦清兵的入侵吗？"崇祯皇帝现在明白，杀了袁崇焕的确是自毁长城啊！

后悔已经来不及了，面对现实必须想办法解决问题。现在清兵虽然暂时退了，不久还会卷土重来！这次清兵入侵给崇祯皇帝的打击太大，他决心选一个人来守卫北方前线，选谁呢？就选卢象昇吧。这个决心不能不下了。因为皇帝知道，此时调卢象昇北上，那些农民军的残余部队，很有可能就得到喘息之机，但是，与勇猛凶悍的清兵相比，崇祯皇帝觉得农民起义军不过是一群"乌合之众"。

卢象昇接到圣旨不敢怠慢，交接完工作立刻上路。出发之前，卢象昇给崇祯皇帝写了一份上疏，希望能见皇上一面，向皇上陈述彻底剿灭"流寇"的方法。卢象昇认为："民从贼，多起于饥寒；兵从贼，多缘于缺饷。"②意思是，军

---

① （清）李逊之：《崇祯朝记事》卷三。
② 卢象昇：《剿寇第一要策疏》，《卢公奏议》卷四。

民造反，就是因为他们实在活不下去了，所以要想彻底剿灭农民起义军，关键在于让百姓有活路。卢象昇的见解很有道理。但是崇祯皇帝没有同意与卢象昇见面的请求，他心想："有什么好谈的，赶紧上任去吧，谁知道清兵什么时候就又闯进来了！"卢象昇只好日夜兼程，马不停蹄直接赶往宣化（今河北张家口）上任去了。

卢象昇到宣化上任之后，发现这里的防线问题非常多。比如，城墙多处长久失修，士兵缺乏训练，战斗力很差，朝廷长期拖欠粮饷，士兵生活困难，士气低落。卢象昇立刻着手整顿防备，训练士兵，并且开展屯田活动，也就是军人种田，自己养活自己。第二年，在卢象昇的防区内，屯田的粮食获得大丰收，解决了军队的粮饷问题。崇祯皇帝听说之后非常高兴，立刻将卢象昇的事迹在整个长城防线加以宣传，号召大家都向卢象昇学习。在卢象昇的努力之下，宣化大同一带的防备情况得到了很大的改善。残破的长城得到了修复，吃饱肚子的士兵士气也高涨了，加强训练，提高了他们的战斗力。崇祯十一年（1638）春，清军试图从宣大一带入侵中原，可是发现卢象昇防卫严密，只好放弃。

由此可见，崇祯皇帝调卢象昇北上可以说是慧眼识英才，的确加强了北部边防的军事防御能力。可是，此时的大明王朝面对着内忧外患的双重困难，暂时解决了外患的危机，却又加深了内忧的困扰。为什么这样说呢？因为，卢象昇离开南方去了北方之后，进入豫楚大山中的闯王高迎祥，抓住时机，立刻挥师向西，再度进入陕西南部，连克数城之后，兵锋直指汉中府城，想夺取栈道之后，进入关中攻打西安。陕北的李自成已经很让洪承畴头疼了，这会儿高迎祥又闯入陕南。而且两个人的战略意图非常明显，就是想南北夹击拿下西安。如果他们的意图得逞，陕西的局势将完全被造反的农民军控制。他们都是陕西人，有着深厚的群众基础。而且两支最强大的农民军联手，政府军再想剿灭他们就非常困难了。陕西一旦完全被农民军占领，大明王朝整个西北就将失去。

这时洪承畴突然想起一个人来，对付高迎祥非他莫属。这个人就是陕西巡抚孙传庭。这位孙传庭可不是位等闲之辈。与洪承畴和卢象昇相比，他一点儿也不逊色，而且具有自己的独到之处。这位孙传庭的独到之处可以概括为四条：

第一，长得帅。据说孙传庭这个人身材高大，体态俊美，相貌堂堂。从外表看上去，怎么看都是一个英雄人物。你可能会怀疑："你这是以貌取人。"

这是其一，孙传庭还有第二个独到之处，那就是淡泊功名。也就是说，孙传庭这个人，不仅长得帅，而且人品好。孙传庭也是进士出身，后来当了一任知县，由于他对魏忠贤的阉党专政不满，干脆辞职回了老家，一心在家侍奉守寡的母亲。空闲时间，以读书为乐。

孙传庭第三个独到之处，是敢担重任。陕西是饥民造反的发源地和重灾区，因此，陕西省的巡抚责任重大。当陕西巡抚一职空缺的时候，谁都不愿意担任这个职务。可是，孙传庭接到陕西巡抚的任命时，二话没说就上任了。

孙传庭第四个独到之处，是扎实能干。在孙传庭赴陕西上任之前，崇祯皇帝召见了他。孙传庭对皇帝说："过去巡抚只管省内的日常事务，军队在边境，不属于他的管辖范围。可是，现在形势不一样了，陕西境内到处有流寇，巡抚也得管军事了，可是你让我空手怎么剿灭强敌呢？"这显然是要钱、要粮、要部队嘛。崇祯皇帝回答道："筹措军队难，筹措军饷更难，今年朕给你饷银六万两，以后的事就你自己想办法，朝廷不加干预。"这就叫不给钱，给政策，让他自己杀开一条血路！

孙传庭得到政策上的允许，一到陕西就开展屯田活动。有了稳定的收入之后，他就开始招兵买马。孙传庭的主张是："以秦兵卫秦地，以秦饷养秦兵。"①意思是说，要用陕西的士兵保卫陕西的土地，用陕西的粮食养活陕西的士兵。崇祯皇帝对孙传庭的所作所为大加赞赏，并且号召全国各地的巡抚，向陕西学习，以解决棘手的兵饷问题。

通过以上这四大特点，我们完全可以得出结论：孙传庭是一个难得的帅才。洪承畴也觉得孙传庭一定能够堪当重任。所以，就在闯王高迎祥进入陕西南部

---

① 孙传庭：《清屯第三疏》，《白谷集》卷一。

汉中地区的时候，洪承畴与孙传庭做了分工，洪承畴对孙传庭说："我专门对付陕北的李自成，你专门对付陕南的高迎祥。怎么样？"孙传庭点点头没有说话。洪承畴见这位手中只有三千人马的孙传庭一点不在意的样子，就试探地问孙传庭说："怎么样？你行不？如果兵力不够，我再调给你一些？要么，咱再请求朝廷调援兵入陕？"孙巡抚淡淡一笑说："不用了！"表现出一副胸有成竹的样子。就这样，孙传庭接受任务之后，坐镇西安，眼睛紧盯着汉中，时刻准备着，与高迎祥决一死战。

孙传庭是否能够战胜高迎祥，取决于高迎祥接下来的战略选择。高迎祥的战略意图非常明确，即从陕南进入关中，进攻西安。这是因为他在滁州遭受重大损失，在豫楚边界山区被围困已久，汉中再次失利，他的部队陷入困境。伤员得不到及时治疗，粮饷无法补充。他必须进入陕西与李自成的部队会合，才能摆脱当前的危机。孙传庭对此心知肚明。

然而，从陕南到关中有三条路径可供选择，究竟该选择哪一条呢？高迎祥思虑着，孙传庭也在考虑，高迎祥思考的是如何选择最安全的道路，而孙传庭则思考着如何在某条道路上设伏以最有可能阻击高迎祥，将其消灭。那么，高迎祥最终会选择哪一条路径进入关中呢？要想知道高迎祥走哪条路，首先得知道从汉中进入关中有哪些路可走。

从汉中进入关中一共有三条路：一条是栈道，它是穿过川陕交界崇山峻岭由人工搭建的交通要道，其北面的出口是斜峪关。另一条是汉中以西的陈仓古渡（今属陕西宝鸡），当年韩信"明修栈道，暗度陈仓"走的就是那条路；还有一条是汉中以东石泉（今陕西安康石泉县）的子午谷。当年，诸葛亮北伐中原，驻军汉中犹豫不决，一时下不了决心该由哪条路进军关中。当时魏延建议说："丞相您给我五千人马，带十天的干粮，北出子午谷，一定会一举拿下长安。"可是，生性谨慎的诸葛亮却觉得魏延的计划太冒险，他说："万一走漏了风声你中了埋伏怎么办？万一你十天之内拿不下长安断了粮饷，这五千人的部队岂不全军覆没？"因此，诸葛亮没有同意魏延的大胆计划。

　　可是，高迎祥这会儿的情况与韩信和诸葛亮时代完全不同了。因为，无论是韩信，还是诸葛亮，都占据着汉中，他们没有后顾之忧，可以慢慢选择出关的道路。可是，高迎祥却不一样。汉中府城久攻不下，他在汉中地区就根本无法立足，为了摆脱困境，他必须在三条路中做出选择。否则，他就会被困死在陕西南部的大山之中了。那么，高迎祥会选择哪条路北上进入关中地区呢？这三条路都有可能！

　　就孙传庭而言，最好的办法就是在三个出口同时埋伏重兵。但是，孙传庭只有三千人马，只能集中自己有限的兵力，选择一个出口埋伏，这样才有可能堵住高迎祥的农民军。可是，这伏击点设在哪个出口，孙传庭一时拿不定主意。如果决策错误，让高迎祥进入关中，与李自成合兵拿下西安，后果不堪设想！经过一番紧张的思考之后，孙传庭决心在子午谷的出口，周至县的黑水峪，也就是三国时期魏延准备要走的那条路设伏。

　　七月中旬的一天，闯王高迎祥果然在黑水峪出现了，而且大队人马全部进入了孙传庭的伏击圈。也许有人会说，孙传庭这一赌注下对了。

　　孙传庭能够准确地判断出高迎祥一定会走子午谷这条路，主要是因为他进行了深入的研究，这就叫"知己知彼"。那么，孙传庭是如何做到"知彼"的呢？首先，走栈道必须经过汉中，汉中有重兵把守，高迎祥久攻不下，所以高迎祥不可能走栈道；其次，高迎祥是从豫楚山区进入陕南的，方向是由东向西，那么他的具体位置自然是在汉中的东面。他如果想走陈仓古渡，必然要经过汉中地面，几万大军要穿过汉中，不暴露目标是不可能的。所以，高迎祥也不可能走陈仓古渡。这样一来，走子午谷就是高迎祥的唯一选择。在进退两难的情况下，高迎祥只好孤注一掷，闯子午谷。不闯会被困死，闯也许会有一条生路。

　　这子午谷的地势非常险要，就是两山相夹的一道山沟。大队人马根本无法展开，只能排成一行，缓慢地行进。孙传庭用三千人马就堵住了出口，高迎祥的部队几次突围没有成功，只好退进山谷。此时，连日大雨滂沱，道路泥泞。再加上，没有任何粮食补给，高迎祥部队的处境十分艰难，完全处于被动挨打的状态。虽然，高迎祥的部队作战十分勇猛，顽强抵抗了四天四夜，终于还是被孙传庭击溃了。身负重伤的闯王高迎祥，在一个山洞中被俘了。

消息传到北京，崇礼皇帝大喜过望，他一面传令嘉奖参战的有功将士，一面下旨："把闯王高迎祥等人押解到北京来。"闯王高迎祥被押解到北京，被千刀万剐了！黑水峪之战，号称"第一强"的闯王高迎祥部被消灭，这在起义大军中引起了强烈的震撼，各路农民军纷纷向朝廷投降。中原一带的农民军基本被消灭了。

可是，崇祯皇帝的高兴并没有持续多长时间，一方面，清兵大获全胜退出了关内，可是，他们随时会再度入侵；另一方面，虽然高迎祥被千刀万剐了，中原各路起义军基本被消灭了，但是剩下的李自成和张献忠这两位农民军领袖，哪个都不是省油的灯。尤其是李自成，高闯王死了，他成了闯王。而且，从黑水峪突围出来的高闯王的残部，都投奔了李自成，他的实力比以前更强大了。

第十五章

平定内乱

大清国十万铁骑进入中原四个月之后，从容不迫地撤出了长城关口。大明王朝损失惨重，且颜面尽失。陕西巡抚孙传庭在黑水峪消灭了高迎祥的农民军，俘虏了闯王高迎祥。被俘的闯王高迎祥被押往北京之后，被凌迟处死！高迎祥虽然失败，但是李自成和张献忠继续与朝廷对抗。同时，撤出关内的八旗铁骑，依然虎视眈眈，随时还会再度入关。双重困境中，大明王朝的局势岌岌可危，崇祯皇帝的日子也更加难过了。

　　面对这样的局面，皇帝一筹莫展，想要彻底解决这两大问题难于登天。这个时候，皇帝朱由检想起了一个人。这个人叫杨嗣昌。之前我们提到过，兵部尚书张凤翼服毒而亡，这兵部总不能一直没有尚书啊。崇祯皇帝没有经过内阁讨论，也没有征求任何人的意见，直接下旨任命杨嗣昌为兵部尚书。那么，崇祯皇帝为什么看中了杨嗣昌，非要让他来当这个兵部尚书呢？

　　因为，杨嗣昌有三大特点，特别让崇祯皇帝喜欢。

　　第一大特点是有孝心。杨嗣昌对他的父亲特别孝敬，而且父子情深。前文我们曾经提到过一位陕西三边总督杨鹤，就是招抚陕西饥民起义领袖神一魁失败，后来被崇祯皇帝逮捕入狱的那位，他就是杨嗣昌的父亲。杨鹤被捕的时候，杨嗣昌正在山海关担任内道右参政，听到消息之后，杨嗣昌立刻给崇祯皇帝上疏，请求"代父受罪"，意思是我爹犯的罪，让我这个当儿子的顶了吧，求皇上放老人家一马！可是，皇上没答应，依然将杨鹤流放到了江西袁州（今属江西宜春）。皇上虽然没有答应杨嗣昌替父顶罪的要求，但是却记住了杨嗣昌这个名字，崇祯皇帝以孝治天下，非常欣赏杨嗣昌这份孝心。

几年之后，崇祯皇帝提升杨嗣昌为宣化、大同总督，杨嗣昌却上疏推辞说："我父亲由于担任陕西三边总督一职而被判流放已经三年了，我没有心思再担任总督这样的职务了。"言下之意是，如果让我担任总督，最好能宽恕我的父亲，不要再流放他了。这显然是在要挟皇帝，崇祯皇帝对杨嗣昌的要挟不予理睬，但也没有生气，只是催他立刻上任，不得有误。杨嗣昌不敢违抗圣旨，只好去上任了。第二年，杨鹤死在袁州。噩耗传来，杨嗣昌大叫一声昏死过去，经过一番抢救之后，虽然苏醒过来却神志不清，半个多月不省人事。等到稍稍康复之后，杨嗣昌再次上疏皇上为父亲鸣冤，并且要求给父亲官复原职。杨嗣昌在上疏中恳求道："不给父亲恢复官职，父亲死不瞑目，我死后变狗变马，也不能瞑目！"杨嗣昌的一片孝心感动了皇上，皇上终于答应了杨嗣昌的要求，给杨鹤恢复了官职。人已经死了，其实也就是恢复名誉而已。

第二大特点是有见识。崇祯十年（1637）三月，崇祯皇帝召见杨嗣昌，君臣二人很谈得来，聊得崇祯皇帝把时间都忘了，大大超过了召见臣子的规定时间。聊到高兴的时候，崇祯皇帝激动得拍案叫绝，大声感叹道："恨用卿晚！"[①]意思是，真遗憾啊，我怎么才发现你这个人才啊！从此，皇帝朱由检对杨嗣昌那真是言听计从，信任得不能再信任了。这个杨嗣昌都有些什么见识，怎么能让崇祯皇帝如此激动，而且言听计从呢？

杨嗣昌对崇祯皇帝说："大明若亡，必亡于流寇！"

崇祯皇帝说："不会吧，我觉得辽东的皇太极才是最凶恶、最危险的敌人！"

---

① （清）万斯同：《杨嗣昌传》，《明史》卷三六五。

杨嗣昌耐心地对皇上解释说："一个国家就好比一个人的身体，京师是头脑，北方各边界重镇好比是肩和手臂，中原大地是心腹。中原流寇在腹心发动战乱，直接威胁生命。"这一番话让崇祯皇帝觉得这个杨嗣昌太有见识了。

第三大特点是胆子大。杨嗣昌的胆子大主要表现在，为了平定内乱杨嗣昌向崇祯皇帝提出增兵十二万，增饷银二百八十万两的建议。至于这些饷银从哪儿来呢？杨嗣昌建议征收"剿饷"，也就是向全国增加税收，用于剿灭农民军。可是，自从辽东战争开打以来，每年征收的"辽饷"一年比一年多，到了崇祯三年（1630），已经高达648万两。这一笔笔庞大的军费，完全通过税收的方式由百姓承担，全国百姓已经苦不堪言了。还要在这个基础上，再增加"剿饷"，其结果必然会进一步激化本来已经非常尖锐的社会矛盾。在当时民怨已经沸腾的情况之下，还敢提出增收"剿饷"的建议，杨嗣昌的胆子太大了。

由于杨嗣昌有这三大特点，崇祯皇帝非常信任杨嗣昌，对他可以说是言听计从。

但是，面对杨嗣昌征收"剿饷"的建议，崇祯皇帝还是犹豫了。崇祯皇帝也觉得这个计划实施起来太冒险，很可能会激起更加猛烈的农民起义。无计可施之下，如果不这样做，钱又从哪儿来呢？崇祯皇帝一直在苦思冥想，能不能在不增收赋税的情况下，解决这笔巨大的军费呢。火烧眉毛，急中生智：让所有王公贵族们认捐！一想到这儿，崇祯皇帝立刻下旨，命令所有王公贵族、皇亲国戚，捐钱助军饷。可是，圣旨下达之后，居然没有一个人响应。就连皇帝朱由检的老丈人也不理会皇上的建议。

几个月过去了，依然一点反应都没有。崇祯皇帝没招了，只好召见群臣，让大家讨论，如何解决"剿饷"的问题。在众位大臣面前，崇祯皇帝无奈地说："几个月前下令让那些王公贵族们捐剿饷，可是直到今天也没有人响应。这些人根本不把国家利益放在心上，各地的乡绅们也不捐助。他们也不想想，到时候起义的农民打过来，所有的财产还不都成了人家的了，这些人啊，怎么就这么愚蠢啊！"

他看看群臣没有回应，便继续诉苦道："流贼一定要彻底剿灭，所以必须增加兵力，增兵就必须增加军饷。可是，如果不同意增加百姓的赋税，那就得从内帑出了，可是，内帑已经没钱了。"大臣们面面相觑，谁也拿不出更好的办法。万般无奈之下，崇祯皇帝终于批准杨嗣昌的建议，开始在全国加征"剿饷"。

征收剿饷的举措的确激化了社会矛盾，因此后人指责道："嗣昌憸夫哉，一言而亡国！"①意思是，杨嗣昌这个奸臣啊，一个征收剿饷的建议就让大明亡国了！对当时的明朝而言征不征收"剿饷"是一个两难抉择，如果不征收"剿饷"，就没有军费支持平定内乱的军事行动，大明王朝必然会灭亡；如果征收"剿饷"，会造成民不聊生的局面，使社会矛盾更加尖锐，大明王朝迟早还得灭亡。

崇祯皇帝为了大明王朝不至于过早地亡于农民军之手，狠了狠心，批准了杨嗣昌加征"剿饷"的提议。可这让杨嗣昌感觉到肩上的担子太重了，因为这笔钱来之不易，必须让它花得值，见成效。他知道自己是在拿大明王朝的命运下赌注。他的"安内"计划必须成功，否则，因征收剿饷而付出的代价，都将白费了。杨嗣昌为了实施"安内"计划，提出了一个"四正六隅，十面张网"的围剿计划。

所谓"四正"，是指陕西、河南、湖广、凤阳四个地方为主攻方面，这里的明军要以剿为主、防为辅；所谓"六隅"，是指延绥、山西、山东、应天（现在的南京）、江西、四川这六个地方为防御方面，以防为主、剿为辅。这"四正""六隅"加在一起，便构成一张十面的大网。从地理方位上看，这实际上是构成了两层包围圈，"四正"是第一层，"六隅"是第二层。目的是将陕西、河南、湖广的农民军分割包围，不让他们会合，将他们逐一消灭。崇祯皇帝对杨嗣昌提出的"四正六隅，十面张网"的围剿计划大加赞赏："好，就按你说的办！"

可是，为了完成这个"十面张网"的计划，必须有得力的人手才行啊。五

---

① （清）彭孙贻：《流寇志》卷三。

省总督洪承畴是执行这个计划最好的人选，与此同时，杨嗣昌又向崇祯皇帝推荐了一个人，让他出任五省总理一职，与洪承畴相互配合，共同完成"十面张网"的计划。

这个人叫熊文灿。杨嗣昌推荐他是因为他有"三大善于"：

第一，善于招抚。熊文灿担任福建巡抚一职时，成功地招抚了海上民间武装集团首领郑芝龙。说到郑芝龙，很多人可能不知道，说起他的儿子，大家一定认识。他儿子就是从荷兰人手里收复台湾的民族英雄郑成功。熊文灿招抚了郑芝龙之后，又利用郑芝龙的力量，平定了东南沿海一带其他武装集团。沿海一带恢复了和平，海上贸易也得以正常发展。因此，熊文灿一下官运亨通，头衔一大堆：什么兵部右侍郎、右金都御史、两广总督、广东巡抚，等等。

第二，善于打点。熊文灿的官衔很多，有朝中的官职，也有地方上的官职，比较而言，熊文灿更喜欢在地方上做官，他想长期留在岭南当封疆大吏，因为这里天高皇帝远。为了达到这个目的，他花大量金钱在朝廷上下打点，朝中的大臣们得了熊文灿的好处，自然就说他的好话，一时间满朝文武无不对熊文灿大加赞赏。崇祯皇帝有些纳闷儿，心想："这个熊文灿到底是什么人，怎么大家都说他的好话呢？这年头，这样的人可真不多见啊！"可见，这众人的口碑花钱是可以买到的！

第三，善于吹牛。熊文灿不仅善于吹牛，而且这吹牛还给他吹来了好运。有一天，从京城来了崇祯皇帝身边的太监，到两广一带采购珠宝。熊文灿一看，皇帝身边的太监来了，这可得好好巴结啊！熊文灿不仅给这位太监送了大量的金银财宝，而且还天天用好酒好菜招待。有一天，熊文灿与太监开怀畅饮，这位太监谈起了中原战乱的局势，感慨地说："可惜啊，朝中无能人为国家效力啊！"熊文灿这会儿，酒喝得有点多，一听，太监这话，借着酒劲儿拍着桌子大声骂道："都是这些大臣们把国家大事给耽误了，如果我熊文灿在，绝不可能有这样的局面。"这太监一听心想："要的就是你这句话！看来你还真是个人物！"于是立刻起身对熊文灿说："实不相瞒，我并不是来采购珠宝的，而是皇上派我来专门考察你的！听君刚才一席话，我相信你是个人才，解决中原当前的局势问题，看来非你莫属。我现在就回京给皇帝汇报，朝廷一定会委你重任的！"熊文灿一听太监这样说，知道自己这牛皮吹大发了，后悔莫及！富贵险中求，换言之：这不是升官的机会来了吗？熊文灿为什么后悔自己吹牛呢？原因我们刚才说了，熊文灿自从当上这两广一带的最高军事和行政长官之后，没有别的奢望，只想在这里长期干下去，这是多肥的美差；他根本不想到中原去围剿农民军，那是多难的苦差。刚才的那番豪言壮语不过是逢场作戏，没想到太监当真了。太监回朝后，如实向崇祯皇帝作了汇报，皇帝对熊文灿也颇有好感，有意找机会重用他。所以，一听杨嗣昌推荐熊文灿出任五省总理一职，崇祯皇帝立刻同意了。

　　熊文灿突然接到皇帝的诏令，任命他为五省总理，虽然十分不情愿，却不敢怠慢，立刻赶赴安庆上任，准备围剿张献忠部的农民军。

　　当执行"十面张网"计划的各路人马到位之后，杨嗣昌向皇上承诺，三个月消灭农民军。这一下，各地流动作战的农民军可惨了。明末的农民军没有根据地，没有稳定的粮饷补给，必须到处流动作战。他们流动的方向也没有长期的计划，主要看官军的部署。哪里部署空虚，他们就朝哪儿流动。杨嗣昌正是针对农民军的这一特点，设计的这张"十面大网"，不仅将各地的农民军分割包围，而且使农民起义武装很难再四处流动。这样一来，被围堵在各地的农民军最终将被明军一个一个地消灭。

　　尤其是流动于河南、湖广一带的张献忠，日子最不好过。无论向哪个方向流动，都会遇到明军的围堵。崇祯十年（1637）的八月，张献忠被困在河南南阳一带无路可逃，危急时刻，想出了一个办法，让自己的部队打起明军的旗号，在南阳城外大模大样地安营扎寨。这张献忠的大营刚扎好不久，就有一支明军部队奔南阳而来，带队的将领一看张献忠的大营就觉得有些蹊跷，立刻命令手下，去到张献忠的大营打探情况。这位有眼力的将领曾经是袁崇焕的手下，关宁铁骑的一员战将，名字叫左良玉。左良玉的特点具体来说有三个：

第一，没有文化，非常粗鲁甚至残暴。左良玉自幼家境贫寒，父母双亡之后，由叔叔养大，没有机会上学。因为没有文化，左良玉很粗鲁，什么样的人带什么样的兵，粗鲁的左良玉带出来的兵军纪特别差，甚至有人称他的士兵为"官盗"。比如，有一次，湖广的郧县遭到农民军的攻打，总兵左良玉带着他的部队赶来援救，农民军闻讯撤离了，左良玉手下的士兵就在开始在郧县城外的居民区拆房子掘地，四处寻找和搜掠财物。郧县的守城部队以为农民军又回来了，立刻朝左良玉的部队开炮轰击。左良玉的士兵不仅贪财而且很残忍，比如，有一次几个士兵到百姓家勒索财物，结果遭到了百姓的拒绝，这几个当兵的就用木板将人夹住，然后就小火烧烤，直烤得人欲死不能得。这左良玉是什么样，我们就可想而知了！

左良玉虽然做人做事很粗鲁，但这也给他带来了一个优点，这个优点在战争年代派上用场了，那就是他的第二个特点：打仗勇猛。左良玉虽然没有读过书，但是自幼习武，尤其善射，而且能够左右开弓，武艺非常了得。强将手下无弱兵，所以左良玉的部队特别能打仗。崇祯六年（1633），左良玉在河南一带围剿起义的农民军。十几万人的起义武装，左良玉几千人马，仅用了二十天，就将其全部剿灭。左良玉因此被拜为"平贼"将军。

左良玉的第三个特点是桀骜不驯。左良玉虽然没有文化，但是很有智谋，由于屡立战功，在军队内升迁得比较快，也特别桀骜不驯，很少有人能管得了他。比如，熊文灿出任五省总理一职之后，要求皇帝将左良玉和他的六千人马归自己指挥。可是，左良玉却不愿受熊文灿的节制，故意挑起自己部下与熊文灿部队冲突。冲突之后，左良玉却乘机大骂道："既然你熊文灿有亲军，就让你的亲军去杀贼吧，要我们来干什么？我们走！"一见左良玉带着人马要撤，熊文灿只好借口南方人水土不服，把他从广东带来的亲军全部遣散，只留下五十个人在身边，以此表示对左良玉的绝对信任。可是，左良玉对熊文灿还是不服气，不听熊文灿的号令。杨嗣昌没办法，只好另外调来五千人马交给熊文灿，这事儿才算摆平了。这左良玉实在是够桀骜不驯的。

尽管左良玉文化水平有限且存在一些缺点，但作为一名军事统帅，他的反应极其敏锐。因此，他发现张献忠的大营，立刻察觉到问题。左良玉内心思绪翻飞："这么多天围剿流寇，我的四周并没有友邻部队，那么这支明军是从何而来，而且竟然在我之前就抵达南阳？"左良玉感到事态异常，于是立即派人会见该军营的首领。然而，张献忠岂敢亲自迎接官军，慌乱下令拔营撤退。

早有准备的左良玉一眼看出打着官军旗号的大营实际上是农民军，便立即骑马追赶上去。他迅速发现了身材高大的张献忠，立即拉弓放箭。这一箭正中张献忠的眉心。张献忠不顾受伤，急忙拔箭搭弓反击，然而左良玉的第二支箭紧随其后，准确射中张献忠的手指，使张献忠手中的弓箭落地。未等张献忠反应过来，左良玉已经马到张献忠身旁，挥刀向其砍去。张献忠一闪躲开，但刀尖仍在脸部划过，鲜血立即涌现。幸亏张献忠的部将奋力抵挡，才使张献忠成功脱困。

在面临被明军追杀、手下损失惨重、粮饷枯竭且身上受伤的困境下，张献忠感到束手无策。

就在张献忠为此事焦虑不安之时，他听说熊文灿派遣的谷城县（今属湖北襄樊）守军首领是他的熟人。这位熟人名叫陈洪范，是被调派到内地围剿农民军的辽东总兵。我们曾提及过，在张献忠当兵时，因违反军纪，根据军法应当被处决。就是这位陈洪范救了张献忠一命。当时，陈洪范注意到张献忠的特殊相貌，请求总兵宽恕张献忠，并在打了他一百军棍后放了他一马。

得知陈洪范驻扎在谷城，张献忠立即带着美女和珍宝前去拜访。见到陈洪范后，张献忠说道："多亏当年您的一句美言，使我免于一死。我一直未能报答您的救命之恩。今天能在此与您相遇，实在是天意。为了报答您的恩情，我愿率领部队投降，并效力于您的身旁。"陈洪范不解地问道："你有什么机会可以立大功呢？"张献忠答道："我愿率领部队投降，跟随您左右，为您效劳。"陈洪范一直渴望建立卓越功勋，听到张献忠的话，自然欣喜若狂。他立即答应了张献忠的要求，并在熊文灿面前进行了斡旋。随后，张献忠派遣部下携带珍贵珠宝，通过陈洪范的介绍，将其送至熊文灿手中，并当面表达了投降的诚意。结果立功心切的熊文灿就答应了，并立即把这个消息向朝廷做了汇报。

一经传到北京，张献忠投降的消息立刻引起杨嗣昌的怀疑，他对崇祯皇帝断言道："张献忠素有狡诈之名，他决不可能真心投降。对待张献忠，只能坚决剿杀，不能招抚。"杨嗣昌之所以对张献忠的投降不抱信心，是因为他的父亲杨鹤曾因招抚农民军首领神一魁失败而遭到贬官、逮捕，并在流放之地去世。这惨痛的经历使杨嗣昌再也不相信张献忠会真心实意地投降。面对崇祯皇帝的怀疑，杨嗣昌提出了一个考察张献忠是否真心投降的最佳方案。他向崇祯皇帝建议道："有一种最好的方法可以验证张献忠的真实意图。"崇祯皇帝立刻询问："请说，这个好办法是什么？"杨嗣昌答道："命令张献忠率领军队袭击李自成，观察他的态度。如果他乐意接受，自然毫无问题，并且我们还能借机让他们相互残杀。如果他不愿意，我们立即剿杀他。"杨嗣昌的策略确实高明。那么，崇祯皇帝会同意这个建议吗？

崇祯皇帝不仅不同意，而且还反驳道："难道有人前来投降，我们还要剿杀他们吗？"我们曾经提及过李自成成功诈降的事件，崇祯皇帝对此深感懊悔，但这次为何要接受张献忠的投降呢？原因很简单，张献忠派遣行贿使团进入北京，直接行贿京城内的高级官员，包括内阁大学士。结果朝廷上下一致同意接受张献忠的投降，崇祯皇帝无法逆众大臣之意，只好同意了。杨嗣昌一见皇上同意招抚张献忠，也不再坚持自己的观点，尽管他心里始终认为张献忠不会真心投降。这正是杨嗣昌的特点，完全顺崇祯皇帝的意愿行事，也是崇祯皇帝特别信任杨嗣昌的原因之一。此外，张献忠的投降引发了连锁反应，许多农民军首领纷纷向朝廷投降。这导致湖广、河南等地的农民军基本被剿灭，中原地区逐渐恢复平静。内乱的平定工作取得了显著成效，形势非常有利，此时再坚持剿灭张献忠就显得不合时宜了。

因此，这样一来，三位著名的农民军首领中，高迎祥被处以凌迟之刑，张献忠投降，只剩下李自成一人。李自成的日子变得越发艰难。因为李自成如今成了孤军奋战的状态，"十面张网"只针对他的农民军了。

为了执行"十面张网"的计划，崇祯十年（1637）四月，洪承畴率领部队突袭耀州（陕西铜川，在西安以北），击败驻守该地的李自成部队。李自成向北撤至宜君（陕西宜君县），同时示意准备渡黄河进入山西。洪承畴希望将李自成逼过黄河，以平定陕西局势，因此停止了进攻。山西巡抚得知李自成欲渡黄河进入山西的动向后，立即上奏皇帝告知洪承畴的情况。崇祯皇帝立即下令洪承畴必须阻止李自成渡黄河。然而，当洪承畴赶到黄河边阻截李自成时，后者却突然转身，率领部队南下，远远甩开了洪承畴的官军。

在南下的过程中，李自成将关中一带分散的农民军聚集起来，实力大增。他成功攻克宁羌（今陕西汉中宁强县），随后兵分三路进入四川。李自成率部进入四川后，连续攻占三十八座城池，直指成都。崇祯皇帝得知后大为震怒，立刻下令停职查办四川巡抚，并召集大臣开会，商讨四川战局问题。

崇祯皇帝深感困惑，不解地询问道："传言蜀道艰险，难于登上青天，然而这些盗贼却如入无人之地。为何如此？"杨嗣昌回答道："蜀道虽然艰险，但仍有关隘可供人通过。只有守住这些关隘，才能阻止流寇的通过。然而，四川总兵撤离了各个关隘的守军，将军队集中在广元城，导致关隘无人守备。因此，盗贼得以顺利进入四川。"崇祯皇帝不解地追问道："广元不也是一个关隘吗？"杨嗣昌耐心地解释道："广元只是一个县城，真正的关隘位于崇山峻岭之中，那里人烟稀少，荒凉无比。必须将粮食运送至关隘才能守住。这次李自成的突然出现，十天内攻破了七八座城池，因此各个关隘都毫无准备，根本没有防备措施。"崇祯皇帝听后大为气愤，怒问道："那四川的总兵和巡抚还能胜任吗？"杨嗣昌见皇上愤怒，没有立即回答崇祯皇帝的问题。

杨嗣昌之所以被称为精明之人，是因为他明白在大臣和皇帝面前直接表达观点不妥。因此，他选择在退朝后通过奏疏的方式回答皇帝。他在奏疏中回应皇帝说："放弃关隘不守，四川的总兵和巡抚固然有责任，但是洪承畴在汉中按兵不动，坐视李自成进攻四川，所以他也难辞其咎。"这也难怪杨嗣昌向皇帝递交了有关打击洪承畴的报告。这次李自成能够进入四川，并且在川北地区迅速扩张，洪承畴确实负有重大责任。为什么这么说呢？因为洪承畴的意图太过明显，要将流寇赶到别人的地盘上去，以减轻自己的压力，就像年初李自成要东渡黄河时，洪承畴按兵不动一样。崇祯皇帝看了杨嗣昌的奏疏之后大为愤怒，立刻命令洪承畴入川围剿李自成。这下子，洪承畴对杨嗣昌怀恨在心。本来，洪承畴对杨嗣昌提出的"三个月消灭流寇"的战略目标持怀疑态度，认为根本不可能实现，并且认为杨嗣昌在执行时并不十分坚决。杨嗣昌也觉得洪承畴不听指挥，因此他在崇祯皇帝面前诋毁洪承畴，借助皇帝的权威迫使洪承畴服从。

这使得洪承畴内心极为不悦，但由于皇帝的命令，洪承畴不敢怠慢，只能入川围剿李自成。他从汉中出发，进入广元，然后兵分两路自北向南逐步剿灭敌军。与此同时，陕西巡抚孙传庭在川陕交界处布置重兵，准备阻断李自成返回陕西的道路。两人密切合作，希望在川北地区彻底消灭李自成。

可是，李自成既没有与洪承畴决战，也没有进一步向南进攻成都，而是悄悄地向西，然后再向北绕道川陕之间的阶州（今甘肃省武都县），绕开洪承畴的追击和孙传庭的堵截，再度进入陕西的西和、礼县、秦州（今均属甘肃）一线。这正是当年诸葛亮出祁山进攻魏国的路线。就这样，李自成轻而易举地跳出了洪承畴、孙传庭和川军形成的合围，使得洪承畴要在四川彻底消灭李自成的计划落空。

此时形势变得非常严峻，消息传到北京后，言官们纷纷上疏弹劾洪承畴，杨嗣昌也认为洪承畴围剿李自成表现不佳，甚至孙传庭也对他感到极度失望，向皇帝上疏指责他的指挥错误。崇祯皇帝认为这些指责有一定道理，因此对洪承畴进行了降级处分，并限定时间，要求他必须彻底消灭李自成。

洪承畴本来内心就不舒服，现在又遭受处分，我们可以想象他的心情如何。然而，他必须按时完成消灭李自成的任务。因此，洪承畴亲自率领大军进入当时的陕西，即现在的甘肃，对李自成进行围剿。最终，他将李自成逼至西羌地区，即现在甘肃的中部。这个地方土地贫瘠，人烟稀少，对大军来说生存极为困难。洪承畴见到李自成陷入困境后更加紧追不舍，人不卸甲，马不离鞍，士兵们连续作战了27天。这说明战斗异常激烈而频繁。由于李自成的部队无法获得补给，他的大部分士兵被饿死，只好转向东部，试图返回关中。然而，在李自成东撤的途中，却陷入了包围圈。经过一场惨烈的拼杀之后，李自成只带着几百名亲兵冲出包围。

李自成冲出包围后，整理残部三千余人，意图再次南下进入川地。洪承畴立即下令驻守四川的部队日夜防守，自己亲率部队进入川地与李自成展开决战。经过几次激烈战斗，李自成的部队只剩下一千余人。他带领这一千余人突然向北，在汉中地区的深山密林中消失。

洪承畴知道，李自成不会在汉中地区的密林里久留，那么他接下来会去到何处呢？返回四川或再度进入陕西已经不太可能，因为这几个地方的通道已被他派出的重兵封锁。唯一可能的选择就是进入河南。李自成必须经过潼关才能进入河南，因此，洪承畴立即命令孙传庭在潼关南原设下埋伏。果然，李自成出现在潼关南原，并全部陷入了孙传庭的伏击圈。孙传庭立即发起猛攻，李自成的部队全军覆灭。李自成抛下自己的妻儿家眷，只带着十八人骑马向南逃入商洛山（位于今陕西商洛地区）。

这样一来，张献忠投降，李自成全军覆灭，河南、陕西境内的农民军基本被消灭，杨嗣昌的"十面张网"计划成功了。崇祯皇帝平定内乱的任务终于完成了。下一步就该对付皇太极了。

第十六章

针锋相对

闯王高迎祥遭到凌迟处死，张献忠率领部队投降，李自成全军覆灭，仅剩下十八人逃入商洛山。这样一来，国内各地的农民起义武装基本上被消灭，杨嗣昌的"十面张网"计划可以说取得了巨大成功。崇祯皇帝松了口气，接下来就要考虑如何应对皇太极了。

实际的情况是，皇太极不会等朱由检解决农民起义的麻烦事后才发起进攻，他并不愚蠢。崇祯十一年（1638），正当杨嗣昌指挥明军将张献忠围堵得无路可逃，只得向朝廷投降，李自成也在四处逃亡，即将面临覆灭的命运之时，大清开始在蒙古的大青山地区集结兵力。

我不禁觉得皇太极与农民军之间似乎有一种默契。这种默契具体表现为相互配合。为何有此感觉呢？因为每当农民军濒临被消灭的边缘时，皇太极总是发动进攻，解救农民军的困境。例如，崇祯九年（1636）正月，高迎祥在滁州被卢象昇击溃，带着残部逃入湖广地区（今天的湖北和河南交界）的大山中，卢象昇继续率领主力部队进山围剿。就在高迎祥的残部即将被彻底歼灭之际，皇太极派遣英亲王阿济格率领十万清兵越过长城，进攻京师地区。全国各地的明军只能迅速调往京师地区奋力抵御。这使得高迎祥获得了喘息的机会，他立刻抓住时机，冲破了明军的围剿。难道这仅仅是一种巧合吗？

皇太极此次在蒙古大青山地区集结兵力，他的意图显而易见。首先，他利用明朝政府对农民军进行围剿，北方防御空虚的机会，为再次跨过长城进攻北京做准备。其次，他希望吸引明朝政府的注意，以免农民起义军被彻底剿灭。因为一旦大明王朝农民起义得以平定，将集中力量对付皇太极，皇太极就很难达到自己的目的。

皇太极此前也多次采取类似的行动，三次跨过长城，侵扰京师地区。每次清军入关都给大明王朝造成了巨大的损失。据说这次清军做了更充分的准备，声称要给大明王朝致命一击。然而此时，国内的明军主力大都被调遣至全国各地，忙于围剿农民军。按理说，面对清军在蒙古大青山地区集结重兵，明朝政府应迅速调动主力北上，加强北部边境的防守力量。然而，一旦如此做，正被围剿的农民军必然会趁机逃脱，使得长时间的围剿努力付诸东流。然而，如果不调动主力北上，北方边境的防守将变得极其脆弱，根本无法抵挡十万清兵的进攻。

面对如此局势，崇祯皇帝倍感忧虑，苦思冥想，寝食难安。清兵入关的情形，以及不可抗拒的攻击力量使他心生恐惧。经过几天的思考，崇祯皇帝终于有了一些主意，但他暂时无法明说。他明白一旦将想法告知大臣们，必然会遭到坚决反对。在这种情况下，他决定先了解大臣们的底，毕竟现在的形势与以往截然不同。经过长时间的沉思，朱由检想出了一个办法。在五月的某一天，朱由检突然召集全体大臣开会。当大家齐聚之后，皇帝给出了一道策题。策题原本是皇帝在殿试时给参加考试的进士们出的题目，而进士们的回答则称为"对策"。但这一次，朱由检意图考察全体大臣的态度。当然，这并非真正的考试，而是皇帝希望了解大臣们的立场，以便下定决心并实施下一步计划。尽管皇帝是全国的最高领导者，但若没有大臣们的支持，他想推行新政策也将难以实现。

崇祯皇帝出的策题内容如下：近年来出现了一系列反常现象，比如山西省四月份降下大雪，金星在白天出现。这被视为上天在警示我们，这些年来，战争频繁，征收的赋税过多。然而，面对民众的反抗，不得不进行武力反抗；而面对北方少数民族的南侵，更不能不进行战争。而战争需要资金支持，资金来源就在于增加赋税。面对这种困境，请问各位爱卿有何良策？

大臣们见皇帝为难，都尽忠职守，纷纷提出各种建议和对策，积极为皇上排忧解难，这是作为臣子的义务和责任啊！皇帝朱由检认真地逐篇阅读着大臣们提交的答卷，即各自的对策。这些对策内容五花八门，涵盖了各种建议。有人建议清理冤狱，有人建议打击腐败，有人建议解决军队吃空饷的问题，有人建议降低赋税，有人建议实施屯田，等等。总之，各种各样的建议都有，但都不是朱由检所期望的答案。正当皇帝朱由检稍感失望之时，他读到了兵部尚书杨嗣昌的对策。阅读完后，朱由检不禁赞叹道："太好了，这正是我所期待的答案！"然而，他又转念一想：杨嗣昌的观点能得到其他大臣的认同吗？这就需要再试一次。于是，皇上让众位大臣阅读杨嗣昌的对策。皇上此举旨在听取大臣们对杨嗣昌对策的反应，希望他们能支持杨嗣昌的意见。然而，崇祯皇帝没有预料到，杨嗣昌的对策在朝廷上引起了强烈的反对，甚至有人辱骂他为"奸臣误国！"那么，杨嗣昌的对策为什么会引发大臣们如此激烈的反对呢？实际上，杨嗣昌并没有直接回答问题，而是讲述了一个历史故事。

那是发生在东汉时期的一则故事，具体时间是东汉建武二十三年，即公元47年。当时，汉光武帝刘秀担任东汉的首位皇帝。故事发生在三月，那年的自然天象出现了一次名为"月蚀荧惑"的现象，指的是月亮遮挡了火星。按照传统的星象学，这被视为国家将会遭受大灾难的预兆。因此，汉光武帝和他的臣下都感到非常紧张，不知道将来会发生什么样的灾难。

然而，这一年并没有发生任何灾难，相反，在接下来的一年中，好事降临了。匈奴的单于向汉朝提出和平请求，希望与汉朝达成和解。面对匈奴的请求，汉光武帝刘秀却陷入了犹豫不决的境地。他不确定是否应该接受匈奴的和平请求，因此决定将这个问题交由大臣们进行讨论。

大臣们普遍认为当时天下刚刚平定，国内还不稳定，匈奴人的诚意难以捉摸，因此大家都不相信匈奴人能够信守承诺，反对与匈奴达成和解。然而，在这个关键时刻，一位名叫耿国的大臣站出来，不同意众人的观点，建议汉光武帝接受匈奴的和平请求。

汉光武帝刘秀采纳了耿国的建议。结果，大汉王朝最终与匈奴和好，结束了长期以来与匈奴人之间的战争状态。

杨嗣昌讲的这个故事用意就是想告诉皇帝朱由检，根本不要在意奇异的天象和自然灾害，这些与人事根本没有任何关系，鼓励皇帝该干什么就干什么，甚至暗示崇祯皇帝，以东汉光武帝刘秀为榜样，大胆地与大清展开谈判，努力用和平的方式解决两国之间的争端，用当时的话说，就是"议和"。正是"议和"这个词引起大臣们的强烈反应，因为在当时这可是一个非常敏感的词，甚至是一个犯忌的词，谁也不敢轻易说出口，因为这很可能会招来杀身之祸。那么，这个杨嗣昌敢公开主张议和是因为他觉得自己揣摩到了皇帝朱由检的心思。

杨嗣昌能够揣摩到皇帝朱由检的心思，实际上并不复杂。大明王朝已经无力支持长期的战争，而且同时面对两个前线的压力，形势迫使他们不得不考虑和谈的可能性。然而，崇祯皇帝从未在公开场合透露过对和谈的意向。因此，杨嗣昌撰写了这份对策，也是为了探测皇帝朱由检的底线。

得到的结果却是：皇帝对杨嗣昌的和谈主张既没有表示支持，也没有表示反对。面对皇帝朱由检的这种态度，杨嗣昌却认为自己理解了皇帝的心思，认为皇帝已经同意了他的和谈主张。杨嗣昌有这种感觉是因为不表态其实也是一种态度，至少是不反对。不反对已经是相当大的变化。因为当初袁崇焕被处决时，其中一个重要罪名就是与清朝议和。现在，皇帝面对杨嗣昌的和谈主张，没有明确表示反对，这种变化意味着在清军几次有力进攻和排山倒海的农民起义面前，皇帝朱由检终于下定决心与大清展开谈判，也就是说，打算与清军和谈了！杨嗣昌敏锐地揣摩到崇祯皇帝的这一决心。

读到这里，你也许会感到困惑，作为大明王朝的皇帝，作为国家的最高领导人，为什么想要与清朝和谈却不敢明确表态呢？

根据我的分析，大致有两个原因：

第一，议和就是投降。本来，议和与投降完全不同。可是自宋代以来，议和与投降就分不清楚了。因为，两宋时期，朝廷中一直是主和派占据上风，对北边的契丹、女真和蒙古，一直通过割地、赔款、纳贡、称臣等方式，维持着和平局面。主张北伐中原，恢复国土的主战派一直受打击，主和派甚至捏造罪名杀害了民族英雄岳飞。这样的对外政策，成为南宋灭亡的重要原因之一。因此，自北宋以来形成了这样的观念：主战就是爱国，就是民族英雄；主和就是卖国，就是汉奸。主和与投降几乎成了一个意思！

第二，议和伴随屈辱。因为是在战争失败的前提下议和，明朝政府必须做出巨大的让步，牺牲国家和民族的利益，才能够达到和平的目的，虽然和平了，但却是在屈辱的条件下实现的和平，这就更让人们无法将主和与投降、卖国分得清楚了。

面对上述两个原因，无论是谁主张和谈，都将承受巨大的道德风险和政治压力，即使是皇帝本人也不例外。袁崇焕当年因与金国和谈而遭受惩罚，这成为他被处以酷刑的一个重要罪名。因此，在面对如此巨大的舆论压力下，即便是皇帝，也不敢明确表态。然而，杨嗣昌为何如此大胆，勇敢主张和谈呢？他难道不害怕遭受与袁崇焕类似的惩罚吗？我们无从得知杨嗣昌内心的恐惧，但至少他在行动上表现得毫不畏惧。那么，他为何不害怕呢？因为他相信自己揣摩到了皇帝的心意，他认为皇帝已经有意进行和谈，而且情势迫使不得不进行和谈。因此，杨嗣昌相信皇帝朱由检一定会支持他的和谈主张。然而，崇祯皇帝从未在公开场合表明要进行和谈，杨嗣昌完全基于自己对皇帝心意的揣摩，提出与清朝进行和谈的主张，这无疑显示了他的大胆。

这也难怪，杨嗣昌的议和主张引起了朝廷上下的骚动，言官们纷纷上疏弹劾他。那么，杨嗣昌的和谈主张究竟是否正确呢？在当时的情况下，我认为他的主张至少是明智的。

之所以有这种观点，是因为当时的大明王朝国力已经极度虚弱，财政压力巨大。举例来说，自辽东战争爆发以来，每年征收的"辽饷"逐年增加，到了崇祯三年（1630）已高达648万两白银。这巨额的军费开支完全由百姓的税收承担，全国人民备受苦难。与此同时，自崇祯元年（1628）开始，西北地区一直遭受严重干旱，引发了连续的农民起义。为了镇压这些农民起义，政府不得不增收280万两白银的"剿饷"，进一步加剧社会矛盾。就在崇祯皇帝动员全国力量，不惜增收"剿饷"、激化社会矛盾的同时，对农民军进行剿灭的关键时刻，清军又大举南下。两条战线即将同时爆发战争，而明军无论在士气还是军事实力上都无法与清军相提并论，这已经是历次战争证实的事实。在这种情况下，与大清进行和谈是不失明智的选择。

那么，明朝与大清之间，是否存在有议和的可能性呢？从历史事实出发，这种可能是存在的。为了证明这一点，我们不妨回顾一下明朝与后金以及后来的大清之间议和的历史。

在皇太极刚刚登上后金可汗大位不久后，他便开始向明朝示好，并主动提出和谈的要求。皇太极之所以如此主动，是因为作为新兴政权的领导人，他渴望得到周边政权的承认，特别是大明王朝的承认。

皇太极首次向明朝提出和谈要求是在天启七年（1627）十月。当时，崇祯皇帝刚刚登基不到两个月，年号还未改变。对于皇太极来说，明朝的天启皇帝驾崩，崇祯皇帝登基，是表示友好的绝佳机会！皇太极找到一个名叫都令的蒙古族喇嘛作为中间人，传递信息给崇祯皇帝，提议双方展开和谈。然而，皇太极长时间等待，也未收到崇祯皇帝的任何回音。这是为什么呢？因为当时的崇祯皇帝刚刚登基，士气高涨，全力追求收复辽东、复兴大明的目标，因此很难接受皇太极提出的和谈请求。

虽然明朝方面对皇太极的议和要求没有回应，但是皇太极并没有放弃努力，依然在等待机会。翻过年，就是崇祯元年（1628）了，这一年又有一次与明朝沟通的机会。宁远总兵祖大寿手下的士兵与后金方面发生冲突，结果后金方面抓住了几个俘虏。按照后金的惯例，被俘的士兵要么投降，要么被处死。可是，这次皇太极一反常态，提出要把这些被俘的士兵，还给祖大寿。在遣送战俘之前，皇太极写信给祖大寿，明确提出："我欲通两国之好，共图太平。"[1]并且进一步提出，想派遣使者前往北京，祭奠已故的天启皇帝，同时祝贺崇祯皇帝即位。皇太极满怀希望地以为，祖大寿会接受他的请求。可是，祖大寿却回信说："吊丧者为谁？讲和者为谁？"[2]意思是，你们有吊丧的资格吗？你们有讲和的资格吗？面对明朝政府官员这种居高临下的傲慢态度，皇太极只好打消了派遣使者去北京的想法。可是，他还是将俘虏放了回去，并且让俘虏带话说："如果能够平等相待，相互尊重，我们立刻派使者去祭奠你们已故的皇帝。"然而，这种要求在当时的政治环境下，是不可能得到满足的。祖大寿没有这个胆量，更没有这个权力，因为他不过是个宁远总兵。

崇祯二年（1629），袁崇焕以钦差大臣的身份，持尚方剑，挂兵部尚书衔，任蓟辽督师，来到宁远城。当时的袁崇焕，可谓位高权重，整个大明朝，除了崇祯皇帝，没有人能管得了他。皇太极觉得，这袁崇焕应该能决定议和的事儿了吧？于是，写信给袁崇焕，明确表示："我欲罢兵，共享太平。"[3]这次袁崇焕倒也痛快，接到皇太极的来信之后，立刻回复，表示愿意议和。皇太极一看袁崇焕答应议和，便提出以大凌河、三岔河为界，双方罢兵言和。这大凌河、三岔河在辽河以西，锦州以北，皇太极显然是要明朝政府承认，后金发动战争占领的辽东大部分土地的既成事实。但是，袁崇焕却提出，后金要退出占领的辽东的所有土地。双方提出的条件相差太远，因此，这次和谈就不了了之了。可是，这次和谈的尝试却成了袁崇焕被杀的一个重要原因。

崇祯五年（1632），皇太极远征察哈尔，察哈尔在今山西、河北、内蒙古的交界处一带，皇太极这次远征没有取得预期的成功，内部又出现了一些严重

---

① 《皇清开国方略》卷十一，《太宗文皇帝·天聪二年》。
② 《皇清开国方略》卷十一，《太宗文皇帝·天聪二年》。
③ 中央研究院历史语言研究所编：《明清史料》丙编《金国汗致袁崇焕书》。

的问题，于是，皇太极写信给明朝宣化府（今河北张家口）巡抚沈启时，希望双方能够和好，不要再打仗了。当时，沈启时与皇太极派出的使臣进行议和谈判，双方最后签订了和平盟约。双方在和平盟约中表示要和平共处，并且杀白马宰黑牛，对天发誓：谁先破坏盟约，谁就将"统绝国亡"！誓言中还说："两国若遵守誓言，交好勿替，天地眷佑，世世子孙长享太平！"[①]意思是，双方如果能够忠实地遵守盟约，天地将会保佑两国，世世代代长期享受和平。由此可见，双方都表现出了诚意！然而，这个和平盟约却受到朝中大臣的强烈反对，舆论一时哗然。人们不禁会问：实现双方和平相处，这本是十分美好的事情，但是大臣们却拼命反对，所谓何故呢？原因很简单，这个盟约承认后金的国家地位，承认后金与明朝平等，甚至承认后金对辽东的占领。大臣们难以相信这是皇帝的真实意愿，即使他们意识到是皇帝的意思，也不敢对皇帝说三道四，因此一致指责宣化府巡抚沈启时。然而，没有皇帝的批准，沈启时不可能与皇太极签署该盟约，更不用说皇太极会同意了。然而，崇祯皇帝因为害怕舆论压力，不敢承担责任，只好将所有责任推给沈启时，将其撤职查办，以此平息朝臣们的愤怒。就这样，已经签署的和平盟约因为明朝政府未予通过而成为一纸废约。

　　明清双方议和的历史表明，和平在双方一直存在着可能性，并且双方都希望实现和平。然而，由于明朝政府的君臣们受到"夷夏之辨""主和等于投降""议和等于卖国"等观念的束缚，议和未能成功。此后，和平进程发生了逆转。这种逆转是指双方对待议和的态度发生了根本性的变化。具体而言，曾经主动寻求和谈的一方不再主动，而曾经不主动的一方却开始主动起来。这种变化的原因是：当对方相对较弱时，我们可能轻视对方，不接受其和谈要求；然而，当对方变得强大时，对方反过来看不起我们，当我们提出和谈要求时，就需要看对方的态度了。

　　比如，崇祯十一年（1638）三月，正当杨嗣昌的"十面张网"计划开始取

---

　　①《清太宗实录》卷十二，天聪六年六月。

得一些显著成果的时候，皇太极在大青山地区集结了大量军队，显然又要向中原发起进攻。为了避免两条战线同时开战，保证围剿农民军成功，杨嗣昌立刻命令辽东巡抚方一藻，设法与大清方面接触，明确表示要通过谈判争取和平的意愿。这次接触的方式很特别。明朝不承认大清的主权地位，所以不能以官方的方式与大清接触，方一藻只好找了一位算命先生作为中间人。这个人叫周元忠，由他在沈阳和宁远之间传递信件，就像当初皇太极找了个喇嘛传递信件一样。面对明朝政府方面第一次主动提出议和的要求，大清按照"使节"的礼仪，接待了周元忠。皇太极让周元忠给崇祯皇帝带话说："如果真的能签订和平条约，那我马上把部队撤回来；如果不能签订和约，今年夏天或者秋天，必然会发动进攻。"这皇太极也太牛了，不但准备打你，而且还告诉你打你的时间。没有办法，清军大兵压境，主动权完全掌握在大清的手里。因此，皇太极的态度才会这样傲慢和强硬。虽然如此，皇太极毕竟还是答应了明朝方面和平谈判的请求。

杨嗣昌得知皇太极的态度之后，便向崇祯皇帝建议："既然对方愿意议和，我们就和他们谈判吧。最好能够赋予谈判代表有灵活处理事情的权力。"可是，面对杨嗣昌的建议，崇祯皇帝既不表示支持，也不表示反对。面对崇祯皇帝的这种态度，杨嗣昌就进一步详细地分析了必须与清国议和的三个理由：

第一，明朝目前不具备打败清军的力量。杨嗣昌告诉皇上，要彻底解决边患问题，必须有自己最精锐的部队，尤其是要有一支强大的骑兵队伍，这样才能出其不意地打败清兵！可是，我们现在还不行啊！要达到这个程度，必须一步一步地来。

第二，不能两条战线同时作战。杨嗣昌提醒皇上，目前首先要解决的问题，是平定中原的流寇。可是，一旦清兵入关，我们将两面作战，腹背受敌，后果将不堪设想。

第三，和谈只是权宜之计。杨嗣昌告诉崇祯皇帝，如果议和成功，就为彻底平定流寇提供了足够的时间。等到平定流寇之后，我们再充实自己的实力，筹集足够的军饷，训练我们的精锐之师。即使将来皇太极不守和约，我们也做好了充分的准备。所以说，积极备战是正道，和平谈判是权宜之计。

听了杨嗣昌的分析，崇祯皇帝终于同意与大清方面进行和谈。这次谈判的方式，也很特别：谈判双方不见面，依然让周元忠充当中间人，皇帝朱由检派自己最信任的大太监高起潜，与辽东巡抚方一藻坐镇宁远，接到周元忠转来的大清的意见之后，再写信给杨嗣昌，杨嗣昌再报告皇上。皇上的意见，再由杨嗣昌写信给高起潜和方一藻，再由周元忠转给大清。这可真够麻烦的，可是，不管怎么样，明朝与大清之间和平谈判的前期准备工作，毕竟正式启动了。谈判代表给崇祯皇帝上疏，汇报谈判前期准备工作的进展情况，皇帝朱由检批复道："细酌情形，实筹长便，确议密切驰奏，不许朦胧失体。"①意思是说，你们作为谈判代表，一定要认真思考，一切要从长计议，有什么情况一定要及时汇报，不能稀里糊涂地给大明朝丢人。

可是，崇祯皇帝这样的指示让谈判代表很为难，因为没有赋予谈判代表任何权力，谈判代表不知如何与清国开展谈判。大清方面一直催促明朝政府，尽快拿出具体的谈判方案，方一藻只好向皇上提出建议，用"俺答封贡"的方式，作为我方议和的具体方案。"俺答封贡"要追溯到嘉靖皇帝。当年，蒙古土默特部首领俺答汗，称霸蒙古中西部地区，对大明王朝构成了直接的威胁，嘉靖皇帝就与俺答汗展开和谈，答应封俺答汗为"顺义王"，并且开放长城各个关隘，与俺答部进行贸易，条件是俺答汗必须承认明朝是中央政府，每年给朝廷上贡。俺答汗答应了嘉靖皇帝的要求，双方谈判成功。从此，开始了大明王朝与蒙古各部，长达几十年的和平友好局面。可以说，这是处理民族关系的成功之举。

可是，这样的议和方案，只不过是明朝政府谈判代表的建议，还没等皇上同意，就先在朝廷内外传开了，当大臣们听说明朝政府果真在和清国谈判的时候，就认定这是杨嗣昌在背后主使，觉得这个杨嗣昌不但在对策里说，而且真的在采取行动，便纷纷起来弹劾杨嗣昌。弹劾杨嗣昌的人虽然很多，但是观点

① 杨嗣昌：《复辽抚密奏边情疏》，《杨文弱先生集》卷二十四。

也相当一致，一句话："极力主战，反对议和。"

面对主战派的极力反对，杨嗣昌立刻上疏，针锋相对地予以还击。一时间，主战派与主和派之间争吵不休，矛盾十分尖锐。这个时候，崇祯皇帝不能不表态了。不过，崇祯皇帝这个态表得非常巧妙。他既不明确表示支持议和，又不公开反对议和，只是突然下旨，提拔杨嗣昌为内阁大学士，兼兵部尚书。这下可不得了，简直就是火上浇油，朝廷上下一下子炸了锅。为什么呢？因为大臣们觉得，主张议和的杨嗣昌一旦入阁，就意味着主和派掌握着朝廷大权。皇上支持议和的态度已经很明确了。大家当然不敢批评皇上，因此将所有矛头都对准杨嗣昌，认为是杨嗣昌蒙蔽了皇上，一定要阻止他入阁。

第十七章

烽烟再起

当朝廷上下得知明朝正在与大清和谈时，文武官员和言官们纷纷开始弹劾杨嗣昌，因为他们普遍认为这次议和完全是杨嗣昌在背后推动。虽然弹劾者众多、言辞各异，但他们的理由非常简单而一致，即"极力主战，反对议和"。然而，就在这个时候，崇祯皇帝提拔杨嗣昌为内阁大学士兼兵部尚书，明显展示了对杨嗣昌的支持。这一举动无疑是火上浇油，朝廷内外顿时骚动不安。为什么会这样呢？因为大臣们普遍认为，一旦主张议和的杨嗣昌入阁，就意味着主和派将掌握朝廷大权，同时也表明皇帝对议和的态度已经明确。由于大臣们不敢批评皇帝，因此将矛头对准杨嗣昌，认为他蒙蔽了皇帝。因此，大家一致认为不能让杨嗣昌入阁。

在所有反对议和并阻止杨嗣昌入阁的大臣中，有一位老先生的态度最坚决，言辞也最激烈，因为他享有很高的声望，所以成为整个弹劾浪潮的领导人。他的名字是黄道周，是太子的老师。黄道周具有两个显著的特点：

第一，敢于直言进谏。黄道周是天启二年（1622）的进士，在魏忠贤阉党专政时期，就敢于直言进谏，后来得罪了魏忠贤，被贬为平民。崇祯年间官复原职，可是后来上疏替内阁大学士钱龙锡说好话，得罪了崇祯皇帝，又被降级使用。这次他的弹劾又把矛头指向崇祯皇帝。

第二，学问做得好。黄道周是明朝末年著名的思想家，被当时的士大夫们公认为儒林领袖、一代宗师。不然，崇祯皇帝也不会请他给太子当老师。

黄道周听说崇祯皇帝要提拔杨嗣昌进入内阁，立刻上疏表示坚决反对。黄道周提出了三个理由：

理由一，杨嗣昌不孝。杨嗣昌正在父母的丧期，应该在家"丁忧"，而不能"夺情"入阁。

理由二，杨嗣昌无才。杨嗣昌担任兵部尚书两年来，提出征收"剿饷"的计划，实施所谓的"十面张网"围剿方案，这一切表明他这个人智力平平，不是什么人才。

理由三，杨嗣昌主和。黄道周坚决反对杨嗣昌的议和主张。黄道周的理由是："议和不可能成功，成功也不可能长久。即使议和成功而且长久，那宁远、锦州、遵化、蓟州、宣化、大同的部队往哪里撤？说什么要把这些部队撤到中原剿灭流寇，真是不动脑子！"

黄道周弹劾杨嗣昌的这三条理由，明显地把矛头指向了崇祯皇帝。之所以这么说，是因为杨嗣昌不回家守母亲的孝，是皇帝的意志；征收"剿饷"和"十面张网"的围剿方案，是皇帝同意的；至于议和，更是得到崇祯皇帝的默许。

这个时候，崇祯皇帝再也不能保持沉默了。为了表明态度，崇祯皇帝召集全体大臣开会，在会上崇祯皇帝问黄道周："你是理学大师，成天讲'存天理，灭人欲'，可是，你却在自己没有被推选入阁之后，连上三道奏折弹劾杨嗣昌，阻止他入阁，你这样做合乎天理吗？"

崇祯皇帝的这一问的确很尖锐，在这次入阁候选人的名单中，本来是有黄道周的。但是，崇祯皇帝觉得，黄道周这个人的学问虽然好，可是性情有些偏执，不能胜任内阁辅臣的工作，所以就没有选择他。崇祯皇帝以为，黄道周一定是因为这个原因，才上疏弹劾杨嗣昌的，目的就是阻止杨嗣昌入阁。意思是，我不能入阁，你也不能入阁。所以，崇祯皇帝批评黄道周弹劾杨嗣昌的动机不纯。

黄道周辩解道："我心中只有天下国家和纲常名教，从来不会为自己的功名利禄，上疏弹劾别人。"

崇祯皇帝反问道："那你为什么早不上疏，晚不上疏，偏偏要在入阁人选定了之后才上疏呢？"

黄道周解释："我本来早就要上疏，可是，当时已经有几位同乡上疏，我怕有结党之嫌，所以拖到最近才上疏。"

崇祯皇帝又问："难道你现在上疏就没有结党的嫌疑了吗？"

黄道周知道自己有些理亏，便大声嚷嚷道："反正，一个人父母丧期不守孝，就是不孝之子！一个不孝之子，能够忠于皇帝吗？能够忠于江山社稷吗？"

这位理学家突然讨论起伦理纲常问题，崇祯皇帝一下子没了词儿。杨嗣昌一见皇帝辩不过黄道周，局面有些尴尬，便立刻上前插话说："我在母亲丧期不回家'丁忧'，的确有违纲常伦理，这一点您弹劾得对。但是，您在弹劾我的奏疏中，对我进行人身攻击，甚至侮辱谩骂。这的确与您的人品和学术水平太不相称，您太让我失望了！"

崇祯皇帝马上接过话茬儿说："杨嗣昌'夺情'是我批准的，如果有违纲常礼教，那也是我的责任，与杨嗣昌无关。其实，你弹劾杨嗣昌并非因为'夺情'，而是别有用心！"话说到此，崇祯皇帝显然有些生气了，拿起黄道周的奏折说："就说你的这份奏折，前边谈的都是纲常伦理，后边却全是破口大骂！你身为太子的老师，怎么能毫无根据地诬蔑和谩骂朝廷大臣呢？"

黄道周见皇帝生气，他也发起了脾气，对皇帝说："臣今天如果有话不说，那是臣辜负了陛下；陛下今天如果要杀微臣，那就是陛下辜负了微臣。"

崇祯皇帝一听这话，这火噗噗地就上来了，厉声斥责道："尔一生学问，止学得这佞口！"[1]意思是，你这一辈子的学问，就学会了虚言狡辩！

这下子可让黄道周抓住了话把儿，他高声地与皇上争辩说："这'忠佞'两

———————

[1]（清）张廷玉：《黄道周传》，《明史》卷二五五。

个字，我今天非得和您辨别清楚不可。"还没有等皇上发话，黄道周高声质问道："当大臣的在皇上面前敢说话，成了'佞'，那么，在皇上面前阿谀奉承，反而是'忠'了？"黄道周见崇祯皇帝一时哑口无言，便不依不饶地厉声直逼皇上："忠佞不分，则邪正混淆，何以致治！"[①]意思是，忠诚与奸诈不分，那么邪恶与正直也就混淆了，这样如何能够把国家治理好？

黄道周的话可把崇祯皇帝给气坏了，皇上大声呵斥道："按照祖训，辩言乱政者，当斩！"意思是，按照祖宗的规定，胆敢用狡辩扰乱国家政治的人，是杀头之罪！

黄道周毫不畏惧地回答皇帝说："如果我有当斩之罪，那您就把我送到刑部治罪吧！"

面对黄道周如此强硬的态度，皇帝朱由检还真拿他没有办法。皇帝也知道，这样争吵下去，也没有什么意义了，便压住火，命黄道周退回到大臣的行列中去，暂时停止了争论。可是，朱由检的怒气却没有消。会后，崇祯皇帝下令：将黄道周官降六级，这太子的老师官居一品，这一下子就变成了七品了，基本上是一撸到底，而且从北京外放到江西。其他所有弹劾杨嗣昌的官员，都受到了降职处分。

黄道周被贬、所有弹劾杨嗣昌的官员被降职，崇祯皇帝的态度十分明显地呈现在众位大臣面前。崇祯皇帝在众大臣面前，如此偏袒杨嗣昌，这说明他支持议和。言官和满朝文武见崇祯皇帝的态度如此坚决，也就都闭住了嘴，汹涌的舆论逐渐平息下来，巨大的舆论压力暂时消除了，对于议和一事，再也没有什么人敢妄加议论，更没有人敢从中作梗。那么，明朝与大清之间的议和会得出一个什么结果呢？

一个月过去了，两个月过去了，崇祯皇帝虽然支持与大清议和，但是究竟如何与清国进行和平谈判，以什么方案与大清进行谈判，却一直没有明确表态。

---

① （明）文秉：《烈皇小识》卷六。

杨嗣昌一直在催促崇祯皇帝，不能仅仅指示谈判代表"细酌情形"①，意思是，仔细斟酌各种情况，一定要表示"圣鉴允行"②，意思是，皇帝同意，大臣们去执行，这样谈判代表才敢与大清方面开启和谈进程。谈判代表们一直在等皇帝的指示，可是崇祯皇帝却一直没有明确的旨意，上报的议和方案，皇上也一直不批复。这样一来，谁也不敢自作主张，双方议和的事儿就一直这样拖着。崇祯皇帝犹豫不决，我分析大概有两个原因：

原因之一，秘密被公开了。

崇祯皇帝原本只想让杨嗣昌安排谈判代表与大清秘密议和，这样一来，无论和谈成功与否，面对舆论指责，崇祯皇帝都有回旋的余地。可是，没有想到消息封锁不严，和谈的事"八字儿没一撇"，就闹得满朝沸沸扬扬，甚至德高望重的黄道周把弹劾的矛头直接指向皇上，当着满朝文武官员的面，给他难堪，这让皇帝朱由检感到巨大的舆论压力。

原因之二，没有得到大臣们的支持。

虽然大臣们在皇帝的高压面前不吱声了，但是这种舆论的压力并没有消失。因为不说话不等于没有态度。众位大臣虽然不再坚持反对意见，但并没有人表示同意和支持。这种沉默就是无声的抗议，让皇帝朱由检更加犹豫不决了。

由于以上两个原因，崇祯皇帝就一直下不了与大清展开和谈的决心，时间就这样一天天地拖延了下来。

可是，人家皇太极却不愿意等了，他对崇祯皇帝失去了耐心。皇太极曾经明确地表示过，如果和议不成，夏秋必有举动。果然，崇祯十一年（1638）的夏天，也就是这一年的八月份，耐心等了三个月而不见结果的皇太极，下令向明朝发起进攻。于是，清军分兵两路，对长城关隘发起进攻。其中的一路，进攻墙子岭，可是这墙子岭关隘却根本没有人防守。这怎么可能，但事实的确如

---

① 杨嗣昌：《再议辽抚密奏边情疏》，《杨文弱先生集》卷二十四。
② 杨嗣昌：《再议辽抚密奏边情疏》，《杨文弱先生集》卷二十四。

此啊！位于密云东面的墙子岭关隘，地势十分险要，清军漫山遍野地在险要的山坡上，整整爬了三天三夜，几万人马才全部爬到山顶。当清兵全部爬到山顶之后，立刻摧毁了墙子岭一线的长城，然后翻过墙子岭，进入了密云县境。可是，在清军又爬山又毁长城的过程中，居然没有遇到明军的抵抗。清军轻而易举地突破了长城要塞，然后大举南下。

这事也太让人想不通了。这不禁让人心存疑惑：要这长城干吗，这守城的军人去哪里了呢？清军怎么会没有遇到任何抵抗呢？原来，墙子岭关隘属于蓟门防区，归蓟辽总督、兵部侍郎吴阿衡总管。吴阿衡在清兵大举进攻的时候，不在自己的岗位上，他正在密云县城，给监军的太监祝寿。而负责镇守墙子岭的总兵叫吴国俊，他也在祝寿现场。这两个人正忙着巴结监军太监，早把守卫长城的重任，忘到九霄云外去了。他们正在吃喝的兴头上，接到清兵入关的警报，吴国俊倒好，匆忙赶回去带兵迎战，结果一照面就被清兵打了个落花流水。而总督吴阿衡得到清兵入关的战报时，根本没有当回事，继续在酒席上给那位太监敬酒祝寿。当他喝得烂醉如泥的时候，清军的骑兵已经抵达密云，明军一败涂地，这位总督也稀里糊涂地死于乱军之中。

另一支清军，从喜峰口东面的青山口突破长城关隘，也没有遇到什么有力的抵抗，便迅速西进，逼近河北迁安、丰润一线。一个多月以后，从不同方向跨过长城关隘的两支清军，在通州会师了。

大明朝的边防军为什么会如此不堪一击呢？原因很简单：长城的守军都以为明朝与大清在进行和平谈判，谈判马上就会成功，以后不用打仗了，所以就麻痹大意了。可是，他们万万没有想到谈判根本就没有正式开始，只是前期的准备工作，皇太极用和谈的方式麻痹了明朝的军队，从而使他的进攻产生了出其不意的效果。

当清军分兵两路入关的消息传到京城的时候，崇祯皇帝捶胸顿足地大声哀叹道："大事几成，为几个黄口书生所误，以至于此！"[1]意思是，这议和的大事

---

[1]（清）李清：《崇祯》，《三垣笔记》卷上。

几乎成功了，却让几个幼稚的读书人给耽误了，以至于让清军再次入关。现在说什么也没有用了，议和失败，清兵入关，得赶紧想办法，应对这场危机。

情急之下，崇祯皇帝赶紧下令，调洪承畴、孙传庭率领本部人马，立刻进京勤王！这个时候，张献忠投降，李自成全军覆没，中原一带的农民军基本被消灭，但是，杨嗣昌知道李自成并没有死，随时都可能突然杀出深山，张献忠是诈降，早晚会再度起义。因此，安内的任务还远远没有完成，自己精心布置的"十面张网"并没有完成它的历史使命，所以杨嗣昌立刻面见皇上说："流寇还没有彻底消灭，洪承畴和孙传庭必须留下一个人，负责镇压残余的农民军！"可是，崇祯皇帝根本不理会。一向对杨嗣昌言听计从的崇祯皇帝，突然一反常态。这里的原因很简单，彼一时，此一时。

其一，崇祯皇帝认为，付出那么大代价的平定农民起义的任务，已经基本完成；其二，在崇祯皇帝的心目中，清兵实在是太可怕了，周围的这些总兵们，几乎没有一个是清军的对手，即使农民军没有被消灭，也管不了那么多了。崇祯皇帝觉得，如果不把他认为最能打仗的将军调到前线，他担心没有人能够挡得住清军的进攻，到时候京城可能不保！

就这样，在崇祯皇帝的严令之下，包括洪承畴、孙传庭在内的全国各地的勤王兵马，陆续赶往京师地区。崇祯皇帝任命，卢象昇为全国勤王兵马的总指挥，并且赐给卢象昇尚方剑，命令他总督天下援兵，保卫京师。我们曾经提到，卢象昇被皇帝朱由检任命为宣大总督，守北部长城。可是，这会儿卢象昇父亲去世的讣告已经到了两个月了，他五次上疏请求回家奔丧，皇帝就是不批准。这会儿又赶上清军再次入关，皇帝更不能让他回老家奔丧了，为了安慰卢象昇，给他加封兵部尚书衔，总督候代。意思是，这位宣大总督享受部级待遇，只要兵部尚书的位子空缺，他立刻就可以替补。卢象昇接到皇帝的任命和尚方剑之后，非常感动，再加上大敌当前，他也就不再提回家奔丧的事儿。可是卢象昇披麻戴孝，脚穿草鞋，进京觐见皇上。他穿这身进京就是为了要向崇祯皇帝表示自己的决心！

一进京城，崇祯皇帝立刻召见了他，见到卢象昇这身打扮，皇上并没有在意，反而亲切地问道："爱卿，有什么御敌方案吗？"

卢象昇说："杨嗣昌、高起潜和我，都有丧事在身，由我们指挥全军，恐怕不吉利啊！"

崇祯皇帝说："是我让你们'夺情'的，爱卿不必有什么顾虑。"

所谓"夺情"就是皇帝批准不回家守丧。卢象昇并非真的认为丧事在身会有什么不吉利，其实他是不满意杨嗣昌和高起潜的议和主张。所以，他见皇上没有明白他的意图，便把话挑明了。他说："杨嗣昌主张与清军议和，我坚决反对。既然任命我为督师，我坚决主战，而且准备战死沙场！"

卢象昇这话让杨嗣昌感到很尴尬，皇帝朱由检也不高兴了，立刻打断了卢象昇的话说："朝廷从来没有说要议和。说要议和，也是一些边疆大臣的议论。"一句话，就把议和的责任全推给了边疆的大臣。这就是君王，大家不再反对议和的时候，他自己却在那里犹豫不决，耽误时间；和谈不成，清军大举进攻，他便大骂那些反对议和的言官为"黄口书生"，误了大事；现在要打仗了，面对坚决主战的爱将，为了鼓励他上阵杀敌，就把主张和谈的责任推脱得一干二净。

可是，卢象昇却相信了崇祯皇帝的话，以为这议和的事与皇帝无关，说出了自己的御敌方案。他首先分析清兵入关之后三个可能的进攻方向：

其一，进攻皇陵，震慑人心；其二，进攻京城，动摇根本；其三，越过京城，断我粮道。

崇祯皇帝马上问道："那如何御敌呢？"

卢象昇回答说："我们完全处于被动挨打的境地，防御起来实在太困难！如果集中兵力防守，这么多地方，守哪儿都不是上策。如果将兵力分到各处把守吧，兵力被分散之后，根本不可能起到防御作用。"

皇帝朱由检一听卢象昇这话，不安地问："爱卿，那可怎么办呢？"

卢象昇回答说："最好的办法，就是多组建几支奇兵，就是专门用来奇袭的部队，这些士兵必须体力好，能攀登，能越野，战斗能力强，不怕死，忠诚可靠。清兵到了晚上尤其是后半夜，总要睡觉吧？这时正是袭击他们的最好时机。我带领这些奇兵长途奔袭，在敌人熟睡的时候，出其不意，打他们个措手不及。这样就可以有效地拦截他们的进攻，最后将他们赶出京师地区！"

卢象昇的这个御敌方案可不是临时想出来的应急之策，早在一年前，卢象昇就给崇祯皇帝上了一篇《选用奇兵疏》，从其中的内容看，完全可以理解为建议组建一支特种部队，这可是中国军队最早要建立特种兵的构想啊！卢象昇不但有构想，而且在实战中也曾经多次成功地实施过这种战术。比如，对围攻滁州的高迎祥的农民军，卢象昇采用的就是这种战术。当时，卢象昇仅以三千关宁铁骑，长途奔袭，突然出现在农民军背后，一举击溃了十几万的农民军。现在，面对凶猛强悍，人数众多，而且机动性很强的八旗铁骑，卢象昇利用特种部队偷袭敌人的战法，的确是一种阻止敌人南下的好办法。

崇祯皇帝听了卢象昇的御敌方案之后，不由得大喜，称赞卢象昇说："爱卿一向勇猛善战，我就知道你必有退敌良策。"说完这番话之后，皇上立刻传令，发给卢象昇两万两白银，犒赏三军。第二天，皇上责成内阁大学士兼兵部尚书杨嗣昌，代表自己送卢象昇奔赴前线。卢象昇到达昌平城不久，崇祯皇帝又派太监送来了内帑三万两银子，同时还送来御马（皇帝使用的马）一百匹，太仆寺马（皇宫中使用的马）一千匹，支持卢象昇组建他的特种部队。在崇祯皇帝的支持之下，卢象昇准备与清军决一死战。

卢象昇来到前线的时候，清军已经接近通州了。为了阻止清军进攻的势头，卢象昇命令各路将领，按照他组建特种部队的方式，组织敢死队，准备十月十五日半夜，分兵十路，从四个方向，偷袭敌营，并且严令各路将士："刀必见血，人必带伤，马必喘汗，违者斩。"[①]这道命令听着真是冷酷无情，但它却让好男儿摩拳擦掌，热血沸腾！这就是卢象昇，他特别善于鼓舞士气。每当大战前夜，他都会声泪俱下地动员士兵。他能把一群绵羊，带成一群猛虎！

---

① （清）谈迁：《国榷》卷九十六。

可是，监军太监高起潜却不同意卢象昇的做法。他说："月光皎洁之下如何偷袭？路途这么遥远如何能够出其不意？"卢象昇不听劝阻，高起潜也就没再说什么。十月十五日深夜，卢象昇带着他的敢死队偷袭清军大营获得成功，但是当他准备扩大战果的时候，后续接应的部队却左等不来，右等也不来。没有后续部队的接应，醒过神来的敌人，立刻向卢象昇的敢死队扑了过来。为了避免自己这群敢死队的战士被敌人消灭，卢象昇只好撤了回来，这就使他对清军大营的偷袭功亏一篑。卢象昇感到疑惑不解："这后续部队怎么不按时接应我呢？"后来才知道，卢象昇的后续部队被高起潜提前调走了。这个高起潜是什么人，怎么这么大胆，竟敢擅自将参战的部队调走呢？

高起潜是皇帝朱由检最信任的太监之一，代表明朝政府与大清谈判的就是他。每次有重大的军事行动，皇帝朱由检都会派他为监军。所谓"监军"就是皇帝临时派遣到作战部队，代表皇帝监督部队工作的官儿。监军这种官儿，自打汉武帝时期就开始有了，一般都派遣朝廷中的言官担任。自从唐玄宗开始派遣太监担任监军以来，这历代皇帝就纷纷效仿。几乎所有的皇帝都最信任身边的太监，甚至只信任太监。到了明代后期，使用太监担任监军的情况更加普遍，这是明朝军队总打败仗的一个重要原因。太监整天生活在宫中，根本不懂领兵打仗，可是他们位高权重，又深得皇帝信任。他们经常干扰军事长官的指挥，前线将领们又不敢不听他们的指令，最终造成失败的结果。

高起潜就是这么一位深得皇帝朱由检信任的太监。皇帝朱由检会那么信任高起潜，总是派他担任监军一职，还有另一层原因：除了他是太监的身份之外，还因为皇帝朱由检觉得他懂兵法。所谓"懂兵法"，实际上就是他喜欢和别人谈论兵法。可是，真打起仗来，他根本不敢带兵出战。比如，崇祯九年（1636），高起潜担任总监军，指挥各路将领抵御清军，可是，一直不敢正面与敌人交战。敌人退出关内之后，高起潜怕没办法向皇帝交差，就把死人的头割下来，冒充斩获的敌人首级，在皇帝面前请功。皇帝朱由检哪儿知道这些内幕，一直以为他能征善战。

就是这位太监监军高起潜，不同意卢象昇偷袭清军大营的计划，又拗不过卢象昇，只好利用手中的权力，将卢象昇的后续部队调走了，致使卢象昇的偷袭计划失败。高起潜暗中使坏，这让卢象昇非常恼火。为了避免再发生这种事，卢象昇向皇帝建议，让他与高起潜分别带兵，其实就是不想再让高起潜给自己当监军，皇帝很痛快地答应了，让卢象昇带领三万人马，让高起潜带领四万人马。可是，没几天皇帝朱由检又反悔了，下令二人继续合兵一处，让高起潜继续监军。崇祯皇帝反悔自有他的道理，他认为，面对强大的敌人，集中兵力才能够形成优势，才能够拦截住敌人南下。一旦分兵，很可能被敌人分别消灭。这个时候，杨嗣昌出面劝皇上说："他们二人既然合不来，勉强放在一起反而坏事，还是让他们分兵吧！"崇祯皇帝开始不同意，可是禁不住杨嗣昌的反复劝说，最终同意了卢象昇分兵的要求。

　　虽然分兵之后，卢象昇没有了高起潜的掣肘，但是，由于偷袭清军大营行动的失败，他失去了阻止清兵南下的最佳机会。面对机动性强，作战勇猛的八旗铁骑，被动防守的明军没有办法阻止清兵进攻的势头。连日来，清兵攻城略地，如入无人之境。

　　好在，这次清军入关并没有直接进攻北京城，而是绕过京城继续南下。这样一来，北京城暂时没有了危险，可是这京城周边地区可就惨了！清军在京城周围攻城拔寨，然后一路南下，直奔中原腹地而来。就在南下的途中，清军包围了一座小城，这座小城是河北高阳县城，它的战略地位并不重要，可是，清军却非要拿下它不可，因为这座城里住着一位让清军望而生畏的人。这个人就是前任内阁大学士、兵部尚书、蓟辽督师孙承宗，他当时已经七十六岁，退休在家多年了。

　　这孙承宗可是位不得了的人物，我给他概括了四个特点：

　　第一，形象威猛。据史书记载，孙承宗"铁面剑眉，须髯戟张，声如鼓钟，殷动墙壁"[1]。意思是，孙承宗这个人，铁青色的脸上，两道浓密的剑眉，胡子粗

---

　　① （清）计六奇：《孙承宗殉节》，《明季北略》卷十四。

硬如铁，声音非常洪亮，一说话墙壁都在震动。

孙承宗虽然形象威猛，但他并不是个粗人。恰恰相反，他是万历三十二年（1604）的进士，而且是榜眼，也就是第二名，后来成为泰昌皇帝和天启皇帝，也就是崇祯皇帝的亲爹和哥哥的老师。

正是因为他有相当的文化水平，也就形成了他的第二个特点，有战略思想。他的战略思想主要表现在"以辽人守辽土，以辽土养辽人"①。孙承宗正是根据这一战略方针，逐步建立了山海关、宁远、锦州的防线。这道防线，既是保卫山海关的军事屏障，又是收复辽西、进一步收复辽东的战略基地。从天启年间后期到整个崇祯年间，这道防线屹立在山海关以东二十多年，一直是后金和后来的大清，无法跨越的障碍，逼得皇太极只好绕道蒙古攻打北京。

孙承宗的第三个特点是仗打得好。这孙承宗不仅会防守，也会攻坚。他虽然是文人，却是一个杰出的军事指挥员。比如，皇太极第一次进攻北京，最后撤出关内时，派重兵占据了遵化、滦城、永平、迁安等四座城池，想以此为据点，随时回来对北京发动进攻。这个时候，孙承宗出任兵部尚书，在他的指挥之下，关宁铁骑只用了五天时间，就把皇太极派重兵把守的四座城池全部收复了。皇太极派重兵把守的四座城池，孙承宗竟然用简单的办法快速攻了下来：集中全部火炮，对准城墙的一个点猛轰，当城墙被轰塌之后，关宁铁骑一拥而入，把城拿下了。

孙承宗的第四个特点是慧眼识英才。孙承宗在担任辽东最高军事长官的时候，发现和重用了像袁崇焕、祖大寿等一批卓越的军事人才。关宁锦防线阻挡住清军进攻的脚步二十多年，与这些军事人才的发现和使用是分不开的。可以说，孙承宗对于大明王朝的国防事业，有着不可磨灭的贡献，就连大清将士，对这位强劲的对手也十分敬重。

当八旗铁骑逼近高阳县城的时候，朋友们劝孙承宗去保定躲一躲，或者干

---

① （清）汪有典：《孙文正传》，《前明忠义列传》卷七。

脆到南方去避难。孙承宗说："我都这一把年纪了，有什么可怕的？如果能有机会战死疆场，也算死得其所了！"

清兵包围了高阳城之后，立刻对高阳城发起猛攻。这个时候，孙承宗以76岁的高龄，率领全家及高阳民众奋起抗击。由于双方力量对比过于悬殊，高阳城很快就被攻破了。在高阳城保卫战中，孙承宗的6个儿子、2个侄子，12个孙子、侄孙战死，全家老小总共40多人遇难。最后，孙承宗被清军俘虏了。清军统帅多尔衮听说抓到了孙承宗，非常高兴，亲自跑来劝降，被孙承宗严词拒绝。出于对这位老英雄的敬重，多尔衮允许孙承宗自尽。孙承宗不愿意用自己的手结束自己的生命，于是他坐在一张椅子上，令两个清兵用一条白绫将自己勒死。孙承宗为什么选择这种方法，结束自己的生命呢？原因很简单，孙承宗是大明王朝先帝的老师，前任内阁大学士、兵部尚书、蓟辽督师。他一定在想："我一个堂堂的男子汉，一个久经沙场的军人，怎么可能上吊自杀呢？我就是要死在敌人的手里，死也要死得有尊严！"

当崇祯皇帝听说孙承宗从容就义的消息之后，心里既震惊又难过。孙承宗可是和大清开战以来死的最大的官。再加上，京城周边地区十几座城池连续被清军攻破，崇祯皇帝心中的震惊和难过很快就转化为一种无名的怒火，这怒火总得找个地方发才行啊！朝谁发呢？那就只有卢象昇了。崇祯皇帝认为，当时战场的局面，都是卢象昇指挥不当造成的，因此下令撤了卢象昇的职。大战还没有结束，清军的进攻还没有停止，这个时候撤了卢象昇的职，勤王兵马失去了总指挥！

第十八章

死灰复燃

崇祯皇帝颁下了撤销卢象昇职务的旨意。然而，尽管战争尚未结束，清军仍在京畿地区猖獗肆虐，此时却撤去了卢象昇的职位，导致缺乏统帅指挥。

此刻，内阁首辅刘宇亮挺身而出，向皇帝表态道："陛下，请允许我……"崇祯皇帝听到有人自愿担任，欣喜地说道："好啊！"然而，刘宇亮接着说："我愿前往京畿地区督察军情！"皇帝朱由检顿时怒火中烧，心想："现在都什么时候了，你还有闲情逸致去督察军情。"毫不犹豫地下令道："督察什么军情，你就去担任总指挥的职责吧。"刘宇亮顿时惊慌失措，连忙解释道："陛下，我乃文臣一员，从未统率过军队，更没有参与过战事啊！"这时，杨嗣昌迅速出来解围道："陛下，更换指挥官是军队的大忌啊。还是让卢象昇继续担任总指挥，让他通过立功来弥补过失吧。"崇祯皇帝生气地说道："卢象昇明明看着清军攻占了十几个城池，却置之不理，我还能继续信任他吗？"杨嗣昌说道："目前的形势下，除了他，没有人有能力胜任总督之职啊！"在杨嗣昌再三请求下，崇祯皇帝最终同意，让卢象昇继续担任总指挥，但却免去了他兵部尚书的头衔，让他通过立功来赎罪。

卢象昇原本怀揣着战胜清军的信心，然而，太监高起潜调走了后续部队，延误了战机，导致偷袭敌营的计划失败，错失了打败清军的大好机会。卢象昇内心十分气愤，此刻又遭到了降职处分，心情可想而知。

然而，面临巨敌当前，卢象昇无法顾及个人恩怨。为了阻击南下的清军，他匆忙从涿州赶到保定。然而，保定巡抚却拒绝为卢象昇的部队提供补给，导致卢象昇的部队断粮数日，进攻行动再次受阻。卢象昇只得上疏崇祯皇帝，解释自己的困境。然而，崇祯皇帝根本不听他的辩解，严厉地指责道："你总是找借口按兵不动，难道你之前在我面前主战的言论是说大话吗？难道你只是为了博取声望而言之？"

面对皇帝如此批评，卢象昇别无选择，只能带领手下五千老弱残兵前去阻挡清军南下。或许大家会好奇，作为全国勤王兵马的总指挥，为何手下只有五千老弱残兵？实际上，卢象昇有一位属下名叫杨廷麟，他上疏皇帝称杨嗣昌为奸臣，声称只要有这样的人存在，战场上的将军根本无法战胜敌人。杨嗣昌得知此事后大怒，误以为杨廷麟受卢象昇指使，于是下令调走了卢象昇手下的全部兵马，只留下了五千老弱残兵。

面对清军南下，手中缺乏主力军，并且保定巡抚拒绝提供补给，卢象昇只能带着一群饥肠辘辘的老弱残兵决意与敌人决一死战。他下定了必死的决心后，走出大帐，北跪叩头，然后对五千将士说："我与诸位同承国家恩泽，早已将生死置之度外。明日将要出战，愿意战斗者与我同去，不愿意战斗者留下！"接着，他转向前来送行的乡亲们说："我一生参与几十次战斗，从未经历过失败。然而，如今敌众我寡，又缺乏粮草补给，此战我注定将死。以后也不再给诸位父老乡亲添麻烦了！"乡亲们听到卢象昇这番话，立刻哭成一片，纷纷回家拿出自己家中的口粮，送给士兵们解饥。

卢象昇向众位父老乡亲告别之后，带领部队出发。五千士兵毫不退缩，无人愿意留守，全体紧随卢象昇奋勇杀敌。然而，当他们抵达巨鹿县的贾庄时，却陷入了三万清军的重重包围之中。监军太监高起潜率领四万人马距离贾庄仅五十里，卢象昇派遣杨廷麟冲出重围，寻求援助。然而，高起潜却对此不予理会，无论杨廷麟怎样恳求，他都坚持按兵不动！

五千老弱残兵面对三万八旗铁骑的包围，这场战斗注定毫无悬念，必然失败！然而，这场战斗却持续了整整一天，厮杀声从早至晚不曾间断。卢象昇身中四箭，受到三处刀伤，却依然坚持不懈地指挥士兵奋勇杀敌。他挥舞着手中那把重达一百多斤的长柄大刀，宛如关云长重生，独自斩杀了四十多名敌人。然而，因伤势过重、失血过多、体力不支，他最终从马上摔落并阵亡！卢象昇手下的一位将领怀着对卢象昇尸体受侮辱的担忧，毅然扑倒在他的身上，却遭到清兵乱箭射杀，身中二十四箭！

与卢象昇一同战斗的五千将士中，只有两名总兵抛弃了总督而各自逃命，其余没有胆怯者、逃跑者或投降者，他们拼尽全力与敌人搏斗，最终全部阵亡！

年仅三十九岁的卢象昇，这位勤王兵马的总指挥，一生参加过几十次战斗，从来没有打过败仗。卢象昇的名字，令敌人闻风丧胆，被敌人称为"卢阎王"，可是，却在这场寡不敌众的战斗中，英勇牺牲。

杀出重围的杨廷麟，没有搬来救兵，只好原路往回返。半路上听说卢象昇阵亡，五千将士全都牺牲的消息之后，他不相信这是真的，一路哭喊着，骑着马朝贾庄狂奔。来到刚刚结束战斗的战场，只见五千将士，尸横遍野，血流成河，杨廷麟哭喊着，到处寻找卢象昇。他多么希望，自己心爱的大帅还活着啊！最后，终于在死人堆里找到了卢象昇的尸体。当杨廷麟解开卢象昇身上的铠甲才发现，卢象昇在铠甲下穿着白色的孝服，他这才知道卢象昇是戴着重孝上战场的，在场的百姓见到这样的场面，都忍不住失声痛哭！

杨嗣昌听说卢象昇战死的消息之后，也不相信会是真的，立刻派巡逻兵去查看，看卢象昇究竟死没死。派出去的巡逻兵回来向杨嗣昌如实汇报：卢象昇真的死了。杨嗣昌一听非常生气，一定要让这个士兵说，没有找到卢象昇的尸体，卢象昇失踪了。可是这位士兵就是不改口。杨嗣昌把他鞭打了三天三夜，这位士兵被活活地打死了，临死前这位士兵瞪着眼睛大声喊道："天道神明，无枉忠臣！"①意思是，老天爷什么都知道，不要冤枉忠臣！

后来顺德（今河北邢台）知府将卢象昇战死的情况向朝廷汇报，可是杨嗣昌就是不相信，一再提出怀疑，认为从战场上抬回来的尸体不是卢象昇本人，致使卢象昇的遗体，八十天之后才得以入殓。第二年，卢象昇的妻子请求朝廷抚恤家属，被杨嗣昌拒绝了；第三年，卢象昇的两个弟弟再次向朝廷请求抚恤，再一次遭到杨嗣昌的拒绝。

杨嗣昌如此恨卢象昇，真是让人愤恨。据我分析，他的恨有三个原因：

第一，观点不合。卢象昇主战，杨嗣昌主和，为此他们二人曾经发生过激烈的争执。有一天，杨嗣昌到军营中来看望卢象昇，二人一见面，卢象昇毫不客气地指责说："你们这些人，一直坚持与清军议和，你就不怕落一个和袁崇焕一样的下场吗？你想过没有，父母去世，你不能在家守孝；社稷危难，你不能为国尽忠；像你这样的人，还有什么脸面活在人世？"

卢象昇这话实在太难听了，把杨嗣昌气得面红耳赤、浑身发抖。杨嗣昌气愤地说："如果真像你说的那样，你就用手中的尚方剑，现在就杀了我吧！"

卢象昇回答说："我有什么资格杀你，我既不能回家奔丧，又不能出战迎敌，这尚方剑还是先从我自己的脖子上开刀吧！可是，如果有谁不抵抗，一味地主张议和，我卢象昇绝不答应！"

杨嗣昌见卢象昇如此仇恨议和之事，就只好撒谎说："从来没有说要议和啊！"

卢象昇冷笑一声质问道："哼！派到辽东议和的使者，已经来回跑了多少次了，这事全国人民都知道了，你还瞒谁啊！"

杨嗣昌被卢象昇问得无话可说，只好转身离开卢象昇的大营。

杨嗣昌恨卢象昇的第二个原因，是怕卢象昇取代他的位置。前面我们提过，崇祯皇帝任命卢象昇为全国勤王兵马的总指挥，同时，还给卢象昇加封兵部尚书衔，总督候代。只要兵部尚书的位子一空缺，卢象昇立刻就可以替补。替补

---

① （清）张廷玉：《卢象昇传》，《明史》卷二六一。

谁呢？当时杨嗣昌就是兵部尚书，当然是随时可以替补杨嗣昌。

杨嗣昌恨卢象昇的第三个原因，也是最重要的原因，就是掩盖自己的错误。卢象昇战死，杨嗣昌负有直接责任，因为是他把卢象昇手中的主力部队调走的。所以，杨嗣昌就认定卢象昇没有战死，是临阵脱逃，或者被捕投降。这样一来，就可以减轻他自己的罪责，甚至就没有人注意到杨嗣昌的错误。可是，卢象昇的确死了，既没有临阵脱逃，更没有被捕投降。这是杨嗣昌最不希望看到的事，因此，他就想方设法证明，抬回来的尸体不是卢象昇，卢象昇失踪了！为达此目的，甚至不惜严刑逼供，将派去查看卢象昇死情的巡逻兵，活活打死。

这就是大明王朝的内阁大学士、兵部尚书，崇祯皇帝最信任的朝廷重臣。大敌当前，想的不是如何精诚团结，一致对外，而是用各种卑劣的手段，钩心斗角，如此下去，大明王朝，能不亡吗？

卢象昇战死之后不久，高起潜所带的几万人马，居然不战自溃了。这清军的进攻就更没有人能够阻拦得住了。就在这个时候，洪承畴、孙传庭率他们的人马千里迢迢从陕西赶到京师地区，祖大寿也从青州赶来。清军见明朝的精锐部队纷纷向他们的两翼压过来，局势渐渐不利，便无心恋战，开始向北撤退。当时正碰上雨雪天气，道路泥泞，明军如果行动迅速，完全可以将入关的清军拦截包抄，将他们全歼。可是，明军却不采取任何军事行动，让清军从容北撤。这是为什么呢？原因很简单，就是因为内阁首辅刘宇亮的一句话。当明军将领提出拦截清军，将他们一举歼灭的时候，刘宇亮说："算了吧，不要虚张声势地拦截敌人，那会让敌人又回来进攻的，就让他们抢吧，等他抢够了，自然就会走的。"就这样，清军没有遇到任何拦截，从容地从青山口（在河北省抚宁县）全部撤出长城。

打了败仗，损失这么惨重，问题到底出在哪儿，责任应该由谁负责？面对这些问题，自然会有人追问。因此，清军一出长城，京城的戒严一解除，言官们立刻活跃起来，纷纷开始弹劾导致战争失败的责任者。

崇祯皇帝认为言官们的指责有道理，因此责成杨嗣昌调查并核实弹劾的罪责。经过一番调查后，相关责任人的责任得到确认。最终，在崇祯皇帝的批准下，一张惩处名单被制定出来，上至包括总监军太监等高层官员，下至州县官员，共计三十六人，于同一天在北京被处死。这是自崇祯皇帝登基以来，因战败而处决人数最多的一次。

然而，面对战败的责任，身负国防重任的内阁大学士兼兵部尚书杨嗣昌难道没有责任吗？言官们自然不会放过他。在三十六人被处死后不久，他们开始弹劾杨嗣昌，甚至要求皇帝按照之前处决袁崇焕的先例来惩罚杨嗣昌。然而，出乎众人意料，崇祯皇帝大发雷霆，将所有弹劾杨嗣昌的言官要么贬官，要么革职。崇祯皇帝这种明显的偏袒行为引起了大臣们的不满和愤慨。杨嗣昌自己也感到过意不去，多次上疏请求受罚。

然而，崇祯皇帝却毫不理会，令人感到奇怪。在此之前，每当清军南下中原时，兵部尚书都会受到法律的制裁。而这次失陷了七十多座城池，四十多万人被掳走，损失如此惨重，崇祯皇帝却依然祖护杨嗣昌，大概有三个原因：

第一，杨嗣昌见解高明。在崇祯皇帝看来，杨嗣昌对许多问题的见解非常高明。比如，"十面张网"剿灭流寇的方案，"和平谈判是权宜之计"的议和主张，等等。这些都特别符合崇祯皇帝的心思。

第二，杨嗣昌善于迎合皇帝。比如，杨嗣昌的父亲杨鹤，因为招抚失败而被流放，后来死在流放地。所以，杨嗣昌特别反对对农民军进行招抚。但是，他的态度却随着皇帝态度的变化而变化。皇帝要进剿，他就积极指挥进剿；皇帝想招抚，他就全力支持招抚，从不跟皇帝对着干。

第三，杨嗣昌能够替皇帝承担责任。比如，和清国议和这件事。皇帝想议和，却又不愿意公开表态，杨嗣昌就顺着皇帝的心思去操办这件事。虽然皇帝对议和的事总是不置可否，可是杨嗣昌总能体察出崇祯皇帝的真实意图。而且，当满朝文武对议和之事义愤填膺的时候，杨嗣昌总是默默地将议和的责任全部承担下来，独自承受着舆论的压力。对这种既有见解，又唯命是从，还特别能够揣摩自己心思的忠臣，皇帝当然舍不得杀。

崇祯皇帝舍不得杀杨嗣昌，还有一个更重要的原因，就是还需要杨嗣昌继续完成防御清军的任务。清军虽然退出了长城，但随时还会再来。为了防备清军再度南下，皇帝命令杨嗣昌加强北部边疆的防守，杨嗣昌就把洪承畴和孙传庭的勤王部队都留在了蓟辽一带驻守边防。

这个时候，孙传庭提出了不同的意见。他给杨嗣昌写信，提醒他说："从陕西开来的部队不能留在这里，这样非但不能加强这里的防备，反而会给陕西的流寇提供再度造反的机会。再说，这些士兵的家都在陕西，强迫他们留在这儿，他们有可能哗变或者逃亡。这可是关系到天下安危的大事啊！"孙传庭的建议和提醒是有道理的，可是，杨嗣昌对孙传庭的建议理也不理。

本来，杨嗣昌与孙传庭的意见是一致的。当初，在调洪承畴、孙传庭进京勤王的时候，杨嗣昌就曾经建议崇祯皇帝，不能同时将他们两人都调进京师，必须留下一个在陕西，以防止李自成死灰复燃。但是，当时崇祯皇帝坚决不同意，杨嗣昌也就没有再坚持。现在，清兵退了，杨嗣昌知道，皇上对清军实在是太惧怕了，已经顾不上担心农民军死灰复燃了。因此，杨嗣昌就顺着崇祯皇帝的意思，将洪承畴和孙传庭的部队留了下来，让他们负责保卫京师地区。

然而，孙传庭却毫不顾及这些情况。当他接到皇帝的诏令，要他担任保定总督时，孙传庭推辞道："我已经耳聋一个半月了，无法前往保定担任总督。"皇帝听后勃然大怒，立刻发布一道圣旨："孙传庭，你是一位带兵作战的将军，怎么可以频繁以生病为借口？现在我命令你立即上任，若再有耽搁，我将治你的罪！"

孙传庭见皇帝发怒，并没有感到恐惧，反而给皇上写了一封信，请求退休。而杨嗣昌却在皇帝面前挑拨说："孙传庭只是在装病！"崇祯皇帝一听此言，怒火更甚，立刻派遣御史杨一俊去调查，查明孙传庭是否真的患病。杨一俊回来报告说："孙传庭的耳朵确实失聪了！"然而，崇祯皇帝并不相信，认为杨一俊故意包庇孙传庭。于是他下令道："孙传庭伪装病态，欺骗朕；杨一俊包庇孙传庭，他们两人勾结在一起。将他们两个一并撤职，派遣锦衣卫将孙传庭抓回京城受审。"就这样，孙传庭被关押在大牢之中。

崇祯皇帝对待孙传庭如此之严，让人感觉匪夷所思，毕竟，孙传庭是为平定内乱立下战功的人物。正是孙传庭在黑水峪俘获了高迎祥；也正是孙传庭在潼关南原成功伏击了李自成，使李自成只剩下十八人，逃进商洛山。面对这位朝廷功臣，崇祯皇帝为何仅仅因为一些微不足道的事情就将其囚禁于大牢？根据我的分析，或许有两个原因：

原因之一，刚打完一场败仗，损失特别惨重。为了追究战争失败的责任，皇帝朱由检刚刚杀了三十六个人，其中有很多是他非常信任，甚至是非常喜爱的大臣或太监，他这会儿的心情一定非常不好，因此也就失去了往日的耐心，根本容不得大臣违抗自己的命令。皇帝也许会想："刚杀了那么多人，再关个把个人，算什么！"

原因之二，自从张献忠投降，李自成被打得只剩下十八个人逃进商洛山之后，皇帝朱由检以为，农民起义已经平定。农民军既然已经平定，当然就对不听话的悍将更不能容忍了。

可是，情况真的像皇帝朱由检预想的那样，农民起义已经彻底平定了吗？

我们在前面提到过，李自成在潼关南原全军覆没，只剩下十八个人骑着马，突出重围，逃进了商洛山中。可是，这个时候清军入关了，围剿农民军的明军大部分进京勤王去了，李自成的残余部队侥幸存活了下来。几个月之后，李自成就带着几十名随从，骑着快马来到湖广的谷城县与张献忠会面。

张献忠设宴招待李自成。酒过半巡，张献忠笑着拍拍李自成的背说："李兄啊！干脆跟我一起投降算了，何苦还到处奔波呢？"李自成仰天大笑，连说："不可，不可。"李自成心想："谁还不知道你是诈降，否则我怎么敢来这儿与你会面？那岂不是自投罗网？"张献忠当然知道李自成不可能投降，开个玩笑而已。

两人会见之后，张献忠送给李自成一批武器马匹，希望他能够有一天，再度打起起义大旗，他们两个也好遥相呼应。

两个农民军的领导者在谷城相见，然后李自成带着武器、马匹从容离去，这种事情当然瞒不过世人的眼睛。消息很快传到五省总理熊文灿那里，他这才意识到形势不妙。赶忙向朝廷报告说："张献忠准备再次造反！"

杨嗣昌接到熊文灿的报告之后，立刻做出反应：一方面命令熊文灿，派人到张献忠营内，侦察他的兵力和布防，另一方面派进京勤王的一些部队向湖广运动。可是，各路将领以种种借口，不听调遣。杨嗣昌只好奏请皇上，赶紧调陕西、四川等地的部队向湖广移动；同时命令五省总理熊文灿，指挥他的部队向谷城合围。

张献忠得知朝廷要派部队围剿他的时候，就来了个先下手为强，对谷城的明军发动了突然袭击。张献忠摧毁了谷城的城墙，抢劫了仓库，释放了所有犯人，然后重新高举起义大旗。张献忠在举兵起义的同时，在各个地方的交通路口张贴告示，向当地百姓宣布："己之叛，总理使然。"①意思是说，我张献忠之所以再次反叛朝廷，都是五省总理熊文灿逼的。熊文灿是怎么逼他的呢？张献忠还编出一套说辞。张献忠到处宣传说："熊文灿向我索取贿赂啊！不仅一个熊文灿，几乎所有的政府官员，都向我索取贿赂，我实在是受不了了，我哪儿来那么多钱啊，所以我只好反叛。"张献忠为了证实自己的话，将所有索取贿赂官员的姓名、索贿的数量和日期，列成详细的清单，张贴在大街小巷，让那些贪官污吏们，统统暴露在光天化日之下。

可是，这话又说回来，张献忠通过对熊文灿行贿，得到了很多好处。像张献忠这样的人，他怎么可能白花冤枉钱。张献忠行贿熊文灿，至少有三大好处：

第一个好处，熊文灿竭力主张招抚张献忠。张献忠被围剿得无路可逃，又身负重伤的时候，向朝廷提出投降，当时许多人都认为张献忠是诈降，可是熊文灿收了张献忠的贿赂之后，就极力主张招抚张献忠。

第二个好处，熊文灿对张献忠的所作所为进行辩护。熊文灿对张献忠始终迁就退让，坐视张献忠强占谷城。张献忠在谷城招兵买马，打造兵器，任何一

---

① （清）张廷玉：《王瑞栴传》，《明史》卷二百七十六。

个明眼人都能够看穿，张献忠日后必反，只有熊文灿说，张献忠的所作所为，是为了保卫荆襄地区的治安。

第三个好处，熊文灿给张献忠透露消息。张献忠再度起义之后，左良玉要发兵追击，熊文灿居然将这个消息透露给张献忠，并且请左良玉喝酒拖延时间，使得张献忠从容地把武器、粮食运入山中。

可是，当崇祯皇帝大发雷霆，命令熊文灿"戴罪自赎"的时候，熊文灿又急于求成，命令左良玉冒险进攻。左良玉不得不服从命令，只好进山讨伐张献忠。而张献忠早有准备，以逸待劳，设下埋伏。左良玉中了埋伏，几乎全军覆没。只带着几百个人逃了回来。

左良玉哪儿吃过这样的败仗，回到营地立刻给皇帝上了一道奏疏，把熊文灿的所作所为，汇报给崇祯皇帝。崇祯皇帝看了左良玉的上疏之后，大发雷霆，立刻下旨："把熊文灿抓起来，审问！"

可这会儿抓熊文灿已经无济于事了。

张献忠再度起义，不仅彻底证明了熊文灿招抚政策的失败，也暴露了熊文灿种种不良行为。作为熊文灿的推荐者，杨嗣昌肩负着不可推卸的责任。然而，这给崇祯皇帝带来了困扰："如何处理杨嗣昌呢？处罚杨嗣昌不就意味着以前对他的偏袒是错误的吗？可是，张献忠投降后又叛变，杨嗣昌的责任确实很大啊！而且，罢免熊文灿后，五省总理的职务应该由谁接替呢？"正当崇祯皇帝为难之际，杨嗣昌向皇帝提出请求："请让我亲自督师，围剿这些起义的农民！"崇祯皇帝心想："杨嗣昌真是机智过人！他的建议真是太巧妙了！"或许大家会问，这个建议的巧妙之处在哪里呢？你想啊，让杨嗣昌离开京城去湖广督师，既能体现皇帝对他的惩罚，又能找到接替熊文灿职务的人选。一旦成功围剿，也能证明皇帝对他的一贯偏袒并没有错！因此，崇祯皇帝立即同意了杨嗣昌的请求。

杨嗣昌离京赴任之后不久，就从湖广传来了好消息。在杨嗣昌的调度指挥之下，左良玉等人将张献忠围堵在四川万源（今属四川达州）的玛瑙山，经过一场激战，将张献忠打得大败。张献忠落荒而逃，左良玉乘胜追击，一口气追出四十里，消灭了张献忠的精锐部队三千五百多人。

崇祯皇帝得到杨嗣昌的捷报之后，真是太高兴了，立即下令犒赏三军。然后又给左良玉加官晋爵。崇祯皇帝当然忘不了杨嗣昌。不过，皇帝朱由检心里很清楚，杨嗣昌最需要的既不是金钱，也不是官爵，而是皇帝一如既往的信任，因此皇帝朱由检给杨嗣昌写了一封亲笔信。皇帝给大臣亲笔写信，这对崇祯皇帝来说，是极其少见的。皇帝朱由检给杨嗣昌的亲笔信，流露出他对杨嗣昌的特殊感情，尤其是"半载有余，无日不悬朕念"①一句，很难想象这是一位君主给他的大臣写的信，而像是关系平等的朋友，甚至连杨嗣昌操劳得头发都白了这样的琐事，也牵动皇上的心。皇上的这封亲笔信，把杨嗣昌感动得五体投地！

在崇祯皇帝的鼓励之下，杨嗣昌决心尽快彻底消灭张献忠的残余。可是，让杨嗣昌万万没有想到的是，这玛瑙山大捷竟成了他一生的转折点。造成这一转折的力量，来自两个方面：

第一，遇到了克星。杨嗣昌的克星不是别人，就是张献忠。张献忠太狡猾了，杨嗣昌根本不是他的对手。比如，张献忠在玛瑙山被打败之后，落荒而逃，左良玉率军紧追不舍。情急之中，张献忠心生一计。他派一个亲信带着礼物去见左良玉。见面之后，张献忠的亲信对左良玉说："杨嗣昌眼下之所以这样重用和信任你，就是因为有张献忠在。"左良玉有些不解地问："你是什么意思？"张献忠的亲信说："你不想一想，你一向纵容自己的部下杀人掠财，杨嗣昌早就对你有看法了。如果消灭了张献忠，你的死期也就不远了！"左良玉心想："对啊，兔死狗烹的道理谁不明白！"想到这儿，左良玉立刻传令，停止对张献忠的追击，张献忠趁机逃跑了。张献忠这一跑，就如同鱼归大海，鸟入山林。杨嗣昌永远失去了与他决战并且战胜他的机会。

第二，自作自受。杨嗣昌在崇祯皇帝身边的时间虽然不长，但他太擅长揣摩皇帝的心思，总是迎合皇帝的意愿言行，缺乏自己的独到见解。因此，他养

① 杨嗣昌：《恭谢天恩疏》，《杨文弱先生集》卷四十。

成了言而无信、反复无常的毛病。这个问题在他侍奉皇帝时并不容易察觉，但一旦他独自指挥出征，面对其他将领就会引发严重后果。举个例子，杨嗣昌在就任之前曾向皇帝推荐左良玉担任"平贼将军"，但上任后发现左良玉个性专横，不听指挥。与此同时，他又认为从陕西来的贺人龙是个出色的指挥官，于是向皇帝推荐贺人龙替代左良玉，并告知贺人龙这一决定。然而，当皇帝批准杨嗣昌的请求时，杨嗣昌却反悔了。他担心左良玉会不满，担心贺人龙难以立即取代左良玉，因此再次上疏请求皇上撤销决定，仍然让左良玉担任"平贼将军"职务。

这一次，杨嗣昌得罪了左良玉和贺人龙两个人。贺人龙没有得到挂"平贼将军"印的机会，心中充满怨气，认为杨嗣昌言而无信，欺骗了他。因此，贺人龙将杨嗣昌想要让他替代左良玉的意图告诉了左良玉。左良玉听闻后怒火中烧，心想："杨嗣昌竟然想要让贺人龙取代我！"即使被授予了"平贼将军"印，左良玉也对杨嗣昌没有感激，而是怀恨在心。这样一来，杨嗣昌同时失去了左良玉和贺人龙的信任。要彻底剿灭张献忠，全仰仗这两位将领，但杨嗣昌却得罪了他们，使接下来围剿张献忠的战斗变得更加困难。

明军内部将领之间存在不和与争权夺利的斗争，为张献忠提供了机会。张献忠逃离险境后，立即召集散失的部队，重新组织并卷土重来。然而，心怀怨恨的左良玉却选择不动兵力，告诉杨嗣昌说："我生病了，无法行军打仗！"无论杨嗣昌如何写信相劝，左良玉始终不肯率军攻打张献忠。杨嗣昌下令贺人龙追剿张献忠，但贺人龙不仅不听命令，反而找了个借口回到陕西。无论杨嗣昌如何写信催促和威胁，贺人龙等人都对他置之不理。这样一来，手下最擅长作战的两位将领，一个拒绝执行命令，另一个撤离战场，使得杨嗣昌如何完成剿灭张献忠的任务成为一个难题。

第十九章

南北呼应

当领导的一定要讲信用，说话要算数，千万不能出尔反尔，否则就会失去威信，说话就没人听了。一个军事统帅如果在自己的部下面前失去了威信，他是不可能取得战争胜利的。《孙子兵法》说："将者，智、信、仁、勇、严也。"[1]在将军所必备的五种品质中，孙武将信用放在仅次于智谋的位置，可见，信用对于一个军事领导人来说，是相当重要的。

杨嗣昌之所以在讲信用方面出现问题，是因为他性格上存在两大缺陷：

第一，缺乏主见。拥有主见是保持信用的必要条件，而缺乏主见的人容易出尔反尔。尽管杨嗣昌起初是一个具有坚定主见的人，但他过于专注于揣摩皇帝的心思，总是迎合皇帝的意愿说话和行事。即使他有主见，也不敢坚持。随着时间的推移，他逐渐失去了主见。在皇帝身边，这个缺陷并不被视为问题，反而使皇帝特别喜欢他，然而，一旦他独立挂帅出征，作为最高指挥官面对众多将领时，这个缺陷就会带来严重后果。

第二，两边讨好。杨嗣昌面对持有相反观点且矛盾深刻的两个人时，总是

---

[1] 《孙子兵法·始计》。

试图讨好两方。举例来说，之前我们提到了卢象昇率领勇士偷袭清军大营，而总监军太监高起潜却私自将卢象昇后续部队调走，导致偷袭行动失败，错失了阻止清军南下的最佳机会。由于此事，卢象昇不愿再与高起潜合作，并向崇祯皇帝提议分兵，最初崇祯皇帝并不同意，但杨嗣昌却劝说皇帝："既然他们两个人不和，勉强在一起只会造成麻烦。"经过杨嗣昌多次请求，崇祯皇帝最终同意了卢象昇与高起潜分兵的要求。

分兵之后，杨嗣昌前往卢象昇的军营探望，试图告诉卢象昇，皇帝同意他们分兵是出于他杨嗣昌的努力。然而，卢象昇并不接受杨嗣昌的好意，反而当面斥责他说："父母亲死，不能守孝；社稷危难，不能尽忠；你这样的人还有什么脸面活在世上。"这让杨嗣昌感到沮丧。卢象昇为何不接受杨嗣昌呢？原因在于卢象昇清楚地认识到，杨嗣昌和高起潜都是主和派，他俩在与大清进行和谈，而现在又支持他与高起潜分兵，卢象昇不确定他的真实意图。因此，他对杨嗣昌的好意持怀疑态度。

在处理挂"平贼将军"印的问题上，杨嗣昌再次犯了老毛病。他既害怕得罪左良玉，又试图讨好贺人龙，结果把两个人都得罪了。

左良玉和贺人龙是两员猛将，是张献忠的劲敌，杨嗣昌要想彻底消灭张献忠，必须依靠他们两个人的密切配合和鼎力支持，可是，杨嗣昌自身的问题，导致这两个人不听号令，这就为张献忠提供了机会。张献忠逃出险境之后，立刻召集被打散的部卒，重振旗鼓，准备卷土重来。这个时候，一些曾经投降朝廷的农民举兵起义，听说张献忠又反叛了，也跟着凑热闹，纷纷投奔张献忠，张献忠的势力迅速地壮大起来。

面对逐渐强大起来的张献忠，杨嗣昌只好继续指挥各省调集来的明军拉开架势围剿，决心要彻底消灭张献忠。张献忠见明军从东、北、南三个方向向自己合围过来，马上掉头朝西向四川方向流动。杨嗣昌立刻命令四川守军堵截张献忠，同时又命令各省的明军在后面追剿张献忠。可是，从各省来的部队无心恋战，只是跟在张献忠的队伍后面，保持一定距离，而四川的守军又堵不住张献忠，无法形成对张献忠的包围。再加上左良玉、贺人龙始终按兵不动，互不配合，终于让张献忠抓住了战机，在四川东部的现属重庆巫山的大昌县附近的土地岭，将一支孤军深入的明军包围，一仗下来，这支明军几乎全军覆没。结果，张献忠不仅粉碎了杨嗣昌的围剿，而且打开了进入四川的大门。

张献忠取得土地岭一战的胜利之后，乘胜向四川大昌进军。四川守军，不堪一击。张献忠越过大昌，兵锋直指开县、达州，连续攻城夺寨，势不可当。杨嗣昌急忙赶到重庆，下令四川各地的将领赶到重庆会师，准备与张献忠决战。可是，四川各地的将领们根本不听他的命令，大家都按兵不动。各地的守军遭到张献忠的进攻，也不抵抗，纷纷弃城而逃。张献忠在整个四川，所向披靡，如入无人之境。

面对这种局面，杨嗣昌在军事上想不出什么好办法对付张献忠，就想用心理战的方法，瓦解张献忠的农民军。于是，他到处张贴告示，宣布只攻打张献忠，其他人只要愿意投降，一概既往不咎，而且还给官做，谁抓住或杀了张献忠，赏银一万两。但是，几天过去，一点反应都没有。可是，杨嗣昌却在自己办公的地方发现了一张传单，上面写着："有斩杨嗣昌者，赏银三钱。"张献忠的玩笑可把杨嗣昌吓得够呛。他怎么也搞不明白：张献忠的告示，怎么会贴到他办公室来。看来心理战不管用，要彻底消灭张献忠，只有靠自己亲自带兵围剿。于是，他率领从各省调入四川的人马，跟在张献忠的后面穷追不舍，下决心一定要彻底消灭张献忠。

张献忠的部队真不愧是"流寇"，从崇祯十三年（1640）八月，到崇祯十四年（1641）一月，不到半年的时间，张献忠带着队伍，北到广元，南到泸州，西至成都，东到巫山，在大半个四川省流动作战。杨嗣昌在后面苦苦地追赶，累得直吐血，可总是相隔三天的路程，怎么追也追不上，明军被拖得疲惫不堪，而战场上的主动权始终掌握在张献忠手里，他经常在运动中寻找战机，打击明军。杨嗣昌弄不明白他怎么就追不上张献忠。他哪里知道，张献忠根本不是在逃跑，而是"以走致敌"，也就是故意让明军跟在自己后面追，以此来拖垮明军。可是，求胜心切的杨嗣昌，以为张献忠是在逃跑，紧跟在张献忠的后面拼命地追，结果上了张献忠的当。

大家一定心存疑惑，这个杨嗣昌不是很有见解，各种计策层出不穷？曾经实施"十面张网"计划，逼得张献忠投降，打得李自成全军覆没。可是，这会儿遇到张献忠怎么就玩不转了呢？其实，杨嗣昌只是在宏观上很有谋略，却不适合带兵打仗，派他带兵围剿张献忠，是崇祯皇帝的决策失误。杨嗣昌有三个特点，因此不适合领兵作战：

第一，杨嗣昌不懂管理。

在给皇上的上疏中，杨嗣昌诉苦道："用兵一年多来，贼寇未能消灭，并非我缺乏谋略，而是因为我过于牵挂！这天下的大事，从整体上把握相对容易，然而，每件事情我都要亲自操心，这实在是太困难了！"杨嗣昌自以为非常了不起，所有事情都要亲自参与，不愿意放手让属下发挥主动性。作为最高领导人，事事亲力亲为，这说明他并不懂得管理。

第二，杨嗣昌缺乏信心。

他说张献忠是"渠魁中之渠魁，凶狡中之凶狡，练成至精至悍、不死不降之贼种"①，意思是，张献忠是首领中的首领，比任何强盗都凶狠狡诈，已经磨炼到最精明、最凶悍的程度，既打不死他，他也不会投降。这显然说明杨嗣昌已经失去了战胜对手的信心。

第三，杨嗣昌迷信佛教。

由于他在战场上失去了信心，再加上他本来就是虔诚的佛教徒，所以杨嗣昌就把《法华经》当成法宝，每天在军营中念《法华经》，希望能够通过这种方式消灭张献忠。朝中的大臣们听说之后，不禁哀叹："戎服讲经，其衰已甚，将何以战？"②意思是，杨嗣昌成天在军营里读佛经，这样的精神状态，怎么可能打

---

① 杨嗣昌：《独请臣罪疏》，《杨文弱先生集》卷四十一。
② （清）吴伟业：《绥寇纪略》卷七。

败张献忠呢?

相比之下，张献忠职业军人出身，经历大小战阵无数，从一个下级军官一步步地成长为农民军的领袖，他降了叛，叛了降，反复无常，诡计多端，杨嗣昌怎么可能是张献忠的对手。因此，杨嗣昌在四川除了损兵折将，耗费钱粮，疲于奔命之外，毫无战绩可言。

情况更为严重的是，杨嗣昌为了围剿张献忠，将中原地区的明军大都调进了四川，造成了陕西、河南一带防御空虚。这就给潜伏在商洛山地区等待时机的李自成提供了机会。崇祯十三年（1640）十一月，李自成趁中原地区兵力空虚，突然从商洛山中杀出，直奔河南而来。

李自成作为陕西人，将大本营设在陕西。然而，在重新出山时，他选择直奔河南而非攻打陕西。这是因为是年，河南先遭遇大旱，接着又受到蝗灾的困扰，全省各地充斥着逃难的灾民。这为李自成在河南扩展势力提供了群众基础。进入河南后，李自成首先攻克了永宁城（今河南省洛宁县），并杀害了万安王朱采轻。虽然朱采轻与朱元璋的血缘关系遥远，但作为一位王爷，他的被杀对政治局势产生了相当大的影响。李自成占领永宁城后，立即开仓赈济灾民。听闻这个好消息，各地的灾民纷纷前往投奔李自成。在此时，李自成打出了"闯王"的旗号，声名迅速扬起，他的部队很快壮大到数十万人。他带领新组建的队伍在洛阳与三门峡之间攻城略地，所向披靡。

崇祯十四年（1641）正月，李自成带领大批人马突然向东进发，几天后围困了洛阳城。洛阳城拥有坚固的城墙和重兵把守，尽管李自成在几个月内聚集了数十万人马，但他们的战斗力不高，攻城能力也有限，为何他们敢攻打洛阳城呢? 原因很简单，因为洛阳城极其富庶，甚至超过紫禁城! 或许有人不太相信，怎么可能洛阳城比紫禁城还富呢? 这是因为洛阳是福王朱常洵的封地。朱常洵是万历皇帝的三儿子，也是万历皇帝最宠爱的儿子。作为万历皇帝最宠爱的郑贵妃所生的孩子，万历皇帝总是希望立他为太子，然而这一愿望遭到全体大臣的坚决反对，导致万历皇帝三十年不理政务。万历皇帝虽然不理朝政，但是对这个三儿子还是心疼得不得了。心想："既然没让老三当上太子，那就尽量满足他的愿望吧。"因此就为这老三到处搜刮民脂民膏，这福王就成了天下最有钱的人了。当时百姓说："先帝耗天下以肥王，洛阳富于大内。"[1]意思是，万历皇帝损耗天下的财富让福王发财，洛阳的福王府比紫禁城还富。

因为洛阳城是福王朱常洵的封地，城墙坚固，重兵把守，所以李自成在包围洛阳城后不知如何攻下城池。他知道如果采取强攻的方式，必将导致巨大伤亡。正当李自成为攻城计划苦恼时，一名前线士兵报告称洛阳城北门的明军主动打开城门，迎接闯王进城。李自成听闻此事大喜，立即率领大军从北门进入洛阳城，毫不费力地夺取了城池。或许有人会好奇，为何守城士兵不等李自成攻城，而主动迎接闯王进城呢？

原来，朝廷长期拖欠军饷，导致士兵士气低落。在此情况下，有人建议福王朱常洵自掏腰包给士兵发放军饷，以提振士气并保卫洛阳城。然而，福王朱常洵却坚决拒绝了这一建议。明军士兵得知福王如此富有，却不愿意为他们发放军饷，让他们饥肠辘辘地为福王而战，于是引发了哗变。哗变的明军士兵打开了洛阳城的北门，欢迎李自成率领的农民军进城，从而导致洛阳城陷落，福王朱常洵成为李自成的俘虏。

当福王朱常洵被押解到李自成面前时，他惊恐不已，叩头乞求饶命。李自成鄙视地注视着眼前这位肥胖的福王，大声斥责道："你身为亲王、天下最富有的人，在如此严重的饥荒之年，却舍不得拿出一分钱来救济百姓。你真是个守财奴！来人，将这个守财奴推出去斩首！"就这样，李自成一声令下，福王被斩杀。

农民军的胜利给大明王朝带来了强烈的冲击。特别是皇帝朱由检，当洛阳沦陷和福王被杀的消息传到北京，他立刻病倒了。

一个多月后，朱由检勉强康复，带着身体尚未完全康复的不适召见群臣，

---

[1]（清）张廷玉：《资治通鉴纲目三编》卷三十八。

商讨如何应对日益强大的李自成和其他农民军。朱由检对众位大臣说道："我已经登基十四年，这些年国家真是多灾多难啊！连续发生的饥荒使人们饥不择食，令人心痛！现在又有'流寇'攻占洛阳，杀害福王。我曾说过要爱民，然而我甚至无法保护自己的叔叔，这算得上是爱民吗？这都是我的过失，我实在是深感愧疚！"说着说着，朱由检情不自禁地痛哭起来。

众位大臣见崇祯皇帝如此伤心，不知该如何安慰，便异口同声地说："陛下无罪，都是臣下的过错！"

朱由检勉力止住哭泣，连连道："不，不是你们的错！"

一位大臣听皇上说不是大臣们的错，就小心翼翼地问道："那是谁的错呢？难道是因为气数？"

另一位大臣马上附和道："对，是气数！"

崇祯皇帝一听就火了，有气无力地训斥道："什么气数不气数，就算是气数，也需要人来补救。这么多年，又有几个人能够补救得了呢？"

一听到皇上说这话，马上有人站出来说："军队的威风全在于胜利，可是这位杨嗣昌自打担任督师以来，只取得了玛瑙山一仗的胜利，这都一年多了，再也没有任何胜利的消息，是不是应该派人去帮帮他了？"

另一位大臣马上接话说："都怪杨嗣昌，就是因为他指挥失误，才造成李自成死灰复燃，河南沦入'流寇'之手，他对洛阳城的失陷和福王的死，有不可推卸的责任！"

崇祯皇帝心想："唉，这帮人啊！我让你们帮我出出主意，如何对付李自成，你们却只会攻击别人。"想到这儿，朱由检心中就有些不高兴，连忙为杨嗣昌辩护说："杨嗣昌在四川，离河南有几千里，如何照管得了？你们也要设身处地为别人想一想，不要总是带着偏见说别人。"

虽然，一有机会就攻击同僚，是朝廷大臣的通病，但是，他们的话也不是没道理的。可是，沉浸在悲痛之中的朱由检，在训斥大臣的同时，却忘不了为杨嗣昌开脱，可见崇祯皇帝实在是太祖护杨嗣昌了。

崇祯皇帝朱由检确实是在为杨嗣昌开脱。如果不是杨嗣昌未能妥善处理与部下的关系，张献忠就不可能侥幸逃脱，也不可能进入四川地区。张献忠利用"以走致敌"的策略欺骗了杨嗣昌，导致杨嗣昌被张献忠牵着鼻子在四川地区周旋，最终耗尽精力。杨嗣昌无法消灭张献忠，反而导致了河南和陕西两省的军力空虚，让李自成有了机会。农民军相互呼应，而杨嗣昌却顾此失彼。因此，可以说洛阳失陷、福王被杀，杨嗣昌应承担一定的责任。

水路的行军速度比陆路慢多了，杨嗣昌本来一直跟在张献忠后面紧追不舍，这次却不着急了，紧跟张献忠后面累得直吐血的劲头消失了。针对这种情形，大概有三个原因：

第一，杨嗣昌没明白张献忠的意图。杨嗣昌认为张献忠终于被他追得无法立足，只好离开四川再回湖广，出了四川就是江汉平原，围剿张献忠就更有把握，至少不会像在四川那样累。有人提醒杨嗣昌应该及时赶往襄阳，张献忠可能会夺取襄阳，杨嗣昌却觉得这个人太胆小，认为襄阳城池坚固，又有重兵把守，以张献忠的攻坚能力，襄阳城万无一失。

第二，杨嗣昌没有看到战机。我们曾经提到过，张献忠的部队机动性强，因此，要想寻找战机围歼他们难度非常大。不过，他们必须不断地进攻、获取战利品才能生存，一旦他们进攻某地，只要守城的官兵能够坚守一定的时间，起义军就会被吸引在一个点上，他们的机动性就消失了，这样一来歼灭农民军的战机就会出现！不过，其中最关键的是，守城的官兵一定要坚持，合围而来的援军要迅速，如此配合，战机才有可能出现。也就是说，如果张献忠进攻襄阳，只要襄阳守军能守住一定的时间，同时杨嗣昌又能够尽快赶到，那么就有可能将张献忠消灭于襄阳城下。

也许杨嗣昌看到了这个战机，他也知道襄阳是督师府所在地，那里囤积着大量粮草、辎重和军饷，襄阳如果有什么闪失，那可不得了。但是他已经力不从心了。这就是杨嗣昌不着急的第三个原因，他经不起颠簸。为什么呢？因为，此时的杨嗣昌已经身患重病不能骑马，只能坐船走水路。这样一来，张献忠带着骑兵走陆路，杨嗣昌乘船走水路，张献忠把杨嗣昌远远地甩在了身后。

张献忠一出四川果然直奔襄阳而去。到达襄阳以南的当阳之后，分兵一路奔襄阳以北，去拦截郧阳方向可能来的援兵，然后自己率领着精锐的骑兵，一天一夜奔袭了三百多里，直扑襄阳。在距离襄阳城不远的地方，张献忠突然停下了脚步，不走了，难道他真的不敢打襄阳？当然不是，张献忠知道襄阳城防坚固，又有重兵把守，就这样硬攻，不但很难拿下襄阳，而且自己会遭受重大损失。如果久攻不下，等杨嗣昌的大队人马一出川，那他可能会腹背受敌。其实在出川这一路上，他早就想好了办法。张献忠先派十二名骑兵穿上杨嗣昌督师信使的衣服，混入襄阳。这些假冒的信使进了襄阳之后，立刻来到各个衙门，花钱买通许多部门的官员，让他们在城内充当内应。然后又派许多士兵打扮成商人的模样，将武器藏在货物中，悄悄地潜进襄阳。几天之后的一个凌晨，城中的内应在城内四处放火，旋即，襄阳城就陷入一片火海之中。然后，内应又放下吊桥，迎接大部队进城。就这样，张献忠兵不血刃，拿下了重兵防守的襄阳城。

襄阳是襄王朱翊铭的封地，朱翊铭是万历皇帝的亲弟弟，崇祯皇帝的叔祖。这位襄王年纪已经七十多岁，胡子和头发全白了。当他被押到西门城楼上见张献忠的时候，吓得浑身发抖，跪倒在张献忠脚下，一个劲儿地哀求："求千岁爷爷饶命！"张献忠笑着说："呵呵，你是千岁，倒叫我千岁，我不要你别的东西，就借你的头用一下。"襄王朱翊铭一听张献忠这话，就知道老命难保，连忙讨好地对张献忠说："宫中的金银财宝，千岁爷爷随便用。"张献忠冷笑道："哼，你这会儿还有办法不让我用吗？我就是要用你的头，置杨嗣昌于死地！"张献忠一声令下，就把襄王朱翊铭给杀了，然后放火烧了西城门楼，将襄王烧成了一堆焦炭。同时下令将襄王全家四十三口人，全部杀害。

襄王朱翊铭被杀的噩耗传到北京。襄王朱翊铭是万历皇帝的弟弟，是崇祯皇帝的叔祖，血缘关系远了许多，所以他没有像福王死的时候那么悲痛。他只是感到奇怪，襄阳是杨嗣昌的督师衙门所在地，那里有重兵把守，襄王被杀这么大的事，这杨嗣昌为什么不报告？崇祯皇帝大声地问道："杨嗣昌现在在哪儿？"可是，没有人能够回答他，因为谁也不知道杨嗣昌在什么地方。

通过查阅史料，我们发现襄王被杀的时候，杨嗣昌正坐在船上过三峡。

直到襄阳被攻陷二十多天之后，杨嗣昌才从水路赶到夷陵（今湖北宜昌），距离襄阳还有五百多里路。杨嗣昌刚刚出四川，就听说李自成攻陷洛阳杀了福王，张献忠攻陷襄阳杀了襄王的消息。他当时就吓傻了，本来已经病入膏肓的身体，被彻底击垮。等杨嗣昌到荆州便卧床不起，一切军政大事都交给监军代理。杨嗣昌知道自己活不了多长时间，就派人通知家属赶到荆州见最后一面。监军问杨嗣昌："您的病情为何不报告皇上？"杨嗣昌有气无力地说了两个字："不敢！"三天之后，杨嗣昌就病死了，终年五十四岁。有人说，杨嗣昌是服毒自杀的，其实，杨嗣昌是如何死的已经不重要了。因为，无论杨嗣昌是怎么死的，他的死都意味着崇祯皇帝平定内乱的任务彻底失败了。

崇祯皇帝接到杨嗣昌的死讯之后，非常难过，对身边的大臣说："督师功虽不成，志亦堪悯。"[1]意思是，杨嗣昌围剿起义军的志向没有成功，实在太令人遗憾了。随后下了一道谕旨，设坛祭奠杨嗣昌，并且命令荆州的地方官员把杨嗣昌的灵柩送回原籍。皇帝朱由检亲自为杨嗣昌写了一篇祭文，表达了对杨嗣昌"出师未捷身先死"的惋惜与遗憾，并且哀叹道："杨嗣昌死后，廷臣无能剿贼者。"[2]

其实，即使杨嗣昌活着，李自成和张献忠的农民军也无法剿灭了，因为，李自成和张献忠，一个在四川，一个在河南，两个战场同时作战，两支农民军遥相呼应，让明军疲于应付，根本没有办法完成围剿计划。更为严重的是，辽东地区的大清，也在与国内的农民造反武装遥相呼应，针对关宁锦防线，采取了新的战术。

---

① （清）吴伟业：《绥寇纪略》卷七。
② （清）吴伟业：《绥寇纪略》卷七。

以往清军几次南下，都是绕道蒙古，然后从长城沿线突破，从来没有通过辽西走廊，过山海关进入关内的先例。清军选择舍近求远，实在是迫不得已。不是他们不想从这里走，实在是山海关、宁远、锦州一线城池坚固，又有明军的重兵把守。皇太极在锦州、宁远吃过两次败仗，损失惨重，所以他对宁远和锦州有些发怵。可是，皇太极知道，要想入主中原，每次绕道蒙古是不行的，因为战线太长，后勤补给困难，不可能长期作战，而且大本营沈阳也很有可能遭到攻击。因此，皇太极非常想早日突破关宁锦防线，但是，苦于一时没有什么好办法。

这个时候，几位投降大清的明朝将领联名上疏，给皇太极支着儿。皇太极一看这几位降将的上疏，不由大喜，心想："这么简单的办法，我过去怎么就没有想到呢？"于是立刻下令，按照这几位降将的建议执行。这个建议说起来很简单，可以概括为"驻兵蚕食"。具体的方法是：在靠近锦州的义州（今辽宁义县）驻兵屯田，然后出兵骚扰，让锦州外围的土地无法耕种，耕种了也无法收获，从而逼迫明朝军队收缩兵力退守锦州，扫除了锦州外围的据点之后，清军就可以围困锦州，逼明军从锦州撤兵；清军占领锦州之后，再用同样的办法对付宁远，最终逼迫明军全部退回山海关。这样一来，就可以取得不战而夺取宁锦防线的目的。

崇祯十三年（1640）正月，大清派兵到义州，正式开始对锦州实施"驻兵蚕食"的战术。

第二十章

梦断辽东

清军在靠近锦州的义州（今辽宁义县）驻兵，然后开展屯田，同时不断出兵对锦州周边地区的明军据点进行骚扰，让锦州外围的土地无法耕种，耕种了也无法收获，从而逼迫明军收缩兵力，退守锦州。

　　最初孙承宗、袁崇焕等人正是通过这种方法，一步步地建立起关宁锦防线。也就是，先进行军事占领，建立据点，修筑城池，然后在据点周边开展屯田，安置难民。就这样，一个据点一个据点地蚕食，最后建立起坚固的关宁锦防线。如今，清军方面在投降的明朝将领建议下，"以其人之道，还治其人之身"，用明军的方法对付明军，明军就没招了。

　　清军的这种新战术的确功效很大，半个多月之后，明军就感到了巨大的压力，于是立刻上报崇祯皇帝，请示解决的办法。一个具体的战术问题，都要向全国最高领导人请示。这只能说明，明军将领已经没有什么应敌之策，明朝方面已经完全处于被动挨打的地步。一线的军人都没招了，皇帝朱由检整天待在深宫，很难想出什么好办法。他召集群臣开会讨论，更是没有找到任何有效对策。

　　明朝方面束手无策，清军就更加肆无忌惮了。几个月之后，锦州外围的据点都撤回了锦州。清军立刻倾巢而出，在锦州城周围，挖壕沟，埋木栅，将锦州城围了个水泄不通，准备将锦州城的守军困死在城内。

崇祯皇帝接到锦州被困的消息，焦急万分。锦州作为宁锦防线的重要支点，一旦失守，将导致宁锦防线的彻底崩溃，宁远也将无法保住。如果宁锦防线崩溃，山海关将完全暴露在清军进攻的威胁下，这对大明江山构成了巨大的威胁。因此，必须解围锦州。那该派谁去解围锦州呢？

督师杨嗣昌不久前去世，左良玉正忙于在湖广地区应对张献忠，贺人龙则在陕西防备李自成。孙传庭因不服从命令而被囚禁，眼下可派遣的人选仅有一人，那就是洪承畴！他是来解围锦州的最佳人选。因为他担任蓟辽总督，辽东地区发生战事，他责无旁贷！此外，洪承畴还具备出色的军事才能。

例如，崇祯二年（1629），农民军首领王左桂率军进攻陕西韩城。当时，皇太极正在进攻北京，陕西的军队纷纷前往京师地区勤王，而陕西三边总督杨鹤身边仅有二百名士卒，而且没有合适的将领指挥作战。面对包围韩城的农民军，杨鹤命令洪承畴带兵出战。当时洪承畴仅为四品文官，从未指挥过军队，更没有打仗经验。然而，面对人数众多的农民军，洪承畴毫不畏惧，带领着一群家丁、仆人和伙夫勇敢地踏上战场。经过一场顽强的搏斗，他击溃了围攻韩城的农民军，斩杀了三百余人，成功解围了韩城。

再比如，崇祯十年（1637），手头只有几千人马的洪承畴，在陕西、四川两省围剿李自成，把李自成的几万人马围堵得无路可逃，最后洪承畴在潼关设下埋伏，打得李自成只剩十八个人逃进商洛山。由此可见，洪承畴的确很有军事才能。

因此，皇帝朱由检非常器重洪承畴。洪承畴在担任蓟辽总督之前，是陕西、山西、四川、河南、湖广的五省总督，兼陕西三边总督。崇祯十一年（1638）清军进攻京师地区，皇帝朱由检命令他带着陕西的部队进京勤王，清军退出长城关隘之后，崇祯皇帝怕清军还会再度入关，就任命洪承畴为蓟辽总督，把他留下来防守北部要塞。即使张献忠再次造反，李自成重新出山，崇祯皇帝都没有动用洪承畴以及他所率领的明军精锐，显然崇祯皇帝要把洪承畴放到更重要的战场上。崇祯皇帝的确有先见之明，清军围困锦州，宁远前线告急，洪承畴正好派上用场了。所以，崇祯皇帝接到锦州被围的消息之后，立刻命洪承畴出山海关，去解锦州之围。

洪承畴抵达宁远之后，立刻赶到锦州以南的松山等要塞视察敌情。在视察的过程中，洪承畴发现，在离锦州城南十八里之外的松山一带，有清军的骑兵频繁出没。这些清兵远离自己的大本营，跑到宁远与锦州之间意欲何为呢？洪承畴马上明白了皇太极包围锦州的真实意图。"围点打援"，也就是通过围困锦州，吸引宁远城的主力前来援救，然后在松山一带埋伏，只要明军出城援救锦州，必然会陷入清军早已布置好的包围圈里，被清军一举歼灭！洪承畴识破了皇太极的计谋之后，却陷入了两难：一方面，锦州是宁锦防线的重要支点，锦州失守，宁锦前线将不复存在，宁远也将不保，所以锦州之围必须得解，皇帝派他出关就是这个目的；另一方面，去解锦州之围必然会陷入清军的包围，被清军歼灭。这可怎么办呢？到底是久经沙场的老将，经过几天的琢磨，洪承畴终于想出了一个方案对付皇太极的"围点打援"之计。

洪承畴的方案，用他自己的话说，就是"可守而后可战"，或者叫"且战且守"，也就是攻守结合的意思。这个方案分三个步骤：

第一步，增兵关外。面对清军倾力包围锦州的态势，洪承畴请求皇上向关外增兵。如果能够将宣化、大同、密云和山海关等处的部队全部集结到宁远前线，明军在辽东的总兵力就可以达到十几万，与清军在锦州一带投入的兵力在人数上基本持平。这样一来，皇太极即使想打援，他的计划也就很难实现了。因为在人数方面他已经没有优势了。

第二步，且战且守。所谓"且战且守"，就是把进攻和防守紧密地结合起来。具体做法是，将主力部队集结在一起，不直奔锦州去解围，而是组建一个防守严密的营垒，然后稳扎稳打，步步为营，缓缓地向锦州推进。由于双方兵力相当，皇太极还必须分出一部分兵力围困锦州，所以他打援的部队不会多于明军，因此很难将这么一个大兵团一口吃掉。同时，也免除了清军断粮道的后顾之忧。

第三步，打持久战。这种且战且守、步步为营的战术，必须与打持久战的战略方针相结合，才能奏效。因为且战且守、步步为营的战术很费时间。更重要的是，明军以步兵为主，使用火器防守是他们的长项；清军以骑兵为主，机动灵活的原野决战是他们的长项。因此，明军只有在且战且守的持久战中，才有能够充分发挥自己的优势。

洪承畴的作战方案虽然无法保证战役取得胜利，但是可以保证关外的明军不被清军消灭。洪承畴相信，只要将这场仗就这么一直拖下去，清军就有可能坚持不住退回沈阳，锦州之围就不攻而解了。

可是，洪承畴将他的作战方案呈给皇帝之后，一直得不到批复。在此期间，有人提出反对意见，同时拟订了一个完全不同的方案交给了崇祯皇帝。皇帝朱由检一时拿不定主意，不知该用谁的方案好。这个作战方案是由陈新甲拟订的，陈新甲是新任的兵部尚书。这个人曾经在辽东前线任过职，担任过宣化、大同的总督，不但懂军事，而且是洪承畴的顶头上司。

陈新甲提出的方案可以概括为"四路出击"。所谓"四路出击"就是将集结在宁锦防线的明军主力分成四路，从东、南、西、北四个方向，对包围锦州的清军发起进攻，并且要求速战速决。将两个方案进行比较，可以看出，陈新甲的方案存在三个严重的问题。

第一，明军力量不够。军事常识告诉我们，要想通过包围的方式消灭敌人，兵力必须数倍于敌人。当时明军与清军人数大致相当，根本没有足够的力量形成包围圈。

第二，无法出其不意。明军就驻扎在辽西走廊的关宁锦防线，狭窄的辽西走廊，既没有纵深，也没有回旋的空间。十几万人在辽西走廊调动，根本瞒不住敌人，不仅做不到出其不意，而且我方所有的行动都在敌人的掌握之中。

第三，正中敌人圈套。在数量上大致相当的情况下，清军即使掌握明军的行动，他们"围点打援"的计谋也很难奏效。可是，明军一旦分兵，就会打破原来的均衡而转为弱势。而且，在辽西走廊作战，无论分兵几路去增援锦州，部队的调动都必须经过宁远与锦州之间这片区域，皇太极早就在这里设下了埋伏，还没等去包围敌人的部队到达指定地点，就有可能被清军一路一路地吃掉。

这不禁让人想起万历四十七年（1619）的萨尔浒之战。

当时，明朝政府集中了十万人马，联合朝鲜和女真族的叶赫部，号称四十七万，兵分四路，向后金首都城赫图阿拉分进合击。急于求成的明朝君臣，声称："一仗消灭努尔哈赤，彻底解决辽东问题！"努尔哈赤当时不过五万人马，针对明军分进合击的战术，果断地收缩兵力，集中优势兵力各个歼灭来犯之敌。结果，四路大军被努尔哈赤消灭了三路。后金大获全胜，明军惨遭失败，损兵折将六万余人。

萨尔浒之战，明军的数量比后金多好几倍，由于兵分四路，被敌人集中优势兵力，一口一口地吃掉了三路；这次在势均力敌的情况下，如果再分兵四路，结果会比萨尔浒之战更惨。

萨尔浒之战失败的教训，陈新甲不会不知道，他曾经在辽西地区担任过官职，了解这一带的地形，了解敌我双方的力量对比，那么他还为什么提出这样的方案？因为，他想速战速决，而根本没有考虑方案的可行性。陈新甲熟悉兵法，《孙子兵法》说："兵贵胜，不贵久。"[1]意思是，打仗就得速战速决。速战速决固然好，可那是在绝对优势的情况下才能做到的。不管具体情况如何，一味地追求速战速决，那就是纸上谈兵的书呆子。

面对两种截然不同的作战方案，崇祯皇帝犹豫了一段时间后，并未轻易做出决定。相反，他将陈新甲的作战方案转交给洪承畴，并让后者自行决定该采用哪个方案来解围锦州。当时的崇祯皇帝对前线指挥官的意见非常尊重。那么，洪承畴在面对上级领导的作战方案时，又将做出什么选择呢。

事实上，洪承畴完全无视资历远远不及自己的新任兵部尚书提出的那一套方

---

① 《孙子兵法·作战篇》。

案。既然崇祯皇帝将决策权交给了他，洪承畴开始逐步实施自己的作战方案。他对陈新甲的方案置之不理，表明了他的态度："将在军，君命有所不受。"他坚信自己的判断和能力，毅然决定按照自己的方案行动。

第一步，增兵关外。崇祯皇帝全力支持洪承畴增兵的要求，将宣化、大同、密云和山海关一线的部队，都集结在宁远一带。这个过程整整花了六个月时间。这可不是打持久战的结果，而是各路将领都不想出关作战，在崇祯皇帝三令五申的催促之下，才陆续地到达指定位置的。

第二步，且战且守。部队集结好之后，就开始从宁远向锦州方向，稳扎稳打，步步为营地前进。从宁远到松山也就一百多里路，洪承畴花了四个月的时间才到达。

第三步，打持久战。洪承畴带兵到达松山一带之后，依然非常谨慎，并不出战。这个时候，锦州守将祖大寿派人出城与洪承畴联系，告诉洪承畴："城内粮食足够支持半年，建议总督，步步为营，步步进逼，不要轻易与清军交战。"就这样，祖大寿带兵守在锦州城里，清军在城外包围，洪承畴的十几万大军在清军的西南方向对峙，彼此相隔十几里，谁也不打，就这么耗着，看谁能耗过谁。

了解战争进程的人都知道，打仗其实打的就是经济，拼的就是一个国家的综合实力。明朝政府派十几万大军在松锦前线作战，每天要花大量的银两。清军倾力包围锦州，与明军对抗同样要花费大量的钱财。在这样的情况下打持久战，就看谁能够咬牙坚持到底。明朝政府固然财政非常困难，其实清军同样困难，甚至有更困难的一面。清军以往对明朝发动进攻，就是为了解决经济危机，清军入关的一个重要目的就是劫掠财富，他们的军饷和给养很大一部分靠战场缴获补充。可是，像这样的持久战，完全没有战场缴获，给养完全靠自己提供，他们国力的局限很快就会暴露出来。如果打持久战，清军并不占优势。

双方就这样相互对峙地耗了一段时间之后，但有一天，大明王朝的皇帝朱由检耗不下去了。

朱由检为什么耗不下去了呢？因为朝廷没钱了。这一年中原地区先是大旱，然后又是严重的蝗灾，许多地区庄稼颗粒无收，中原地区到处是灾民。张献忠和李自成利用天灾，迅速发展壮大自己的队伍。本来经济情况就不好，财政收入在大幅度下降，可是，赈济灾民需要钱，围剿张献忠、李自成的农民军更需要钱。关外洪承畴的十几万大军一年就耗去了三十多万两白银。这在平常就不是个小数字，在财政困难的崇祯十三年（1640），更是雪上加霜，大明王朝终于耗不起了。

面对这种情况，崇祯皇帝也是一筹莫展，但是他非常相信洪承畴的才能，知道他的作战方案是唯一可行的，只要坚持就一定能够奏效，否则也不会将陈新甲的方案交给洪承畴决定取舍了。但是，自从他登基以来，十几年了，自然灾害和战争从来没有中断过，长时间的庞大的军费开支和财政压力，已经把国库掏空了，而且出现了巨额的赤字。面对捉襟见肘的财政状况，这场战争如果再打下去，不等战争失败，大明朝可能就会被拖垮了。没有别的办法，唯一的选择，就是尽快结束这场战争。说到尽快结束，当然不可能下令清军退回沈阳，只能命令自己的将领，速战速决。

面对朝廷的财政压力和经济困难，兵部尚书陈新甲知道实施自己作战方案的机会来了，同时发现崇祯皇帝也有尽快结束这场战争的念头，只是还在犹豫，于是就开始做皇帝的工作。结果，崇祯皇帝终于被陈新甲说服了，他改变了主意，不再支持洪承畴的持久战，要求洪承畴速战速决，并且给洪承畴下达了"克期进兵"[①]的死命令。

洪承畴在崇祯皇帝和兵部尚书的催促之下，不得不放弃持久战的计划，下令向包围锦州的清军营地发起进攻。洪承畴亲率六万人马趁着天黑，突然朝锦州外围的清军阵地发起猛攻，锦州城以南的清军，一下子被明军的突然进攻打蒙了，还没有反应过来，明军就占领了锦州西南五里之外的制高点乳峰山。占领制高点之后，洪承畴又分兵两路，对锦州城南的清军形成合围之势。

---

① （清）谷应泰：《锦宁战守》，《明朝纪事本末补遗》卷五。

一时不知如何是好的清军统帅，立刻将明军进攻的消息报告给皇太极。这会儿皇太极在沈阳养病，具体什么病还没有查明，只是莫名其妙地一直流鼻血。正在流鼻血的皇太极，听说洪承畴发起进攻的消息，顾不得血流不止的鼻子，带着三千骑兵日夜兼程从沈阳赶往松山。

到达松山之后，皇太极顾不上休息，立刻登上制高点，观察明军的态势。经过一阵观察，皇太极乐了。他发现了洪承畴的一个最大的破绽：明军的进攻部队与自己的辎重粮草分离了。于是，皇太极立刻派兵插到松山与杏山、塔山之间，切断了洪承畴的粮道，同时也切断了明军的退路，使洪承畴的几万大军陷于孤立无援和没有粮草的绝境。

我们可能会责备洪承畴，认为他犯下了一个低级错误，给皇太极留下了一个巨大的破绽。然而，这实际上并不应该归咎于洪承畴。原因在于，洪承畴不可能带着全部的粮草和辎重来对清军发动进攻。在崇祯皇帝的压力下，洪承畴在发动进攻之前只能将大军的粮草和辎重留在杏山和塔山一带。这正是皇太极捕捉到的战机。皇太极因此感到非常得意。因为在双方都了解彼此战略意图的情况下，他最终成功地将洪承畴的主力部队合围在松山和锦州之间，实现了他的"围点打援"计划。

更为严重的问题是，洪承畴进攻时只带了三天的干粮。一旦被清军断绝了后路，军心立即陷入混乱。我们可能会心生疑惑：明知去攻击锦州外围的清军，将是一场艰苦的战斗，为什么只带了三天的干粮呢？有人指责这是洪承畴犯下的最大失误，甚至说他"内战内行，外战外行，犯下低级错误"。然而，洪承畴并非真的犯下低级错误，他之所以这样做，大概有三个原因：

第一，他想快速解决问题。

洪承畴本来一直采取"可守而后可战"的方针和清军打持久战，后来顶不住朝廷和皇帝的压力，不得已发起进攻。既然是为了应付压力而发动进攻，那当然是速度越快越好，时间越短越好。只有突然发动进攻，又突然撤出战斗，才可以既应对朝廷压力，又不上皇太极"围点打援"的当。

第二，他还想继续打持久战。

原先的作战方案能够确保避免中埋伏，并保证粮道的安全。然而，当洪承畴面临压力不得不发动进攻，而无法携带辎重和粮草一同行动时，他深切担心清军会截断他的粮道，因此必须迅速行动并尽快返回。当明军占领锦州外围的据点时，有人提醒洪承畴要小心清军截断他们的粮道和后路。然而，洪承畴却不耐烦地训斥道："我打了十几年仗，用得着你来提醒！"他对此进行斥责的原因是以为这种提醒是多余的。有些历史学家因此批评洪承畴不听从建议。然而，事实上，洪承畴最担心的就是被皇太极切断粮道和退路。他抱有侥幸心态，希望在三天内皇太极没有发现他的弱点，清军没有截断他的粮道之前，他就能撤军回来。这样一来，他既能给皇帝交代，又能继续进行持久战。

第三，他在寻找撤退的借口。

未思进先思退。一旦主动出击并取得一定的战果后，若要撤退，必须有充足的理由。洪承畴只带了三天的干粮，因此必须返回补给，这是一个无可置疑的撤退理由。洪承畴真是难为情了，他不仅需要与皇太极斗智斗勇，还得费心机向崇祯皇帝交代。

起初，这种斤斤计较的策略相当有效，因为进行了将近一年的持久战，突然发起攻击确实让清军措手不及。如果对手是其他人，洪承畴的计划可能会非常高明，既能应对朝廷的压力，又能避免被对手利用。然而，他的对手是皇太极，他立刻发现了洪承畴的破绽。结果，洪承畴的后路被切断，粮道被截断，全军陷入了重重围困。只带三天干粮成为军心不稳的一个重要原因。

面对这种局面，洪承畴手下的众多总兵纷纷建议立即向宁远方向撤退。洪承畴对这些总兵说："往日你们不是一直说要为国家效力吗？现在机会来了，虽然我们被包围且失去了粮草，但只要我们拼死作战，就有生还的可能。我已下定决心，明日一早，我与各位将军一起与清军决一死战。"然而，就在当天晚上，有两名总兵率先带着部下逃跑，其中一位就是著名的吴三桂，关于他的事我们稍后会提及。这两位总兵的逃跑立即引起了整个军营的连锁反应，其他总兵争先恐后地逃跑。骑兵和步兵相互踩踏，武器装备丢失得到处都是，清军在半路伏击，明军损失惨重。

最后只剩下洪承畴带着几位将领和一万多军队，退守松山城。

崇祯皇帝听说洪承畴在锦州城下打了败仗，后来又退到松山城被清军包围，一面下令要洪承畴"极力死守"，一面命令逃回宁远的各位总兵增援松山。可是，各位总兵根本不听皇帝的调遣，谁也不愿去增援困在松山的洪承畴。无论崇祯皇帝怎样下旨，发脾气大骂，根本不起作用。洪承畴被困在松山城，内无粮草，外无援兵，情况十分危急。

皇太极派遣重兵将松山城紧紧包围之后，开始劝降洪承畴。然而，无论如何劝说，洪承畴都坚决不降。附近的其他总兵都不愿意前来援救他，于是洪承畴只能不断派人往北京送信，请求皇上派兵援助。然而，洪承畴心里很清楚，关内关外能参战的部队都已经调集到这里了，朝廷此时很难再派兵支援。清军对松山的围困持续了半年之久。最终，松山城的副将夏承德无法坚持，投降并打开了城门，将洪承畴作为见面礼献给了清军。

松山城陷落的消息传到北京，朝廷上下都十分震惊，这超出了他们的预料。双方力量相当，却遭受如此惨败，令人难以置信。不久之后，皇帝朱由检收到了吴三桂发来的塘报，类似于现在的内参。吴三桂在塘报中记载了这样一条消息：松山城已陷落，洪承畴被俘，并最终被杀害。崇祯皇帝看到塘报之后悲痛地说："奴氛屠惨，情形真堪愤痛。"[1]意思是，清军如此残忍，实在让人气愤和悲痛。可是他不愿意相信这是真的，怀着几分侥幸，命令辽东巡抚设法查明情况。

正在崇祯皇帝半信半疑的时候，洪承畴的仆人从乱军中逃回了北京，向朝廷报告了洪承畴殉难的过程：

在松锦战役，明军全线溃败后，洪承畴被困在松山城中。城内的粮食耗尽，

---

[1] 中央研究院历史语言研究所：《兵部行确察洪承畴殉节塘报互异稿》，《明清史料》乙编。

洪承畴下令将战马屠杀，以供士兵们充饥。他自己也忍受饥饿，坚守着松山城。然而，意想不到的是，松山城的副将夏承德无法再坚持下去，决定投降清军。夏承德先逮捕了洪承畴和他的几位将领，然后打开城门，将洪承畴等人作为投降的礼物献给了清军。洪承畴被俘后，他一直在不停地咒骂。临死之前，洪承畴跪倒向京城方向叩头，高声呼喊："圣明的天子啊，我洪承畴虽然战败，但我尽力了……"然而，他的话未说完，就被清兵砍死了！

崇祯皇帝在读完洪承畴的仆人所报告的消息后，才相信洪承畴确实已经殉难，并且被洪承畴那种崇高的气概所感动，失声痛哭，边哭边说："我不曾救得承畴啊！"[1]崇祯皇帝登基以来一直非常勤政，可是，悲痛的心情让朱由检三天没上朝。缓过了悲痛的心情之后，崇祯皇帝传令，按照王侯的规格祭奠洪承畴。崇祯皇帝亲自为洪承畴撰写悼词，寄托自己对洪承畴的哀思。

松山城失陷后，锦州被围困了超过两年，陷入绝境。城内的粮食已经耗尽，城外的数十万援军遭到击溃，城内的守将祖大寿彻底感到绝望。城内开始发生人吃人的恶性事件，为了避免这种人间悲剧继续发生，祖大寿只能开城投降。这已经是祖大寿第二次向清军投降了。或许有人会问还能投降两次吗？确实如此，祖大寿两次向清军投降。

祖大寿是袁崇焕麾下的一位勇猛将领。他在宁远保卫战、宁锦大捷和北京保卫战中都立下了赫赫战功。在崇祯四年（1631），祖大寿奉命驻守位于锦州以北的大凌河城。然而，大凌河城尚未修建完成，皇太极便派兵将其紧紧包围。祖大寿几次试图突围，都被阻击回城中。无奈之下，祖大寿只得坚守在城内。皇太极不断致函劝说祖大寿投降，然而祖大寿置若罔闻。

坚守了三个月后，城内粮食耗尽，不得已开始屠马为食。当马匹被杀光后，只能以城内平民为食。当平民百姓无法满足需求后，转而食用军中的老弱病残。最终，连军中的老弱病残也被吃尽，面临如此境地，难道真的忍心让将士们互

---

① （明）李清：《崇祯》，《三垣笔记》附识上。

相残杀吗？形势发展至此，这座城池已无法再守下去，几乎所有将领都认为只有投降一途可走。然而，祖大寿的副将何可纲坚决反对投降。面对这一局势，祖大寿最终做出决定，亲手杀死了誓死不降的何可纲，随后向皇太极投降。皇太极接受了祖大寿的投降，并在城外设坛进行盟誓仪式。

祖大寿投降清军后，向皇太极提出了一项计策："我愿意率领一支兵马返回锦州，我们内外协力，夺取锦州！"皇太极听闻大喜，立即派遣祖大寿带领士兵回到锦州。然而，祖大寿进入城内后，却背弃了承诺，关闭城门并拒绝承认之前的约定。这令皇太极大为愤怒，他亲自率军攻打锦州，但连续几次攻城均未能成功，只得撤军。显然，祖大寿第一次投降是虚假的。

就这样，祖大寿再次守护了锦州城，并为明朝保卫锦州长达十年，直到松锦战役爆发。清军再次以重兵包围锦州城，这一围困持续了近两年之久。当洪承畴前来援救锦州的十几万援军在松山遭到清军击溃、松山城沦陷后，祖大寿城中粮尽人荒，再度发生人相食之惨况。在无奈之下，祖大寿只得再次投降。尽管经历过第一次的上当受骗，但皇太极并没有处死祖大寿，只是不再让他统领兵马，并减少了对他的重用。

松山和锦州失陷后，清军乘胜追击，迅速攻占了宁远北部的塔山和杏山。自此，宁远北部的领土彻底丧失，明朝军民二十多年来经营的宁锦防线也不复存在，辽东地区基本上再也没有什么值得打的战役了。

松锦之战，明朝方面投入兵力达十三万人，与清军的兵力基本上差不多，却输得一败涂地，最主要有四个原因：

第一，明朝政府两线作战。

明朝在当时，既要对付关外的清军，还要对付中原的张献忠和李自成。巨大的军费开支，朝廷不堪重负。很难按照洪承畴的计划，继续打持久战。

第二，对前线指挥员干扰太多。

崇祯皇帝和兵部尚书陈新甲，一方面在财政的压力下，急于结束辽东战事，另一方面不顾实际情况瞎指挥，致使清军"围点打援"的计谋得逞。

第三，洪承畴没有做好充分准备。

洪承畴在皇帝和朝廷的压力下不得已而进军，使他的这次进攻具有很大的投机性，他根本没有做好决战的充分准备，想短时间突击，打完之后就撤退，这就打乱了本来很完备的攻防体系，让皇太极抓住破绽，切断了退路和粮道。

第四，将士无斗志。

当明军的退路被切断之后，从最高统帅到每个士兵，都只想尽快脱身，根本没有与清军决战的决心和具体可行的措施。没等清军进攻，自己先逃跑，结果不战自溃。这说明，大明王朝的人心已经散了，人们不愿意为这个朝廷拼死战斗。这个时候，面对勇猛凶悍、士气高昂的清军，自然不是对手。

松锦一战，明军彻底失败，集中起来的十三万大军，是当时明朝政府在北部要塞的全部家当。这场战役失败之后，宁锦防线崩溃，崇祯皇帝再也拿不出力量与清军交战，收复辽东的梦想，从此彻底破灭。

第二十一章

优柔寡断

松锦战役的失败，导致宁锦防线失守，崇祯皇帝收复辽东的梦想破灭了。兵部尚书陈新甲向皇帝建议与清军进行和议。实际上，在洪承畴被困松山城的时候，清军曾主动向明朝方面提出和议要求。当时明军已经遭遇惨败，十三万主力被击溃，总督洪承畴被围困在松山城。为什么清军会在这个时候主动提和议呢？

　　原因在于，崇祯十四年（1641）十一月，辽东地区突降大雪，积雪达数尺之深，道路被大雪彻底封锁，清军的粮草补给无法运输。清军希望撤退，但又担心明军在清军撤退时紧追不舍发动攻击。因此，大清通过蒙古人向明朝示意，提出和议的要求。从中可见，洪承畴坚持持久战的策略是正确的。如果朝廷和崇祯皇帝没有对洪承畴施加压力，让他再坚持三个月，就能够成功解围锦州，辽东的局势也会因此完全改观。可惜，历史不允许假设，辽东的形势已经无法逆转。

　　兵部尚书陈新甲得知蒙古人转达的议和要求后，虽然表示同意，但却没敢向崇祯皇帝提起此事。然而，有个名叫石凤台的人得知清军有议和意向后，作为宁前道副使和宁远前线副总指挥，他勇敢地与清军统帅进行书信往来，得到肯定回复后立即向崇祯皇帝汇报。然而，崇祯皇帝朱由检却怒气冲冲地指责：

"一个宁前道副使竟然私自与敌方接触并谈判和议，太丢大明朝的面子了。"于是，皇帝下令将石凤台逮捕并囚禁在刑部大牢中。现在我们来分析一下，既然明朝已经经历了战败，而且是对方先提出和议要求的，进行谈判对明朝来说也是有利的。为什么崇祯皇帝不接受大清主动提出的和议要求呢？其中有两个原因：

第一，崇祯皇帝决心"灭寇雪耻"。崇祯十三年（1640）四月，皇帝朱由检召见群臣，讨论如何应付清军对锦州的围困时，将他亲笔写着"灭寇雪耻"四个字的条幅让大家看，以表明他要彻底消灭清军的决心。这个时候接到清军的议和要求，没有任何思想准备。

第二，不了解辽东战场的态势。为了"灭寇雪耻"，崇祯皇帝派出十三万大军与清军决战，而且已经坚持了一年多，花了几十万两银子，不可能一仗就彻底失败。这会儿清军主动提出议和，这就给朱由检一种错觉：清军在示弱，明军还有取胜的机会。

由于崇祯皇帝判断失误，明朝方面再一次失去了与清国议和的机会。如果当时崇祯皇帝接受这次清军主动提出的议和要求，虽然无法挽回松锦战役失败的结局，但是松山和锦州都不会陷落，宁锦防线依然会在明军的手里。而且，祖大寿不会投降，洪承畴也不会被俘。可惜历史不允许如果，也没有如果。

皇帝朱由检不接受清军的议和要求，双方继续僵持着。到了十二月底，松山和锦州的形势更加紧张，城内已经没有粮食，很难再继续坚守了。这个时候，众位大臣觉得石凤台的意见还是对的，为了解决松山和锦州的困境，最好还是接受清军议和的要求。可是崇祯皇帝不同意，议和要怎么推进呢？几位大臣商量了一下，决定由兵部尚书陈新甲找个机会向皇帝再次提出议和的事儿。

崇祯十五年（1642）的正月初一，崇祯皇帝召见众位大臣，陈新甲趁过年的喜庆劲儿，非常委婉地向皇上提出与清国议和的建议。陈新甲说："两城受困，兵不足援，非用间不可。"[①]意思是，松山和锦州被围困，没有兵力增援，只好用

---

① （清）谷应泰：《锦宁战守》，《明朝纪事本末补遗》卷五。

间了。你瞧费的这劲，议和就议和，还不敢直说，来了个"用间"。"用间"是使用间谍的意思，这与议和没有任何关系，但他们实在是怕像石凤台一样被打入大牢，所以不敢提"议和"这两字。陈新甲在那儿拐弯抹角地说，崇祯皇帝早已心领神会，便故意问陈新甲："城围且半年，何间之乘？"[1]意思是，松山城已经被围困半年多了，这会儿哪还有机会对清军用间呢？陈新甲不知道怎么说皇帝才不生气，支吾了半天说不上话来。崇祯皇帝看他那个难受的样子，就直截了当地挑明："可款则款，不妨便宜行事。"[2]意思是，要议和就议和吧，你们可以灵活处置。

这就奇怪了，皇帝朱由检几个月前因为主张议和的事，把石凤台打入大牢，这会儿怎么这么痛快就同意议和了呢？除了形势所迫之外，还有一个重要原因是，石凤台犯了朱由检的忌讳。就崇祯皇帝而言，要与清军议和，必须由朝廷出面，边疆大臣必须有朝廷的旨意才可以与清军接触。可是石凤台却主动与清军联系，这就有了通敌之嫌。袁崇焕当年犯了这个忌讳，被朱由检找借口杀了。

陈新甲就是怕步石凤台的后尘，所以才如此小心翼翼地征求皇帝的意见，终于得到了崇祯皇帝的认可，陈新甲立刻开始张罗与清军和谈的事。

陈新甲派谈判使者赶到宁远，与清军统帅接洽。大清方面觉得这位使者空口无凭，不足为信，要求明朝皇帝给写一封同意议和的"国书"。大清方面知道，没有明朝皇帝的同意，谈判只是浪费时间。明朝政府的谈判使者立刻给朝廷回信，转达了大清方面的要求。

这个问题确实给崇祯皇帝带来了困扰，因为他不知道应该将这封"国书"写给谁。虽然直接写给大清的皇太极似乎是一个解决办法，但问题就在于此。当时的明朝政府并未承认大清的合法地位，如果这封"国书"直接写给大清的

---

① （清）谷应泰：《锦宁战守》，《明朝纪事本末补遗》卷五。
② （清）谷应泰：《锦宁战守》，《明朝纪事本末补遗》卷五。

皇太极，就等于承认了大清政府的合法地位，明朝与大清就成为两个平等的主权国家，朱由检和皇太极就成为地位平等的国家元首。这对崇祯皇帝和大部分明朝大臣来说是不可接受的。

崇祯皇帝面临巨大的难题。他既不能承认对方的合法地位，又必须让对方知道谈判的确是皇帝的意思。最终，他想出了一个折中的办法。

他写了一份敕书，也就是皇帝的公文，抬头写的是兵部尚书陈新甲，然后以"国书"的方式落款和盖印。这样一来，这封敕书就可以明确表达崇祯皇帝同意谈判的意思了。然而，当这份敕书交到大清使者手中时，已经是崇祯十五年（1642）的三月份了。此时，松山和锦州早已陷落，松锦战役已经基本结束。与四个月前大雪封山时相比，大清方面的态度已经完全不同了。

大清方面没有了压力，就不急于和谈了，因此开始挑剔这封敕书的问题。的确，这封敕书有两个问题。

虽然，崇祯皇帝信中的内容，表明愿意进行和谈，而且，在敕书中谈判对方不再被称为"建州"，而是"辽沈"，但还是不承认清国。尤其是，敕书的抬头是自己大臣陈新甲的名字，这实际上是用皇帝给大臣的谕旨，代替两国君主之间的"国书"。

皇太极对这份敕书感到怀疑，原因在于敕书的抬头是陈新甲而不是大清的皇帝，这与"国书"的规矩不符。作为一个皇帝，怎么会犯这种低级错误呢？因此，皇太极怀疑这封敕书可能是伪造的。为了辨别敕书的真伪，皇太极立刻下令："来人，快去请洪承畴！"这可能会让人感到奇怪，因为洪承畴不是已经被皇太极处死了吗？在北京举行了盛大的祭奠仪式，崇祯皇帝因此悲伤了三天，甚至亲自为洪承畴撰写了祭文。洪承畴的死并非事实。

实际上，洪承畴被俘后，皇太极并没有处死他。在崇祯皇帝为洪承畴举行祭奠的时候，洪承畴正在大清的监狱里绝食。他坚决不投降，拒绝进食，只求死亡。皇太极每天派遣十几位美女陪伴洪承畴，但洪承畴不为所动，毫不动心。面对美人计的失败，皇太极别无选择，只能采取另一种方式，派遣一位他特别信任的人来劝说洪承畴投降。

这个人名叫范文程，大清的内秘书院大学士，皇太极每次商议军国大事，都要听取他的意见。他还特别善于劝降。范文程是汉族人，祖上世代为官，他的曾祖父曾经在嘉靖年间，担任过兵部尚书。他的爷爷曾经是沈阳卫指挥同知，大致相当于现在的沈阳卫戍区副司令。因此，他对明朝政府的腐败和官场的黑暗非常了解。他自己又是个读书人，对汉族士大夫的心理也很了解。因此，他的话特别能打动那些被捕官员的心。所以，许多明朝的官员，都是通过他的劝说投降清国的。

皇太极非常欣赏洪承畴的能力和才华，特别希望能够劝降洪承畴。可是，一连几天，这位洪承畴却用绝食的方式拒绝投降。皇太极便把劝降洪承畴的艰巨任务，交给了范文程。洪承畴当然知道范文程这个人，因此，范文程一进门，洪承畴便大发脾气，痛骂范文程是"汉奸"。可是范文程并不生气，也不发火，也许这样的场面见得太多了。他知道像洪承畴这样的朝廷重臣是不会轻易投降的，需要有个过程。因此，进门之后，范文程只字不提投降清国的事儿，只是没话找话地和洪承畴聊天。这时已经开春，屋里的梁上有燕子在做窝，一块燕泥从梁上落下，恰好掉在洪承畴的身上。洪承畴轻轻地将身上的燕泥掸掉。范文程通过这个细微的动作，发现了洪承畴内心的秘密。从洪承畴那儿告辞出来，范文程对皇太极说："洪承畴绝食是假的，他不会死。"皇太极不太相信，便问道："你怎么知道呢？"范文程就把洪承畴掸掉衣服上燕泥的细节告诉了皇太极。皇太极有些不解地问："这能说明什么问题呢？"范文程回答说："洪承畴对一件破旧的袍子，都这样爱惜，更何况他的生命呢？"皇太极觉得有道理，于是更加坚定了劝降洪承畴的决心。

几天之后，皇太极亲自来看望洪承畴。洪承畴见了皇太极，站在那里不理不睬，更不跪拜。皇太极毫不在意，对洪承畴嘘寒问暖。当时虽然是春天，辽东的天气还是很冷的。皇太极见洪承畴衣服很单薄，便脱下自己身上的貂皮大衣，披在了洪承畴的身上。洪承畴瞪着眼睛看着皇太极，过了好一阵，突然大声感慨地说："真命世之主也！"①意思是，真是一位能够一统天下的君主啊！说完这句话之后，便给皇太极跪下，请求接受他的投降。皇太极大喜，连忙将洪承畴扶了起来。就这样，崇祯皇帝的钦差大臣、蓟辽总督洪承畴投降了。

关于洪承畴投降清国的过程还有另外一个版本：

洪承畴被俘之后一直绝食，甚至滴水不进，生命已经垂危了，无论什么人劝都没有用。一天夜里，一位美丽的汉家女子来到关押洪承畴的房间，只字不提投降的事，只是关切地询问洪承畴家人的情况，把洪承畴感动得痛哭流涕，心理防线完全崩溃了。这个时候，女子从怀里取出一个精致的小水壶。洪承畴此时已经没有防备，喝了女子送来的水。没料到，这壶里装的是人参汤，洪承畴喝了之后，内心燥热，情不自禁。那位汉家女子以身相许之后，亮出了自己的真实身份，她是皇太极的爱妃。有人说，这个爱妃就是后来大名鼎鼎的孝庄太后。面对皇太极的爱妃，洪承畴既震惊又感动，终于决定投降清国。

但是，我认为这个故事完全是杜撰的。历史故事确实需要基于真实的事实和可信的细节。如果有经不起推敲的细节，那故事的可信度就会受到质疑。比如，这个故事中洪承畴和庄妃之间的语言沟通问题。

洪承畴作为一个闽南人，在明朝官场中可能说闽南官话，在辽东地区，理解他的官话的人可能不会太多。而庄妃作为蒙古族人，在嫁给皇太极后学会了满语，但她不会说汉语，更不会说闽南话。因此，他们之间在语言上无法进行有效的沟通，这使得这段浪漫故事在实际情况下是不可能发生的。

那么为什么会有人编造这样的故事呢？我认为，这可能是为了解释洪承畴投降清国的原因。洪承畴最后投降的原因确实令人费解，至今仍然是一个谜。一个备受崇敬的钦差大臣、蓟辽总督，在松山城被围困半年后坚决不降，被俘后坚持绝食一段时间，那为什么突然决定投降呢？

有学者这样解释洪承畴投降的原因：第一，他太了解明朝政治的腐败，觉

---

① （清）昭梿：《用洪文襄》，《啸亭杂录》卷一。

得大明王朝已经没救了；第二，在与农民军的交战过程中，他也了解了农民军的情况，觉得农民军不可能给这个国家带来新生；第三，到辽东之后，通过与清军的作战发现，大清在政治和军事上都处在朝气蓬勃的上升时期，最有希望统一全国，所以，他决定投降大清。

这样的解释如果成立，那洪承畴就不是投降，而是弃暗投明了。既然如此，洪承畴为什么要绝食呢？为什么绝食了那么长时间之后才投降呢？这说明，洪承畴的投降经历了一个复杂的转变过程，也是他内心的挣扎过程。这个过程大致经历了四个阶段，这四个阶段也包含了皇太极对洪承畴的考察：

与洪承畴在松山同时被俘的还有辽东巡抚丘民仰，总兵王廷臣和曹变蛟等人，这几人当时就被皇太极下令杀了，却单单留下了洪承畴。皇太极的意思很明白，就是想用此吓唬洪承畴，让他投降。这样的威胁很难让洪承畴就范，因为洪承畴明白，贪生怕死的人是不可能受到尊重，更不可能被重用的。

皇太极不知道从哪得知，洪承畴这个人很好色，因此就派了许多美女伺候洪承畴。如果一个被关在大牢里的战俘，依然沉湎于女色，这样的人根本没有任何价值。这种劝降对于洪承畴来说，显然是一种侮辱。因此，洪承畴的绝食便具有抗议的意思。

洪承畴的绝食果然引起皇太极的尊重，于是，派范文程劝降。范文程虽然是大清重臣，但地位还不够高，洪承畴可是大明王朝的钦差大臣、蓟辽总督，地位不对等。况且，范文程来劝降，看不出皇太极有多大的诚意。如果范文程一劝就降了，那到了清国那边，位置最多只能和范文程一样，洪承畴才不愿意。

最高领袖亲自出面，这在任何一个国家，都是最高规格的劝降了，可以说给足了洪承畴面子。这个时候，洪承畴觉得火候到了，再也不能端架子，如果再不投降，那可就必死无疑了。所以，当皇太极亲自来劝降，脱下身上的貂皮大衣给洪承畴披上的时候，洪承畴终于感受到皇太极的诚意，因此才下决心投降了。洪承畴那句"真命世之主也"，其实不是在恭维皇太极，而是给自己找个台阶下，意思是，我不是投降，而是终于找到明主了。

皇太极脱下身上的大衣披在洪承畴身上，这让我想起同样一个动作来。就是皇帝把自己身上的貂皮大衣脱下来，披在大臣身上的动作。哪位皇帝也做出过这种动作呢？这个人不是别人，正是崇祯皇帝。

崇祯二年（1629），皇太极发起对北京城的进攻，在广渠门外被袁崇焕成功击退。两天后，崇祯皇帝召见有功人员，袁崇焕也前往宫中与皇上见面。崇祯皇帝亲切地询问袁崇焕下一步的作战计划。袁崇焕立即提出请求，希望能让他的部队进入城内进行防守。然而，还未等袁崇焕说完，崇祯皇帝立即拒绝了他的要求。袁崇焕感到非常失望，因为没有坚固的城墙作为支持，面对近十万满蒙铁骑，他对守住京城几乎没有把握。

袁崇焕清晰地感受到崇祯皇帝对他的不信任，即使他以拼命的死战来证明自己，也无法改变这种态度。当时正值阴历十一月，北京的冬天特别寒冷，运河已经结冰。皇帝朱由检的态度，一定让袁崇焕内心感受到了彻骨的寒意。崇祯皇帝也意识到袁崇焕受到了这种寒冷的影响，迅速脱下自己身上的貂皮大衣，亲自将其披在袁崇焕身上。这件带有皇帝体温的貂皮大衣，让袁崇焕感动得无以言表。

不再多言，袁崇焕立即离开宫城，为保卫皇帝、保卫京城，继续投身于殊死的战斗！然而，袁崇焕并不知道，这个时刻的崇祯皇帝已经怀疑他，并决心逮捕他。皇帝给袁崇焕披上大衣的举动只是为了稳住他，避免激怒他，因为之前拒绝他进城的决定可能引起他的不满。袁崇焕完全被蒙在鼓里，对于皇帝的真实意图毫无所知。

为什么一个简单的举动，就像披上貂皮大衣，就能够让袁崇焕赴汤蹈火、置生死于度外，也能够让洪承畴屈膝投降呢？这确实是一个引人深思的现象。其中可能存在四个原因：

首先，在封建社会中，皇帝是真龙天子，一般人很少有机会见到皇帝。皇帝在人们心中具有神圣的意义，是受人崇拜的偶像。想象一下，如果你崇拜的偶像亲自给你披上大衣，你会有何感受？

其次，人心中最柔软的地方莫过于对爱的渴望，而经历过战争洗礼的人尤其如此。即使是坚强的男子汉也有脆弱的一面，尤其是在经历生死考验后，他们内心的柔软之处更加不堪触及。朱由检给袁崇焕披上貂皮大衣，即使他想反抗，也会因为心软而放弃反抗。况且，他根本就没有反抗的念头。既然没有反抗的意图，除了置生死于度外，还有其他选择吗？同样地，皇太极给洪承畴披上貂皮大衣，洪承畴即使想死，也会因为心软而放弃自杀的念头。况且，他本来就没有想自杀的念头。既然不想自杀，除了屈膝投降，还有其他出路吗？

在中国古代社会，士大夫们的爱国之心很大程度上源于回报君主对他们的知遇之恩。对他们来说，爱国与忠君是不可分割的。他们追求仕途，虽然也关注一官半职，但更看重是否能够得到明君的赏识与信任，以充分发挥自身的才智。一旦君主展现出对他们的关爱与赏识，臣子们必定愿意不惜生命来回报君主的知遇之恩。

作为皇帝，他们深刻理解大臣们的这种心理，并知晓自身的一举一动对大臣的心理会产生何种影响。因此，他们充分利用这一点来掌控大臣。面对皇帝的关爱，大臣们会心悦诚服地效命，有时候，皇帝的关爱的影响甚至超过高官厚禄的诱惑！

然而，即便是同样的皇帝、同样的貂皮大衣、同样的举动，却因目的不同而产生完全不同的结果。朱由检以关爱的手段稳住袁崇焕，最终将这位忠臣视为敌人并清除；而皇太极则以关爱的手段感化洪承畴，最终让这位敌人成为自己的谋士。这种区别说明了什么呢？它凸显了一个政权的兴衰与领导者在其中的重要作用。崇祯皇帝对大明王朝的悲剧结局负有不可推卸的责任。

还有一个值得注意的现象，那就是很少听说有清朝的将领投降明朝，但却不断有明朝的将领投降清朝。甚至连皇帝的钦差大臣、蓟辽总督也投降了。这种现象揭示了一个问题，即人们对大明王朝已经失去信心，心中缺乏坚定的信念。当人们失去信念时，便难以坚持道德操守。

洪承畴投降后，皇太极对他非常尊敬，视之若珍宝。这引起了清朝众将和大臣的不满。皇太极询问："我们这些年来为何拼命战斗？"众大臣回答："为了夺取中原，统一天下啊！"皇太极不屑地说："到了中原，你们就像一群瞎子，我还能依靠你们吗？今天我得到了一位向导，我怎能不高兴？我又如何能不重视呢？"

可见，皇太极极其赏识洪承畴的才智和见识。因此，当皇太极面对崇祯皇帝所发来的真伪难辨的敕书时，他立刻想到了洪承畴，并派人前往请他鉴定。

洪承畴投降清国之后，为皇太极做的第一件事，就是帮助皇太极识别崇祯皇帝敕书的真假。经过洪承畴的辨认，确定这份敕书是真的，皇太极这才决定与明朝开始谈判。但是，明朝方面这种既想谈判，又不承认对方权力和地位的态度，让皇太极很不高兴。于是，皇太极也用给大臣写谕旨的方式，答复崇祯皇帝。双方就这样，开始了和平谈判的进程。

然而，在费尽周折开始谈判时，清军攻陷了塔山，明朝政府丧失了谈判的筹码。皇太极提出和平条件：明朝政府每年向大清支付黄金三十万两和白银二百万两。明朝政府的代表进行还价，提出黄金一万两和白银一百万两。皇太极将条件降低为黄金十万两和白银二百万两，并威胁道："如果不答应，我们将立即发兵，到那时，你们的损失将不止于此！"经过几轮的谈判，最终皇太极同意了明朝方面的还价，即黄金一万两和白银一百万两；双方划定边界：明朝以宁远双树堡为界，大清以塔山为界。

这个谈判结果意味着明朝不仅承认大清的地位，还接受了两国开战以来的现实情况，辽东基本上都归属于大清。此外，每年还需要向大清赔付一万两黄金和一百万两白银。对于崇祯皇帝和朝廷的大臣来说，这个结果是否能够安抚众人之心呢？

议和代表将整个谈判过程和结果，写信向主持议和的兵部尚书陈新甲汇报。可是，这个信交到陈新甲手里之后，却出了大问题。陈新甲看完信之后，就随手将信放在书桌上。他的仆人以为是普通的"塘报"，就把它交给塘官传抄了。明朝的"塘报"有点像现在的内参。与大清议和这样绝密的内容，应该直接禀报皇上，可是却作为"塘报"传抄给朝廷的各个部门，这下可不得了了。大臣们不仅知道明朝政府正在与大清议和，而且了解到议和代表与清国讨价还价的过程，这在朝廷官员看来，太有损尊严了。

言官马上上疏弹劾兵部尚书陈新甲。弹劾的理由是："陈新甲主和辱国。"[①]言官的弹劾，立刻得到众多大臣的同意，他们纷纷指责陈新甲："堂堂天朝，何至讲款！"[②]意思是，堂堂的大明王朝，怎么可以议和呢？因此，纷纷要求崇祯皇帝严惩陈新甲！

然而，在这个时候，崇祯皇帝对舆论的指责感到惧怕，不敢承认是他同意进行和谈的。原本，朱由检的意图是秘密达成协议，以结束同时作战的局面，来集中力量对付中原的李自成和张献忠。一旦和谈成功，即使言官们再怎么指责也无关紧要了。然而，和谈尚未最终达成，却被泄露出来，引起舆论的哗然。

崇祯皇帝收到言官们对陈新甲的弹劾奏疏后，对陈新甲进行了严厉训斥，并且含蓄地示意陈新甲主动承担责任。然而，陈新甲却缺乏眼界，自以为按照崇祯皇帝的旨意行事，因此自信满满，不仅不承认有罪，还以为有功。在他的申辩书中，他详细阐述了整个和谈过程，并多次引用崇祯皇帝的圣旨。显然，他想向所有言官和朝中大臣们表明，和谈绝非他个人的自作主张，而是按照皇帝的意愿行事，将和谈的责任完全推给皇帝。

朱由检一看到陈新甲将责任全推给自己，感到非常恼火，立即下令逮捕陈新甲。这时，陈新甲才明白了皇帝的意图，急忙在狱中给皇帝上疏请求宽恕，但为时已晚。崇祯皇帝完全不理会陈新甲的请求，陈新甲害怕皇帝真的会处死他，便叮嘱家人贿赂那些强烈主张处死他的言官。当这些言官收到陈新甲家人贿赂的银子后，态度立即发生一百八十度的大转变，不再弹劾陈新甲，反而四处奔走，为陈新甲申冤辩护。

---

① （清）李清：《崇祯》，《三垣笔记》附识上。
② （清）谈迁：《国榷》卷九十八。

然而，这反而给崇祯皇帝带来了麻烦。言官们的呼吁表明陈新甲不能被杀，实际上等于说与清国和谈的责任完全在皇帝，而不在陈新甲身上。因此，言官们的反复无常更加坚定了崇祯皇帝杀陈新甲的决心！然而，要以何种罪名来杀他呢？议和显然不能作为理由，毕竟议和是皇帝自己同意的。这让皇帝陷入了困境。

陈新甲作为兵部尚书，身居高位，不可轻易处决，必须有足够的理由和罪名才行。然而，不杀陈新甲，就意味着崇祯皇帝自己要承担这个败国的责任。面临这一难题，崇祯皇帝一时束手无策。幸好，负责审理陈新甲案件的刑部官员领会了皇帝的意图，狡猾地给陈新甲下了个罪名——"贻误军机"。为什么说陈新甲贻误军机呢？因为在他担任兵部尚书期间，李自成攻陷洛阳并杀死福王，张献忠攻破襄阳并杀死襄王。皇帝认为这个罪名是完全成立的，立刻批准了刑部的判决，将陈新甲处死。

整个朝廷的文武官员都受传统观念的影响，认为和谈就是卖国，主战才是民族英雄。在这样的道德观念影响下，连崇祯皇帝都不敢坦然大胆地主张和谈。特别是这次和谈的条件是承认大清的地位和战争的既成事实，每年付给清国一万两黄金，一百万两白银。接受这样的条件，在一些士大夫的眼里，就是"丧权辱国"。所以，一旦议和的秘密被泄露，面对舆论的压力，皇帝朱由检根本无力担当，他为了推卸责任，找个替罪羊为自己代过。

陈新甲被处决，和谈进程中断，这件事揭示了一个严峻的问题：朱由检缺乏作为一名政治家所需的胆识和决断力。一位政治家必须具备超越传统道德观念的勇气，这样才能在国家和民族面临危机时抓住机遇，引领其走向重生。以朱由检的先祖永乐皇帝朱棣为例，若他受限于传统道德，不夺取其侄子建文皇帝的王位，只守着自己的燕王地位，那他不仅难以保全性命，更不可能为大明王朝开创辉煌的鼎盛时期。相比之下，朱由检未能展现出这种勇气，无法超越沉重的历史包袱和陈腐的道德观念。他缺乏政治家的胆识，无力承担巨大的政治压力和道德责任，为大明王朝带来两个重大后果：

第一，大明王朝再一次失去了结束两线作战的机会。

虽然与大清议和要付出每年一万两黄金、一百万两白银的代价，这让一些爱国人士觉得是"丧权辱国"，难以接受，但当时大明是两条战线作战，其中中原的农民军已成燎原之势，大明已经到了最危险的时候。这个时候，大明太需要结束与大清的战争，得到一线的和平。可是，这次和平的机会却由于朱由检的无力担当而丧失了。

第二，大明王朝失去了主动选择的机会。

这次议和失败之后，朱由检根本失去了主动选择战略方针的任何空间。从此之后皇帝朱由检根本谈不上有什么战略方针。无论是面对国内的农民军，还是面对关外的清军，他只有被动挨打，只有接受既成事实的份儿。这就好比，两军交战，当一方只有招架之功而无还手之力的时候，他失败的命运就无法改变了。

皇太极在谈判的时候曾经说过："你们不签订和约，我就打你们！"他果然说话算话。崇祯十五年（1642）十月，清军再次从墙子岭越过长城进入密云县境。十月初九北京城戒严。当八旗铁骑在京城周围攻城降地的时候，大明王朝的内阁首辅周延儒一时不知道如何是好，无计可施。

第二十二章

怒杀言官

崇祯十五年（1642）十月，清军再次从墙子岭越过长城进入密云县境。当八旗铁骑在京城周围攻城拔寨的时候，内阁首辅周延儒不知从哪儿找来了近百个和尚一起念诵《法华经》，企图用念经诅咒的方法抵御入侵的清军。

这个周延儒，我们在前文曾经提到过他，在崇祯三年至五年（1630—1632），担任过两年的内阁首辅。当时，皇帝朱由检对他特别信任，周延儒就有点儿不知天高地厚。有一天，周延儒对身边的人说："余有回天之力，看来今上是羲皇上人。"[1]意思是，我周延儒能力很强，有回天之力，如今的皇上无非是"羲皇上人"。"羲皇上人"就是伏羲，是传说中的古代帝王。周延儒说这话的意思是，崇祯皇帝不过是个牌位，已经不起什么作用了。这句话让内阁成员温体仁听说了，立刻指使他的亲信言官上疏弹劾周延儒。崇祯皇帝一看这句话当然非常生气，于是，周延儒被免职打发回老家了。

时间一晃就是十年。十年之后，崇祯皇帝又想起了周延儒，要重新起用他，并且让他直接入阁担任内阁首辅，也就是官复原职。那么，既然十年前已经将

---

① （清）谈迁：《国榷》卷九十二。

周延儒免职了，十年之后皇帝怎么忽然又想起来让他官复原职呢？其中大概出于三个原因：

第一，崇祯皇帝对几任首辅都失望了。

周延儒被罢免之后，温体仁接任了内阁首辅的职务。温体仁在内阁首辅的位置上待了八年。这八年的时间，他蒙蔽皇帝，独揽大权。因为，温体仁的"温"和瘟疫的"瘟"谐音，所以京城百姓用歌谣唱道："崇祯皇帝遭瘟了。"为什么说崇祯皇帝遭"瘟"了呢？因为，温体仁通过捏造罪名、造谣诬陷等手段，打击政敌，排斥异己，使崇祯朝的政治越来越黑暗。他还滥用刑罚，对百姓加大赋税负担，从而激化了社会矛盾，导致全国各地民变蜂起，国内的局势越来越严峻。后来，崇祯皇帝发现温体仁暗中结党，才把他赶回老家。

接替温体仁内阁首辅职务的是张至发，这个人是温体仁的亲信，在政治上完全延续着温体仁的那一套做法。由于收受贿赂，多次遭到弹劾，不到一年就被崇祯皇帝罢免了。

接替张至发的是孔贞运，这位孔贞运，是孔子的第六十三代孙，学问做得挺好，为人也正直，可是，他身体不好，内阁首辅干了不到两个月，就因病辞官回乡了。

接替孔贞运的是刘宇亮。刘宇亮上任之后不久，正赶上崇祯十一年（1638），清军入侵京师地区。这次清军入关，明朝损失特别惨重。战争结束之后，为了惩处相关责任人，崇祯皇帝下令杀了三十六个人，刘宇亮担任内阁首辅不到八个月，因为督师不利而被罢免。

接替刘宇亮的是薛国观。薛国观是温体仁的亲信，和温体仁一样，排除异己，结党营私。后来，薛国观大量受贿的事实被揭露出来。崇祯皇帝得知消息之后大怒，立刻下旨"赐死"，也就是让薛国观自杀了。

一些史学家批评指责朱由检频繁更换内阁成员和首辅，然而，把这些归咎于朱由检有点强人所难了。他之所以如此做，也是出于好心，希望扭转大明王朝的颓势，期望能够组建一个能够有效管理国家的行政领导团队，并寻找一位能够挽救危局的内阁首辅。然而，从以上列举的几位内阁首辅来看，他们中没有人能够胜任这一职务。

这就意味着明朝晚期已经无法找到有用的人才。个中原因有两个：首先，传统的封建专制体制已经无法培养出适应历史要求的人才；其次，腐败的政治和官僚制度也无法选拔出胜任历史使命的人才。这是大明的悲剧。时代需要能够扭转局势的杰出人才，然而却无处可寻。

第二，周延儒的确有能力。

处死了薛国观之后，皇帝朱由检对比了一下这几任内阁首辅，觉得都没有超过周延儒。十年前周延儒之所以被罢免，并非他犯了什么大的错误，只是过于狂妄，说了一句得罪皇上的话。平心而论，他的行政管理能力还是挺强的，对这一点崇祯皇帝心里当然有数。十年过去了，周延儒那句犯上的话，朱由检早就淡忘了，因此再一次想起了周延儒，与后继的几任内阁首辅一比，周延儒的特长就更加明显了。

第三，周延儒自己愿意干。

崇祯皇帝曾经多次请求那些被罢免的前内阁成员，回到朝廷官复原职，可是那些前内阁成员接到圣旨之后，一般都会找各种借口不从。唯独这位周延儒，与其他被罢免的前任内阁成员不同。周延儒虽然经过一段时间的犹豫，但终于下决心再度出山了。其中有两个原因：其一，内阁首辅就是宰相，一人之下万人之上的权力和地位实在太诱人了；其二，他是被温体仁排挤出内阁的，对此他一直耿耿于怀，希望有机会能够大显身手，证明自己的能力。

就这样，周延儒经过一段时间的犹豫之后，于崇祯十四年（1641）九月奉召入京，直接出任内阁首辅，兼吏部尚书，可见皇帝朱由检对周延儒寄予了厚望。上任之初，周延儒在皇帝朱由检的支持下，实施了一些新的施政措施，而且取得了明显的成效。这些措施大致可以概括为三项：

第一，减轻百姓负担。由于周延儒被罢官的十年里，生活在民间，接触到一些民间的疾苦，所以他一上任就实施了一些减轻百姓负担的政策。比如，释放因为欠税而被关押的农民，免除民间多年拖欠的赋税，凡是经历过战乱和遭受自然灾难的地区，减免当年的田赋等。

第二，缓解社会矛盾。明朝末年，社会矛盾相当尖锐，罢官十年，生活在民间的周延儒对此也深有体会。他再度上任之后，实施了一些缓解社会矛盾的政策。比如，将发配边疆充军之罪以下的犯人一律赦免，对犯过错误的举人恢复功名。

第三，起用正直之人。针对前几任内阁首辅压制人才，排除异己的做法，周延儒反其道而行之，实施了一系列起用正直之人的政策。比如，扩大科举考试的录取名额，召回那些因为发表言论而被贬的官员。还向皇帝建议，不要轻易抛弃那些有经验的、德高望重的老臣。崇祯皇帝接受了周延儒的建议，将先前罢官的一些老臣，纷纷官复原职。那些已经去世的老臣，为他们恢复名誉。

由于以上这三大举措的实施，使得周延儒的再次入主内阁，果然不同凡响，在大力革除前任弊政的基础之上，朝廷的风气有了很大的改变，被称为"救时之相"①，意思是，一位能够挽救时局的宰相。

面对这种新气象的出现，崇祯皇帝非常高兴，因此对周延儒表现出前所未有的尊重和信赖。这个前所未有表现为：崇祯皇帝从来也没有像尊重周延儒那样，尊重过任何一位内阁首辅。比如，崇祯十五年（1642）正月初一，皇帝朱由检召见群臣，群臣给皇帝拜年。皇帝接受完群臣的拜年之后，就从皇帝的宝座上走了下来，走到周延儒的面前，对周延儒拱手施礼。施完礼之后，皇帝朱由检说："自古以来，那些神圣的帝王和明智的君主，都非常尊敬老师，今天我在此尊敬地称您一声'先生'，可是也还无法完全表达我对你的尊敬。"可见，崇祯皇帝此时对周延儒真是非常尊敬。

但是，崇祯皇帝对周延儒的好感和尊重，却因为紧接着发生的一些事情，逐渐开始发生变化。影响皇帝朱由检对周延儒态度的会是一些什么事情呢？原

---

① （清）计六奇：《周延儒续记》，《明季北略》卷十九。

来就在崇祯皇帝给周延儒施礼，称先生之后不久，兵部尚书陈新甲趁皇帝高兴，提出与大清议和的主张，崇祯皇帝经过一番思考之后表示："可款则款，不妨便宜行事。"[①]意思是，能够议和就议和吧，你们可以灵活掌握，全权处理。随后，皇帝朱由检又转过身来，询问在场的内阁大臣们的意见，可是周延儒始终一言不发。皇帝朱由检心里就有几分不大高兴，心想："我还尊你为先生，怎么这么大的问题，你却一言不发呢？我多么希望能够得到你们这些老臣们的支持啊！"

半年之后，陈新甲向皇帝禀报和谈结果的时候，皇帝朱由检专门召见内阁首辅周延儒，向他征询议和之事的意见。可是，无论皇帝怎么问，周延儒依然一言不发。皇帝朱由检知道与大清议和事关重大，自己一时拿不定主意。他把周延儒称作先生，将之视为可以信任和依赖的股肱之臣，可是，在关键时刻，周延儒却连一句话都问不出来，崇祯皇帝的心中顿时感到非常的失望和孤独。

周延儒一言不发其实是不想蹚这趟浑水。其实他是赞成议和的，但是又怕担责任，所以，他不吱声，就是既不反对，也不赞同。到时候，一旦和谈成功，他有功，因为他没有反对；一旦和谈失败，他无过，因为他没有支持。他真是太狡猾了。可是，皇帝朱由检现在无力担如此大的责任，需要的是大臣的鼎力支持，现在可不是沉默是金的时候。

和谈的秘密被泄露后，陈新甲受到舆论的强烈谴责，言官们纷纷要求皇帝严惩他。作为内阁首辅的周延儒处于左右为难的境地。他清楚地知道议和是皇帝的意愿，因此他不能附和舆论，否则将得罪皇上；然而，他又不敢公开反对舆论，否则将成为众矢之的。在两难之间，他只能选择沉默。让我们再次假设：如果作为内阁首辅的周延儒能够全力支持皇帝与大清议和，与皇帝朱由检共同承担这巨大的历史责任和道德压力，那么皇帝朱由检也许就不会杀陈新甲，与大清的和谈也许就会成功，清军入关的悲剧也许就不会发生。

然而，周延儒并没有这样的勇气。前面我们提到皇帝朱由检无力承担巨大

---

① （清）谈迁：《国榷》卷九十八。

的政治压力和道德责任，显示出他缺乏政治家的气魄，但还有一个重要原因是他过于孤独，周围没有人能够理解他，更没有人能够在关键时刻全力支持他。这种孤独和失望深深地影响了皇帝朱由检的心态。

明朝政府与大清的和谈破裂，清军再次越过长城进入京师地区。当八旗铁骑在京城周围攻城略地时，这位内阁首辅周延儒既对和谈保持沉默，又对如何抵御清军束手无策。面临此境，他只得召集近百名和尚念诵《法华经》，试图以此来抵御入关的清军。然而，这让崇祯皇帝对周延儒彻底失望。

皇帝朱由检不仅对周延儒失望，而且对满朝文武都失望了，尤其对那些言官，更是失望到了极点！在皇帝朱由检看来，正是这些言官们的瞎搅和，将他苦心经营的与大清的议和给搅黄了，这才导致了清军再次的大举入关。这个时候，崇祯皇帝对言官们就别提有多厌恶了。在崇祯皇帝看来，言官就是一群成事不足、败事有余的人。打起仗来他们没有任何用处，可是，他们却偏偏竭力主战；打不过了要议和，未必一定是件坏事，他们却拼命反对；议和失败了，战争再度爆发，他们只知道冷眼旁观战局的发展；等到战争结束，他们立刻弹劾战争失败的责任人。

这些言官在崇祯皇帝眼里，成了一群故意捣乱的人。因此，崇祯皇帝多次在不同的场合，严厉地谴责言官。这一下，言官们就不高兴了。明朝的言官制度很完善，言官是朝廷的舆论力量，他们不但督师百官，而且也监督皇帝，因此，皇帝对他们都惧怕三分。因此，皇帝朱由检多次指责言官，引起了言官们的强烈不满。他们开始向朱由检反攻。有一位名叫姜埰的言官给皇帝上疏说："皇上您应该多反省自己，干吗总是训斥言官呢？难道你已经讨厌言官了吗？难道在言官中就没有正直的人了吗？也许有的言官的观点偏激，没有很好地体会圣上的心思。但是，皇上对言官的指责，让我无法理解。我想一定有人在皇上面前造谣中伤，激怒了皇上。即使如此，也不能不让言官说话。如果，言官都不说话了，那么谁为陛下言天下之事呢？"

这位言官真的不懂事儿，这是什么时候啊！中原一带是李自成、张献忠的农民军越来越强大；关外松锦战役失败，收复辽东已成泡影，这会儿八旗铁骑又在京畿地区攻城略地。被搅得焦头烂额的崇祯皇帝，此时该多闹心啊！这位姜埰不想办法为皇帝分忧，却没事找事地跟皇帝斗气。本来皇帝朱由检因失望和孤独变得心态开始失衡，一看到姜埰的这封上疏，顿时火冒三丈，心想："就是你们这些言官，搅了议和的大局，现在清军又来了，你们一个个不想着怎么抵御清军，就知道一天到晚弹劾别人，现在可好，弹劾到我头上来了。"崇祯皇帝越想越生气，立刻下旨："姜埰竟然如此质问我，他眼里还有没有我这个皇上？让锦衣卫立刻逮捕他。"就这样，姜埰被打了大牢。

还没有等皇帝朱由检想出办法惩处这个姜埰，几天之后又跳出来了个熊开元，把崇祯皇帝的心情弄得更坏了。事情也更复杂。这个熊开元是行人司右司副，行人司是朝廷有什么事需要派人外出，专门提供服务的部门，右司副就是行人司的"二把手"。

面对清兵入关，满朝文武都不知道如何是好，内阁首辅请和尚念经，皇帝朱由检也没招儿。有一天，皇帝突发奇想，要向各级官员征求意见，想听听下级官员有什么好办法。这位熊开元立刻报名要献计献策，因此被崇祯皇帝召见。熊开元本来想借此机会弹劾周延儒，可是发现周延儒在场，就要求周延儒等内阁大臣回避，周延儒等也知趣地表示要回避。可是崇祯皇帝说："有什么话不能当着列位大臣说？你说吧！"

熊开元只好当着周延儒的面说："陛下治理国家十五年，可是天下却越来越乱，其中必有原因。"

皇帝听了这话心里就不太高兴，但是没有表现出来，冷冷地问道："原因在哪儿啊？"

熊开元说："陛下每天废寝忘食，但是并没有使天下大治。原因是什么呢？"

朱由检一听这话就更不高兴了，不耐烦地问："是什么原因，你说说看！"

熊开元说："就是因为陛下身边有奸臣！"

崇祯皇帝听了这话马上来了精神，立刻问道："你说谁是奸臣？"

熊开元嘴上不说，眼睛却一个劲儿朝周延儒瞅。周延儒马上意识到熊开元是在说他，便主动向皇上请罪说："天下不治，都是为臣的过错！"

崇祯皇帝说："天下不治都是朕的过错，与你有什么相干？"朱由检这话显然是话里有话。因为周延儒是内阁首辅，天下不治怎么会与他无关呢？皇帝朱由检这样说话，显然是对周延儒在关键时刻总是一言不发，耿耿于怀。

皇帝知道熊开元想要弹劾周延儒，但他不敢当面直接表达，因此让他将弹劾的意见写成奏疏呈上来。然而，实际上，这位熊开元并非良善之辈，我之所以这样说是因为他对周延儒的弹劾完全出于个人恩怨。

熊开元一直渴望晋升官职，但未能如愿，内心非常焦急。当他发现上级部门有个职位空缺时，他寻求周延儒的帮助，希望他能为自己说几句好话。然而，周延儒未予理会，这导致熊开元心怀怨恨。周延儒当然了解问题的核心所在，因此在会面结束后，立即派人找到熊开元，并承诺如果他不弹劾自己，可以安排他填补那个上级部门的空缺。被说服的熊开元决定不再为难周延儒。

然而，此时崇祯皇帝已从失望转为不满。他希望熊开元能说出一些具有实质内容的话，以便有理由将这位内阁首辅赶回老家。因此，崇祯皇帝一直催促熊开元上疏。然而，熊开元已经承诺不再与周延儒为敌，所以一直没写出奏疏。最后，崇祯皇帝下旨命令他，立刻上疏，他这才写了一份奏疏，整个上疏什么实质内容也没有，最后来了一句："愿皇上遍召群臣，问延儒贤否？"[1]意思是，皇上您还是找所有大臣问问，周延儒究竟是不是贤臣。

崇祯皇帝原本就被中原的农民军和入关的清军困扰得心烦意乱，他没有耐心听熊开元说一些无关紧要的话，觉得在浪费时间。因此，皇帝大怒，立即下令锦衣卫逮捕熊开元。皇帝意识到熊开元突然改变态度，一定是受到某人的唆使，故意与他对抗，因此内心十分恼火。于是，皇帝朱由检命令锦衣卫对熊开元严刑拷问，希望他能揭露幕后主使是谁。在酷刑之下，熊开元不得不透露周

---

① （明）文秉：《烈皇小识》卷七。

延儒的承诺，并揭发了一些周延儒的私事。然而，这些并不能构成罢免周延儒的理由，因为熊开元手上并没有周延儒的罪证和把柄。崇祯皇帝觉得自己被熊开元耍了，心生愤怒。

内心的怒火，两线作战带来的困扰，以及又回想起上疏弹劾自己的言官姜埰，这些使得崇祯皇帝的忍耐达到极限，开始有了杀人的念头。于是，皇帝朱由检秘密命令锦衣卫的主管骆养性："暗中将姜埰和熊开元击毙于狱中。"皇帝要杀害言官，这是打破先例的行为。我们之前曾经提到，在中国古代社会中，历代皇帝无论多么昏庸和残暴，都不敢轻易杀害言官。此时的崇祯皇帝之所以要杀害言官，是因为他由于失望和孤独而心态失衡，尤其对言官的憎恶达到了无以复加的程度。然而，他仍不能公开处决言官，因此命令骆养性暗中将这两人在监狱中处死。

可是骆养性却不敢这样做，他心想："我可不能学许显纯啊！"这个许显纯曾经是锦衣卫的头儿，是个阉党分子，当年在魏忠贤的指使下，将弹劾魏忠贤的言官杨涟、左光斗等人害死在锦衣卫大牢。崇祯皇帝铲除阉党之后，将许显纯处以极刑。骆养性怕将来也落得和许显纯一样的下场，所以，他不但没有执行皇帝的密旨，反而把这个密旨的内容透露给另外一位言官。可是，这位言官根本不相信会有此事，立刻上疏弹劾骆养性，说他诬蔑皇帝。崇祯皇帝见事情败露，心里也害怕："这事儿传出去还了得？"因此，就把这位言官的上疏扣了下来。

其他言官们虽然不知道有皇帝密旨处死言官这档子事，但是，对姜埰、熊开元因为弹劾、进谏而被打入大牢，都表现出极大的不满，纷纷为这两个人求情。可是，所有的求情都被皇帝拒绝。这样一来，崇祯皇帝和言官之间的矛盾就逐渐升级了，最终导致正面的冲突。

有一天，崇祯皇帝召见群臣，其中一位大臣突然站了出来，请求皇帝释放姜埰和熊开元。这位大臣名叫刘宗周，是都察院的左都御史，不仅担任言官职务，还是言官中的领导人。刘宗周并非平凡之辈。他是明朝末年一位著名的思想家，为官廉洁，品行正直，是大明王朝的忠臣。后来，在南明小朝廷灭亡时，他选择绝食而死。刘宗周为姜埰和熊开元进行辩护说："姜埰和熊开元因为言论而获罪。大明王朝从未有过言官因直言进谏而被下诏入狱的先例，陛下您的行为将会开创先例！"

刘宗周是个性情中人，言辞慷慨激昂，因此在说这番话时未能充分注意场合和掌握分寸。刘宗周还说："东厂和锦衣卫是不可信任的，它们是朝廷私设的刑罚机构！"所谓"私设的刑罚机构"即指以个人意志为转移，超越法律并践踏法治。这句话对封建专制制度下的法治状况进行了深刻的批判，可以说言辞犀利，直指问题的核心。

皇帝一听刘宗周的话，立刻大怒，反驳道："东厂、锦衣卫都是为朝廷的事问刑的，怎么会是私刑？"

刘宗周毫不理会崇祯皇帝的愤怒，继续大声辩驳道："朝廷对待言官有着明确的制度。言官进言，可采纳或不采纳。即使他们犯有过错，也应交由司法部门根据事实进行处理。"

刘宗周的观点合情合理，以充分的理据进行辩论。崇祯皇帝被他的言辞困住，张口结舌，无言以对。经过片刻的沉默，皇帝突然说出："我一直说熊开元背后有人主使，原来这个人就是刘宗周啊！"崇祯皇帝显然已经失去了理性。

刘宗周当然不会承认，因为这根本是无中生有的指责，其他大臣也为刘宗周进行辩护。然而，崇祯皇帝坚持己见，执意称："刘宗周就是熊开元背后的幕后主使。"这不是言之凿凿，而是混淆视听，甚至有些胡搅蛮缠。最终，皇帝下旨："将刘宗周革除官职，并将罪行交由刑部审议。"此时，内阁的所有成员都为刘宗周求情，最终崇祯皇帝同意不将刘宗周交由刑部审议，但仍将其革除官职。因此，正直的言官刘宗周，因为敢于直言进谏，被革职还乡了。

由于刘宗周在众臣面前让皇帝下不了台，皇帝更不能放过姜埰和熊开元了。于是，崇祯皇帝就把姜埰和熊开元交给刑部审理。可是，刑部尚书对这两个人并没重新审问，只是根据锦衣卫审讯的结果，判熊开元用钱赎徒刑，也就是把几年徒刑，折合成银子，判姜埰贬到边疆充军。这个结果让崇祯皇帝非常不满意，找个借口也将这位刑部尚书给革职处理了。

崇祯皇帝的这些做法，让我想起他刚刚登基的时候，为了彻底清除阉党集团，亲自选拔人才，更新言官队伍，正是通过言官的舆论力量，不断揭露出隐藏很深的阉党分子和他们的罪行，终于打开了清除阉党集团的局面。那个时候，崇祯皇帝一举铲除阉党集团，真是意气风发。可是，十几年后，崇祯皇帝由于憎恶言官而开始压制言路，控制舆论，对正直敢于直言说话的大臣，进行打击，甚至要秘密地杀言官。皇帝朱由检的这种转变，大概有三个原因：

第一，梦想破灭了。

松锦战役之后，辽东地区尽失，收复辽东的梦想破灭了。与此同时，中原的农民军力量越来越大，已成燎原之势；同时，清军再度入关，在京师地区攻城略地，如入无人之境。两面作战的大明已经非常危险了，而面对这种局面，满朝文武居然什么办法都没有。在这个时候，言官们不是想办法退敌，却没事找事地和皇帝朱由检过不去，让朱由检忍无可忍。

第二，朱由检很失望。

朱由检一直希望有人能够尽心辅佐他，完成中兴大明的事业，可是，登基十几年了，没有一个得力的内阁首辅，首辅一个个像走马灯一样地轮换。尤其是周延儒，朱由检尊敬地称他为"先生"，可是，在最关键的时候，他却始终一言不发，这让皇帝非常失望。而言官，这个时候不是为皇帝分忧解难，反而挑皇帝的毛病，这是在挑战朱由检心理承受力的底线。

第三，朱由检内心很孤独。

满朝文武没有人信得过，关键时候没有人能够为他分忧解愁，巨大的压力也没有人能够帮他分担，因此，朱由检的内心深处非常孤独。人在孤独的时候心理会变得脆弱，心胸会变得狭窄，从而表现得一反常态。

基于以上这三种原因，朱由检内心失去了弹性空间，因此对言官们的弹劾也就失去了一个贤明的君主应该有的宽容和耐心，做出一个昏庸的帝王都不敢做的事情——秘密杀害言官。当崇祯皇帝的心态陷入这种状态之中的时候，明朝的政治局面就很难有好转的可能了。

崇祯十六年（1643）的四月初三，清军终于要撤退了。几个月来，他们从河北到山东，征战数月，如入无人之境。他们劫掠的财物已经多到拿不动了，才开始北撤。北撤的清军，必然要再次经过京畿地区，这是一个截击敌军的极好机会。因此，四月初五下午，崇祯皇帝召见周延儒等内阁大臣，希望众人能够群策群力，提出行之有效的截击清军的办法。可是，这些大臣既没有人敢主动带兵出战，也拿不出任何办法来，又是一片沉默！面对这样的大臣，崇祯皇帝失望到了顶点，不禁绝望地大声喊道："朕欲亲征！"意思是，我亲自带兵出战！

见崇祯皇帝如此绝望，周延儒只好说："臣愿代皇上出征！"崇祯皇帝没有表态，依然沉浸在自己的绝望之中，抬头仰望屋顶，不断地摇头。周延儒以为崇祯皇帝没有听清，就重复说道："臣愿代皇上出征！"崇祯皇帝见周延儒的态度似乎挺坚决，便回过身对周延儒说："先生如果真的愿意去，那就由你代朕出征吧！不过，刚才朕在宫中用奇门之术，预测了一下。最好立刻出发，一出城门，立刻向东，切勿朝西转。一定要断敌归路，争取将敌人全部消灭，不让他们生还。"所谓"奇门"是中国古代占卜术的一种，打仗不用谋略用占卜，这表明崇祯已经完全失去了信心。不过，还有一种解释，崇祯皇帝是用奇门术预测的结果吓唬周延儒，怕他故意拖延，因此说立刻出发，怕他出了城就朝西，而不是朝东。因为，清军撤退时必然从京城东面路过。

周延儒听了崇祯皇帝的这番话，一刻也不敢耽误立即启程，然后出城朝东迎战清军的八旗铁骑。当他赶到通州时，清军北撤的队伍正好开始经过这里，满载而归的队伍，足足有三十多里长，车载马驮，浩浩荡荡，大摇大摆地往北撤，根本没有把明军放在眼里。明军也很识相，根本不出来阻拦，只是在城楼上日夜不停地鸣炮吓唬而已，听起来就像是夹道欢送。周延儒住在通州城里，根本不敢出战，每天只是饮酒作乐。同时，为了安慰崇祯皇帝，他不断谎报军情，欺骗皇帝说，连续打了几仗，都取得了胜利。

其实，这个时候的清军，已经深入中原六个多月，人困马乏，再加上沿途劫掠的财富已经成为他们沉重的包袱。八旗铁骑的机动性和战斗力和刚入关的时候相比，下降了许多。如果周延儒真的有勇气派兵在险要的隘口设下埋伏，一定会给清军以重创。可是，周延儒就这样眼看着清军毫发无损地越过长城。

然而，清军浩浩荡荡的三十里队伍出现在关外，如何可能瞒过崇祯皇帝呢？起初，崇祯皇帝并不相信周延儒真的敢于出战，因此在周延儒离城之后，同时派人前去侦察情况。崇祯皇帝本打算根据周延儒的报告，为他颁发嘉奖，然而，派去侦察的人回来了，向皇帝详细报告了真实的情况。崇祯皇帝虽然对周延儒并不十分信任，但也未曾料想他竟然如此胆大妄为地欺骗君上。这次，崇祯皇帝感到愤怒，甚至大为震怒，立即下令有关部门对周延儒展开调查，并要求确保调查结果的准确性，以便做出相应处理。

经过有关部门查明，锦衣卫汇报的情况完全属实，崇祯皇帝立刻下旨："勒令自裁，准其棺殓回籍。"①意思是命令周延儒自杀，批准家属收殓尸首回老家安葬。圣旨下达后，内阁大臣们纷纷给皇帝上疏为周延儒求情。周延儒奉召出任内阁首辅之初，实施的一系列利国利民的政策，的确使大明出现了太平中兴之兆，是功大于过的，希望皇帝能够对周延儒宽大处理。可是崇祯皇帝却说："我让他自裁，就已经是从轻发落了！"

就这样，周延儒按照皇上的旨意上吊自杀了。

周延儒的复出，曾经使大明王朝在接近历史终点的时候，再一次燃起中兴的希望。但是，大明王朝已经是大厦将倾，周延儒充其量只是做了一些行政方面的改革，治标不治本，对于明朝末年最根本的病症，已经回天乏术。如果是处于和平时期，他可能会有所作为，但是，面对大厦将倾的危难局面，他实在是无能为力。周延儒的死，使得大明王朝再度出现的中兴希望，有如回光返照，

---

① （清）汪楫：《崇祯长编》卷一。

转瞬即逝。

　　虽然清军大摇大摆地撤走了，但是中原地区又传来坏消息：李自成带着他的数十万部队，突然包围了开封城。这开封城在明朝的时候是河南省会，战略地位十分重要。说它十分重要是因为，天下的中心在中原，中原的中心在河南，河南的中心在开封。因此，开封有失，河南不保；河南不保，中原危险；中原丧失，江山就要易主了。

第二十三章

逐鹿中原

由于洛阳陷落，开封城变得紧张起来，加强了防守，而且开封的城墙比洛阳更为坚固，一时难以攻破。面对这样的局势，李自成犹豫不决了一段时间，随后突然撤出洛阳，率领军队南下，猛攻汝州（今河南临汝）。河南巡抚见李自成撤出洛阳南下，误以为时机来临，立即派兵进驻洛阳，导致开封一带的防御空虚。李自成立即停止对汝州的攻击，迅速率领大军行军三天三夜，于崇祯十四年（1641）二月初六突然出现在开封城外，将其团团围住。

李自成之所以攻打洛阳是为了福王的财富，而他攻打开封则有更重要的政治目的。当然，财富是一个重要的诱因，然而这次攻打开封，李自成更关注的是政治上的目标。开封古称为汴梁、汴京、东京，是历史上的七朝古都。作为北宋的首都，开封经历了长达168年的辉煌岁月。当时的东京汴梁是中国政治、文化和经济的中心，也是世界级大都会。大家熟知的《清明上河图》描绘的正是北宋时期开封的繁华景象。明朝时，尽管开封只是河南省会，但它位于中原核心地带，交通便利，四通八达，具备极其重要的战略地位。因此，李自成占领开封的意图非常明显，他渴望成就帝王霸业。

从明朝政府的角度看，这个位于中原核心地带的开封城地位十分重要。比如，明朝初年，朱元璋攻下开封之后不久，就将开封改称为"北京"，并且封他的五儿子朱橚为周王，以开封城为封城，镇守河南省，可见开封在朱元璋的心目中有着十分重要的地位。虽然，后来有了燕京作为北京，开封依然称开封，但是，开封的战略地位，朝廷依然十分重视。

李自成很希望开封城也能像洛阳城一样，大队人马一包围，城中守军立刻哗变，打开城门欢迎闯王进城。可是，这次李自成失望了。因为这开封的周王和洛阳的福王大不相同。开封的周王叫朱恭枵（xiāo），他是朱元璋第十一代孙。洛阳陷落，福王朱常洵被杀，朱恭枵非常紧张，吃不下睡不着，生怕遭到和福王一样的下场。当他得知李自成兵临城下的时候，马上拿出五十万两银子犒赏守城的士兵，并且悬赏杀敌者："谁杀敌一名，赏白银五十两。"并且派士兵在街上鸣锣高喊："有能退寇解围者，赏银十万两！"可见，这周王知道生命比钱财更重要的道理。虽然，这重赏之下未必有勇夫，但是，有了军饷毕竟避免了守城士兵哗变事件的发生。因此，李自成再想不费吹灰之力就拿下开封城，就不可能了。

李自成包围开封城之后，开封城内一开始非常恐慌。因为河南巡抚李仙凤带了一部分人马去占洛阳，开封城内兵力空虚。为了迷惑李自成，守城的官员就花钱雇老百姓上城冒充士兵，这些老百姓手里扛着竹竿在城墙上使劲呐喊："发兵出战，发兵出战。"你还别说，这招还挺管用的，李自成的农民军包围开封之后，不知道城内的虚实，怕强攻损失太大，因此一直没有攻城。

李自成派重兵包围开封城的消息传到北京之后，皇帝朱由检立刻做出反应。他决定让丁启睿接替死去的杨嗣昌的位置。丁启睿是进士出身，曾经跟随孙传庭在陕西与农民军作战。后来担任陕西巡抚，由于镇压宁夏兵变有功，被提升为陕西三边总督。丁启睿与杨嗣昌的私人关系很好，所以杨嗣昌在生前就推荐他为兵部侍郎。正是因为这层关系，皇帝朱由检才在杨嗣昌死后，让他接替杨嗣昌的位置，赐丁启睿尚方剑，挂兵部尚书衔，命令丁启睿立刻调动全国各地的援军，去解开封之围。皇帝朱由检心里很清楚，开封是中原的重镇，一旦开封有失，中原必将难保，大明王朝的江山社稷可就危险了。

新任五省总督丁启睿在崇祯皇帝的严令下，率领部队离开陕西，一路前行至潼关时突然停了下来。开封城正处于危急之中，那么丁启睿为何不继续前进呢？原因在于他面对庞大的农民军势力，根本不敢进入河南境内。停止前进就意味着不敢与农民军进行决战，而后退则意味着违抗皇帝的圣旨。面临这样的困境，凭借手下仅有的几万人马，如果与李自成的数十万农民军抗衡，只会败多胜少。在潼关附近犹豫了数日之后，丁启睿突然决定带领部队南下。

然而，丁启睿为何选择南下而非向东前进，以解开封之围呢？原来，他认为自己手下的兵力过于少，既然被皇帝任命为接替杨嗣昌的职务，担任五省总督，那也应该继承杨嗣昌手下的兵力才合适。因此，他带领自己的本部人马南下前往湖广。然而，湖广巡抚却拒绝丁启睿进入。湖广巡抚向丁启睿表示："李自成在河南，你为何来到我们这里？我们这里并无大事，您无须兴师动众！"为了阻止丁启睿的部队南下，湖广巡抚将渡口的船只全部隐藏了起来。

丁启睿在原地徘徊了三天没办法进入湖广，就只好掉头回河南南部的邓州。可是，邓州的地方官也不让丁启睿进城，丁启睿只好带着部队改道走河南内乡，内乡的知县虽然让丁启睿入境，却不给他们提供粮饷。堂堂的五省总督，手握尚方剑，却根本没有人把他当回事儿。没有办法，他只好带着人马在南阳一带的荒山野岭中跋涉，没有吃的，只能杀马充饥，挖野菜度日。开封守军天天向他告急，他宁愿挨饿，也不敢去援救被围困的开封城。

李自成围困开封城达七天七夜，却始终未发动进攻。随后，他见到各路明军前来解围，于是撤离开封，再次南下转移。另外还有一种说法，在攻城过程中，李自成被城上士兵射中左眼，迫使他只得率军撤离开封。无论是哪种原因，李自成第一次攻打开封并未获得成功。然而，他撤军后一路南下，所向披靡，与河南一带的其他农民起义军会合，使李自成的势力不断壮大，号称"百万大军"。

尽管开封城暂时保住了，但李自成的声势日益壮大，而丁启睿又因畏敌而不敢前进。在这种情况下，还有谁能够完成剿灭李自成的任务呢？此时，兵部尚书向皇上推荐了一个人，他就是傅宗龙。傅宗龙曾担任兵部尚书，但如今却被关押在皇帝的诏狱中。起初，朱由检皇帝对此有些犹豫，然而在人才匮乏的情况下，他只得下令释放傅宗龙，并任命他为陕西总督，专门负责"剿灭闯贼"的任务。

这位前任兵部尚书怎么会被关在大牢里，到需要用人的时候，他才能够再走进皇帝的视线呢？原来傅宗龙这个人，为人特别耿直，任兵部尚书的时候与杨嗣昌不和，并且上疏弹劾杨嗣昌，说杨嗣昌"徒耗敝国家，不能报效"[1]，意思是说杨嗣昌只会白白地消耗国家财富，根本不能报效国家，引起皇帝朱由检对傅宗龙的不满。后来，蓟辽总督洪承畴要提拔一位将军赴辽东担任职务，傅宗龙觉得这个人不适合，因此不同意，这就更让皇帝朱由检不高兴了，皇帝就以抗旨的罪名将傅宗龙打入大牢。现在皇帝朱由检看丁启睿实在无力承担"专剿闯贼"的大任，只好起用傅宗龙，让他专门对付李自成。傅宗龙到达陕西后不久，率川陕士兵二万出关，在河南新蔡与保定总督会合，搭浮桥东渡汝河，进军到河南项城，准备与李自成的农民军决战。

李自成得知傅宗龙率领明军前来围剿时，便派遣一小股部队诱使明军追击。明军被诱至数十里外，结果却中了李自成设下的伏击。经过一场混战之后，明军的诸位将领纷纷逃回项城，只留下傅宗龙及其手下陷入了重重包围之中。傅宗龙派人冲破重围，前往项城求援，然而未得到任何人的回应。傅宗龙无奈地对众将士们说："他们因畏死而不敢前来，我们只能与敌人决一死战，绝不能像他们那样背弃使命逃跑！"

傅宗龙带领部下奋勇作战。到了第三天，军营中断粮，傅宗龙下令屠杀军中所有马匹以充饥。第四天，驻营的马骡已经被消耗殆尽，只得以敌人的尸体为食。至第九天，军营中所有的弹药和羽箭也已耗尽。傅宗龙仔细清点人数，

---

① （清）张廷玉：《傅宗龙传》，《明史》卷二百六十二。

仅余六千余人。他心中决定："我不能困死在此，必须率领这些幸存士兵冲破包围。"于是，在当天夜晚，傅宗龙带领这六千余人乘夜色，突然袭入敌营。在激烈的战斗中，他们成功冲出重围，然而这六千余人也因此被冲散。傅宗龙只身徒步带领所剩无几的士兵，向项城逃窜。李自成岂肯放过这位新任"专剿闯贼"的总督，派出部队紧追不舍。第二天中午，在距离项城八里的地方，李自成的追兵迎了上来，傅宗龙最终被俘。

李自成的士兵把傅宗龙押到项城县的城门下，谎称是傅总督的警卫，想骗开城门。这个时候，傅宗龙突然对着城头大声喊道："我是傅宗龙，我身边全是'贼寇'，还不快开炮！"李自成的士兵大怒，挥刀就将傅宗龙砍倒。这个时候，城上开始炮击，李自成军只能撤退。傅宗龙的仆人将他背入城内时，他已经气绝身亡。

击溃了明军的围剿，消灭了"专剿闯贼"的傅宗龙，李自成乘胜扩大战果，一口气将开封府周围的十几座所属县城全部扫平。扫清了开封城的外围之后，李自成率领他的大队人马，于崇祯十四年（1641）十二月，也就是第一次包围开封城的十个月之后，再一次包围了开封城。这次不再围而不攻了，他现在有了重武器，开始不断地轰击开封城。可是，这开封城实在太坚固了，炮轰了十几天，也没有什么成效。

李自成部下建议，使用炸药炸开开封城墙。李自成命令士兵在城墙下埋设炸药，希望通过爆破来攻破城墙。为增强炸药的威力，士兵们还在炸药中加入了石块和铁块。一旦炸药引爆、城墙炸开，数千名精锐骑兵就会发起冲锋，迅速进入城内。当所有准备就绪时，李自成一声令下，士兵们点燃了炸药。然而，只听见一声巨响，开封城的城墙毫发未损，而埋设的石块和铁块在坚固的城墙的反作用下四散飞溅。铁石横飞导致准备进攻的数千骑兵遭受了重大伤亡。李自成意识到攻破开封城并非易事，只得再次撤离。第二次进攻开封也以失败告终。之后，他转头南下，包围了河南的偃师城。

偃师城的守将是前述的左良玉。这位经常不听朝廷调遣的左良玉一见李自成包围偃师，立刻向朝廷请求援助。朝廷随即命令陕西巡抚汪乔年迅速发兵潼关，与左良玉共同夹击李自成。陕西巡抚汪乔年进士出身，但与同时代的文人相比，他有两大显著特点：

第一，节俭。汪乔年平常生活非常节俭，对自己要求严格，因此为官特别廉洁。

第二，尚武。汪乔年平日里痴迷于研究兵法，经常习武，并特别喜欢骑马射箭，甚至常常露宿野外，以练习生存技能。显然，这位文武双全的汪乔年一直准备着，在某个时刻能够展示他的才能并履行他的责任。

然而，汪乔年接到朝廷的命令，不禁感叹道："傅宗龙壮烈战死，再也没有人能够击败这股'贼寇'了。这次前往援救偃师的行动，虽然明知如同投身虎口，但为了国家的大义，我不能不行动！"

汪乔年虽然并不抱有胜利的希望，但他带领着陕西总兵贺人龙等人，发兵潼关后并没有按照兵部的意图前往偃师与左良玉合力夹击正在攻打城池的李自成。相反，他率领精锐骑兵直奔河南襄城。为什么汪乔年非要攻打襄城不可呢？因为襄城是李自成的主要根据地，汪乔年知道李自成必然会回师救援自己的根据地。这样一来，偃师的围困也会解除，这就是所谓的"围魏救赵"策略。此外，汪乔年还在李自成回师救襄城的途中设下伏击，准备与左良玉协力前后夹击李自成，力争将其消灭。这便是"围点打援"的计谋。可以看出，汪乔年确实对兵法颇有心得，这次战斗连续运用了两种计策。

汪乔年偷袭襄城成功，李自成得知消息之后，果然带兵来救襄城。汪乔年见李自成中计了，立刻派陕西总兵贺人龙等人，奔赴伏击地点迎战李自成，并且约左良玉出偃师城，从李自成的背后杀出，对李自成进行合围，这次即使不能彻底消灭李自成，至少也能击溃或者重创李自成。

事情安排妥当之后，汪乔年在襄城等待胜利的消息。然而，突然城中的士兵来报，李自成率领大军包围了襄城。汪乔年满是狐疑，心中想道："我已经派出部队伏击李自成了，他怎么可能会出现在襄城城下呢？"他亲自登上城墙一望，果然，李自成带领着庞大的军队将襄城团团围住，形势岌岌可危。汪乔年所率领的人马都已经前去伏击李自成，而周围没有任何援军，襄城成了一座孤立无援的孤城。李自成连续进攻了五天，最终襄城失守，汪乔年被俘。

那么，汪乔年派出去伏击李自成的部队去了哪里呢？作为负责合围李自成的左良玉又在做什么呢？李自成又是如何突然包围襄城的？在攻打襄城的五天里，为何没有任何援军前来营救汪乔年，最终导致襄城被李自成攻陷呢？原来，汪乔年麾下的贺人龙等三位将领，各自率领部队去伏击李自成，然而当李自成的大军冲来时，这三位将领却因为畏惧李自成而不敢交战，纷纷带领部队逃跑了。

那么，曾与汪乔年约定共同夹击李自成的左良玉又在做什么呢？他见到李自成撤围前往攻打襄城后，觉得自己的危险局面解除了，便不再关心其他人的生死。他没有追击李自成，更没有与贺人龙等人夹击李自成了。

半路打伏击的三路人马不战而逃，从背后夹击李自成的左良玉按兵不动，这样一来，李自成便直奔襄城。汪乔年驻守的襄城，完全成了一座孤城，被李自成轻而易举地拿下了。汪乔年这位杰出的将领，本来可以施展一番他的抱负和才华，没想到一仗下来，竟然成了李自成的俘虏。

李自成在俘虏汪乔年后，立即下令将他千刀万剐。李自成为何对汪乔年如此深恶痛绝呢？原来，汪乔年在接到出潼关进攻李自成的命令后，下令米脂县县令将李自成的爷爷和父亲的坟墓掘开，将他们的尸骨送至朝廷以求功劳。李自成得知自家祖坟被汪乔年命令掘开后，愤怒到了极点，对汪乔年心生无尽怨恨，恨不得将汪乔年碎尸万段。当李自成得知汪乔年带领明军攻打襄城的消息时，明知道这是汪乔年的"围魏救赵"计谋，却毫不顾忌，立即率领主力军队赶往襄城，与汪乔年决一死战。

本来，李自成犯了兵家之大忌，《孙子兵法》说："将不可怒而兴兵。"因为一怒之下，容易中敌人的计谋，所以李自成的愤怒，为明军提供了战胜他的极好机会。只可惜，汪乔年的部下和被他解救的左良玉，都不敢与李自成交战。李自成虽然犯了兵家之大忌，形成了那么好的战机，可是贺人龙和左良玉等人却根本没有胆量抓住这个战机。他们不但没有击溃李自成，反而还让李自成杀了汪乔年。这说明面对李自成的农民军，明军已经彻底失去了作战意志，即使有几个优秀的将军，也已经无济于事了。

李自成打败汪乔年之后，立刻回师向北，于崇祯十五年（1642）四月底，也就是第二次包围开封的半年之后，第三次包围了开封城。接受上次的教训，李自成不再白费力气攻城了，而是采取"围而勿攻，持久必克"[①]的战术，拉开阵势，准备长期对开封进行围困。

面对当前的危局，皇帝朱由检想起了一个人，希望他能够扭转局势。这个人就是孙传庭。此时，孙传庭与刚刚阵亡的傅宗龙一样，被囚禁在皇帝的监狱中。皇帝朱由检立即发布命令，释放孙传庭，并任命他为兵部右侍郎兼陕西三边总督。之前多次提及孙传庭，他是一位勇猛的将领。他担任陕西巡抚期间，在周至县的黑水峪设下埋伏，击败了农民军高迎祥的部队，并俘虏了高迎祥；在潼关南原，亲自率军击溃了李自成的军队，李自成带着剩下的十八个人逃进了商洛山。

然而，孙传庭为何会身陷囹圄？原因是在崇祯十一年（1638），清军越过长城进攻京师地区时，孙传庭奉命前往京师保卫。但在清军撤离中原后，崇祯皇帝任命他为保定总督，而孙传庭不愿接受这一任命。他有两个理由：首先，如果他留在京师地区，将为陕西农民军的残余力量提供机会，可能会重新起义；其次，他的士兵都来自陕西，长时间无法回家，可能会造成逃亡或叛变。然而，皇帝朱由检不顾孙传庭的建议，坚持派他去保定任职。孙传庭遂上疏皇帝，声称自己耳聋，请求退休。结果，他激怒了崇祯皇帝，被指责假装生病以逃避职责，遭到投入大牢的处罚。

当李自成第三次围困开封的时候，中原一带实在没有人能够带兵与李自成相抗衡了。这个时候，崇祯皇帝又想起了这位悍将孙传庭，他可是剿灭农民军

---

① （清）吴伟业：《绥寇纪略》卷九。

的功臣，能够把李自成打得只剩下十八个人，可以说是李自成的克星，因此，一定会有对付李自成的好办法。

孙传庭一出狱，崇祯皇帝立刻在文华殿召见了他。皇帝朱由检一见孙传庭马上问道："爱卿，你需要多少人马才能够破贼呢？"在大牢里待了三年多的孙传庭，根本不了解李自成当下的情况，只是根据自己过去的经验张口就说："得精锐五千人足矣。"皇帝朱由检一听将信将疑，心想："号称百万大军的李自成，五千人怎么可能打得过呢？"可是，皇帝看着孙传庭信心满满的样子，觉得他有经验，可能有什么退敌的妙招吧，也就相信了孙传庭的话。

孙传庭告别皇帝后，匆忙赶往西安赴任。到了西安之后，孙传庭立刻召集军事会议，各位总兵到齐之后，孙传庭当着众将的面，突然下令将贺人龙拿下，贺人龙高声喊冤，孙传庭当众宣布了他的罪状，然后推出去斩首，众将吓得脸色大变，浑身颤抖。

贺人龙是陕西米脂县人，万历年间的武进士，是洪承畴也是孙传庭手下的一员猛将，在镇压农民军的过程中，杀人如麻。比如，一支农民军向洪承畴投降，洪承畴接受他们的投降之后，设宴款待农民军的大小头目，大家正在吃喝，突然被冲进来的士兵全部杀了，一共杀了三百多人，具体执行这次任务的就是贺人龙，因此农民军称他为"贺疯子"。当这位贺疯子被斩的消息传到李自成的部队的时候，李自成的士兵个个喝酒庆贺，都说："贺疯子死了，取关中如探囊取物！"

可是，贺人龙的手下在咸阳听到贺人龙被杀的消息之后，立刻聚众哗变，并且推贺人龙的侄子为首领，歃血为盟，发誓要为贺人龙报仇。贺人龙的侄子对众位哗变的将军们说："这是皇帝的命令，我伯父接受命令而死，还算是忠臣，如果你们要找皇帝报仇，那就辱没了我伯父的心。各位将军如果非要报仇不可，那就请你们先把我全家都杀了吧！"

就在双方僵持不下的时候，孙传庭赶到了咸阳，拿出了崇祯皇帝的圣旨，向贺人龙的部下解释，杀贺人龙全是崇祯皇帝的旨意。那么，崇祯皇帝要杀贺人龙，具体有四条理由：

其一，在四川围剿张献忠的时候，贺人龙不听杨嗣昌的调遣，擅自带兵返回陕西，致使张献忠逃出包围，至今仍未消灭这支农民军。

其二，在河南新蔡县遭遇李自成的时候，贺人龙只顾自己逃命，致使总督傅宗龙陷于包围，最后被李自成俘获杀害。

其三，在河南襄城外伏击李自成，贺人龙没有开战就先带队逃跑，致使伏击李自成的计划失败，李自成攻陷襄城，俘获另一位总督汪乔年，汪乔年被李自成千刀万剐。

其四，贺人龙是陕西米脂县人，因此皇帝怀疑贺人龙通敌。

听了皇帝的四条理由之后，贺人龙的部下们无话可说了。

这四条理由，除了第四条仅仅是怀疑之外，其他三条的确是贺人龙所为。因此，崇祯皇帝这样做还是有他的道理的。因为面对李自成、张献忠的农民军，明军的将领们的确毫无斗志，不听调遣，如果再不进行整治，这军队就根本不听号令了，大明朝也就维持不了几天。可以说，皇帝朱由检这是杀一儆百。

然而，当前的局势已经使得皇帝朱由检的努力徒劳无功。李自成的势力此时已经变得极为强大，即使是像孙传庭这样的勇猛将领，在面对李自成的农民军时也开始感到胆怯，不敢轻易与其决战。原因就在于，当孙传庭离开北京返回陕西途中经过河南时，他远远望见了李自成的大营，这才意识到李自成的势力已经发展到令人惊讶的程度，同时也意识到自己在皇帝面前夸大了实力。然而，这种夸大已经无法收回。面临这一情况，孙传庭陷入了困惑。

刚刚就任不久，孙传庭多次接到朝廷的催促，要求他立即率领陕西三边的军队出关，前往河南解除封锁。然而，孙传庭明白自己的力量根本无法与李自成的农民军相抗衡，于是向皇帝提出："必须训练两万士兵，并且需要一百万军饷才能行动！"崇祯皇帝立即发出训斥，表示："原本约定只需五千精锐就能击败贼寇，怎么突然增加到两万人？而且，这一百万军饷如何能够立即筹措到？立刻带领军队出关，不要再找借口！"在崇祯皇帝再三严令催促下，孙传庭无奈之下只能出发。

为了对李自成形成两面夹击的效果，崇祯皇帝又下旨，把前任户部尚书侯恂从监狱中释放出来。侯恂以户部侍郎的身份，总督保定、山东、河北军务，率军从山西进兵，与孙传庭合力，对包围开封城的农民军形成合围之势，以解开封之围。

侯恂在担任户部尚书期间，因得罪当时的内阁首辅温体仁而遭受弹劾，被打入大牢。在牢狱中度过了整整六年的时光。皇帝朱由检突然想起他是出于什么考量呢？另外，作为户部侍郎，负责财政事务的他，为何被委派担任总督一职呢？实际上，皇帝之所以想起侯恂，并非因为他有制敌策略或真正的军事能力，而是因为他与左良玉有着师徒情谊，左良玉受过他的恩惠。当前，左良玉威望极高，自行其是，不听调遣，皇帝希望通过侯恂与左良玉的关系，使左良玉能够出兵援救开封。

崇祯皇帝从大牢中找寻并复用了一些大臣，也许你会感到奇怪，也就觉得这是不得已而为之的办法了。关键时刻，在囚犯中找到所需的人才，并立即任命为总督，这其实这体现了专制统治者的特点，因为大多数专制统治者具备以下三个特征：

第一，不喜欢有个性的人。在人才中，优秀者往往具备鲜明的个性特征。缺乏个性的人很难产生创新思维或展现出卓越才华。然而，具备个性的人通常不喜受制于规章制度，他们倾向于自由行事，不拘泥于传统规范，这可能引起领导者的不悦。

第二，不舍得杀有个性的人。尽管皇帝一般对有个性的人持不喜欢的态度，但会视具体情况而做。当需要利用某位人才时，皇帝可能会容忍其个性。然而，一旦不再需要他们，皇帝可能对这些个性鲜明的人产生厌恶。然而，皇帝又往往不忍心立即处置这些人才，因此最好的方法就是将其关押在大牢中，待需要时再作打算。

第三，用得着的时候态度就变了。当国家面临危难时，需要那些具备个性的人才参与战斗，甚至牺牲自己的生命。在这种情况下，这些人才的个性并不会令人讨厌。事实上，皇帝的态度也会发生改变。

朱由检在这方面展现的特征非常典型。比如，傅宗龙因为弹劾了皇帝心爱的大臣杨嗣昌，顶撞了被皇帝器重的将领洪承畴。孙传庭只是不愿留在保定，坚持返回陕西。而侯恂则因得罪了皇帝喜欢的内阁首辅温体仁而被关押。这些不服从领导的人，在不需要他们时自然会讨厌他们，但一旦需要他们，皇帝不仅不讨厌他们，还会赋予他们重要任务。

侯恂一出狱，即提出一项令皇帝朱由检非常厌恶的建议。他建议皇帝放弃解救开封，转而派兵在黄河、江淮、潼关和荆襄四个方向设防，以阻止李自成的扩张，并将中原地区留给他。侯恂指出，该地区连年受干旱、蝗灾等自然灾害困扰，灾民遍布，根本无法养活李自成的庞大军队。只要剥夺其粮饷，百万大军必将自行溃散。这一建议虽然大胆，但相当具有见地。如果能够成功守住四个方向，李自成的军队必将陷入困境。然而，这样的建议无法被崇祯皇帝接受。

由于朱由检决不能坐视开封失守，更不愿放弃中原，崇祯皇帝严令侯恂充分利用其影响力，调动左良玉率领部队，迅速接近开封城。经过侯恂的劝说，一向傲慢、不受拘束的左良玉终于决定北上救援开封，皇帝朱由检成功运用了这种利用人情关系指挥强悍将领的策略。因此，数十万明军会聚于开封南方的朱仙镇，与李自成的军队遥相对峙。

然而，当督师丁启睿下令左良玉出击时，左良玉却找各种借口称："'贼寇'的士气正处于高涨阶段，尚未到出击的时机。"丁启睿因此下令其他将领出击，而其他将领因畏惧而不敢行动。左良玉返回自己的大营后，并未准备出击，反而在夜间秘密向西方撤退。然而，他的撤退却在途中遭遇李自成的埋伏。在左良玉反应过来之前，全军已经覆灭，只有他带着几个随从逃往襄阳。左良玉的逃亡导致明军全线崩溃。督师丁启睿在逃亡过程中连同督师的大印和尚方剑都失去了。崇祯皇帝得知这次战败的情况后，立刻下令逮捕丁启睿。因此，这位胆怯的督师被囚禁到皇帝的大牢之中。

朱仙镇的全线崩溃，使得开封的形势更加危难了。为了避免朱仙镇大溃逃再度出现，朝廷派出御史监军，分头监督各镇兵马，命令他们援救开封。可是，这些将领们屯兵于黄河北岸，就是不敢前进一步。

开封被围多日，军中已经断粮。开封巡抚下令在城内挨家挨户搜粮，将城内仅存的粮食充当军粮，根本不管百姓的死活。开封城内"十室十空，人始相食"。意思是，家家户户都没有了粮食，人们开始人吃人了！

在这种困境下，有人向开封巡抚献计，扒开黄河大堤，用黄河水淹驻扎在黄河故道上的李自成大营。理由是：黄河大堤决了之后只会把李自成的农民军全部冲走，却不会流入开封城。于是，开封的地方官员们一致决定，凿开朱家寨口的黄河大堤。当时正在下大雨，黄河暴涨，汹涌的黄河水立刻向李自成的大营冲去。

第二十四章

陕西沦陷

崇祯十五年（1642）九月，开封上游的黄河大堤突然决口，当时天正在下大雨，黄河水位上涨，汹涌的黄河水冲破开封城的北门，整个开封城完全被洪水淹没，城中三十七万百姓大多被淹死，仅逃出不到三万人。可问题是，当时是九月份，黄河的汛期已过。黄河的大堤突然决口显然是人为破坏的。谁会干这种伤天害理的事儿呢？有人说是李自成，有人说是开封巡抚，那么，这黄河大堤究竟是谁挖开的呢？

事情经过大致如此：开封城被围困已有数日，城内居民已无粮可食，人们开始陷入饥荒之中，甚至不得不以食人苟活。面对这种绝境，有人向开封巡抚献策，提议破堤引黄，让黄河水淹没驻扎在黄河故道上的李自成大营。他们原本以为，开封城拥有坚固的城墙，黄河破堤后只会冲散围困开封的农民军，而不会波及城内。因此，开封的地方官决定，在朱家寨口凿开黄河大堤。汹涌的黄河水果然直奔李自成的大营，李自成随即率部队转移到较高的地势。但由于大水来势迅猛，农民军猝不及防，数万士兵被洪水卷走。愤怒之下，李自成发动数万民夫在马家口挖开黄河大堤。两处口子涌出的黄河水汇聚，其威力倍增，结果大水冲破了开封城的北门，使得城内淹没在洪水中。那些王公贵族因事先获悉消息，得以逃离生命之险境，而可怜的却是绝大多数普通百姓被湍急的黄河水夺去了性命。

战争，无论以何种名义发动，最终遭殃的永远都是普通百姓。

就这样，开封最后成了一片水乡泽国。明朝与李自成历时两年半时间，经过三次的反复争夺，结果谁也没有得到。李自成本来想占据开封建立自己的政权，与大明王朝分庭抗礼，可是，这场大水一冲，打乱了他的计划。环顾全国各地，能够成就帝王基业的地方，就只有陕西了。于是，李自成下决心，打回老家去。可是，这个时候皇帝朱由检从监狱里放出了孙传庭，让他担任陕西三边总督。李自成心想："孙传庭可是我的老对手了，和他交手还没有胜过，高闯王就死在他手上，况且潼关易守难攻，只要孙传庭固守潼关，我就是有再多的人马，也很难攻入关中。唯一的办法就是设法将孙传庭引出潼关，与他在中原决战，让他无险可守。可是，孙传庭要是一直待在陕西不出来怎么办呢？这好办，咱就在中原和湖广一带使劲儿地折腾，朱由检一定会下令催孙传庭出关与我作战。"为了达到调动孙传庭出潼关的目的，李自成越过开封，挥师南下。

李自成猜得很对，孙传庭的确不想出潼关作战，朝廷和皇帝已经催了他多次了，可是他一再推托，理由是"招募的新兵还没有训练好呢！"其实，孙传庭是有些担心自己不是李自成的对手。但是，在崇祯皇帝和朝廷的多次催促之下，孙传庭顶不住压力，只好带兵出发去解开封之围。可是，当孙传庭刚刚到达潼关的时候，明军和李自成分别掘开了黄河大堤，开封被洪水淹没，李自成率领他的农民军越过开封南下了。孙传庭以为李自成的部队被大水淹得溃不成军了，觉得这是个好机会，于是立刻率兵向南阳方向前进，寻找战机准备与李自成的残余部队一决雌雄。

崇祯十五年（1642）十月，孙传庭的部队和李自成的农民军在河南的鲁山与郏县之间相遇，久违的老对手终于在五年之后，再度交锋了。

孙传庭这个人，特别善于打伏击战。这次他为了彻底消灭李自成，兵分四路，设置了三道防线，然后，派一股人马去袭击李自成的部队，双方一接触，明军便边打边退，孙传庭的目的就是要把李自成的部队引入他预先设置好的埋伏圈。李自成的农民军果然跟在孙传庭部队后面，一步步地进了埋伏圈，等到李自成的部队完全进入伏击圈的时候，孙传庭一声令下，四路人马立即全线出击，把进入伏击圈的农民军打得大败而逃，沿路丢弃了许多武器、物资。明军官兵顾不得追击溃败的农民军，纷纷下马抢战利品，战场立刻陷入一片混乱。

正在此时，李自成的主力部队突然从明军的背后杀出，孙传庭的四路人马遭到了李自成的猛烈攻击，溃不成军，节节败退。原来，李自成早已识破了孙传庭的计谋，因此他采取了先发制人的策略。他派遣小股部队深入孙传庭的伏击圈，并在孙传庭发动进攻时假装被击败，故意抛弃各类武器和财物于路上，引诱明军官兵下马争夺。当明军下马争夺战利品时，李自成的主力部队趁机突袭，迅速击溃了孙传庭的部队。因此，孙传庭再次出山后的第一场战斗以惨败告终，他的实力遭受了重大损失，不敢再与李自成纠缠，立即带领部队撤回潼关。

李自成意识到追击孙传庭已无益处，尽管孙传庭遭遇重大失利，但其实力尚未受损，就算强攻仍无法攻破潼关。于是，李自成决定继续在中原地区活动，迫使孙传庭再次出潼关。接下来，李自成开始清剿河南境内的残余明军，河南境内的守军毫无抵抗之力，李自成大军所到之处，明军要么望风而逃，要么束手就擒。很快，李自成消灭了河南全境的明军。

占领了整个河南之后，李自成发现孙传庭毫无动静，似乎没有再次出关与他决战的意思。因此，他决定转向彻底消灭左良玉，清剿湖广地区的明军。那么，此时左良玉身在何处呢？在被李自成击败于朱仙镇后，左良玉仅带着几个随从逃至襄阳。一抵达襄阳，他立即开始招募士兵和购买战马，不久便聚集了二十多万人。然而，这些士兵大都是乌合之众，其中一半无法获得粮饷，只能依靠抢劫为生，这令当地百姓对左良玉的军队忍无可忍。

得知李自成率军南下的消息后，左良玉深知自己根本不是其对手，于是在樊城着手建造船只，准备通过汉水逃离。然而，樊城的百姓却纵火烧毁了左良玉的船只，并充当李自成部队的向导。当李自成的大军逼近襄阳时，左良玉默认士兵洗劫襄阳和樊城，随后逃往承天府（今湖北钟祥市）。结果，襄阳城轻而易举地被李自成夺取。

左良玉逃到承天府后，遭到巡抚的拒绝，因担心他的部队会进城抢劫。无奈之下，左良玉只得率领部队继续逃往武昌。武昌是楚王的封城，左良玉到达后向楚王勒索十万军饷，但遭到楚王的拒绝。于是，他下令在武昌城进行抢劫。就在此时，李自成的大军紧逼武昌。为了躲避李自成，左良玉乘船从汉阳沿江东下，所经之处无论人畜都被掠夺一空。他的部队真正成了名副其实的"官盗"。

相较于左良玉手下这群"官盗"，李自成的部队展现出截然不同的形象。这时的李自成摒弃了早期起义农民军的特点，在政治上采取了一系列措施，使他领导的农民军呈现出全新的面貌。李自成所采取的具体措施主要包括以下三个方面：

第一，建立政权。李自成占领湖广地区之后，在襄阳建立政权，自称"新顺王"。仿照明朝的政治制度，建立内阁、六部，国家机构一应俱全，俨然一个与朝廷分庭抗礼的政权。

第二，剿兵安民。李自成知道，要想与朝廷分庭抗礼，仅仅建立一个政权是不够的。他意识到，像之前的闯王高迎祥一样单纯建立政权，并没有比明朝政府更出色的政治主张和争取民心的政策措施，那样会缺乏竞争力。因此，李自成提出了"剿兵安民"的政治口号。他广泛发布檄文，一方面揭露当朝皇帝横征暴敛和明军劫掠百姓的罪行，另一方面，发布告示广泛宣传"三年免征，一民不杀"的政策。崇祯年间，明朝政府一直对百姓横征暴敛，导致民不聊生，因此，李自成的这一政策对百姓具有极大的吸引力。

第三，严肃军纪。李自成为了进一步赢得民心，向天下人表示自己的农民起义军是一支解民倒悬的"仁义之师"，宣布了严格而简要的军纪："杀一人者如杀吾父，淫一女者如淫吾母。"[1]他在严禁自己的士兵对普通百姓烧杀淫掠的同

---

[1]（清）张岱：《石匮书》卷五十六。

时，将没收贪官污吏、豪强巨富的财产，在满足军饷的前提下，救济穷人。

李自成的政治攻势取得了成功，民间传诵着这样的歌谣："杀牛羊，备酒浆，开了城门迎闯王，闯王来时不纳粮。"①

在李自成发生巨大变化，逐渐取得政治上优势地位时，皇帝朱由检没有意识到这些，既没有调整政策，也没有对自己的部队进行严格的管理，反而继续宠信左良玉。朱由检派遣太监前往左良玉驻地慰问，并下旨嘉奖左良玉，赏赐他六十两白银，奖励其麾下将士三千两白银。

皇帝朱由检也是没有办法，只能继续宠信这位战事中逃跑，并纵容士兵进行烧杀劫掠的"官盗"将领。虽然他了解左良玉的所作所为，及其对明朝带来的负面影响，但是，眼下形势所迫，他只能依靠左良玉。毕竟，左良玉手下掌握着二十万大军，这在整个中原和湖广地区已经是上限兵力。虽然这二十万大军素质参差不齐，但在朱由检心中，它们仍然是珍贵的财富。而且，李自成已经逼近武昌，长江中下游及南京城的防守只能依赖左良玉了。因此，崇祯皇帝虽然内心对左良玉十分不满，但仍然得装样子来拉拢左良玉，只期望他能够歼灭李自成的农民军。

然而，无论皇帝朱由检如何努力拉拢左良玉，他都不敢与李自成交战。左良玉在湖广地区已经失去影响力，这让局势变得更加糟糕，崇祯皇帝只好召集群臣共商如何应对。然而，面对这一困境，大臣们都无法提供有效的解决方案，他们陷入沉默之中。在这个寂静的氛围中，朱由检突然失声痛哭，一边哭泣一边对内阁大学士吴甡说："自从杨嗣昌去世以来，再也没有人能够承担督师的重任，才导致了今天这样的局面。爱卿，你曾经在守卫边疆方面有经验，是否愿意前往湖广担任督师，恢复湖广的局势呢？"崇祯皇帝已经没有权威来发布圣旨，只能以情动人，乞求自己的大臣。

面对皇帝的哀求，吴甡又会做何反应呢？吴甡作为一个正直的人，曾因多

---

① （清）张岱：《石匮书后集》卷六十三。

次上疏弹劾魏忠贤而被降职为平民，而在崇祯皇帝登基后，吴甡得以恢复官职，担任过陕西巡按和山西巡抚等职务。正因如此，皇帝朱由检说他有过守卫边疆的经验。尽管吴甡原本不愿应允，因为他明白自己无力改变目前的局势，然而，当皇帝在他面前哭泣成这样，他无法拒绝皇帝的请求。朱由检一听到吴甡答应担任湖广督师，立即止住了哭泣，并任命吴甡为内阁大学士兼兵部尚书，赐予尚方剑，派他前往湖广担任督师。吴甡在危难之际接受了这一任命，这让崇祯皇帝心中再次燃起了希望。

然而，没过多久，皇帝朱由检突然发布诏书，取消对吴甡的任命，导致吴甡只能上疏请求退休，而皇帝也立即批准了他的请求，让他返乡。这一转变令人感到困惑，因为就在几天前，皇帝朱由检还曾痛哭着要求吴甡担任湖广督师，现在又突然取消了这一任命，并同意吴甡离任。当时崇祯皇帝的理由是，吴甡故意拖延时间，贻误了战机。

然而，这只是皇帝朱由检的借口。皇帝朱由检之所以反复无常，实际上是基于以下两个原因：

第一，督师手下无兵。

吴甡接受了湖广督师的任命之后，对崇祯皇帝说："左良玉这个人专横跋扈，根本不听指挥，您让我督师湖广，必须给我调集三万精兵。"皇上回答说："三万精兵你让我一时从哪儿调集啊？"可是，吴甡的要求完全合理啊，因为督师手中没有部队，叫什么督师啊！崇祯皇帝立刻命令兵部尽快发兵给吴甡。可是兵部却回答："这会儿清军还在京师地区没有撤呢，兵这会儿不能调，要调也得等到清军撤了再说。"结果，吴甡手下没有一名士兵，这没有士兵的督师就是一个光杆司令，去湖广没有任何意义。

第二，吴甡不听话。

皇帝朱由检派吴甡督师湖广，是让他恢复湖广，可是，吴甡却要带兵开赴南京阻止李自成南下。崇祯皇帝对吴甡说："我要你去恢复湖广，南京离湖广那么远，你带兵退守南京干吗？"吴甡辩解道："左良玉飞扬跋扈，不听指挥，现在又拥兵自重，占据江汉地区。如果我手中有重兵的话，既可以遏制李自成的进攻，又可以驾驭左良玉，这样才能起到督师的作用。我是出师南征，兼顾南京和湖广两个地方，怎么会是退守呢？"吴牲虽然振振有词，但完全背离了崇祯皇帝的意愿。

首先，崇祯皇帝并未给予吴牲任何兵力支援。其次，即使有兵力供给，吴牲也没有按照皇帝的要求行事。因此，皇帝朱由检感到愤怒，索性取消了吴牲担任湖广督师的任命。然而，这样一来，收复湖广、恢复中原的计划就陷入了困境。

的确，中原和湖广地区已经基本落入李自成和张献忠之手，京师地区也受到清军的威胁，左良玉手下的二十万乌合之众根本不可靠。面对这样的局势，崇祯皇帝别无选择，只能寄希望于孙传庭身上。因为，孙传庭手下还有三万陕西的三边劲旅。于是，崇祯皇帝决定任命孙传庭为七省督师，授予兵部尚书衔，赐予尚方剑，并赋予他指挥中原战事的全权。他催促孙传庭迅速出潼关，前往河南和湖广与李自成展开决战。

孙传庭自从中原一仗败给李自成之后，知道自己的力量一时无法与李自成抗衡，如果再出兵中原与李自成决战，很有可能会被李自成消灭。因此，孙传庭不主张立刻出战，他要扼守潼关，一方面积蓄自己的力量，另一方面等待时机。所以，朝廷连续催了几次，孙传庭一直按兵不动。有人说孙传庭怯战，被李自成打怕了。无法否认孙传庭有怯战的因素，但是，孙传庭固守潼关的战略是正确的，主要有三个理由：

第一，出潼关必上当。

自黄河决堤淹没开封城后，李自成下定决心要返回陕西，实现他的王业。然而，孙传庭作为陕西的驻军，成为李自成回归陕西的一大障碍。虽然李自成人数众多，但潼关地势险要，易守难攻。而孙传庭率领的三万多名职业军人，都是经历过战场考验的精锐部队。他们坚守潼关，使得李自成难以轻易获胜。

李自成在中原和湖广不断发起军事行动，一方面是为了清除攻打陕西的后顾之忧，另一方面则是施加压力于朝廷，迫使崇祯皇帝逼迫孙传庭出关作战。如果孙传庭离开潼关展开战斗，他将失去地理上的优势，而且双方力量对比悬殊，孙传庭必然面临失败。一旦如此，陕西的大门就会被打开。

第二，时机未到。

孙传庭并非只想守住潼关，偏安一隅。他是在等待时机。孙传庭对全局的形势很清楚，他知道李自成的势力已经非常强大，自己手头的部队根本无法与李自成正面争锋。不过，中原一带连年大旱，根本无力养活李自成的百万大军。不出半年，李自成的农民军就会缺乏粮草。百万大军，三日无粮，军心必乱。到那个时候再进攻，取胜的把握就会大得多。在当时的情况下，孙传庭选择固守潼关，等待李自成军队因粮草不足而发生内乱的决策是上策。

第三，唯一的兵力。

从当时的情况看，明朝的主力军，除了辽东的边防军、湖广的左良玉部之外，就剩下据守陕西的孙传庭这支部队了。由于大清的压力，边防军自顾不暇，根本没有能力进关参加恢复中原、湖广的作战。左良玉虽然有二十万大军，但基本上是乌合之众。再加上，左良玉既不敢与李自成交战，也不听朝廷调遣。因此，孙传庭的部队是大明王朝唯一的一支生力军。当时兵部侍郎张凤翔就提醒皇帝朱由检说："孙传庭率领的都是天下的精兵良将，皇上只有此一付家当了，不可轻动。"这话说得太准确了，孙传庭驻守在关中还可以保持力量，待机而动。如果让他出关到中原与李自成决战，一旦失利，不仅中原残局不可收拾，陕西和山西也就都丧失了。所以说，这个时候逼迫孙传庭出潼关作战，那就是在拿大明王朝最后一线希望赌博。

考虑以上这三个原因，孙传庭最好留在陕西，等待出关的最佳时机。所以，他一再坚持固守潼关，以观其变。可是，皇帝朱由检急切地要收拾中原残局，恢复湖广秩序，甚至还希望能够消灭李自成。因此，一再催促孙传庭立刻出关，与李自成决战。

然而还有一股力量，催促孙传庭出潼关与李自成决战，这股力量来自陕西的民众。或许有些人会对此表示怀疑，认为陕西民众为何会希望孙传庭离开潼关与李自成交战呢？这一切归咎于孙传庭自身的行为。孙传庭得罪了陕西的富有阶层。

事情是这样的：经历上次的惨败后，孙传庭退回陕西并积极扩充军备，但他的兵力仍然相对薄弱，无法与李自成的强大兵力和攻击能力抗衡。为了解决这个问题，孙传庭提出一种富有创意的办法，即发明一种新式武器。

这种新式武器是一种配备火器的马拉战车，被称为"火车"。这些战车上装载着粮食、弹药、弓箭等各种武器。孙传庭设想这种战车可以在移动中抵挡敌人骑兵的冲击，在停下来后则形成坚固的堡垒。这个设想可以说是最早的坦克概念。孙传庭对自己的设想非常满意，于是他雇用了许多工匠，日夜赶制了两万多辆这样的"火车"，耗费了大量的人力物力。

然而，正当孙传庭在努力筹备时，陕西遭受了严重的干旱。为了应对干旱造成的困难，孙传庭下令富有的人捐助救灾。然而，这一举措却引起了陕西富绅们的不满。他们利用自己在朝廷的关系，积极制造舆论，不断迎合崇祯皇帝的意图，催促孙传庭出战。他们声称孙传庭"以打李自成为借口，浪费朝廷的军费"，还宣称"陕西人民生活在水深火热之中"，甚至威胁道："孙传庭如果再不出关，必将受到制裁！"

陕西的士绅为了摆脱自己的负担，希望孙传庭早日出关，恰恰符合崇祯皇帝的心思。崇祯皇帝心急火燎地恨不得马上挽回河南和湖广的败局，措辞更加严厉地催促孙传庭出关作战。就这样，两股力量形成共同的压力，孙传庭再也顶不住了，终于带着大明王朝最后一支战略预备队，到基本没有多少胜算的中原战场。

皇帝朱由检明知道陕西的部队是大明王朝最后的一份家当了，还非要命令孙传庭领兵出战，大概有三个原因：

第一，皇帝朱由检做事急于求成。皇帝朱由检遇事总是急于求成，这是他的性格。比如，崇祯元年（1628）户科给事中韩一良上疏弹劾天下最大的贪官，皇帝朱由检下令，让韩一良五天之内查出天下最大的贪官。崇祯元年任命袁崇焕为蓟辽督师，甚至希望袁崇焕"五年收复辽东"。

第二，皇帝朱由检抱有侥幸心理。皇帝朱由检心想，既然输得只剩下一份家当，索性趁李自成在河南立足未稳，与李自成做最后一搏，万一能够取胜，形势就会发生逆转吧？这就有几分像快输光了的赌徒，想凭借这最后一点儿本钱把老本捞回来。

第三，皇帝朱由检不信任孙传庭。孙传庭的困境导致皇帝朱由检对他的印象不是很好。作为陕西的一方诸侯，孙传庭手下大多是陕西人，因此他可能成为陕西地区的割据势力。朱由检皇帝非常担心最后一支部队藏身在潼关内，自行其是，不听从朝廷的命令。无论孙传庭出关后的结果如何，只要他出关，就意味着皇帝的权威仍然存在。

由于这三个原因，皇帝朱由检多次催促孙传庭出兵潼关。孙传庭在皇帝的巨大压力下，别无选择，决定出关。在离开之际，他感叹道："无可奈何啊！虽然我知道此行一去不复返，但是作为一个大丈夫，怎么可能再去面对那些狱吏的嘴脸！"他的意思是，他已经在监狱中度过了三年，不愿因违抗君命而再次入狱。在给新任兵部尚书的信中，他写道："我明白这次战斗可能不会取得胜利，只能依靠侥幸和万一了。"

《孙子兵法》说："胜兵先胜而后求战，败兵先战而后求胜。"[1]意思是，要想取得胜利，必须有必胜的把握才去参战；根本没有必胜的把握，打起来才看，那就必败无疑了。孙传庭在朝廷和陕西士绅的压力下，根本没有胜利的把握，完全靠侥幸出战，他犯了兵家的大忌。

孙传庭率军出潼关之后不久，李自成为了让孙传庭放心大胆地进入中原地区，怕他再度退回潼关固守，因此故意示弱，让孙传庭取得了一场小胜。孙传庭根本没有看出李自成的计谋，却马上给皇帝报功，而且有些得意忘形地说：

---

①《孙子兵法·军形篇》。

"从'贼寇'中逃回来的人说，贼寇们一听见臣的名字，就都溃逃了。臣发誓一定要肃清河南、湖广，不留一个敌人让皇上担忧！"

崇祯皇帝把孙传庭的报捷奏疏拿给大臣们看，大家都不以为然，兵部侍郎张凤翔看出了李自成的计谋，提醒皇帝说："李自成很狡猾，一定是用示弱的方法，引诱我们上当。"结果被皇帝一顿斥责。有一位没有任何官职的进士上疏提醒崇祯皇帝说："歼灭李自成是件大事，必须有长期作战的准备，请求皇帝命令孙传庭应该固守，不可随意出战。"可是，崇祯皇帝根本不理会，他太心急了。在他看来，孙传庭一出关便可马到成功，消灭李自成指日可待。他立刻向吏部、兵部和工部尚书发布谕旨，一方面命令他们一定保障给孙传庭的粮草供应，另一方面，责成他们开始安排战后社会秩序和经济生产的恢复。在皇帝看来，已经是胜券在握。

有了皇帝的支持，又接连几天都屡获小胜，孙传庭更加不理智了。有一天，孙传庭的手下抓住了一个俘虏，据这位俘虏交代："李自成的老营被官军所破，辎重和家属都死了，整个军营都在痛哭，督师的军威大振！"孙传庭一听，大喜过望，立刻催促部队快速南下。

正当孙传庭以为稳操胜券的时候，老天爷不帮忙，连日大雨滂沱，道路泥泞，粮草无法接济，士兵马匹都陷入饥饿之中，五天不能前进一步。部将怕遭不测，劝孙传庭赶快退兵，孙传庭固执己见地说："部队已经到此，退回去一样挨饿，不如攻下郏县就有吃的了。"可是，攻下郏县之后，只有二百多头羊，一下子吃得精光，大雨还下个不停。部队士气大为低落，这时传来有下属军队哗变的消息，军心一时非常不稳。孙传庭只好宣布退兵。可是，退兵的命令一下，部队的秩序又开始乱了，杀了几个带头溃逃的士兵，还是恢复不了。

就在这个时候，李自成的部队从后面追来。新练的火车兵从没打过仗，不知道如何应敌，纷纷弃车逃命。这些新式武器，全堵在车道上，部队乱作一团。李自成指挥骑兵，腾空跃过火车，追杀官军，一天一夜追赶四百里，官军死伤四万多。孙传庭丢弃大批军需物资，逃过黄河。当孙传庭的船行驶在河中的时候，他要跳黄河自尽，被左右随从死死抱住，并好言相劝道："您的生命关系着国家的存亡，这么死了有什么用？还是赶紧回潼关，据险死守，再等待机会吧！"孙传庭只好退入潼关，虽然保住了性命，但是他手下的精锐部队损失了一大半。

孙传庭本来是一位遇事沉稳，很有军事才能的将军，曾经多次打败过农民军。而且，他与李自成长期交战，了解李自成的战法和为人，这次怎么会轻易上了李自成的当，而且败得这么快，输得这么惨呢？其中大概有三个原因：

第一，皇帝的压力。孙传庭本来要坚守潼关等待时机，可是，皇帝朱由检却没有耐心，恨不能立刻恢复中原，结果下死命令，逼迫孙传庭出关，这是孙传庭失败的直接原因。皇帝对孙传庭的压力，也正是李自成所希望的。

第二，侥幸的心理。对于出关作战，孙传庭根本没有取胜的把握，可是他又顶不住皇帝的压力，就只能抱着侥幸心理去打仗了。在这样的心态下，他就失去了对敌情判断的能力，特别容易被小胜冲昏头脑，结果上了李自成的当。

第三，敌人的强大。不可否认的是，李自成已经不再是当年被孙传庭追得到处跑的李自成，明军与农民军的力量对比太悬殊了。因此，孙传庭过去与李自成作战的经验就显得过时了。

孙传庭大败的消息传到北京，崇祯皇帝听说之后感到非常意外，立即开会讨论如何应付这局面，大臣们一致认为必须固守潼关。皇帝朱由检这个时候也认为固守潼关是对的，可是却下旨斥责孙传庭"轻进寡谋，督兵屡溃"[1]，意思是，孙传庭轻率地发动进攻，没有谋略，指挥打仗总失败。崇祯皇帝借此免去了他督师和兵部尚书的职务，让他收拾剩下的兵力坚守潼关，戴罪立功。如果让李自成的农民军进入陕西，新账老账一起算。

本来孙传庭要坚守潼关，可是崇祯皇帝一再催促他出关作战，现在打了败仗，责任却成了孙传庭的。这就是皇帝，由于他是最高领导人，打仗前可以不

---

① （清）彭孙贻：《流寇志》卷八。

听前线指挥官的意见，一意孤行地坚持自己的意见；由于权力在他手里，一旦打了败仗，就可以把责任全部推到前线指挥官身上。不过，面对失败，皇帝朱由检终于采纳了孙传庭当初坚守潼关的建议。可是，为时已经太晚了！

崇祯十六年（1643）十月初六，还没有等皇帝朱由检的谕旨送出北京城，李自成的先头部队已经抵达潼关。孙传庭手下的将领提出放弃潼关，退守西安，凭借西安的城墙抵御李自成的进攻，孙传庭痛斥说："一旦贼兵入关，关中必然遭难，要我们这些当兵的有什么用？"显然，孙传庭准备死守潼关，要与潼关共存亡。这个时候，李自成的部将来攻潼关，见潼关防守严密，一时难以攻下，于是装作失败的样子溃逃了。孙传庭一见攻关的敌人逃跑了，立刻带兵出关追击。可是，却进了李自成事先设好的埋伏圈。一时间巨炮齐发，伏兵四起，一场混战之后，孙传庭死于乱军之中，事后连尸体都没有找到。孙传庭一死，潼关很快就被攻破了，李自成的农民军迅速进入陕西，从潼关到西安这一路上的陕西守军纷纷弃城而逃，十天之后李自成就占领了西安。

李自成占领西安之后，立刻分兵三路出击，各地官军将领纷纷投降，不久李自成就控制了陕西全境。局势已经无法挽救了，可是，朝廷的大臣们却错误地估计了形势。内阁首辅陈演在皇帝召开的御前会议上说："李自成进入关中地区之后，必然会贪恋美色和财富，这就像老虎落入了陷阱"；吏部尚书分析说："陕西地势险要，易守难攻，占据三秦便可号召天下。李自成对陕西垂涎已久，一定会以陕西为家的。"

可惜朝廷的大臣们错了。李自成占领西安之后，既没有沉醉于美色、财富，也没有在那里安居乐业。恰恰相反，李自成在控制了陕西全境之后，立刻派兵五十万征讨山西，并且向山西各州县发出通牒宣布："嗟尔明朝，大数已终！"[①]意思是，大明朝的死期到了。几天之后，李自成的前锋部队兵出陕西，东渡黄河，进入山西境内，一路攻城拔寨，所向披靡。

---

① （清）谈迁：《国榷》卷九十九。

第二十五章

都城南迁

崇祯十七年（1644）正月初一，朱由检召集内阁大臣开会，讨论如何应对李自成对山西的进攻。大臣们纷纷建议，必须尽快组建一支生力军，去阻挡李自成的农民军进一步向东发展。因为，自从孙传庭的部队被李自成消灭之后，中原一带就没有部队能够阻挡李自成的进攻了。可是，要组建军队就必须得有军饷，一提到军饷，大家就没招了，都感到非常为难。当时国库已经没有钱，如果需要筹集军饷，根本无处下手。众位大臣就把目光转向崇祯皇帝，希望皇帝能够动用他的内帑，也就是皇帝的小金库，以解燃眉之急。面对众位内阁大臣的要求，朱由检难过地说："今日内帑，难以告先生！"[1]意思是，如今内帑的情况，没法对先生们说啊！话说到这儿，朱由检的眼泪都下来了。

　　大家一看把皇帝难为成这样了，也就不再说什么了。可是，没有军饷，这组建军队的事，就只能不了了之。眼看李自成的农民军在山西境内攻城拔寨，所向披靡，内阁大臣们束手无策。有些史学家因此指责朱由检，说他舍不得花自己小金库里的钱，把银子看得比江山社稷还重要。他们这样指责朱由检，是

---

　　① （明）钱士馨：《甲申传信录》卷一。

因为多部史书中都有这样一段记载，说李自成进入紫禁城后发现，"旧有镇库金，积年不用者，三千七百万锭，锭皆五百两"①，李自成撤离北京的时候，将这些银子全部用骡马运往陕北老家。

可是，这种说法根本不可能成立。

第一，全国白银的总量也没这么多。

按照这些史书的记载，皇帝的小金库里有白银 3700 万锭，每锭 500 两，这可是 185 亿两白银啊！有人怀疑"五百两"是"五十两"之误，可那也是 18 亿两啊！据经济史专家估计，明朝末年国内的白银存量，总共大约有七亿五千五百万两。皇帝的内帑中怎么可能有 185 亿或者 18 亿两白银呢？

第二，即使有这么多银子李自成也运不走。

也许经济史专家估计有误，皇帝内帑真有这么多银子，可是，李自成也不可能把它运到陕北。为什么呢？我们可以算一笔账。一锭银子 500 两，按照史书的说法"每驼两锭"，就是一匹骡子只能驮两锭银子，那么 3700 万锭就需要 1850 万匹骡子才能驮得走。清代有人估计，当时全国的骡子加在一起，也不会超过 200 万匹，李自成怎么可能有 1850 万匹骡子呢？就算一匹骡子可以多次使用，那么从北京到陕北，往返将近五千里路，一趟至少得两个月，如果李自成有 180 万匹骡子，那就得运 20 个月，如果李自成有 18 万匹骡子，那就得运 16 年。即使李自成真的有 1850 万匹骡子用来驮银子，仅仅把银子装到每匹骡子身上，就得花几个月时间。李自成于崇祯十七年三月二十日占领北京，同年四月三十日撤离北京，在北京一共就待了四十天，他怎么可能把这么多的银子运出北京城呢？

显然，崇祯皇帝的内帑中有"三千七百万锭银子，每锭五百两"的说法根本不可能成立。有学者也觉得这个数字太离谱，可是又不愿意因此而否定朱由检的内帑中有银子，因此，就将"三千七百万锭银子，每锭皆五百两"改为

---

① （清）计六奇：《明季北略》卷二十。

"三千七百万两银子"。即使如此，这也不是个小数目，3700万两白银，相当于崇祯年间十年的财政收入。可是，这位学者又说，这3700万两白银是从四十多个地窖里搜出来的，也有学者说这四十多个地窖分别属于不同的大太监所有，那就不是崇祯皇帝的内帑了。显然，这位学者将这三千七百万两白银说成是崇祯皇帝的内帑，把皇帝朱由检塑造成一个爱钱不要命，舍江山不舍钱的守财奴形象。

朱由检显然不是这样的人，其实，朱由检的内帑里根本就没有钱了。具体缘由如下：

第一，皇帝内帑的来源有限。

皇帝内帑基本上来自皇庄的地租，所谓"皇庄"就是国家划给皇室的土地，皇庄的收入实际上就相当于皇帝的俸禄。有人估计，明代皇帝的内帑每年最多三十万两白银。当初，万历皇帝就是嫌皇庄的收入不够花，才派太监到全国各地拼命征收矿税，闹得百姓怨声载道。不过，这是特例，皇帝朱由检可从来没有干过为自己敛财的事，因此，可供崇祯皇帝支配的内帑的确十分有限。

第二，皇帝的开销很大。

人人都要养家糊口，皇帝也不例外。况且，皇帝家的人口太多，除了皇后、太后、王子和公主等家人之外，还有太监、宫女和宫中侍卫，甚至京城的部分警卫。这么多人要皇帝养活，皇帝的收入一年下来又能剩多少呢？

第三，没有获得遗产。

皇帝内帑还有一个来源，就是从前任皇帝内帑中继承的遗产。据史书记载："熹宗在位七年，将神宗四十余年蓄积，搜括无余。"[①]意思是，天启皇帝在位的七年里，把万历皇帝四十年积蓄的银子花了个精光。因此，崇祯年间关内关外打仗需要军饷，皇帝朱由检的内帑根本拿不出钱来，只好将历朝历代保存下来的各种银器交给宫里的银作局，炼成银锭后充当军饷。所以史书记载，崇祯年

---

① （明）王世德：《崇祯遗录》。

间"饷银多有银作局三字"①。意思是，从内帑中发出的军饷，上面大多铸着"银作局"三个字。

由此可见，崇祯皇帝的内帑中实在是没钱了。不然的话，堂堂大明王朝的天子，也不至于当着大臣的面，提起内帑就流泪。

就在朱由检因内帑没钱而落泪的那天，也就是崇祯十七年的正月初一，李自成将西安改名为长安，并以西安为国都，宣布建立"大顺国"，自称"大顺皇帝"，封自己的父亲为太祖皇帝，年号永昌。

李自成称帝的第三天，即崇祯皇帝十七年正月初三，率领军队渡过黄河进入山西。这次进攻几乎是李自成动用了全部兵力。攻下平阳后，李自成分成两路展开进攻，一路由部将刘芳亮率领，先向南再向东；另一路由李自成亲自统率，先向北再向东。两路军队全面进攻山西。

就在李自成率军渡过黄河的那天，崇祯皇帝召见左中允李明睿，询问是否有解决当前困境的办法。李明睿是负责太子事务的官员。他请皇帝打发房间里的其他人出去，然后悄悄地走到皇帝身边说："如今李自成的势力强大，明军沿途根本无法阻挡他的进攻，山西很快就会沦陷，北京城面临危险。解决当前困境的最佳办法就是将首都迁至南京！"

迁都可是大事，皇帝朱由检十分谨慎地回答说："此事重大，不可随便乱说，而且也不知道天意如何。"

李明睿说："天意太神秘，人怎么可能知道呢？其实，事在人为，人定胜天。皇上决定迁都，正合天意。局势已经这么危险，皇上再不下决心迁都，恐怕就来不及了！"

话说到这份儿上了，崇祯皇帝只好实话实说。他看了看周围没有人，便悄悄对李明睿说："我早就有这种想法，可是没有人赞同，所以一直拖到今天。你我意见现在完全一致，但是，其他大臣如果不同意可怎么办呢？这件事关系重

---

① （明）王世德：《崇祯遗录》。

大，千万要保密，如果泄露，我不会轻饶你！"

皇帝朱由检的确早就动过迁都的念头，那还是在周延儒担任内阁首辅的时候：张献忠在湖广攻陷襄阳杀了襄王，李自成在河南拿下洛阳杀了福王，这两个人的势力越来越大；关外松锦战役大败，宁锦防线崩溃，与大清和谈失败，清军再度南下。皇帝朱由检与当时的内阁首辅周延儒秘密商议，要把首都迁到南京，并且叮嘱周延儒不得向外泄露。可是，不知怎么搞的，这两人的密谈让懿安皇后（天启皇帝的老婆张皇后）知道了。这位懿安皇后对周皇后（崇祯皇帝的老婆）说："首都不能迁，周延儒误导皇叔，这宗庙陵寝都在北京，迁往何处？"周皇后就把懿安皇后的话转告给崇祯皇帝，皇帝朱由检不由得大怒，心想："这是我和周延儒秘密商量的事儿，皇嫂是怎么知道的呢？"于是，立即追查是谁把这么机密的谈话内容透露出去的。可是，懿安皇后守口如瓶，就是不说这消息是从哪听来的，崇祯皇帝对皇嫂极为尊敬，没有办法，这迁都的事儿也就暂时搁下不提了。

可是，这会儿的局势更加严峻，李自成在西安称帝，并且带着几乎全部人马渡过了黄河，形势已经很难逆转。因此，崇祯皇帝一听李明睿建议迁都，正对自己的心思，连忙仔细地询问迁都的具体事宜。

李明睿对迁都一事并非轻率之言，而是经过深思熟虑，甚至已经设计出迁都的具体路线。崇祯皇帝听闻后不禁欣喜，邀请李明睿在宫中共进午餐。午餐结束后，崇祯皇帝继续与李明睿商讨南迁事宜，二人一直谈到黄昏方才分散。晚上，朱由检觉得关于南迁仍有许多问题，再次召见李明睿入宫继续商议。两人面对面，只隔着一张御案，持续谈话直到深夜。这样连续一整天召见个别大臣的情形，在朱由检登基以来极为罕见，可见崇祯皇帝对南迁的渴望十分强烈。

尽管如此，崇祯皇帝在南迁问题上仍不敢独断专行。由于迁都以及放弃宗庙陵寝等事涉敏感，他需要内阁和六部有影响力的重臣支持。

几天后，为了了解大臣们的态度，崇祯皇帝亲自指示，李明睿公开上疏建议将首都迁至南京，为避免刺激这些大臣，李明睿在上疏中将南迁称为"亲征"。崇祯皇帝收到李明睿的上疏后，立刻将其转交给内阁进行讨论，并希望他们尽快做出决定。然而，却遭到内阁大臣们的强烈反对。

在阻止首都南迁的努力中，内阁首辅陈演暗中指使兵科给事中光时亨上疏弹劾李明睿，称其主张南迁为"邪说"，并声称"不斩李明睿，不足以安人心"。李明睿当然对此心存不满，他心知肚明，皇上明明赞同南迁，怎么可能被称为"邪说"呢？然而，他又不能泄露这个秘密，只能上疏为自己申辩。他表示："我所提及的是皇上的'亲征'，而非各位大臣所称的'南迁'，怎么可能成为邪说呢？皇上亲自带兵出征，是一位明智的君主为了拯救危难之中的天下，不顾个人安危，身先士卒的壮举。有谁愿意承担如此艰巨的任务呢？这实在是迫不得已啊！但是话又说回来，即使皇上决定南迁，那也是为了挽救当前的危机！历史上南迁并非首次发生。比如，唐玄宗的南迁为后来的大唐复兴奠定了基础；宋代的南迁才有了南宋一百五十年的延续。因此，只有南迁，大明王朝才能有复兴的希望！"

崇祯皇帝虽然认为李明睿的观点有道理，并当面训斥了光时亨。然而，由于众多大臣反对南迁，南迁计划再次被搁置。

崇祯十七年正月初九，兵部收到了李自成派人送来的通牒，其中约定与崇祯皇帝进行决战，使得朱由检心急如焚。耳闻李自成的军队在山西战无不胜的消息，眼前摆着李自成的决战通牒，他心里焦虑，饮食不思、夜不能寐。面临如此困境，皇帝朱由检感到无措。

第二天一大早，朱由检在朝会上当着众位大臣的面表示："虽然我不是亡国之君，然而每件事情都显示出亡国的征兆。祖宗们几百年来建立的江山一旦失去，我在九泉之下将如何面对列祖列宗呢？既然没有人能够率军出战，那我只好亲自督师，与李自成决一死战！即使在战场上殒命，也在所不惜。只是……只是我死后无法安息啊！"说到这里，皇帝朱由检声泪俱下，边哭边责问在场的众位大臣："李自成的势力如此强大，城外居然没有一个人能够抵御敌军，国库的财富也已经耗尽，这让我如何应对？众位大臣中难道没有一人能够与我共担忧虑吗？"

皇帝朱由检对当前形势的焦虑与困扰体现在他的言辞中，他以凄凉的语气表达了对命运的担忧和绝望。他期望有一位能够承担责任的大臣与他共同面对危机。

内阁首辅陈演见皇上如此难过，便连忙表示说："我愿意代陛下出征！"

崇祯皇帝马上否定说："你是南方人，不行！"

陈演心中暗想："这又是什么奇怪的理由？为什么南方人就不能胜任呢？袁崇焕、杨嗣昌、卢象昇、洪承畴，他们都是南方人啊！过去南方人都能够胜任，为何今天就不行了呢？"陈演对皇帝的真实意图感到摸不透。其他几位内阁大臣纷纷表示愿意代替皇帝出征，然而崇祯皇帝坚决不同意。

就在这时，刚刚入阁不久的李建泰向崇祯皇帝提出请求："陛下，请允许我率军迎敌！"听到李建泰的话，崇祯皇帝立即停止哭泣，迅速回应道："如果你愿意出征，我将亲自为你推车，同时在城外设宴，为你送行！"

这一情况确实颇为奇特，从内阁首辅到内阁大学士，多人提出代皇帝出征，崇祯皇帝都未予答应。然而，当听到李建泰的请求时，皇帝却迅速做出了积极回应，引发人们的疑惑。李建泰虽然进士出身，曾担任国子监的祭酒，即国立大学的校长，但他并非军人，也未有领兵作战的经验。那么，崇祯皇帝为何偏偏派遣他去应对李自成的进攻呢？原因在于，李建泰不仅表达了愿意出征的意愿，而且表示愿意自掏家财用作军饷。他对皇帝表示："我愿意动用个人财产，供给数万士兵数月的军饷。"这正是崇祯皇帝同意李建泰代替自己出征的最重要因素，因为国库已无余钱，若无军饷，又如何进行战斗呢？如今有人站出来，既愿意负担费用，又愿意亲自率军迎敌，对于朱由检而言自然是求之不得，因而应允了李建泰领兵出征的要求。由此可见，朱由检所说的"南方人不行"，实际上意欲让李建泰"代皇帝出征"。李建泰之所以既愿意出征，又愿意负担费用，是因为他来自山西曲沃，是当地的巨富。得知李自成已渡黄河进入山西的消息后，他对家乡被李自成占领深感忧虑，因此决心奋战以保护家族财产。

半个月之后，也就是崇祯十七年的正月二十六，崇祯皇帝为李建泰举行隆重的"遣将礼"，当场手书"代朕亲征"四个大字，赐李建泰龙节，也就是代表皇帝出征的节杖，以及尚方剑。在正阳门，也就是现在的前门，崇祯皇帝亲自主持酒宴，为李建泰饯行。在酒宴上，亲自连敬李建泰三杯酒，非常尊敬地对李建泰说："先生此去，如朕亲行。"然后说："你就是我，我就是你，任何事情你都可以酌情处置，然后报给我知道就行了！"言下之意，李建泰成了崇祯皇帝的代表，他可以先斩后奏，他走到哪儿，如同皇帝驾临。这李建泰可真是风光无限了。

就这样，李建泰在一片欢送的鼓乐声中，代表崇祯皇帝，离开正阳门向涿州进发，去拦截李自成的农民军去了。

这个时候，山西的局势已经非常危险。李自成的农民军进入山西，所到之处，明军不是弃城而逃，就是开城投降。因为，李自成的政策非常明确，开城投降者，兵不血刃；抵抗拒守者，全城杀光。再加上朝廷长期拖欠士兵的军饷，军队的士气十分低落，山西省各地根本无法对李自成农民军进行有效抵抗，因此，李自成占领整个山西，只是时间问题。

可是，这位代帝出征的李建泰，一开始就犯了个错误。李自成亲率主力在北线，李建泰却向南进军。而且，李建泰离开京城之后，每天行军不超过三十里，按照这种速度，根本救不了山西。最后，他干脆停下来不走了。

李建泰代帝出征，山西的形势又那么危急，他不走是为形势所迫，有三个原因让他无法继续前进。

第一，手头根本没有兵。

李建泰代皇帝出征，实质上只是一场虚张声势的作秀。他出发时只带了一千五百名禁军，而禁军就是皇帝的警卫部队，兵员和粮饷的供应全由李建泰自行解决。他不仅要行军，而且要筹集粮饷，同时还需招募士兵，这样一来，速度根本快不起来。更加重要的是，在李建泰抵达涿州之前，他带出北京城的一千五百名禁军已经纷纷离队，使得李建泰成了光杆儿司令。

第二,一路上没人接待他。

各地的地方长官,一听说这位代帝出征的李建泰要沿途筹集粮饷,招募士兵,纷纷将他拒之城外,根本不接待他。一位代替皇帝亲征的督师,根本没有任何威信。什么皇帝的龙节,什么尚方剑,根本不管用。城都不让进,这粮饷和士兵根本没有办法解决,这个仗让李建泰无从打起。

第三,李建泰的家乡陷落了。

李建泰是山西曲沃的巨富,他自愿请命要代替皇帝出征,表面上说的是要为皇帝分忧,不惜拿出家产充当军饷去攻打李自成,实际上他是为了保护他家乡的财产。当他听说家乡曲沃被李自成的农民军攻陷之后,立刻泄了气,完全丧失了继续进军的勇气,一直待在真定(今河北正定县)徘徊不前,观望形势的发展。

崇祯皇帝对李建泰可是寄予了厚望,一直对他的动态极为关注。当真定县被李自成的部将刘芳亮攻陷之后,传来李建泰"为国捐躯"的消息,崇祯皇帝马上召见兵部尚书问道:"真定县陷落,李建泰遇害,你知道吗?"

兵部尚书回答:"没听说!"

崇祯皇帝一听就火了:"朕在宫中都知道了,你怎么可能不知道呢?"

兵部尚书回答:"臣没有见塘报。"

崇祯皇帝说:"真定县城已被攻陷,哪还能给你发塘报?你为什么不派人去侦察?"

兵部尚书说:"派人去侦察得付伙食费,兵部现在没有钱,所以没办法派兵去侦察!"

堂堂大明朝的兵部尚书,居然穷到没钱派兵侦察敌情的地步。

其实,李建泰并没有"为国捐躯"。真定城陷落之后,他逃到保定。不久,李自成的部将刘芳亮率军进攻保定城,李建泰不但没有率兵抵抗,反而出城投降。崇祯皇帝赐给他的敕书、龙节、尚方剑、代帝出征的大印等,都被付之一炬。李建泰代帝出征的闹剧也就草草收场。

与此同时，山西省省会太原和山西北部边防重镇大同，被李自成的农民军攻陷，形势更加危急。崇祯十七年二月二十七日，皇帝在文华殿召见大臣讨论如何应对当前的局势。这个时候，李明睿再次提出南迁的方案。可是，大家都不表态，文华殿内一片沉寂，这让崇祯皇帝感到了巨大的压力。

在此时，左都御史李邦华挺身而出，打破了沉寂，并提出了一个折中的方案。他建议让太子"监抚南京"，即由太子牵头在南京成立临时政府，以应对可能的不测情况。听到这个建议，崇祯皇帝立刻表示赞同："好，这个主意不错！"然而，众位大臣却依然保持沉默，文华殿内再度笼罩着寂静。实事求是地说，在当时的局势下，无论是迁都还是太子建立临时政府，都是摆脱困境的明智之举。然而，朝廷的大臣们仍旧保持沉默，使得崇祯皇帝陷入了犹豫不决的境地。这些朝廷大臣不表态，其中一个重要原因是他们害怕承担责任。面对迁都或太子建立临时政府这样的重大事件，无论是反对还是支持，都需要承担风险和责任。

这些大臣们如此害怕承担责任，除了他们大多是那种明哲保身、庸碌无能之辈外，一个重要原因在于皇帝朱由检本人，他是一个不敢承担责任的人。举例来说，崇祯十五年与大清议和时，由于谈判的机密泄露，朝廷引发巨大的舆论风波。朱由检不敢承担这个重大历史责任，于是将主持谈判的兵部尚书陈新甲处死，以平息舆论并推卸责任。这种寻找替罪羊的行为让大臣们学会了避嫌，关键时刻他们选择保持沉默，这样就不必承担责任，最终也不会成为替罪羊。因此，在这次讨论应对敌对策略的会议上，没有得出任何结果，只能不了了之。

可是，第二天崇祯皇帝再次召见内阁成员，态度却来了一个一百八十度的大转弯。他说："祖宗辛苦百战，定都于北京，如果敌人来了我便离京而去，我如何要求军民坚守城池呢？又如何惩治弃城者之罪呢？如果，我一个人走了，宗庙社稷怎么办？十二座皇陵怎么办？京师的百万生灵怎么办？敌人虽然猖狂，我上有天地和祖宗之灵保佑，下有各位先生的辅佐，局面也许可以挽回。即便不能挽回，'国君死社稷，乃古今之正！'"①意思是，国君为国家而死，是理所当然的事。看来朱由检要与大明江山共存亡了。

这个时候，又有大臣提出建议，让太子去南京监军并且建立临时政府，崇祯皇帝立刻反驳说："我经营天下十几年，局面都成了这个样子，一个小孩子家，能做什么事情？"这倒也是实情，可是，前一天他还大声夸奖这是个好主意呢，过了一天态度就彻底变了。

如此出尔反尔，让众位大臣更不知道如何是好。那些昨天保持沉默的大臣一定会在心里暗自庆幸："幸好昨天没有表态，否则今天岂不成了皇帝的对立面？"崇祯皇帝突然改变态度，大致有这么几个原因：

第一，皇帝不敢负责。

无力担当，不敢负责，这是朱由检最大的弱点，也在迁都问题上表现得淋漓尽致。抛下几百年的首都北京，将祖先的十二座陵墓丢给李自成，这件事责任重大，朱由检怕落下千古骂名，怕对不起列祖列宗。朱由检希望满朝文武，最好是举国上下都支持他南迁。可是他不可能得到这个支持，这样一来，迁都的责任就要由他一个人承担，他不敢承担这个责任。

第二，大臣支持不够。

迁都是一件非常重大的事情，靠朱由检一个人当然做不到，少数几个大臣也无能为力。必须满朝文武鼎力相助，支持他迁都。可是，这个时候满朝文武各怀心事，各有自己的打算，皇帝朱由检得不到这样的支持，因此，他不得已只能选择放弃。

第三，南迁路途危险。

此时李自成的南路进攻部队已经进入河北，真定县陷落，保定城告急。南下的道路已经非常危险，甚至中断。如此庞大的迁都队伍出京城，必然成为李自成部队的攻击目标。再加上皇帝身边的禁军战斗力又不强，万一被李自成的

---

① （清）计六奇：《明季北略》卷二十。

骑兵拦截，满朝文武、王公贵族，可能都会成为李自成的俘虏。

正是考虑了以上三个原因，皇帝朱由检才决定不迁都，要与京城共存亡。

崇祯皇帝虽然将南迁的两个方案都给否定了，可是，他并没有完全死心，就在他说完"国君死社稷，乃古今之正"这句话不久，他给天津巡抚下达密旨，让他准备三百艘漕船在港口待命，表明他一直没有放弃南迁的意图。因为，陆路虽然中断，可是李自成没有水师，走水路还是可行的。可是，由于内阁成员不是坚决反对，就是一言不发，崇祯皇帝在南迁问题上一直举棋不定。

崇祯皇帝的周皇后是江南人，所以一直希望能够将首都迁到南京去，可是，南迁的事却一直不能成行，她非常遗憾地说："南中我家里甚可居，惜政府无有力持之者。"[①]意思是，南京我家的居住条件很好，可惜政府中没有得力的人支持南迁。周皇后的话，可以说是一语中的。

崇祯十七年三月初三，李自成的部队进入京师地区，宣化告急，宣化就是今天的张家口，它是北京西北的边防重镇，距离北京城只有三百多华里。几位大臣见局势实在危难，再次提出护送太子到南京建立临时政府的事。可还没等崇祯皇帝表态，兵科给事中光时亨再一次站出来表示坚决反对，而且理由非常吓人。他说："众位大臣护送太子去南京，想要干什么？难道想模仿唐肃宗灵武故事吗？"所谓"唐肃宗灵武故事"是指安史之乱时，唐玄宗逃往成都，太监挟持太子李亨前往灵武（今属宁夏银川市），拥立为帝，即唐肃宗，尊唐玄宗为太上皇。这会儿光时亨引用这个典故，意思是指责那些主张送太子南下的大臣，是想要拥立太子为皇帝。这个罪名太吓人了，实际上是说，这几位大臣要抢班夺权了。几位主张护送太子南迁的大臣立刻不敢吱声了。

为什么这位光时亨拼命反对首都南迁呢？原因在于他得到了内阁首辅陈演和其他内阁成员的暗中支持。为什么这些朝中的大臣们不愿意南迁呢？其中有两个原因：

---

① （清）戴笠：《怀陵流寇始末录》卷十七。

首先，他们舍不得放弃家中的财产。那些反对南迁的大臣，他们的财产和土地都集中在京师一带，迁都只能携带一些个人物品，大量的不动产是无法移动的。因此，他们坚决反对南迁。

其次，一些大臣准备投降李自成。他们对大明朝失去了信心，不愿意继续为明朝效力。同时，他们看到李自成已经深得民心，明朝已经不再是对手，因此他们暗中准备投降李自成。光时亨就是其中之一，他坚决反对南迁，但一旦李自成进入北京，他立刻投降。因此，有人说光时亨是李自成收买的内应，他的使命就是阻止首都南迁。

光时亨为了阻止南迁，拿出那么大的罪名吓唬人，崇祯皇帝听了心里十分反感，便反问光时亨："既然如此，那究竟如何战，如何守呢？"光时亨却一言不发，本来他就是为了反对而反对的，心中根本不可能有什么应敌之策。事已至此，众位大臣们更是无计可施。崇祯皇帝面对一群沉默不语的大臣恨恨地说："朕非亡国之君，诸臣尽为亡国之臣！"是啊，有些人就是这样，无论你做什么事情，他都只会横加指责、挑毛病，可是却提不出任何有价值的建议，也不会做任何有意义的事情。满朝如果都是这样的大臣，这明朝灭亡也就不那么让人意外了。

李自成的两路大军进攻的速度非常快，已经逼近北京，并且对北京城形成合围之势。南迁的事就是因为内阁大臣们的反对，一直议而不决，结果错过了最佳时机。这个时候，即使想南迁也已经来不及了。

崇祯皇帝南迁首都的计划失败了，这对日后的形势产生了极其深远的影响。这种影响大致包括四个方面：

第一，加速了大明王朝的灭亡。如果首都南迁成功，无论是李自成还是后来的清军，占领的北京只不过是一座政治上的空城，大明王朝就不会那么快灭亡。完整的中央政府迁到南京就有可能会与北方政权长期形成南北对峙的局面。

第二，给清朝提供了条件。由于明朝政府没有迁到南京去，因此大清比较完整地接管了明朝的中央政府。这是清朝最缺乏的东西。清军占领北京之后，接管了明朝政府几乎全部的高级官员，正是依靠这些官员，清朝才能够接管天下，并最终统一全国。

第三，造成南明政权的派系争斗。由于首都没有南迁，北京陷落之后，明朝政府的最高权力出现真空，帝位的继承发生断裂。南京建立的南明政权，在由谁当皇帝的问题上，皇室宗亲之间发生激烈的争斗，并且形成矛盾尖锐的派系斗争。因此，严重地削弱了南明政权的实力。

第四，缺少立志北伐的中原人士。由于首都没有南迁，满朝文武陷落于敌手。在南明"反清复明"的阵营中，就缺少了一批立志收复失地、渴望光复家园的北方人士。

由此可见，阻止首都南迁的确是帮了明朝敌人的大忙。难怪有人说阻止南迁的光时亨是李自成的卧底呢！

既然南迁已经不可能，也不能在京城里坐以待毙。这个时候，崇祯皇帝痛下决心，要把驻扎在山海关以外宁远前线的吴三桂调进关来，让他带领关宁铁骑保卫北京城。内阁大臣知道，一旦调关宁铁骑入关，就意味着放弃山海关至宁远一带的土地。因此，皇帝朱由检的这一提议，立刻遭到内阁大臣们的坚决反对。内阁首辅陈演的态度更加坚决，理由是"一寸山河一寸金"①。那真是慷慨激昂，义正词严啊！

这一下，崇祯皇帝又为难了。一方面，是李自成的农民军已经形成对北京城的合围之势，另一方面，众位大臣坚决反对调吴三桂的关宁铁骑入京勤王。此时又到了做出决定，不破不立的关键时刻了。

①（清）孙承泽：《春明梦余录》卷二十四。

第二十六章

是非成败

这一次，崇祯皇帝最终独断地决定放弃宁远，退守山海关，并命令吴三桂率军进京勤王，尽管众位大臣强烈反对。然而，陈演却刻意拖延，故意不下达调令吴三桂入关的圣旨。

既然崇祯皇帝做出了独断的决定，为何陈演还能够拖延呢？事实上，根据明朝的制度，皇帝下旨后，内阁首辅需要起草相应的圣旨，并正式下达。然而，陈演却刻意拖延起草撤军宁远的圣旨，导致崇祯皇帝的旨意迟迟无法正式下达。

陈演能担任内阁首辅，这是因为他极其擅长投机取巧。他善于利用崇祯皇帝上朝时向大臣们提问的习惯，事先贿赂皇帝身边的太监，获取皇帝第二天计划提出的问题，然后回家精心准备答案。这样第二天上朝时，他就能够对皇帝的问题回答得得心应手，令崇祯皇帝十分欣赏，因此陈演得以快速晋升。然而，在关键时刻，陈演却多次与皇帝意见相左，引起纷争。崇祯皇帝没办法，只好再次召集会议，讨论是否放弃宁远，是否调吴三桂入关的问题。会上，内阁首辅陈演提出许多具体问题来为难皇上。比如，放弃宁远之后，山海关怎么守？宁远撤退的军民如何安顿？并且强调说，这些问题必须等蓟辽总督表态，并且拿出一个实施细则之后，他才能下达圣旨。

当蓟辽总督表态坚决支持皇上的决策时，崇祯皇帝催促内阁首辅陈演尽快下达圣旨。可是，陈演又要求辽东巡抚和辽东总兵表态。当辽东巡抚和辽东总兵都表示同意皇帝的决策时，陈演仍然拖延不下达圣旨。

崇祯十七年二月初八，山西省会太原沦陷，随后李自成占领了整个山西地区。接着，李自成的军队同时从南北两线进入京师地区。京师地区实际上没有足够的军队，因此迫切需要召集吴三桂率领的关宁铁骑进京勤王。蓟辽总督再次上疏崇祯皇帝，请求调派吴三桂入京。

崇祯皇帝将这份上疏交给了陈演，然而陈演却没有发表任何意见。陈演到底为何反对撤军宁远呢？当陈演从皇帝那里离开后，他向另一位内阁大臣解释说："现在皇帝急于采取这个办法，但一旦危机过去，他就会以我们放弃国土的罪名处置我们，到那时我们将陷入无法解脱的困境。"另一位大臣听后反驳道："现在的情势紧迫，你怎能因为担忧未来的责任而耽误大局呢？"陈演回答道："无缘无故丢弃三百里土地，我无法承担这样的责任！"由此可见，无力担当责任的皇帝，手下是不可能有勇于担当责任的大臣的。

崇祯十七年二月二十七日，北线宣化告急，南线保定告急，京师的形势越来越危急了。崇祯皇帝再次催促陈演赶快拟旨，征调宁远的关宁铁骑进京勤王，保卫京师，否则就来不及了！可是，陈演却说："必须在蓟辽总督和辽东巡抚同时签署意见之后，我才能下发调吴三桂入关的圣旨。"皇帝朱由检没有办法，只好立刻派人到蓟辽总督和辽东巡抚那里听取他们两人签署的意见。拿到了这两位的意见之后，陈演觉得自己不会当替罪羊了，才终于下达了命令吴三桂从宁远撤军进京勤王的圣旨。

可是，时间上全被耽误了。从崇祯皇帝决心调吴三桂入关，到圣旨最后下达，整整拖了三个月的时间。也就是在这三个月当中，李自成的农民军渡过黄河，占领了整个山西，攻打到京师地区。当吴三桂接到圣旨的时候，已经是崇祯十七年的三月上旬了。这个时候，昌平和保定都已经陷落，李自成已经对北京形成了合围之势。吴三桂带领宁远五十万军民启程，日行数十里，直到三月十六日才全部进入山海关，等吴三桂准备带着他的关宁铁骑入京勤王的时候，李自成的部队已经把北京城团团包围了。这个时候，关宁铁骑再入京勤王，已经来不及了。

崇祯十七年的三月十七日，也就是吴三桂撤回山海关的第二天，李自成的军队从东西两个方向开始进攻北京城，大炮不停地轰击城墙。北京城危在旦夕！朝廷上下一片恐慌！

可是，这天的一大早，崇祯皇帝依然照例上早朝来了。崇祯皇帝来到朝堂之上，只见众位大臣一个个相对而泣，一见皇帝来了，大臣们便你一言、我一语地给皇帝出主意，可是都是说一些根本不能解决任何实际问题的废话。皇帝朱由检一概不予理睬，一个人坐在那里一句话也不说，默默地在他的桌子上写了十二个字，写完之后，悄悄让身边的太监看了一眼，然后又轻轻地擦掉了。其中有六个字是："文臣人人可杀。"①可见，崇祯皇帝对他手下的这些大臣，已经失望甚至厌恶到了极点！

就在这一天的中午，李自成的军队攻打平则门（现在的阜成门）、彰义门（现在的广安门）和西直门。这三个城门的守军简直是不堪一击，可是，就在城门将要被攻破的时候，农民军突然停止进攻。守城的士兵正在纳闷儿，就听见李自成对城上喊话，要求和崇祯皇帝谈判。负责守城的将领在城头大声回话说："我到你的大营中做人质，你可以派人进城和圣上面谈。"李自成回答说："还要什么人质啊！这儿有的是人传话！"说完这话，李自成立刻派杜勋进城传话。这个杜勋本来是崇祯皇帝派到宣化城监军的太监，可是还没等李自成拿下宣化城，他就带头投降了。而且，他出城三十里，迎接李自成入城。

这位太监杜勋进入京城后，直奔皇宫面见皇帝。他对皇帝说："李自成人多势众，根本无法抵抗，皇上您必须得下决心了。"然后，转达了李自成提出

---

① （清）彭孙贻：《平寇志》卷九。

的退兵条件，具体内容是：把西北地区划给李自成，让他在那儿立国称王。朝廷发给李自成的部队一百万两白银作为犒赏。如果朝廷同意李自成提出的条件，李自成承诺：可以为朝廷平息内乱，并且派劲旅守卫辽东。只是不奉诏、不朝觐，就是不执臣子之礼。李自成这是要与崇祯皇帝平起平坐，平分江山。

俗话说："天无二日，国无二主。"崇祯皇帝没有马上表态，转身问诸位内阁大臣说："此议如何？今事已急，可一言决之。"①意思是，这个方案怎么样？目前情况紧急，只听你们的一句话，是同意还是不同意？显然，皇帝朱由检是想接受李自成的谈判条件。可是，这些内阁大臣，一个个一声不吭。无论皇帝朱由检怎么问，他们始终一言不发。内阁大臣们不表态，皇帝朱由检只好让杜勋出城给李自成回话说："朕计定，后有旨。"②意思是，让我考虑一下，然后再下旨。等杜勋走了之后，崇祯皇帝再一次问内阁大臣，他们依然一言不发，气得皇帝朱由检一把推倒龙椅，气冲冲地离开了大殿。

既然内阁大臣们对李自成提出的和平方案都不表态，崇祯皇帝没有办法，只好继续抵抗。崇祯皇帝亲笔写了一道诏书，他在诏书中说："朕今亲率六师以往，国家重务悉委太子。"③意思是，我今天亲自带所有部队上战场了，国家的重要事务，都交给太子管吧。然后紧急召见他的妹夫，驸马督尉巩永固，要他率家丁护送太子南行，巩永固说："我平常哪敢养家丁，即使有家丁，这会儿也根本冲不出去了。"这位巩永固并非怕死之辈，后来京城陷落，他放火烧死了自己的两个女儿，然后自刎而死。崇祯皇帝见妹夫说得有道理，只好叫来亲信太监王承恩，令他召集内官人员，准备守卫皇城。

李自成见崇祯皇帝不答应和平条件，立刻下令全线攻城。守城太监曹化淳首先打开了彰义门，也就是广安门投降了，放李自成的部队进城，北京的外城

---

① （明）钱士馨：《甲申传信录》卷一。
② （明）钱士馨：《甲申传信录》卷一。
③ （清）谈迁：《国榷》卷一百。

全部陷落了。

明朝的时候，北京城由皇城、内城和外城等三道城墙构成。皇城就是紫禁城，环绕着皇城的就是北京城，范围相当于现在的二环以内。嘉靖年间，为了防止蒙古人进攻北京城，计划环绕北京城再修一道外城，因此，北京城就被称为内城了。可是这外城只在城南修了不到一半，由于缺少经费，只好草草收场，这修了不到一半的外城在前门以南，因此也叫南城。

这北京的外城一旦陷落，北京城的一大半就落入敌手了！北京内城的南部也失去了屏障。就在这个时候，崇祯皇帝召见内阁大臣们问道："你们知道不知道，外城已经被攻破了？"

众位内阁大臣们回答："不知道啊！"

崇祯皇帝又问："事情万分紧急，如今还有什么办法应对呢？"

一位大臣回答说："陛下您尽管放心，如果贼寇攻入内城，我们就和贼寇进行巷战，我们发誓，绝不辜负国家！"

这些大臣纷纷离开皇帝，准备去和李自成的农民军进行巷战。

三月十八日的晚上，炮声突然停了，崇祯皇帝觉得奇怪：发生了什么，李自成怎么不打了？正在纳闷儿，宫外传来消息，宣武门、正阳门和齐化门（也就是朝阳门）的守将都投降了，北京内城的所有城门都已经打开，李自成的军队控制了整个京城，内城根本没有发生巷战。

崇祯皇帝听说北京内城陷落的消息，不相信自己的耳朵，连忙问道："大营兵在什么地方？李国桢在哪儿？"大营兵就是守卫北京城的部队，李国桢是大营兵的总督。身边的太监告诉皇帝："大营兵全散了，大营兵的总督李国桢逃跑了，皇上您也赶快跑吧。"崇祯皇帝不大相信这位太监的话，于是带着心腹太监王承恩登上皇宫北面的万岁山，这里曾经堆放过煤，所以又叫"煤山"，也就是现在的景山。崇祯皇帝登上万岁山四下里一看，只见到处是燃烧的大火，这才相信北京的内城的确已经陷落。

朱由检知道大势已去，急忙返回皇宫，安排后事。

　　他先来到坤宁宫对周皇后说："大事去矣，尔为天下母，宜死。"[①]意思是，现在大势已去，你是天下人的国母，必须得死！周皇后一听这话便伤心地恸哭起来，一边哭一边说："我嫁给你十八年了，可是你从来不听我一句劝告，今天却让我和社稷共存亡，死就死吧，我也没什么可遗憾的！"听了周皇后这番话，朱由检的内心有一种说不出的滋味，头也不回地走出坤宁宫。然后，叫太监给他斟酒，朱由检一口气连干了十几大杯酒。他从来没这样喝过酒，吓得身边的太监跪在地上，仰着脸看着皇上，一动也不敢动。朱由检一边喝酒，一边传旨，让所有的嫔妃都自杀，不能让她们落在农民军的手里，丢了他们祖先的脸面。然后，又让太监把他的三个儿子都叫来。

　　不一会儿，三个儿子来到了朱由检的面前。朱由检让太监将三个儿子化装成平民，设法混出皇宫，逃出京城。

　　儿子们临行之前，朱由检嘱咐道："你们平时是太子和王子，可是现在京城被攻破了，你们就是普通百姓了，各自逃生去吧。不要管我，我要与大明江山共存亡！"

　　儿子们听父亲这样说，也就不再犹豫，准备出宫。这时，朱由检不放心地嘱咐道："你们出城之后一定要小心！见到当官的，年纪大的叫'老爷'，年纪轻的叫'相公'；遇到平民，年纪大的叫'老爹'，年纪轻的叫'兄长'；遇到文人叫'先生'，见到军人叫'长官'。"最后又嘱咐三位皇子说："如果你们有朝一日能够生还，要记得为父母报仇，也一定要记住我的教训！"

　　朱由检知道儿子们这一去必定凶多吉少，是否能够死里逃生，他心里一点把握也没有，所以在最后诀别时，朱由检突然大声感慨道："你们三个人，为何不幸生在我家啊！"话音未落便哽咽住了。身边的太监被这个场景感动得失声痛哭。

　　朱由检送走儿子之后回到坤宁宫，见周皇后已经悬梁自尽，便连声说：

---

①（清）胡介祉:《茨村咏史新乐府》卷下。

"好！好！好！"可是，当他看到十六岁的女儿长平公主在一旁痛哭的时候，不禁再一次哀叹道："唉！你为何生在我家啊！"说着话便挥起手中的剑向女儿砍去。女儿用手臂一挡，手臂当时就被砍断了，女儿疼得昏死过去。

朱由检以为女儿死了，便转身来到懿安皇后，也就是天启皇帝的老婆张皇后的住处，自己不好意思直接下令让皇嫂自尽，就让宫女给懿安皇后传话，让她自杀。懿安皇后只好上吊自杀，可是却被宫女们解救下来。第二天，李自成手下的一位部将来到懿安皇后的住处，他不但没有伤害懿安皇后，而且对她非常尊敬，不过，懿安皇后最后还是自杀了。李自成的士兵，将昏死过去的长平公主送到她的外公家，众人都以为她已经死了，不料五天后她又活了过来。后来，长平公主向清朝的顺治皇帝提出要出家，顺治皇帝不但不同意，反而下令让他与崇祯皇帝选定的驸马完婚。结婚之后的第二年，长平公主因思念自己的父母，痛苦得吐血而死，死的时候年仅十八岁。当然，这些事儿都是后来发生的，朱由检就不知道了。

朱由检见该送走的送走了，该自尽的自尽了，该杀的也杀了，后事就算安排妥当了，然后便和王承恩一起再一次爬上了万岁山。朱由检回身望着夜幕下的紫禁城，此时此刻，他的心情可想而知。自天启七年登基至今，已经十八个年头了，往事一幕幕地重现在他的脑海。十八年前，他入主皇宫，登基为帝，一举铲除阉党集团，那个时候，真是少年得志，意气风发。登基之后，他励精图治，节俭勤政，一心要中兴大明。可是，十八年之后，大明王朝不但没有中兴，反而落得个国破家亡的境地。他心有不甘。可是，一切都已经不可挽回了，堂堂大明王朝的天子，无论如何不能成为阶下囚。想到这儿，他咬破手指在内衣上写下了一篇遗诏，遗诏的最后有这样一句话："诸臣误朕，朕无颜见先帝于地下，将发覆面，任贼分裂朕尸，决勿伤我百姓一人。"[1]意思是，都是众位大臣耽误了我，在九泉之下，我没有脸面见先帝了，只好用头发将我的脸遮住。"贼

---

[1]（明）冯梦龙：《甲申纪事》卷四。

寇"可以分裂我的尸体，但是决不要伤害我的百姓。写完遗诏之后，皇帝朱由检在一棵老槐树上，上吊自杀了。

就这样，大明王朝的第十六位皇帝，崇祯皇帝朱由检，一个渴望着大明王朝中兴，却一直未能如愿的年轻皇帝，凄惨、哀怨地以自杀的方式结束了自己的生命，当时只有34岁。立国276年的大明王朝，就此灭亡了。

大明王朝由于朱由检的死而终结，所以历史上很多人都称朱由检为"亡国之君"，但是，我认为朱由检只是大明朝的末代皇帝，而不是亡国之君。末代皇帝与亡国之君还是有区别的，而且区别还不小。所谓"亡国之君"，是指国家因他而亡，比如，夏朝的桀、商朝的纣、秦朝的二世、隋朝的杨广，正是他们的荒淫无道，导致王朝的灭亡；所谓"末代皇帝"，是指国家亡时他是最后一位君主，而亡国的原因和责任却并不在于他。

但是，大明王朝毕竟亡了，一个王朝灭亡必然有亡国之君。说朱由检不是亡国之君，那么大明朝的亡国之君又是谁呢？我认为，大明朝的亡国之君就是万历皇帝朱翊钧和天启皇帝朱由校。因为，万历皇帝在位四十八年，其中有将近三十年不理朝政，这在中国历朝历代的皇帝中是绝无仅有的。结果导致朝纲混乱，朝党矛盾，政治腐败，边防废弛，使女真人趁机崛起。更为严重的是，他派出太监在全国范围内拼命征收矿捐矿税，对当时的生产和经济造成相当严重的破坏，闹得民不聊生，怨声载道。

天启皇帝朱由校虽然在位仅七年，可是他根本不是当一国之君的材料，只知道吃喝玩乐，结果大权旁落，让魏忠贤的阉党把持了朝政，使得明朝的政治更加黑暗，危机四伏，民变蜂起。

与这两位皇帝完全相反，崇祯皇帝励精图治，努力中兴大明王朝。与明朝其他十五位皇帝相比，朱由检虽然有严重的缺点和错误，但是他依然算得上是一位好皇帝。之所以这样评价崇祯皇帝，是因为如下三个理由：

第一个理由，朱由检很勤奋。朱由检的勤奋主要表现在两个方面：

其一，勤奋读书。朱由检一直保持着读书的习惯，坚持读儒家的经典著作，朝廷举办经筵，为皇帝讲解儒家经典，朱由检每场必到，除非发生重大的事情。比如，张献忠烧毁凤阳朱元璋的祖坟，这消息传到北京，朱由检正在听讲，由于心中过于悲痛，才宣布经筵停止。朱由检每次听完儒家经典的讲述之后，都会发表一些独到的见解，如果平常不坚持读书，是不可能做到的。

其二，勤奋习武。朱由检虽然出身皇室，但并不是一个公子哥，而是一个文武双全的人。比如，他喜欢骑马射箭，能够拉开三石的弓，也就是需要三百六十斤力量才能拉动的弓，而且百发百中。

说朱由检是个好皇帝的第二个理由，朱由检很勤俭。

朱由检的勤俭虽然不能和普通百姓相比，但是作为皇帝，朱由检可以说是非常勤俭了。朱由检的勤俭表现为三个方面：

其一，提倡勤俭之风。朱由检登基之后不久，为了减轻百姓的负担，下令停止苏杭织造局为宫中生产奢侈的丝织品，在宫中提倡勤俭之风。朱由检的周皇后自幼家境清贫，进宫当了皇后，依然保持平民本色。她非常支持丈夫的工作，让太监在民间收集纺车，她组织宫女学纺纱，身体力行地培养宫中的勤俭之风。

其二，穿打补丁的衣服。在周皇后的支持之下，崇祯皇帝自己也非常节俭，他的衣服、裤子、袜子，都是打了补丁的，而且这些补丁都是周皇后亲手缝的。朱由检平常走路不敢太快，因为怕露出内衣上的补丁，让大臣们看到了笑话。有一天，朱由检出席经筵，听一位老师讲课。正听着课，朱由检的内衣袖子露了出来，他怕老师看到内衣上的补丁，连忙将衣袖塞了进去。这个细小的动作被上课的老师发现了，马上对皇帝说："衣服上有补丁，这的确过于俭朴了，但这是美德，何必要遮遮掩掩呢？"听了老师的话，朱由检才不再掩饰自己带补丁的内衣了。

其三，坚持吃素。朱由检在饮食方面也是比较简朴的。比如，他有一段时间一直吃素。后来，有人劝他说，吃素会影响身体健康，他就将每天吃素，改成每月"持斋十日"，也就是每月吃十天素。崇祯皇帝的这位周皇后，不但会缝缝补补，洗洗涮涮，而且还会做饭。当初，朱由检刚进宫的那会儿，怕魏忠贤和客氏暗害，不敢吃官里的食物，周皇后就亲自下厨给丈夫做饭。像这样的皇后，在中国历史上也是不多见的。有这样的皇后做朱由检的贤内助，朱由检就更有可能长期保持他勤俭的好品质。

说朱由检是个好皇帝的第三个理由，朱由检很勤政。我们曾经提到过，万历皇帝当政四十八年，将近三十年不理朝政，天启皇帝当了七年皇帝，大部分时间都在玩儿。可是，崇祯皇帝却非常勤政，几乎没有无故不上朝的时候，而且工作起来非常努力、认真。他白天上朝，晚上还要加班阅读大臣们的奏章。崇祯皇帝经常一天工作将近十四个小时，第二天一大早还得继续上朝，即使逢年过节也不例外。像这样勤政的皇帝，在中国历史上是不多见的。

朱由检的这些优秀品质，可以概括为"三勤"，也就是"勤奋""勤俭""勤政"。这"三勤"完全可以证明，崇祯皇帝不是一个亡国之君，而是一个不幸的末代皇帝。

其实，明朝灭亡，清朝取而代之，不过就是两个封建王朝之间的更迭。无巧不成书，大明朝亡在了朱由检的手上，如果朱由检生在万历时期，大明王朝就绝不可能亡在他的手里，这就是不可抗拒的历史宿命。

所谓"宿命"就是一个无法改变的历史必然。就好比一个人，什么时候出生，出生在什么环境、时代、家庭和血统，这是任何人都无法选择的。作为一代君王，朱由检恰恰遇到由治到乱的历史转折时期，他登基当皇帝的时候，接手了一个烂摊子。仅凭他个人的主观努力，根本无法改变历史的进程，这就是朱由检的宿命！

朱由检面对的历史宿命，也就是，大明王朝的灭亡，至少有三个最重要的原因：

第一，土地兼并，民不聊生。封建中国是小农经济，农民有地耕种，天下就会太平。可是，当土地的兼并达到临界点的时候，大量农民破产，从自耕农沦为雇农，一旦遭遇重大的自然灾害，这些人就失去了最基本的生存条件，就会揭竿而起，从打土豪分田地开始，直至最后推翻腐败的王朝。明朝末年的情况就是这样。一方面朝廷横征暴敛，一方面地主豪强兼并土地，再加上连年的自然灾害，引起了全国范围的灾民起义，直闹得局面无法控制。

第二，政治腐败，积重难返。中国古代封建社会的政权是绝对的专制体制，这样的体制缺乏自我更新能力。最集中的表现就是，这种政体不可能将社会中最优秀的人才推向最高管理层。所以，每当一个新的王朝建立之后，其继任者的整体素质趋向于一代不如一代，行政效率衰退和政治腐败随着时间的推移而日益严重。一个典型的例子是，崇祯王朝十七年，朱由检一共更换了五十多位内阁成员，十九位内阁首辅。究其原因，朱由检一直想组建一个能够有效地管理国家，支持他中兴大明王朝的最高领导班子，可是他却一直未能如愿。最后朱由检得出的结论是："诸臣误朕""文臣人人可杀"。可是，朱由检哪里知道，这不是诸臣误他，而是传统的封建体制和思想文化，根本培养不出能够力挽狂澜的人才，即使有这样的人才，当时的政治体制也根本无法将他们选拔出来。

第三，竞争对手，过于强大。朱由检虽然很优秀，但是在他当皇帝的这十七年里，却遇到了两个强劲的对手，他们在各方面都比他更优秀。一个是农民领袖李自成，一个是大清皇帝皇太极。这两个人的共同特点是，在政治上有逐鹿中原的野心，在军事上极有谋略，而且诡计多端，并且亲自领兵在战场上厮杀，这是朱由检根本无法与之相抗衡的。以李自成为代表的农民阶级，由于自然灾害生存没有保障，便揭竿而起，他们"舍得一身剐，敢把皇帝拉下马"，面对这样的对手，朱由检只能甘拜下风。而以皇太极为代表的满洲贵族，他们虽然在社会形态上落后，但是他们正处在上升时期，加上游牧民族能征善战，极富进攻性，朱由检就更不是对手了。

以上说的是明朝灭亡的客观因素。那么，从一个帝王的角度看，虽然朱由检不是亡国之君，但是他也不是一个救国之君，也就是说，他对大明王朝的灭亡还是有一定责任的，或者说，大明王朝灭亡，也有朱由检主观方面的原因，具体原因如下：

第一，生性多疑。

这本来是帝王的共性，为了维护自己的最高权力，帝王对任何人都不放心。尤其对手握重兵的将军，更是疑心重重，恐怕他们会威胁自己的地位。不过，朱由检在这方面表现得更加明显。最典型的表现，就是对袁崇焕一案的处理。由于他对手握重兵的统帅一直怀有戒心，因此，就很难在各种谣言和诽谤中保持清醒的头脑，做出正确判断。错杀袁崇焕，是朱由检自毁长城。袁崇焕死了之后，明军在与清军的交战中，再也没有取得过胜利。

第二，不敢承担责任。

不敢承担责任，作为一个帝王这是最大的弱点。尤其是在历史发展的紧要关头，需要朱由检勇于承担责任的时候，他却不敢承担责任。比如，崇祯十五年与大清议和。由于和谈秘密泄露，引起朝廷舆论哗然，为了推卸责任，他将主持议和的兵部尚书陈新甲杀了。结果，失去了与大清实现和平的机会，导致清军再度入关，形成大明王朝两条战线同时作战的被动局面，致使李自成的农民军在朝廷无力顾及中原的情况之下，迅速发展壮大。

第三，优柔寡断。

这是朱由检性格上的又一大弱点。在政治、军事斗争的关键时刻，需要朱由检朝纲独断，可是，他却优柔寡断。比如，在首都南迁的问题上，朱由检完全可以利用手中的专制权力，下决心实施他的计划，谁敢阻拦就免了他的职务，让同意南迁计划的大臣坚决执行自己的命令。可是，朱由检却始终没有痛下决心，致使南迁首都未能成行，从而加速了大明王朝的灭亡。

第四，急于求成。

皇帝朱由检遇事总是急于求成，这是他的性格，也是他的毛病。比如，崇祯元年户科给事中韩一良上疏弹劾天下最大的贪官，可是崇祯皇帝却让韩一良五天之内查出天下最大的贪官，结果让这次反腐倡议不了了之。再比如，崇祯元年袁崇焕担任蓟辽督师，他迎合皇帝朱由检急于求成的心态，提出五年收复辽东，结果在收复辽东的战略上犯了根本性的失误，导致第二年皇太极大举进攻北京。再比如，松锦战役，本来洪承畴坚持要与清军进行持久战，可朱由检急于结束战争，一再下死命令让洪承畴出战，结果导致明军大败。

本来，朱由检命运不济接手了一个烂摊子，再加上他自身的一些致命弱点，大明王朝最终被李自成的农民军推翻了。可是，李自成的大顺朝仅仅存在了四个多月就失败了，李自成慌忙退出了北京，清军入关占领了北京，建立了大清王朝。在这不到两个月的时间里，北京城里自杀了一个皇帝，慌忙逃跑了一个皇帝，从关外又杀进来一个皇帝，中国的政坛上进行着残酷的权力争夺。中华大地从此陷入了长达半个世纪之久的战乱和动荡。可是，西方世界这会儿却已经开始工业革命了。西方世界在一步步地上升，而我们自己却在原地转圈儿，所有的悲剧从此产生。